U0902005

本书由华东师范大学马克思主义学院资助出版

理论智慧与实践探索丛书

历史传统与当代探索

马克思主义哲学中国化论集

陈卫平◎著

上海人民出版社

总　序

本丛书是华东师范大学马克思主义学科几代学人的成果荟萃。丛书之所以名为“理论智慧与实践探索”，是为了把170多年前以《共产党宣言》问世为标志而诞生的马克思主义理论体系，与40多年前以确立“解放思想，开动脑筋，实事求是，团结一致向前看”的指导方针、把全党工作重点转移到社会主义现代化建设上来为标志的改革开放事业，密切结合起来，在当代世界尤其是当代中国的改造世界的实践探索的基础上，推进包括“以马克思主义为对象的研究”和“以马克思主义为指导的研究”两个方面的认识世界的理论活动。

在华东师范大学这样一所综合性研究型大学里，由这双重研究而得到的“理论智慧”，应该不仅体现和提炼西方传统，而且也体现和提炼中国传统；为这种研究提供立足基础的“实践探索”，不仅包括迄今为止的奋斗经历，而且也指向从今往后的前进过程，为中国特色社会主义的理论事业和教育事业，作出应有贡献。

本丛书首批著作出版于2018年，那时正值马克思诞辰200周年、《共产党宣言》发表170周年，以及改革开放40周年。三年之后，我们迎来了中国共产党百年华诞；学校相关同事们在这样的时刻推出丛书第二批著作，我想一定是以此向建党百年献礼，以展示学校在马克思主义理论教学和科研方面薪火相传的实力和前景的方式，以展示各相关学科教师在马克思主义立场观点方法指导下用好本学科资源加强马克思主义学科建设的努力和成果的方式，献上来自70年前建立的新中国第一所社会主义师范大学的一份特殊厚礼。

童世骏
2021年3月29日

目 录

第一辑

第二辑

第三辑

第四辑

第一辑

论马克思主义哲学中国化与传统哲学

马克思主义哲学中国化与中国传统哲学(即古代哲学)的关系,是个范围广泛的问题。这里仅从思想文化的角度进行探讨。

一、马克思主义哲学中国化与近代中西哲学合流

在中国近代,由于传统文化已落后于西方文化,在思想文化领域就发生了贯穿于整个近代的古今中西之争:如何学习西方文化,反省自己的文化传统,哲学作为思想文化的一个方面,其发展无疑受到古今中西之争的制约。在古今中西之争的制约下,中国近代哲学开始了中西哲学的合流,而马克思主义哲学中国化正是对近代中西哲学合流的继续。我们将通过以下几点进行分析。

第一,从马克思主义哲学中国化的前提——马克思主义哲学的传入来分析。

中国近代哲学和中国传统哲学的显著区别之一,是改变了与西方哲学隔绝的状态,开始了两大哲学的合流。马克思主义哲学从西方传入中国,就是近代以来中西哲学合流的产物。

在时间上,马克思主义哲学在中国得到传播是五四时期。这并非偶然。从思想文化方面来说,是由于在此之前的 80 年间,西学得到广泛的介绍,中国人得以比较多地了解西方文化。否则,在西方文化土壤里发育起来的马克思主义哲学,是不可能被中国人理解的。毛泽东在 1920 年致新民学会会员的一封信中指出,他试图形成包括马克思主义在内的"种种主义、种种学说"的"明了的概念",是因为当时已具备"从译本及时贤所作的报章杂志,将中外古今的学说刺取精华"①的条件。在这样的条件下,造就了一代既读过传统哲学典籍,

① 《毛泽东早期文稿》,湖南出版社 1990 年版,第 474 页。

又受了西方文化洗礼的知识分子。中国最初的马克思主义者无不是从这一代知识分子中产生的。

在内容上，马克思主义哲学中最先得到传播的是唯物史观。这也不是偶然的。在五四以前，中国近代中西哲学合流的最大理论成果，是把西方的进化论改造成为中国先进者的世界观，进化论在西方是具有哲学意义的科学学说，而到了中国则成了具有科学意义的世界观。严复首先从世界观的高度来阐发进化论，他在论述其“天演哲学”时，说“天演”的进化过程即“始于一气，演成万物”（《原强》）。还说赫胥黎的学说“与唐刘、柳诸家天论之言合”（《天演论》按语）。显然，他把西方进化论与中国传统哲学在“理气”之辩和“天人”之辩上的朴素唯物主义思想结合起来了。最初的中国马克思主义者，在世界观上都经历了由进化论向唯物史观的转变。这一转变是对近代中西哲学合流的成果——进化论的继承和发展。李大钊在讲到自己的这一转变时说，如果“以历史行程的价值”即对历史的发展是否肯定作标准，那么进化论和唯物史观是一致的，都是与“退落的或循环的历史观”相对立的“进步的历史观”；而唯物史观是彻底的进化论，因为它把历史进化的动因归于社会、物质、人生，而不是个人、精神和神权。①陈独秀肯定蔡和森“马克思主义的骨髓，在综合革命说与进化说”的观点，认为“唯物史观固然含有自然进化的意义”，即把历史的自然进化归结为经济制度的演变，但唯物史观不是“挨板的自然进化说”，而是要依据这种自然进化的法则来进行“经济制度的革命”。②这表明了中国人接受唯物史观，是以近代中西哲学合流的成果作为出发点的，同时也是对这一成果的推进。

在思想文化原因上，马克思主义哲学之所以传入中国，是由于它被视作融合中西哲学长处的媒介。五四之前，西学在同中国封建文化的斗争中显露了“只能上阵打几个回合”③的软弱性，第一次世界大战又暴露出西方文化的弊病。因而五四时期就发生了重新估定中西文化价值的东西文化论战。先进分子在这场论战中把目光转向另一种新文化——马克思主义。李大钊说：“由今

① 《李大钊文集》下卷，人民出版社1984年版，第266页。
② 《独秀文存》，安徽人民出版社1987年版，第837—838页。
③ 《毛泽东选集》第2卷，人民出版社1952年版，第675页。

言之，东洋文明既衰颓于静止之中，而西洋文明又疲命于物质之下”，作为“第三种新文明”崛起的“俄罗斯之文明诚足以当媒介东西之任”。①瞿秋白说：“新文化的基础，本当联合历史上相对待的而现今时代之初又相补助的两种文化：东方与西方”，然而现时的这两种文化“都有危害的病状”，唯有马克思主义“开辟人类文化的新道路，亦即此足以光复四千余年文物灿烂的中国文化”。②显然，他们接受马克思主义哲学，是为了用它来继续推进近代以来的中西哲学合流的趋势。

第二，从马克思主义哲学中国化的主要理论成果——对历史观和知行观的科学总结来分析。

中国近代哲学围绕“中国向何处去”的时代课题而展开，在古今中西之争的制约下，主要作了两方面的探讨：一是认识从古至今的历史演变以及向未来发展的规律，这是历史观的问题；二是研究怎样把西方学来的理论付诸社会变革的实践，这涉及认识论的知行观问题。于是，这两个问题便成了中国近代哲学的论争中心，然而它们是由传统哲学的道器之辩和知行之辩演变而来的——理气（道器）之辩是宋明以来的哲学论争中心之一。在近代，它演变为主要是历史观的问题。龚自珍、魏源以至早期改良派，都沿用“道器”的范畴来论述他们的“器变道不变”的变易史观，由此再发展到进化论哲学，资产阶级的思想家用进化论哲学在历史观上否定了“器变道不变”，论证了用资本主义制度取代封建主义制度的历史发展方向；然而改良派把进化理解为循序渐进，革命派则把进化理解为“突驾”跃进。心物（知行）之辩也是宋明以来哲学论争的中心之一。在近代，魏源以“师夷长技”的新眼光重新提出知行问题，后来的改良派和革命派也都探讨知行问题，他们或强调知或强调行，他们对知行关系的考察，除了借用传统哲学的思想资料外，更多的是运用西方近代的经验论和唯理论。可见，中国近代哲学论争的中心问题就表现了中西哲学的合流：一方面是中国传统哲学在近代的合乎逻辑的发展，另一方面是学习了西方近代哲学，大大地超越了原来传统的道器之辩和知行之辩。马克思主义哲学中国化的主

① 《李大钊文集》上卷，人民出版社 1984 年版，第 560 页。

② 《瞿秋白文集·文学编》第 1 卷，人民文学出版社 1985 年版，第 213 页。

要理论成果，是对近代哲学论争的中心问题作了科学总结。毛泽东在《新民主主义论》中用“能动的革命的反映论”来概括辩证唯物主义认识论关于思维与存在关系的规定，同时也用它来概括历史唯物主义关于社会意识与社会存在关系的规定。能动的革命的反映论阐述了知与行的具体的历史的统一，对知行之辩作了科学的总结。同时，能动的革命的反映论运用唯物史观分析国情，指明了“中国向何处去”的正确方向，并且把唯物史观提高到以《矛盾论》为代表的一般的辩证发展观，对道器之辩作了科学的总结。由于中国近代哲学论争的中心问题表现了中西哲学的合流，因而作为对此进行科学总结的能动的革命的反映论无疑继续并推进了近代中西哲学合流的趋势。

因此，这些理论成果必然是把来自西方哲学和中国传统哲学的思想资料结合起来进行加工的产物。五四时期，李大钊在论述唯物史观的社会理想时说：“一方面是个性解放，一方面是大同团结”，两者“都是新生活、新秩序上不可少的”。[①]很明显，这里的大同观念和个性解放分别吸收了中国传统哲学和西方近代哲学的思想养料。毛泽东的能动的革命的反映论更是融会中西哲学而作出的新创造。他的《实践论》以“论认识和实践的关系——知和行的关系”作副标题，表明这部著作既和西方近代认识论的两大派别唯理论、经验论以及马克思主义实践论有关，也和中国传统哲学的知行问题有历史的联系。他的《矛盾论》提到了欧洲的古代辩证法、机械唯物论和黑格尔的辩证法等，也提到了中国传统哲学“相反相成”的辩证法和“天不变道亦不变”的形而上学；之后他用“一阴一阳之谓道”来表述对立统一规律。[②]毛泽东的能动的革命的反映论运用唯物史观勾画中国社会革命发展方向时指出，经过人民共和国到达社会主义和共产主义，到达阶级的消灭和世界的大同。“解放个性，这也是民主对封建革命必然包括的。……被束缚的个性如不得解放，就没有民主主义，也没有社会主义。”[③]这无疑是对李大钊吸收中国传统“大同”思想和西方近代个性解

---

① 《李大钊文集》下卷，人民出版社 1984 年版，第 623 页。

② 毛泽东说：“中国古人讲‘一阴一阳之谓道’。不能只有阴没有阳，或者只有阳没有阴。这是古代的两点论，形而上学是一点论。”（《毛泽东选集》第 5 卷，人民出版社 1977 年版，第 320 页）。

③ 《毛泽东书信选集》，人民出版社 1983 年版，第 239 页。

放思想的继续和深化。

第三，从马克思主义哲学中国化的重要方面——对古今中西之争的科学回答来分析。

对于思想文化领域的古今中西之争，近百年有形形色色的答案："国粹"论、"中体西用"论、"全盘西化"论、"中国本位文化"论等等。这些答案都不能指明建设中国新文化的正确道路，这是由于这些答案都是以唯心史观来看待文化所导致的。因此，正确地回答古今中西之争，是马克思主义哲学中国化在思想文化领域的重要课题。

毛泽东在《新民主主义论》中指出：能动的革命的反映论的基本观点，是"我们讨论中国文化问题"时"不能忘记"的。他用这样的哲学观点对观念形态的文化作了阐明："一定的文化是一定的社会的政治和经济在观念形态上的反映。"从而中国的新文化应当是"民族的科学的大众的文化"。这个新文化以西方文化最高成就的马克思主义作指导，但它必须是取得中国的民族形式的；对西方资本主义的和中国传统的文化则采取分析的态度，择其科学性、民主性的精华，舍其反科学、反民主的糟粕。这是对古今中西之争的科学回答。哲学是文化的一部分，因而这个回答在提出中国建设新文化方针的同时，也就规定了马克思主义哲学中国化的道路，那就是：使西方最先进的马克思主义哲学和传统哲学的优秀的东西相结合。正如艾思奇在阐述马克思主义哲学中国化时所说的，这就是辩证唯物论"对于中国自己的过去哲学史上的唯物论和辩证法因素的发扬"。①这样的中西哲学合流，用侯外庐的话来说，就是"中国学人已经超出了仅仅于仿效西欧的语言之阶段了，他们自己会活用自己的语言而讲解自己的历史思潮了"。②

从上述的三方面，可以看到马克思主义哲学中国化是近代中西哲学合流的继续，也真正地实现了中西哲学的合流。近代以来的许多中国思想家力图把西方的先进思想和中国的优秀传统相结合，五四以后出现了一些中西哲学结合的哲学体系。但是，唯有中国化的马克思主义哲学是最有生命力的。这

① 《艾思奇文集》第1卷，人民出版社1981年版，第556页。
② 侯外庐：《中国古代思想学说史·再版序言》，文风书局1944年版。

意味着它是中国近代以来最为成功的中西哲学结合的思想体系。可以说，由于马克思主义哲学的中国化，中国的哲学开始成为统一的世界哲学的重要组成部分。

二、马克思主义哲学与中国哲学优良传统结合的初步

马克思主义哲学的中国化，是中西哲学合流和它与中国哲学优良传统结合的过程。这并不是一个自然的过程，而是中国马克思主义者对此的自觉意识不断发展的过程。在五四时期的早期马克思主义者中，陈独秀和李大钊是最主要的代表。他们在那时已开始把马克思主义哲学运用于中国实际，具有了顺应中西哲学合流的趋势，将马克思主义哲学与传统哲学相结合的初步自觉。

李大钊、陈独秀认为，马克思主义哲学是普遍真理，但怎样将其运用于中国是需要认真研究的。李大钊说："一个社会主义者为使他的主义在世界上发生一些影响，必须要研究怎么可以把他的理想尽量应用于环绕着他的实境。"①陈独秀说：马克思主义唯物史观的"历史先生仅仅指教我们一条可走的路，并未曾造好一条现成的路给我们去走"，②因而要根据各民族的不同特点采取不同的步骤。李、陈在这里已有了马克思主义哲学中国化的思想萌芽。根据中国的"实境"来运用马克思主义哲学，在文化上就存在如何对待中国传统哲学的问题。

马克思主义哲学和中国传统哲学存在着时代性和民族性的差异。就时代性而言，马克思主义是代表无产阶级和产生于近代大工业基础之上的，这与主要形成于封建宗法社会和小农经济时代的中国传统哲学是不同的。就民族性而言，马克思主义哲学赖以产生的西方民族的文化传统，也和中国传统哲学所表现的中华民族的文化传统有很大差别。李大钊、陈独秀正是在分析中西文化时代性和民族性的基础上，萌生了在中西哲学合流中促进马克思主义哲学

---

① 《李大钊文集》下卷，人民出版社 1984 年版，第 34 页。
② 《陈独秀著作选》第 2 卷，上海人民出版社 1993 年版，第 466 页。

中国化的最初自觉。

陈独秀和李大钊都认为，中西文化之间存在着时代性的差别。陈独秀说：中国文明“其质量举未能脱古代文明之窠臼，名为近世，其实犹古之遗也。可称曰近世文明者，乃欧罗巴人之所独有，即西洋文明也”。①李大钊也从中西文化是古代和近代的时代性差别的观点出发，认为“东西文明有根本不同之点，即东洋文明主静，西洋文明主动是也”。②他还进一步指出中西文化之异也是民族性的差别。他说：“民族文化者何？即是民族生存活动的效果”；然而“一个民族都有一个民族的特性，即各民族都有其特别的气质、好尚、性能”。③在认识中西文化时代性和民族性的基础上，陈独秀和李大钊都认为中国新文化的创造在于中西文化的合流。陈独秀指出：“新文化运动要注重创造精神……不但对于东方文化满足，对于西洋文化也不要满足才好，不满足才有创造的余地。”④李大钊更全面地指出，从文化的时代性来看，西方近代文化优于中国传统文化，因而中国传统文化“当虚怀若谷以迎受彼动的文明，使之变形易质于静的文明之中，而别创一生面”⑤；从文化的民族性来看，中西文化都有其特殊的价值，“各民族之相异的特殊理想都可认为真识，而不是完全的真理。若用哲学的眼光，把他们这些真识合而为一，乃为完全的真理”。⑥陈独秀和李大钊把时代性和民族性统一起来比较中西文化的差异，是对当时胡适和梁漱溟的偏颇的匡正。因为胡适视中西文化之异是一条道上慢和快的差别，主要是从时代性着眼的；而梁漱溟以不同的路向来区分中西文化，则是注重于民族性的。

陈独秀、李大钊从中西文化的时代性和民族性的差异出发，强调中国新文化的出路在于中西文化融合，这就为马克思主义哲学的中国化置于近代中西哲学合流的进程中奠定了理论基础。无疑，陈独秀和李大钊把马克思主义哲学看作是代表时代精神的最先进的西方文化，然而中国传统哲学对于中华民

① 《独秀文存》，安徽人民出版社1987年版，第10页。
② 《李大钊文集》上卷，人民出版社1984年版，第557页。
③ 《李大钊文集》下卷，人民出版社1984年版，第735页。
④ 《陈独秀著作选》第2卷，上海人民出版社1993年版，第128页。
⑤ 《李大钊文集》上卷，人民出版社1984年版，第561页。
⑥ 《李大钊文集》下卷，人民出版社1984年版，第721页。

族有深重的影响,“民族文化的成立,民族的经历实有伟大的影响;迨民族文化既已发展成熟,却又为民族将来经历的重要原素”。①因此,必须把马克思主义哲学和中国传统哲学相融合,才能一方面使中国人接受马克思主义哲学这个先进的世界观,另一方面又使中国人不把它看作是纯粹从西方输入和强加的。只有这样,马克思主义哲学的中国化才会实现。为此陈独秀和李大钊在要求变革中国传统哲学“主静”之弊端的同时,也提出了发掘中国哲学优良传统的问题。陈独秀对于他竭力批判的孔教,也主张与西方近代哲学相比较而取其长舍其短。他说:“近世学术,竞尚比较的研究法,以求取精用宏,来书所谓‘取长补短’,即是此义。吾人生于二十世纪之世界,取二十世纪之学说思想文化,对于数千年前之孔教,施以比较的批评,以求真理之发见,学术之扩张。”②但陈独秀以为,不能把封建统治阶级定于一尊的孔孟之道作为中国哲学优良传统的主要代表。他说:“墨子兼爱、庄子在宥,许行并耕,此三者诚人类最高之理想,而吾国之国粹也。奈均为孔孟所不容何?”③李大钊也说:“杨朱为我之说,墨翟兼爱之旨,固二子所信为真理者也,而孟轲之徒,则距之辟之,不遗余力,以无父无君罪之为禽兽。然自今日观之,其说于中国周秦时代哲学上之价值,固不减于孔孟。”④同时,李大钊也认为即使是儒家哲学也有合理因素。他说:“立宪国民之修养维何？即依吾儒忠恕之道,西哲自由、博爱、平等之理,以自重而重人之人格,各人均以此惕慎自持,以克己之精神,养守法循礼之习惯。”⑤也就是说,儒家道德修养中理性自觉的原则和西方的自由、博爱、平等思想,对于培养人的德性都是不可少的。

可见,李大钊和陈独秀已初步进行了以马克思主义哲学变革和融合中国哲学的工作。由此中国近代以来的中西哲学合流,到五四时期形成了三种选择:西方实用主义和传统哲学(主要是“非儒学派”)方法论相融合,这是以胡适为代表的;西方非理性主义和儒家“人生态度”相融合,这是以梁漱溟为代表的;马克思主义哲学与中国哲学优良传统相融合,这是以陈独秀、李大钊为代

① 《李大钊文集》下卷,人民出版社 1984 年版,第 735 页。
② 陈独秀:《独秀文存》,安徽人民出版社 1987 年版,第 660 页。
③ 《陈独秀著作选》第 1 卷,上海人民出版社 1993 年版,第 315 页。
④ 《李大钊文集》上卷,人民出版社 1984 年版,第 447 页。
⑤ 同上书,第 334 页。

表的。此后，马克思主义哲学的中国化沿着陈独秀、李大钊所选择的方向前进。

三、马克思主义哲学与中国哲学优良传统结合的深入

如果说在五四时期的陈独秀、李大钊那里，马克思主义哲学与传统哲学相结合还只是初露端倪的话；那么在20世纪30年代以后，这种结合已有了长足的发展。1938年，毛泽东指出："使马克思主义在中国具体化……成为全党亟待了解并亟须解决的问题"，并为此而强调"从孔夫子到孙中山，我们都应当给以总结，承继这一份珍贵的遗产"。①要承继传统哲学的珍贵遗产，就需要研究传统哲学。所以，艾思奇说："辩证唯物论的发展，在抗战后的第一个表现，是提出了马克思主义中国化"，其中的"一个方面，是对于中国的固有哲学的研究"。②这些都比陈独秀、李大钊更鲜明地指出了与传统哲学结合是马克思主义哲学中国化的应有之义和努力方向。20世纪30年代以后对此所作的努力有如下三个方面：

第一，在同国民党反动哲学、资产阶级学者的非马克思主义哲学和革命队伍内教条主义的斗争中，阐明了马克思主义哲学与传统哲学相结合的诸多问题。

一是阐明了马克思主义哲学需要和传统哲学结合。革命队伍里的教条主义形式主义地吸收外国的东西。如毛泽东所指出的："言必称希腊，对于自己的祖宗，则对不住，忘记了。"③这种态度完全否认了来自西方的马克思主义哲学应当从传统哲学的土壤里找到在中国生长发展的根基。针对这个错误，毛泽东说：马克思主义哲学要"和民族的特点相结合，经过一定的民族形式，才有用处"。马克思主义哲学必须在自孔夫子以来的传统哲学中找到结合点，使中国人不把它看作是纯粹从外国输入和强加的，才会在中国真正发生影响。

① 《毛泽东选集》第2卷，人民出版社1952年版，第499—500页。
② 《艾思奇文集》第1卷，人民出版社1981年版，第551页。
③ 《毛泽东选集》第3卷，人民出版社1953年版，第755页。

二是阐明了马克思主义哲学能够和传统哲学相结合。国民党御用哲学家叶青诡称中国化就是把外国的东西彻底修改，如果“唯物辩证法仍旧是唯物辩证法”，那就“丝毫没有中国化”。[①]在他看来，辩证唯物论或是“中国化”为乌有，或是作为欧洲的东西存在。艾思奇驳斥道：“马克思主义之所以能中国化，就因为马克思主义有一般的正确性。”[②]他认为，马克思主义哲学反映了人类认识的一般规律，和表现出中国特殊性的传统哲学有着同一性，因而两者的融合是可能的。吕振羽指出：“从历史的实践的过程去认识。”由于中国“社会内部已存在着接受先进文化的物质条件，便可能在一个革命的过程中”，使先进文化“成为自己民族的东西”。[③]

三是阐明了什么是中国哲学的优良传统。对什么是中国哲学的优良传统，李大钊和陈独秀语焉不详。20 世纪 30 年代以后出现的“新理学”“新心学”“新唯识论”等中西哲学结合的体系，都是以自孔孟、老庄、董仲舒、玄学、禅宗到宋明理学的玄虚的唯心论和正统派儒学的道统，作为中国哲学的优良传统。马克思主义者认为，中国哲学的优良传统并非如“新理学”“新心学”“新唯识论”所说的。杜国庠说：“中国哲学的精神不是‘经虚涉旷’，而是‘实事求是’”，中国哲学并“无道统的独霸”；而是贯串着与之抗衡的“异端”，只是“一切‘异端’思想遇到环境对它不利的时候，它就会披着‘正教’的外衣而出现，或者暂时进入伏流的状态”。[④]吕振羽也指出，中国“在哲学上，有着与唯心论斗争的丰富的唯物论传统，也有着与形而上学对立的朴素的辩证观”。[⑤]他们认为，中国哲学有两方面的传统：玄虚的唯心论和正统派儒学的传统；实事求是的唯物论和异端思想的传统。前一方面只是极少数封建统治者进行“精神的统治的最优良的工具”，[⑥]后一方面才是中国哲学真正的优良传统，因而尽管它们长期“处于被压制的地位而不能充分发展，但我们在回顾民族的历史时，常只能从

① 叶青：《论学术中国化》，《时代精神》创刊号，1939 年印。
② 《艾思奇文集》第 1 卷，人民出版社 1981 年版，第 482 页。
③ 吕振羽：《中国社会史诸问题》，华东人民出版社 1954 年版，第 173 页。
④ 《杜国庠文集》，人民出版社 1962 年版，第 405、413、5 页。
⑤ 吕振羽：《中国社会史诸问题》，华东人民出版社 1954 年版，第 151—152 页。
⑥ 《李达文集》第 1 卷，人民出版社 1980 年版，第 701 页。

后一方面获得前进的力量”。①这些论述指出了马克思主义哲学中国化所要变革的哲学传统和所要融合的哲学传统是什么。

第二，挖掘了中国哲学优良传统之所在，使马克思主义哲学和中国哲学的优良传统有了具体的结合点。

由于中国传统哲学的唯物论和异端思想的传统是遭到压抑的，处于伏流和不充分发展的状态，因而需要通过认真地研究中国传统哲学来发掘这样的优秀传统。20 世纪 30 年代，尤其是抗战以后，毛泽东对于传统哲学发表了一些重要论述，同时出现了众多的马克思主义者的研究中国传统哲学的论著，主要的有郭沫若著《青铜时代》《十批判书》、杨荣国著《中国古代唯物论研究》《中国古代思想史》、吕振羽著《中国政治思想史》、陈伯达著《孔子的哲学思想》《墨子的哲学思想》《老子的哲学思想》等，最具系统性的代表作是侯外庐、杜国庠等著的《中国思想通史》。②这些论著的观点不尽一致，但目的是共同的，这就是侯外庐所说的：“发掘中国思想史上唯物主义和反正宗的‘异端’思想的优良传统。”③他们认为这一优良传统，主要集中于先秦和明清之际两个时期。先秦是传统哲学的源头，如杜国庠所说：“先秦诸子思想，影响了此后二千余年的学术性格。”④因此，需要到先秦去追溯中国哲学优良传统的根源。更重要的是因为中国哲学的优良传统在先秦时期尚未被儒家独尊所埋没，如侯外庐所说：“中国古代思想之花的凋谢”，因于汉代的罢黜百家为“十之九”；⑤而明清之际则有许多进步思想家对正统的儒家唯心论即宋明理学作了总结性批判，如杜国庠所说：“这个时代之所以重要，是它总结了宋明五百余年所谓‘理学’”，使“理学是决定地终结了”。⑥总之，他们认为“认识和继承这两个时代惊心动魄的文化遗产”，⑦就是马克思主义哲学中国化融合传统哲学的具体落实。这主要表现

① 胡绳：《理性与自由》，华夏书店 1947 年版，第 77 页。

② 《中国思想通史》出版于 1947 年以后，但其基本观点在抗日战争时期已形成，为了更能说明问题，这里主要以杜国庠、侯外庐在抗战期间的论著作为论证的根据。

③ 侯外庐：《撰著〈中国思想通史〉——回忆录之八》，载《中国哲学》第 10 辑，三联书店 1983 年版，第 474 页。

④ 《杜国庠文集》，人民出版社 1962 年版，第 527 页。

⑤ 侯外庐：《中国古代思想学说史》，文风书局 1944 年版，第 21 页。此书完成于 1942 年。

⑥ 《杜国庠文集》，人民出版社 1962 年版，第 377 页。

⑦ 侯外庐：《中国近世思想史 · 自序》，重庆三友书店 1944 年版。

在以下两方面：

一是具体地展现了先秦和明清之际唯物论、辩证法和异端思想的优秀传统。这样的展现在先秦，主要集中了孔子、墨子和荀子；在明清之际则主要集中于王夫之。马克思主义者认为，正统派极度夸张了孔子的唯心论和形而上学。侯外庐说："儒学放大了孔学，走向宗教性的形而上学"，致使"孔学优良传统的萎缩"。①因而需要揭示孔学本来具有的优良传统。墨学因与孔学相对立而在封建社会长期被视为异端，毛泽东则称其为"古代辩证唯物论大家"。②至于荀子，杜国庠说：以往"蔽于卫道的偏见往往因性恶论而扬孟抑荀"。③然而，正是荀子总结了先秦哲学的优良传统。侯外庐说："春秋战国以来中国哲学中的积极要素，大都在荀子的哲学体系中获得了较高级形态的发展"，"是最富于唯物论要素的学说"，"在中国哲学的第一个发展阶段上（即古典社会时代）占据了最高峰的地位"。④马克思主义者之所以在明清之际反理学思想家中最关注王夫之，是因为他的哲学长期被冷落在一旁，实际上他批判总结了整个传统哲学，"船山先生的学术是清以前中国思想的重温与发展"，"蕴涵了中国学术史的全部传统"；也就是说，王夫之最集中地代表了中国古代哲学朴素唯物论和辩证法的传统，因而"他的优秀传统更值得我们继承和发扬"。⑤对于以孔子、墨子、荀子和王夫之为代表的优秀哲学传统的展示主要有以下几点：

在先秦哲学的"天人"之辩上，侯外庐说：孔子"客观上高扬了人类的能创精神"；墨子的"非命"论在他"光辉的学说"里"最为名贵"；荀子"明子天人之分"和"制天命而用之"的命题，"实在是藉助于认识自然法则而支配并征服自然的唯物论的科学态度"。⑥王夫之在宋明哲学的"理气（道器）"之辩上，提出了"能动性的思维与存在之哲学"，一方面提出"'理'依存于'气'，即思维依存于存在"，另一方面"把人类对于自然（或世界）的创造活动，提到适当的地位，得

---

① 侯外庐：《中国古代思想学说史》，文风书局1944年版，第222页。

② 《毛泽东书信选集》，人民出版社1983年版，第140页。

③ 《杜国庠文集》，人民出版社1962年版，第201页。

④ 侯外庐：《中国古代思想学说史》，文风书局1944年版，第270—271页。

⑤ 侯外庐：《船山学案·自序》，岳麓书社1982年版。此书完成于1942年，重庆三友书店1944年初版。

⑥ 侯外庐：《中国古代思想学说史》，文风书局1944年版，第95、96、152、274页。

出创‘器’即以创‘道’的结论”。①

在先秦哲学的“名实”之辩上，郭沫若说孔子的“知之为知之，不知为不知”等，表现了他“为人为学倒很能实事求是”。②杜国庠指出：墨子及《墨经》的认识论具有“重客观、贵实践的优良传统”；“奠定了实践为认识真理的标准的墨家唯物论的基础”，荀子的认识论意识到“理性认识的优越性……同时也并未丝毫忽略感性认识的重要性”；既“唯物主义地区别了认识的主观和被认识的客观”，又承认“心的能动的自主自律的作用”。③对于宋明哲学的“心物（知行）”之辩，侯外庐指出：王夫之的“思维过程论”认为，认识首先“以感觉为基础”，然后“由感性认识进至理性认识”，但又“不是和感性认识分离，而是一个过程”；他的“性日生而日成”的观点，看到了“认识的能动性”；他的知行观主张“知（理论）行（实践）有并进之功”，“知行可作统一体看的，但行总是决定的标准”。④

关于思维方法，毛泽东肯定孔子有“辩证法的许多因素”，尤其是中庸观念。“‘过犹不及’是两条战线斗争的方法是重要思想方法之一。”⑤杜国庠认为：《墨经》和荀子都表现了“中国古代逻辑思想着重认识论因素的优良传统”。这个传统即逻辑和认识论一致的辩证逻辑思想，突出反映在《墨经》从五个方面揭示了里概念的辩证性质。⑥侯外庐指出，王夫之哲学是“重在变化哲学，其内容含有辩证法的要素”，他“认动为常性”，而静是相对的，“静亦是动”，还认为对立面的“相感”是事物运动的根源，“自然的物物相感，是相反相成的和法则运动”；同时他继承了墨子和荀子的传统，把思维过程看作矛盾运动的过程，“有动的逻辑之成分”，比如，揭示推论的辩证性质，“‘推’之思维，既不能限于一般的一‘知’，又不能执着特殊的一‘义’”，又认为“‘推’之过程既知”，而“‘推行’即具体在事物实际中的验证”。⑦这是要求推论贯彻一般与特殊、知与行相统一的原则，而与形式逻辑的推论有所不同。

---

① 侯外庐：《船山学案》，岳麓书社 1982 年版，第 53、47、57 页。
② 郭沫若：《十批判书》，载《郭沫若全集》历史编第 2 卷，人民出版社 1982 年版，第 93 页。
③ 《杜国庠文集》，人民出版社 1962 年版，第 78、227、15、73 页。
④ 侯外庐：《船山学案》，岳麓书社 1982 年版，第 85、86、71、97—98 页。
⑤ 《毛泽东书信选集》，人民出版社 1983 年版，第 148、145 页。
⑥ 《杜国庠文集》，人民出版社 1962 年版，第 519、80—81 页。
⑦ 侯外庐：《船山学案》，岳麓书社 1982 年版，第 26、35、27、92、95 页。

通过上述几方面对于中国哲学优良传统的具体展示，揭示了马克思主义哲学与中国哲学的优良传统在理论内容上的诸多相似之处，这就在中国传统哲学中找到了马克思主义哲学在中国的理论胚芽。这样，马克思主义哲学中国化所表现的中西哲学合流，不只是在于运用了“实事求是”“相辅相成”这类传统哲学的术语，更重要的是马克思主义哲学和中国哲学的优良传统在理论内容上实现了有机结合，马克思主义哲学中国化的实事求是思想路线、能动的革命的反映论、知行的辩证统一观、矛盾法则以及《论持久战》等著作中体现的辩证逻辑，在先秦和明清之际的优良传统中已经有了雏形。这意味着马克思主义哲学中国化，不仅是仿佛向先秦和明清之际，尤其是这两个时期的杰出代表荀子和王夫之的复归，而且是整个中国古代哲学朴素唯物论和辩证法的传统在更高阶段的再现。

二是把先秦及明清之际的优秀哲学传统与西方古希腊及文艺复兴后的哲学作了比较。中国的马克思主义者认为，先秦和古希腊、明清之际和文艺复兴后的哲学可以并肩而论。侯外庐说：“中国先秦诸子思想之花果，固然可以比美于希腊文化，而清代思想之光辉，亦并不逊色于欧西文艺复兴与宗教改革以来的成果。”①侯外庐比较先秦和古希腊，指出：“中西两相对勘，我们可以说，希腊古代思想史在起点上，是追求知识、解答宇宙根源总问题的‘智者气象’，其‘贤人作风’反而在后（例如苏格拉底、柏拉图、亚里士多德等所谓‘三哲时代’）；而在中国古代思想起点上，是关心治道，明伦理的‘贤人作风’，其‘智者气象’在战国中叶才发达起来。”②这就是说，先秦哲学和古希腊哲学，尽管各有个性，但从整体上看，两者有着类似的思想成果。明清之际进步思想家中，最杰出的代表是王夫之。侯外庐特别将他的哲学和德国古典哲学作了比较。他说：王夫之“可以和西欧哲学家费尔巴哈孤处乡村著书立说并辉千秋。他使用颇丰富的形式语言成立他的学说体系，我们又不能不说他可以和德国近世的理性派东西比美”；王夫之的“进步的自然法理论……在一般论点上颇有康德二律相背说之观点，部分追寻到黑格尔的历史哲学”；王夫之的“自然的物物相

① 侯外庐：《中国近世思想学说史·自序》，重庆三友书店1944年版。
② 侯外庐：《中国思想通史》第1卷，人民出版社1957年版，第131页。

感，是相反相成的合法则运动，正如黑格尔所谓‘凡存在的皆是合理的；凡合理的皆是存在的’”；王夫之“能动性的思维与存在之哲学，可与黑格尔的认识论比美”；“船山所说明的成性，即着重了历史的过程，含有否定的否定的发展，类似黑格尔说的人性是‘自己运动和生命力所固有脉搏跳动’。这不但是在理论上超过了先秦诸子，而且超过了费尔巴哈的人性概念说”。①

马克思主义哲学的思想资料主要来源于古希腊和文艺复兴后的近代哲学，尤其是德国古典哲学。因此，通过这一方面的比较，揭示出中国哲学的优良传统与马克思主义哲学的理论源头相仿相通就进一步具体地论证马克思主义哲学和中国哲学优良传统相融合的历史根基，承继古代哲学优良传统是马克思主义哲学中国化的内在要求；而且指出明清之际哲学与德国古典哲学的相似相通，意味着犹如德国古典哲学是马克思主义哲学产生的思想背景那样，由明清之际哲学走向马克思主义哲学中国化有着思想的必然性。

第三，把马克思主义哲学和儒家伦理思想的合理因素相融合。

中国传统哲学注重人生、注重伦理，这是以儒家为主体的。因而在马克思主义哲学中国化的过程中，除了批判儒家伦理思想的封建性和唯心主义本质之外，也需要把马克思主义哲学和儒家伦理思想的合理因素相融合。艾思奇说：“在辩证唯物论的立场来解决道德修养问题的研究。抗战以来也表现了许多成绩，最主要的，如刘少奇同志的《论共产党员的修养》，如洛甫同志的《论待人接物的态度》。”②这里就以这两篇论著③，来分析马克思主义哲学与儒家伦理思想的合理因素的融合。

在对待他人的态度上，他们改造了儒家的恕道。刘少奇说，共产党员要“将心比心”“委曲求全”“以德报怨”。张闻天说，革命者在待人接物方面的“宽宏大度”是继承了“中国人从来所称道的美德”，是“在一定的原则下，服膺中国古人所谓‘不念旧恶’，实行恕道”。这都表现了他们肯定“己所不欲，勿施于人”的恕道是儒家思想中的合理因素，并在一定条件下把它和马克思主义哲学

① 侯外庐：《船山学案》，岳麓书社 1982 年版，第 1、31—32、45、53、72 页。

② 《艾思奇文集》第 1 卷，人民出版社 1981 年版，第 556 页。

③ 这里引用的两篇论著的引文，均据人民出版社 1982 年出版的《刘少奇选集》和人民出版社 1985 年出版的《张闻天选集》。

作了融合。

在自我修养上，他们改造了儒家注重主观努力的精神和方法。刘少奇说："革命者在革命斗争中的主观努力和修养……是完全必需的"，因而他在批评"古代许多人的所谓修养，大都是唯心的……片面夸大主观的作用"的同时，认为孟子"人皆可以为尧舜"的话是"说得不错"的，表现了不"自暴自弃"的主观努力的精神。由此，他又肯定了儒家注重主观努力的自我修养方法，如"吾日三省'吾身'"的"自我反省"、对"缺点能够自己公开，勇敢改正，有如'日月之食'"、在任何时候"能够'慎独'，不做任何坏事"等。张闻天说，"从谏如流"是"中国人从来最为称道的美德之一"。它表示了对自我修养的坚持不懈，"一方面要善于批判自己。另一方面又要善于接受他人对自己的批判"。

道德行为要求自觉和自愿，自觉即按照理性认识来办事，自愿即出于意志自由地选择。孔子认为"未知焉得仁"（《论语·公冶长》），没有对伦理关系的正确认识，就不能有自觉的仁德。也就是说，道德行为的自觉来源于理性认识。仁智统一，因而人可以通过教育和修养而成为有道德的人。这是孟子、荀子到程朱、陆王和王夫之、戴震都赞同的观点。所以，从总体上说，儒家比较多地考察了道德行为的自觉原则，实行恕道和在自我修养上注重主观努力正反映这一点。恕道是肯定人同此心，每个人的理性都能判断是非和善恶，因而才能做到"将心比心"，推己及人。在自我修养上注重主观努力，是认为要由意志力来支撑这种努力，因此儒家也重视"志"，而这种意志力是凭借从理性出发的持久修养来培养的。所以注重主观努力，是强调意志应服从于理性，从自我反省、慎独直至杀身成仁、舍生取义，都出于理性的高度自觉。显然，儒家注重道德行为的自觉原则，对于培养中华民族的美德起到了一定的积极作用，这是传统哲学的优点。

刘少奇、张闻天肯定儒家的恕道和在自我修养上注重主观努力，正是把其中包含的传统哲学的这个优点和马克思主义哲学作了融合。刘少奇说："人的言论行动，都是有人的思想意识来作指导的"，共产党员的思想意识的修养，并非"只靠家庭出身好，本人成分好"，而要靠掌握马列主义的理论，因而他强调"理论学习和思想意识修养是统一的"。也就是说，道德行为作为当然之则，出自对必然的理性认识，是以这种理性认识为指导的自觉行为。他说："'杀身成仁''舍生取义'。在必要的时候，对于多数共产党员来说，是被视为当然的事情。这不是由于他们个人的革命狂热或沽名钓誉，而是由于他们对于社会发展的科学的了解和高度自觉。"张闻天说，共产党员对于群众要有"中国古代哲人那种所谓'循循善诱'与'诲人不倦'的精神"，认为"只有这样，我们才能找出各种提高他们觉悟程度的具体办法"，从而强调在群众的思想教育中要启发自觉。应当看到，马克思主义哲学同儒家伦理思想中注重自觉原则的融合，取得了很大成果。这不仅表现在《论共产党员的修养》对于革命者的道德修养起到巨大作用，而且表现在这样的融合对我们党形成批评和自我批评的作风，密切联系群众的作风至关重要。

以上三方面说明，20 世纪 30 年代以后，致力于马克思主义哲学和传统哲学的融合，成为马克思主义哲学中国化的重要方面。

四、马克思主义哲学中国化与传统哲学的缺点

任何自觉性都是相对的。在马克思主义哲学中国化的过程中，还存在对马克思主义哲学赖以产生的西方文化和中国传统哲学的了解研究不够全面、深入的地方，有着某些盲目性。这主要表现在以下三方面：

第一，没有自觉地改变传统哲学缺乏形成逻辑的弱点。

中国传统哲学在逻辑思维方式上，确如侯外庐、杜国庠所揭示的，有着善于辩证逻辑的优点。但是随着这个优点而来的是缺乏研究形式逻辑的弱点。先秦以后，墨学衰绝，《墨经》的形式逻辑体系再也没有得到发展。近代严复比较早地看到了传统哲学的这个弱点，因而他以及他以后的章太炎、胡适、金岳霖等人都重视形式逻辑，章太炎、胡适还挖掘了《墨经》中的形式逻辑体系，这对于改变传统哲学缺乏形式逻辑的弱点是有意义的。

然而，马克思主义者没有充分地意识到传统哲学的这个弱点。杜国庠认为，《墨经》的逻辑在公理系统的形式上流于简略而不周密，并不是缺点而是优点。他说：《墨经》"在逻辑的本身，更重内容而轻形式……关于论式没有得到形式的规定这一点，我们认为这不能看作墨家逻辑的缺点或幼稚，因为逻辑是

否高级,并不以论式的有无为标准”。[①]也就是说,传统哲学的逻辑学说是重内容的辩证逻辑。因此,它对形式逻辑的轻视不能看作是缺点。这样,在马克思主义哲学中国化的过程中,缺少推进中国近代哲学为改变传统哲学缺乏形式逻辑的弱点而作的努力。艾思奇说:“抗战以后不久,首先在理论战线上提出来的就是关于辩证法和形式逻辑的关系的问题。”[②]对这个问题,他和李达都把形式逻辑和辩证法截然对立,艾思奇的《大众哲学》说:“所谓形而上学,就是从形式理论学产生的”,“形式理论学的特点,是在于反对矛盾的认识”。[③]李达的《社会学大纲》说:“形式逻辑完全缺乏发展的观点。”它的三个基本规律就是“同一永远是同一、差别永远是差别、对立永远是对立”的形而上学。[④]其实,形式逻辑要求的是排除思维中的逻辑矛盾,这并不意味着要求排除客观事物内包含着的矛盾。诚然,把形式逻辑的同一律绝对化,看作世界观的基本原则,确实会导致形而上学。但这并非形式逻辑本身的过错,因为任何一门科学(包括马克思主义),如果将其中的某个原理绝对化,都会导致形而上学。由于把形式逻辑等同于形而上学,艾思奇、李达都主张用辩证逻辑取代形式逻辑。艾思奇说:“我们现在既已有了高级的动的逻辑,就用不着形式论理学了。”[⑤]李达也说,辩证论理学“是唯一的科学的方法”。[⑥]

马克思主义哲学中国化没有改变传统哲学缺乏形式逻辑的弱点,其产生的后果是不良的。哲学和科学的重要交接点是逻辑和方法论。爱因斯坦曾说:“西方科学的发展是以两个伟大成就为基础的”,其中之一便是“希腊哲学家发明的形式逻辑体系”。[⑦]近代科学没有首先在中国萌生,显然同传统哲学缺乏形式逻辑的传统有关。20世纪以来,形式逻辑迅速发展,对科学起着极大的促进作用。马克思主义哲学的中国化,没有改变传统哲学对形式逻辑的轻视,没有正确阐明辩证逻辑和形式逻辑的关系,因而和近代科学的联系比较薄弱,

---

① 《杜国庠文集》,人民出版社1962年版,第561页。
② 《艾思奇文集》第1卷,人民出版社1981年版,第557页。
③ 《艾思奇文集》第1卷,人民出版社1981年版,第233、429页。
④ 《李达文集》第2卷,人民出版社1981年版,第271页。
⑤ 《艾思奇文集》第1卷,人民出版社1981年版,第236页。
⑥ 《李达文集》第1卷,人民出版社1981年版,第267页。
⑦ 《爱因斯坦文集》第1卷,商务印书馆1976年版,第574页。

影响了它对近现代科学作出有力的概括。

第二,没有彻底地清算传统哲学中经学方法的弊病。

自汉代独尊儒术之后,逐渐形成了同封建专制主义有联系的经学方法。正统派儒学把孔孟之道奉作神圣的教条,认为四书五经已具备所有的真理,后来人只能对这些经典进行注释,决不允许离经叛道。即使是“异端”思想,也常常以注经的方法来表达。可以说是叛道而不离经。这种经学的思想方法培养了唯经、唯圣的观念。这是传统哲学中十分腐朽的东西。中国近代思想家对经学方法作了多次冲击,特别是五四的批孔反儒给予经学方法狂风暴雨般的批判。

但是,经学方法和中国封建制一样的顽固。五四以后,不仅有大地主和大资产阶级尊孔读经,在革命队伍内也有在马克思主义外衣下贩卖经学方法的以王明为代表的教条主义。王明等人以马列主义经典作家的个别词句和第三国际决议的条文为根据,是马克思主义哲学中国化的最主要障碍。毛泽东指出,王明教条主义认为“圣经上载了的才是对的”;并称这种教条主义为“本本主义”,认为其之所以能得逞,是和“以为上了书的就是对的,文化落后的中国农民至今还存着这种心理”有关。①这些触及了王明教条主义的经学方法,并且提出了同经学方法在本质上相对立的调查研究的方法和群众路线的方法。不过,从总体上看,在同王明教条主义的斗争中,对于它所表现的传统的经学方法没有给予彻底的清算。毛泽东在读了范文澜关于中国经学史的提纲后说:“用马克思主义清算经学这是头一次。因为大地主大资产阶级的复古反动十分猖獗。”②可见,当时对于经学的清算主要是以大地主大资产阶级的复古反动为目标的。对于王明教条主义,毛泽东主要批判其思想方法上的主观性、表面性和片面性。他在《矛盾论》中说:“中国的教条主义和经验主义的同志们所以犯错误。就是因为他们看事物的方法是主观的,片面的和表面的。”③毛泽东认为,这种思想方法形成了洋教条、洋八股,并强调要以中国作风和中国气派来取代。具有总结延安整风意义的《关于若干历史问题的决议》,认为王明教条

---

① 《毛泽东著作选读》上册,人民出版社 1986 年版,第 78—79、50 页。

② 《毛泽东书信选集》,人民出版社 1983 年版,第 163 页。

③ 《毛泽东著作选读》上册,人民出版社 1986 年版,第 153 页。

主义是小资产阶级思想方法，而“小资产阶级的思想方法，基本上表现为观察问题时的主观性和片面性”。[①]这些批判都是正确的。但是，对于王明教条主义的经学方法没有明确地加以提出并给予批判，没有指出这种方法是封建主义的腐朽东西，这不能不说是马克思主义哲学中国化过程中的一个不足之处。这表明，对于后来邓小平指出的“旧中国留给我们的，封建专制传统比较多”[②]的国情缺乏足够的重视。正由于有这么一个不足之处，所以尽管对王明教条主义在认识论上、思想方法上作过深入的批判，但传统的经学方法仍然在马克思主义的外衣下几度出现，危害了马克思主义哲学中国化的健康发展。

第三，没有深入地克服传统哲学中忽视个性的不足。

传统哲学以儒家为主体的伦理思想，在汉代之后，是以封建的三纲五常为核心的。陈独秀曾说：“不见有一独立自主之人者。三纲之说为之也。”[③]因而替三纲五常作论证的儒家伦理思想基本上漠视了个性，其突出表现是不注重道德行为的自愿原则。前面说过，儒家有强调道德行为的自觉原则的优点。但是，从董仲舒到程朱理学的正统派儒学片面地发展了这一点，认为道德出于天命（天理），天命（天理）具有必然性，只能认识它和自觉地顺从它，绝不能抗拒；不管愿意与否，都得服从，这就完全忽视了道德的自愿原则。不讲道德行为出于意志的自由，个性解放就无从谈起。中国近代一些思想家为了反对正统派儒学，呼唤个性解放，过分地强调蕴含着道德的自愿原则的意志自由，从而导致唯意志论。龚自珍、谭嗣同、章太炎、早期的鲁迅，无不如此。这固然有进步作用，但在理论上并不能科学地克服传统哲学忽视个性的缺陷。

马克思主义哲学传入中国，当然反对用三纲五常束缚人们的个性。如毛泽东指出的，在马克思主义指导下的新民主主义革命，正是为了破除“束缚着中国人民的个性发展”的旧制度，“保障广大人民能够自由发展其在共同生活中的个性”。[④]在认识论和历史观上，能动的革命的反映论已为正确解决个性问题提供了理论根据。但是，从伦理学的意义上讲，马克思主义哲学在中国化的

---

① 《毛泽东选集》第3卷，人民出版社1953年版，第994页。

② 《邓小平文选》第2卷，人民出版社1994年版，第332页。

③ 《独秀文存》，安徽人民出版社1987年版，第34页。

④ 《毛泽东选集》第3卷，人民出版社1953年版，第1058—1059页。

过程中还没有能够深入地克服传统哲学中忽视个性的不足，这表现在两个方面：

一是在人的自由问题上，把认识论上的自由等同于伦理学上的自由。瞿秋白在《自然世界与必然世界》中指出，1923 年科学与人生观的论战中，争论的中心是必然与自由的问题，即人生的行为是受必然支配还是出于意志自由。他认为“人的意志行为都受因果律的支配”。人若更多地把握了必然规律，就“能得多量的自由”。也就是说，自由是对必然的认识。这在认识论上说是正确的，但从伦理学上说，自由是人们自觉自愿地在行为中遵循的道德规范。道德行为出于自觉，是以对必然性的理性认识作基础的，这同认识论上的自由有着联系，即道德规范要有客观必然性作根据。善以真为前提，道德行为出于自愿，是来自意志的自由选择，这同认识论上的自由显然有区别，因为认识论上的自由强调客观必然性是不以人的意志为转移的。然而，瞿秋白把认识论上的自由和伦理学上的自由等同起来了，认为人的一切行为(包括道德行为)都受必然性支配。“一切动机(意志)都不是自由的”，人仅仅是社会“变革里所必需的‘历史工具’”，①这就否认了道德行为的自愿原则。瞿秋白在理论上的这种片面性，在马克思主义哲学中国化的过程中没有得到纠正。刘少奇在 1941 年说：“我们认识了更多的必然性，就会有更多的自由。”这也是从认识论上来说明自由是对必然的认识，但他同样把认识论上的自由夸大到伦理学上去了。他说：“人的一切行动都是有意识的行动，都是为思想所指导的，就是说，都是自由的，但是人的行动又常常是被迫的。比如农民在炎热的日光下种田，汗流如雨，这不是出于他的自愿，而是被迫的……但为饥寒所迫，农民不能不终日辛苦劳作。同时这也是自愿去作的，并没有人强迫他。”认为认识了必然，有了自觉，便会自愿，“如果你没有自觉性，就成为强迫的了”。②这就使出于对必然的理性认识的自觉取代了出于意志的自由选择的自愿。这样来讲伦理学上的自由，也忽视了自愿原则。

可见，马克思主义哲学中国化的过程中，由于把认识论的自由等同于伦理

① 《瞿秋白选集》，人民出版社 1985 年版，第 122、116、122 页。

② 刘少奇：《论党员在组织上和纪律上的修养》，中共中央党校出版社 1981 年版，第 46 页。

学的自由,因而也没有能够摆脱传统哲学忽视自愿原则的缺陷。这就不可能深入地说明个性的自由发展和历史的必然趋势的一致性。

二是在人性论上,把阶级性等同于个性。正统派儒学在人性论上强调“复性”说,认为人生来具有的善性就是区别于动物的标志,人的道德修养是恢复其本性。这种人性论只讲抽象的共性,以类的本质抹杀个性的存在。马克思主义者批判了抽象的人性论。毛泽东说:“只有具体的人性,没有抽象的人性,在阶级社会里就是只有带阶级性的人性。”①这是正确的。但是,应当看到在马克思主义哲学中国化的过程中,出现了把阶级性绝对化的倾向,以为阶级性就是个性。瞿秋白在《自由世界和必然世界》中说:“社会里个性的动机,在初民时代便是社会的;在现今有阶级的社会里便是阶级的。”认为个性是有阶级性的,这是对的。但他把这一点推向了极端,认为个性的自由仅在于“个性能‘自由’选择某一个阶级的观点”。所以,“个性的(亦即阶级的)”。②这就把阶级性等同于个性,其实,阶级性是人在社会属性方面的共性,它和个性是有区别的。在以后,阶级性等同于个性的错误也没有得到纠正,表现在对于革命者的教育和培养上,并简单化为只有阶级分析和站稳阶级立场,这显然是不正确的。因为阶级性不是抽象的,阶级意识总是通过自我意识来实现的,革命者要一个个地培养,而每个人都有不同的个性特征。所以离开了个性就没有阶级性,就不能真正培养革命者。由于用阶级性取代了个性,因而对中国近代哲学呼唤的“个性解放”采取了否定态度,在伦理学上将集体主义和个性解放相对立。周扬在延安时说:“个性解放曾是五四新文学的一个中心主题”,但是,“在这个新的时代,解放个性的斗争,应当属于解放民族、解放社会的斗争”,“尤其在我们共产主义者来说,个性应当从属于集体,最好的个性应当是集体性表现得最强的”。③这就以集体主义吞并了个性解放。

马克思主义哲学中国化的过程中,没有在上述三方面克服传统哲学的缺失,原因是多方面的。从思想文化上说,原因之一是受到当时苏联哲学的影响。从20世纪20年代到30年代,瞿秋白、艾思奇、李达等有影响的马克思主

---

① 《毛泽东著作选读》下册,人民出版社1986年版,第548页。
② 《瞿秋白选集》,人民出版社1985年版,第125、125、124页。
③ 《周扬文集》第1卷,人民文学出版社1984年版,第397页。

义理论家，都曾翻译了苏联的马克思主义哲学教科书，他们对马克思主义哲学的理解和阐释对这些教科书有所参照。这些教科书把形式逻辑看作是和辩证法相对立的，对于个性的研究是缺失的。毛泽东在那个时期读了不少苏联哲学教科书的中译本。[①]他在 1941 年致信中央研究组和高级研究组，就"研究思想方法论"方面，向党的高级干部、中央委员推荐了四份材料，两份来自艾思奇和李达所译的苏联哲学教科书，其中一份是李达译本的第六章"唯物辩证法与形式逻辑"，[②]正是这一章把形式逻辑说成是形而上学的。

马克思说：无产阶级"十分无情地嘲笑自己的初次企图的不彻底性，弱点和不适当的地方"，是为了"重新开始把这些事情再做一遍"。[③]反省马克思主义哲学中国化过程中的这些不足，就是要继续推进马克思主义哲学与传统哲学的结合，在前人的基础上发展马克思主义哲学中国化。

（原载《哲学研究》1987 年第 5 期，收入本论集时主要增加了第二节）

① 参见《毛泽东哲学批注集》，中央文献出版社 1988 年版。

② 《毛泽东书信选集》，人民出版社 1983 年版，第 189 页。

③ 《马克思恩格斯选集》第 1 卷，人民出版社 1972 年版，第 607 页。

变革·融合·制约

——马克思主义哲学中国化与传统文化

在中国近代,西方思想纷纷涌入,并产生了深刻的影响。西方思想影响中国的过程,就其本质而言是中国化的过程。所谓中国化,可以从社会层面和文化层面进行分析。在社会层面,中国近代历经了前所未有的社会大变动,西方思想之所以能影响中国,是由于它们总是在某种程度、某个方面满足了这一社会大变动的需求。某一西方思想在中国影响力的大小即其中国化的深浅,取决于它满足这一社会大变动的需求的广度和深度。在文化层面,西方思想的中国化是指它们在中国取得了新的理论形态,从而具有与其在西方不尽相同的面貌,如进化论在中国取得了世界观的新形态、杜威实用主义在中国主要是以科学方法论为核心的新形态出现的。当然,这两个层面是互相关联的:前者制约后者,后者反映前者。

马克思主义作为在中国近代传入的西方思想之一,其中国化的过程亦是如此。它之所以比其他的西方思想对中国更具影响力,就在于它对“中国向何处去”的回答,更能对应中国近代社会大变动的需求;正是在这过程中,它形成了在中国的新形态,这就是毛泽东思想以及后来的邓小平理论。从文化层面上,在西方思想中国化的过程中,始终是与如何对待传统文化相联系的。马克思主义的中国化也不例外。对此近年来学术界议论颇为热烈,这是有其原因的。首先,随着对五四以来的中国思想文化研究的深入,不可避免地需要回答:马克思主义中国化在五四之后成为思想文化的主流,其成果和教训是否与文化传统有关?其次,随着中国特色社会主义现代化事业的进展,马克思主义必须在中国有进一步的创新,这就需要回答:当代中国的马克思主义创新应当如何从传统文化中汲取思想资源。正是在这样的问题背景下,马克思主义中国化与传统文化的关系得以凸显。学术界从不同的角度对此作了不少的研究。本文在吸取前人研究成果的基础上,旨在论证马克思主义中国化与传统文化之间,存在着三个有内在联系的环节:变革、融合、制约。

一、三个相互联系的环节

首先,马克思主义哲学中国化是对传统文化的变革。马克思主义哲学和中国传统文化存在着时代性差异:前者是在资本主义工业化时代产生的无产阶级的理论体系;后者主要是在以小农经济为基础的封建社会里形成的。这就决定了马克思主义哲学中国化必然是变革传统文化的过程和产物。正是在这个意义上,毛泽东在延安时期写的《辩证法唯物论讲授提纲》指出:"由于中国社会进化的落后,中国今日发展着的辩证唯物论哲学思潮,不是从继承和改造自己的哲学遗产而来的,而是从马克思列宁主义的学习而来的",并认为"要使辩证法唯物论思潮在中国深入与发展下去",就必须"清算中国古代的哲学遗产"①。没有对于传统文化的变革,马克思主义哲学是无法在中国显示其影响的。这样的变革不仅是必要的,也是可能的。马克思主义哲学的诞生是以西方近代思想文化为直接背景的。马克思主义哲学在五四时期对中国社会产生影响,这并非偶然。因为在此前的 80 年间,西方近代思想文化已在中国得到了一定的传扬,这就为中国人接受和理解马克思主义哲学提供了可能性。因而毛泽东把十月革命后找到马克思主义,看作是对在这之前的"向西方寻找真理"的延续和飞跃。②提供了接受和理解马克思主义哲学的可能性,也就提供了用马克思主义哲学变革传统文化的可能性。因为只有接受和理解了马克思主义哲学,才谈得上它对传统文化的变革。

其次,马克思主义哲学中国化是对传统文化的融合。在马克思主义哲学中国化过程中变革传统文化,是为了使人们认同马克思主义哲学。对外来任何新的思想理论的认同,实际上是与其或多或少、或深或浅地与传统文化融合相联系的。否则,外来的思想理论就会被看作是纯粹从外面输入和强加的、在

① 转引自李其驹等《马克思主义哲学在中国》,上海人民出版社 1991 年版,第 451 页。
② 《毛泽东著作选读》下册,人民出版社 1986 年版,第 675 页。

中国传统文化中是没有根基的，从而无法获得认同感。正是有鉴于此，毛泽东在提出“使马克思主义在中国具体化”时，强调“从孔夫子到孙中山，我们应当给以总结，承继这一份珍贵的遗产”。[①]所以，马克思主义哲学中国化的另一个重要环节，就是自觉地融合传统文化。一般来说，两者的融合是以两者具有某种相似性为基础的。马克思主义哲学和中国传统文化尽管存在着时代性、民族性的差异，但由于两者所要回答的宇宙人生的根本性问题是共同的，因而在对共同问题的回答里总有某些相似之处。更重要的是，在西方，近代资本主义文化是对前资本主义文化的否定，而马克思主义则以揭示资本主义的必然灭亡为己任，代表了后资本主义文化。可以说，马克思主义对于前资本主义文化表现为否定之否定的螺旋式上升，仿佛是对前资本主义文化的复归。恩格斯在《反杜林论》中指出了哲学领域的这种复归，即从前近代的朴素唯物论和朴素辩证法相结合的阶段，经过近代的机械唯物论阶段，发展到辩证唯物论阶段。由于仿佛是复归，因而马克思主义与前近代文化无疑具有相似性。中国传统文化显然属于前近代文化，所以它和马克思主义哲学存在着相似之处。这就使得两者的融合是有可能的。马克思主义哲学中国化是将这两者处于自在状态的相似之点予以自觉地融合，从而使其与传统哲学有着历史的连贯性，成为中国哲学发展的一个新阶段。

第三，马克思主义哲学中国化受到传统文化的制约。马克思主义哲学中国化不只是对传统文化的变革和融合，它还受到传统文化的制约。变革和融合这两个环节，在马克思主义哲学中国化的过程中，是内在地联系在一起的：变革不仅仅是对传统文化的否弃，同时也包含着对传统文化的提升；融合是在变革传统文化的过程中实现的，同时又使变革获得文化上的认同感及亲和力。然而，无论是变革或者融合，均以对马克思主义哲学的理解为前提。理解总是在主体的“前理解”，即原有观念结构的作用下发生的，而传统文化在主体的原有观念结构中占据着一定的位置。因此，传统文化作为主体的观念结构的组成部分也参与了对马克思主义哲学的理解，传统观念、意识不可避免地渗入其中，使其打上传统观念、意识的印记。这种制约作用对主体而言，往往是无意

---

① 《毛泽东著作选读》上册，人民出版社 1986 年版，第 287 页。

识的，但却是不能忽视的。因为这种制约作用通过影响主体对马克思主义哲学的理解从而影响其对传统文化的变革和融合。所以，传统文化的制约成为马克思主义哲学中国化过程中，与变革、融合交织在一起的又一个环节。这种制约作用的某些方面，会使马克思主义哲学中国化掺杂着传统观念或意识某些不良因素。对此有清醒的认识，马克思主义哲学中国化才会不断地在变革和融合传统文化中前进。

当然，马克思主义哲学中国化与传统文化之间的上述三个环节，需要通过以下三方面的具体研究来予以揭示。

二、马克思主义哲学中国化和中西哲学合流

以往对于马克思主义哲学中国化的研究，比较偏重于分析中国早期马克思主义者曾受到过传统文化熏染的情形，较少从整个中国近代中西哲学合流的进程考察马克思主义哲学中国化与传统文化发生关联的历史必然性。马克思主义哲学中国化发端于五四时期，此前的中国近代哲学的发展是其直接的思想起点。中国近代哲学与传统哲学的显著区别之一，是改变了与西方哲学隔绝的状态，开始了两大哲学的合流。马克思主义哲学中国化作为五四以后的中国近代哲学的主流，是对五四之前的中西哲学合流的延续和推进。由于马克思主义哲学中国化的过程是中西哲学合流的过程，因而就存在着它和传统文化关系的问题。当然，合流的过程并非自然的汇合，其间充满了马克思主义哲学中国化与传统文化的变革、融合、制约相交织的复杂性。纵观马克思主义哲学在中国的历史进程，从李大钊、陈独秀把根据中国的“实境”运用马克思主义哲学与分析中西文化的差异相联系，到20世纪30年代以后毛泽东、刘少奇、侯外庐、郭沫若等致力于以“马克思主义中国化”为宗旨，承继“从孔夫子到孙中山”的哲学遗产，表现出中西哲学合流的自觉意识的不断发展。由此我们不仅可以认识到，马克思主义哲学中国化是中国近代中西哲学合流的必然发展，而且可以认识到马克思主义哲学中国化的重大意义之一，是它作为中国近代以来最有生命力的中西哲学结合的理论体系，使中国哲学开始成为统一的世界哲学的重要组成部分。

马克思主义哲学中国化作为中西哲学的合流,其最显著的理论成果,在毛泽东那里,就是以实践论为核心的知行观和以矛盾论为核心的辩证法。通过考察传统知行观的近代嬗变与毛泽东实践论的关系,可以看到毛泽东的实践论以知和行的具体的历史的统一作为辩证唯物论的全部认识论,不仅是对马克思主义认识的发展和创新,也是对中国传统知行观的承继和创新。传统知行观以个体的道德修养为主轴,其基本性质是伦理学的;而毛泽东以实践论为核心的知行观,其基本性质则是认识论的。从前者转换为后者,是以前者在近代的嬗变为中介的。在西方近代,认识论成为哲学的中心问题,是以近代科学的兴起为基础的。在中国近代,知行观改变了传统的伦理学性质,也有相似之处,即近代科学成了知行观关注的对象。因此,在中国近代知行观中渗入了西方近代的认识论。中国近代知行观在知行范畴、知行主体、知行过程、知行作用等方面,都表现出了由伦理学向认识论的嬗变;而嬗变的历史进程,则以凸显面向客观现实和重视主体能动性为轨道,毛泽东的知行观(实践论)正是沿着这样的轨道而形成的。可以说,毛泽东的知行观就是传统知和观向近代嬗变的合乎逻辑的必然产物,由此表现了对传统知行观的变革和融合。传统知行观的伦理学性质,突出表现在把知行过程与成人(理想人格的培养)过程相统一。这在传统知行观的近代嬗变中仍然发生着影响力,因此毛泽东把知行统一的过程看作是培养具有三大作风(理论联系实际、密切联系群众、认真的批评和自我批评)的理想人格的过程。这无疑映照出传统知行观的伦理学性质的制约,但是这一制约对于马克思主义哲学中国化起着正面的作用,或者说,这种制约正表现了对传统在变革基础上的融合。由此,毛泽东的知行观具有了不同于西方近代认识论的独特色彩,即超越以科学知识为轴心的狭义认识论的意蕴。

考察传统辩证思维的历史演化和毛泽东矛盾论的关系,同样可以看到毛泽东的矛盾论把对立统一规律作为辩证法的根本规律。这不仅是对马克思主义唯物辩证法的发展和创新,也是对中国传统辩证法的承继和创新。传统辩证法源远流长,与知其然(察类)到知其所以然(求故)再到知其必然(明理)的认识过程相对应,经历了先秦的“相反相成”到两汉唐宋的“体用不二”再到宋明的“理一分殊”,这些传统辩证思维在近代进化论中接受了近代科学最初的洗礼；而后，毛泽东以矛盾法则即对立统一规律贯彻于察类、求故和明理，将“相反相成”“体用不二”“理一分殊”贯通起来，给予概括和总结。①因此，毛泽东的矛盾论对于传统的辩证法，并不只是外在地引用了后者的某些术语，而是与后者在理论上有着内在的一脉相承的历史延续性和螺旋上升的逻辑必然性。毛泽东的矛盾论是合乎传统辩证法历史演进的必然结果，也是近代中西哲学合流的历史进程的必然结果。毛泽东的矛盾论对传统辩证法的承继和创新，无疑具有变革和融合传统辩证法的意义。同时，中国的马克思主义哲学在20世纪三四十年代普遍地把形式逻辑视为与辩证法相对立的形而上学，这在某种程度上打上了传统哲学忽视形式逻辑的烙印，从而对马克思主义哲学中国化产生了一定的负面作用。

无论是纵观马克思主义哲学在中国的历史进程，还是具体考察中国马克思主义哲学的理论成果，都可以看到马克思主义哲学正是在中西哲学合流的过程中实现中国化的。

三、马克思主义哲学与中国传统哲学的比较

近些年来，中西哲学比较颇为流行。不过，以往讨论马克思主义哲学中国化，比较偏重于讨论毛泽东论著中对于传统哲学某些命题的借用和重释，很少通过深入进行马克思主义哲学与中国传统哲学的比较研究，来揭示两者在理论上的关联性；与此相联系，也很少深入总结马克思主义哲学中国化过程中关于中西文化比较的经验教训。其实，对于来自西方的马克思主义哲学与中国传统哲学作比较研究，是探讨马克思主义哲学中国化与传统哲学关系的一项基础性工作。因为只有深入比较两者的同异，认识马克思主义哲学中国化与传统哲学之间的变革、融合和制约的关系，才会有比较坚实的理论依据。我们在把握马克思主义哲学与传统哲学同异的基础上，就能够回答下列的问题：马克思主义哲学中国化何以要变革传统哲学，已作了哪些变革，还应当作怎样的

① 参见拙作《论中国古代哲学辩证思维的逻辑发展》，《哲学研究》1992年第6期，以及金顺福、汪孵育主编：《辩证思维论》，燕山出版社1996年版，第三章“辩证思维的系统发育史”(下)。

变革？马克思主义哲学何以能与传统哲学相融合，已作了哪些融合，还应当作怎样的融合？马克思主义哲学中国化受到了传统哲学的哪些制约，应当如何评价这些制约的作用？

当然，在马克思主义哲学与中国传统哲学的比较中，最需要回答的问题是：马克思主义哲学何以能与传统哲学相融合？因为只有对这个问题作出了回答，才能论证马克思主义哲学尽管来自西方，但在中国传统哲学中同样存在着它深厚的理论底蕴，因而马克思主义哲学中国化并非对传统哲学的断裂，而是对传统哲学的接续和超越。如前所述，融合是以两者的相似之处为基础的。因此，要考察两种理论体系的融合何以可能，就需要研究两者有没有根本性的相似之处。

首先需要关注的，是马克思主义哲学关于哲学基本问题的观点与中国传统哲学的比较。众所周知，把思维与存在的关系作为哲学的基本问题，是马克思主义哲学与其他西方哲学流派的显著区别，也是其理论体系的基石。如果中国传统哲学没有或者很少涉及思维与存在的关系问题，那么它和马克思主义哲学就会在根本的理论点上没有相似之处，两者能否融合就会成为问题。中国传统哲学争辩的主要问题是：先秦两汉的天人和名实之辩、魏晋隋唐的有无和形神之辩、宋至明清的理气和心物之辩。这些论辩都涉及了哲学基本问题，而哲学基本问题在这些论辩中逐步展开深入和日益明晰，传统哲学由此最后形成了以王夫之为代表的气一元论、以王阳明为代表的心一元论和以程朱为代表的理一元论等三种形态。这三种形态所争论的是气、心、理三者的关系，实际上就是列宁所指出的思维与存在关系的三项：物质世界、主观精神和概念、规律、范畴。①论证了思维与存在的关系问题始终是中国传统哲学关注的重要内容，意味着从根本的理论点上来说，马克思主义哲学与中国哲学的优秀传统相融合以实现其中国化，不仅在理论上是可能的，而且在逻辑上是必然的。

历史唯物主义与传统历史观的比较，也是值得关注的。马克思主义哲学在人类认识史上所实现的伟大变革，最重要的标志是创立了历史唯物主义，所

① 参见收入本论集的《中国传统哲学的主要问题与哲学基本问题》。

以，比较历史唯物主义和传统历史观，也是对马克思主义哲学和中国传统哲学的根本性的比较。通过比较，可以看到传统历史观的“善言古者，有节于今”“食足知礼，民惟邦本”“理势合一，世界大同”等观点，在肯定历史进步、重视经济因素和民众力量、探求历史规律和理想社会等方面，与唯物史观确有相似之处。[①]这意味着马克思主义哲学创立唯物史观的理论萌芽，不仅出现于此前的西方哲学里，也存在于中国传统哲学里；这还意味着中国人接受和认同马克思主义哲学首先从唯物史观开始，不只是由于中国社会变动的实际需求的外在推动，而且是由于中国传统哲学提供了内在的可能性。

当然，相似并不是相同。尽管中国传统哲学与马克思主义哲学有相似之处，但两者有自发和自觉的区别。马克思主义哲学中国化将两者相通之处予以融合的过程，是把前者由自发提升为自觉的过程。

哲学是观念形态文化的重要部分，马克思主义哲学与中国传统哲学的比较，是中西文化比较的一个方面。因此，深入进行马克思主义哲学与传统哲学的比较，就需要把视野拓宽到中西文化的比较。比较中西文化是中西哲学合流的中国近代哲学发展进程中的重要内容。中国近代的中西文化比较，是围绕如何建设民族新文化而展开的。中国近代的哲学家在为如何建设民族新文化提供理论指导时，都包含着比较中西文化的根本观点。作为五四以后中国近代哲学主流的马克思主义哲学中国化亦是如此。因此，我们在比较中西文化的开阔视野中比较马克思主义哲学与传统哲学，首先需要总结以往马克思主义哲学中国化过程中如何比较中西文化，以及其中有哪些经验教训。中国近代以来的中西文化比较，就其内容而言，可以归结为三个问题：认识同异，即分辨中西文化同异之所在；评价优劣，即讨论中西文化的价值意义；结合中西，即寻求中西文化的结合点。在这三个问题里，分别对应地蕴含着如下三方面的矛盾：时代性与民族性、工具价值与内在价值、“中国化”与不“失真”。毛泽东关于建设中华民族新文化的思想，对近代中西文化比较所提出的问题和所蕴含的矛盾作出了回答。他批评了梁漱溟和胡适偏执于民族性和时代性来分辨中西文化异同的片面性，从而达到了民族性和时代性的统一；他对中西文化

① 参见收入本论集的《中国传统历史观中的唯物史观胚芽》。

作了总体上的评价，认为对两者都应取其精华，去其糟粕，对近代以来偏重于工具价值评价中西文化的“全盘西化”论和偏重于内在价值评价中西文化的“中国文化本位论”都有所克服，但其中亦显露出以当下是否有用的工具价值评价中西文化的偏向；他在马克思主义哲学中国化过程中，对近代结合中西文化时偏重于“中国化”的文化保守主义和偏重于不“失真”而照搬外国的教条主义都提出批评，但对儒学和农民意识会导致马克思主义“失真”的消极面估计不足。①这些经验教训对于我们今天建设中国先进文化是有借鉴作用的。

四、马克思主义哲学中国化和农民文化传统

以往关于马克思主义哲学与传统文化关系的研究，比较偏重于把经典文本作为传统文化的代表，很少考察中国农民的文化传统与马克思主义哲学中国化的关系，这就影响了研究马克思主义哲学中国化与传统文化关系的全面性。毛泽东在 1945 年召开的中共七大的政治报告中，说过这样一句话：“我们马克思主义的书读得很多，但是要注意，不要把‘农民’两个字忘记了；这两个字忘记了，就是读了一百万册马克思主义的书也是没有用处的。”②马克思主义哲学中国化是在一个农民为主体的国度里进行的，是在一场新式的农民战争中实现的，因而如果漠视中国农民的文化传统，那么对于马克思主义哲学与传统关系研究就很不充分。

在马克思主义哲学中国化的过程中，正确对待农民文化传统是以分析这一传统为前提的。农民的文化传统有两面性。在封建社会，农民是受封建统治阶级剥削和压迫的劳动者，其文化传统和封建地主阶级文化传统有着相对立的一面；然而这两种文化传统又有着相通的一面，因为农民和封建地主立足于共同的小农自然经济的土壤上，是受封建思想奴役的小私有者。这就使农民和封建地主在思想文化上处于同一的反映小农自然经济的意识系统里。从中国共产党成立初期直至 20 世纪三四十年代，认识和分析农民文化传统的两

① 参见收入本论集的《建设中华民族新文化与毛泽东的中西文化比较》。
② 《毛泽东文集》第 3 卷，人民出版社 1996 年版，第 305 页。

面性，是马克思主义哲学中国化的重要课题，因为这和中国革命的关键之一，即农民能否以及如何成为革命的主体力量的认识息息相关。如果只看到农民文化传统的落后性这一面，那么就会否认农民有可能成为革命的主体力量；如果只看到农民文化传统的革命性这一面，那么就不可能正确地引导农民成为革命的主体力量。

在建党初期，陈独秀虽然承认占全国人口大多数的农民，“自然是国民革命之伟大的势力”，但更多的是看到农民文化传统的落后性，认为农民“文化低生活欲望简单易于趋向保守”，“尤其是农民私有观念极其坚固”，因而“农民难以加入革命运动”。①另一些人如李大钊、邓中夏、彭湃等，则强调农民文化传统中“数千年来的旧观念”，“通通都是压迫阶级，欲农民世世代代为其奴隶，而赐予这些奴隶的文化”。②但他们的文化传统有革命性的方面，李大钊指出当时兴起在北方的红枪会，尽管有“迷信的色彩”，但表明“中国农民已经在那里觉醒起来”，因为他们知道只能依靠自己的力量才能解救自己。③毛泽东之所以成为马克思主义哲学中国化的杰出代表，重要的方面就在于他在这个过程中对农民文化传统的两面性作了较好的分析。他一方面始终肯定农民有着反抗压迫的革命传统，例如早在 1926 年就指出，从秦末“起来革命的陈胜、吴广”到清末太平天国的“农民起来革命”，无不是“和地主的阶级斗争”。④因此，农民的文化传统有着与地主封建文化传统相对立的一面，“农村里地主势力一倒，农民的文化运动便开始了”。同时，他也指出农民受到封建思想的统治，“代表了全部封建宗法的思想和制度”的政权、族权、神权、夫权是捆缚“农民的四条极大的绳索”，⑤因此，农民的文化传统也有消极落后的一面，如果不引导他们摆脱这一面，他们也无法成为革命的主体力量。毛泽东从井冈山时期就指出，红军党内的绝对平均主义和极端民主化“是手工业和小农经济的产物”，⑥到全国解放

① 《陈独秀著作选》第 2 卷，上海人民出版社 1993 年版，第 563 页。
② 《彭湃文集》，人民出版社 1981 年版，第 109—110 页。
③ 《李大钊文集》下卷，人民出版社 1984 年版，第 871 页。
④ 《毛泽东文集》第 1 卷，人民出版社 1993 年版，第 35 页。
⑤ 《毛泽东选集》第 1 卷，人民出版社 1952 年版，第 33、41 页。
⑥ 同上书，第 93 页。

前夕提出的“严重的问题是教育农民”等，[①]无不是有鉴于此。

马克思主义哲学中国化对中国农民文化传统的变革和融合，是以上述的对农民文化传统两重性分析为基础的。毛泽东1926年在广州农民运动讲习所讲课时，曾说过这样的话：“洪秀全起兵时，反对孔教提倡天主教，不迎合中国人的心理，曾国藩即利用这种手段，扑灭了他。这是洪秀全的手段错了。”[②]这反映了毛泽东以为在以农民革命为主体力量的中国革命中，来自西方的马克思主义不能对中国农民文化传统弃之而不顾，否则，就会重蹈洪秀全的覆辙。这就需要以分析农民文化传统的两面性为根据，提升和超越农民的文化传统。这样的提升和超越就体现了对农民文化传统的变革及融合。同时，农民的文化传统也对其有着制约作用。这里以马克思主义的社会革命理论和社会主义理想为例予以说明。

中国农民的政治文化传统是造反精神和崇拜权力并存。中国农民特别富于反抗统治者的造反精神，然而哪怕是在奋起反抗造反的时候，农民仍然没有摆脱对权力的崇拜，这突出表现在他们对专制皇权的崇拜。反贪官不反皇帝，以好皇帝取代昏庸之君等，就是这种崇拜的反映。中国马克思主义者从马克思主义社会革命理论出发，首先肯定中国历代农民革命的合理性和正当性，认为农民革命冲击了封建统治者所灌输的“以反抗（革命）为罪恶，以顺从（安分）为美德”（彭湃语）的旧观念，推动了历史的前进。毛泽东历数农民在历史上从秦朝陈胜、吴广到清朝太平天国的“总计大小数百次的起义”，指出：这些起义“都是农民的反抗运动，都是农民的革命战争。中国历史上的农民起义和农民战争的规模之大，是世界历史上所仅见的。在中国封建社会里，只有这种农民的阶级斗争、农民的起义和农民的战争，才是历史发展的真正动力”，[③]对农民的革命传统作出了极高的评价。其次指出了马克思主义的社会革命与历代农民革命的一致性与不一致性。毛泽东在1939年这样说道：“马克思主义的道理千条万绪，归根结底，就是一句话：‘造反有理。’几千年来总是说压迫有理、剥削有理，造反无理。自从马克思主义出来，就把这个旧案翻过来了。这

① 《毛泽东选集》第4卷，人民出版社1960年版，第1482页。
② 转引自陈晋：《毛泽东的文化性格》，中国青年出版社1991年版，第153页。
③ 《毛泽东选集》第2卷，人民出版社1952年版，第619页。

是一个大功劳。这个道理是无产阶级从斗争中得来的,而马克思作了结论。根据这个道理,于是就反抗,就斗争,就干社会主义。”①把马克思主义的道理归结为“造反有理”,显然是为了突出马克思主义社会革命理论与中国农民革命的文化传统的一致性。但在这同时,也指出了两者的根本不同:马克思主义的造反有理,是要经过民主主义革命而实现社会主义,因而这样的革命就要求扫除农民革命中崇拜皇权的意识。李大钊在肯定“太平天国民族革命的传统”的同时,又要求“把那个时代农业经济所反映出来的帝王思想”予以“淘洗净尽”,②毛泽东也指出中国历代农民革命发生在“农业社会里,他们革命成功后,又做起皇帝”。③正因为马克思主义的“造反有理”,是淘洗了帝王思想的民主革命,所以这样的革命要求个性的解放。毛泽东指出:“没有几万万人民的个性的解放和个性的发展……要想在殖民地半殖民地半封建的废墟上建立起社会主义社会来,那只是完全的空想。”④这里所说的“几万万人民”,显然主要指的是农民,这就以解放个性为内涵的民主意识取代了农民革命中崇拜皇权的封建意识。然而,这样的提升和超越,在农业社会向近代工业社会转型的长时期内不可能轻而易举地一蹴而就。

传统的大同理想在很大程度上反映了农民追求公平和绝对平均的文化传统。中国马克思主义者以大同指称社会主义理想,在反对剥削和争取社会公平的角度上,和大同理想有相通之处。同时,毛泽东的新民主主义理论,认为必须反对农业社会主义(民粹主义)的空想,即“直接由封建经济发展到社会主义经济,中间不经过发展资本主义阶段”,这种民粹主义思想“在农民出身的党员占多数的党内是会长期存在的”⑤。这种民粹主义的实质就是把社会主义纯粹看成道德理想,否认与资本主义相联系的生产力的发展是实现社会主义的前提。因此,经过新民主主义而走向社会主义就必须克服这种民粹主义。

著名记者赵超构 1944 年在访问延安一个月后,写道:“‘马列主义民族化’,换一句话说,延安的马克思和列宁,不再以西装革履的姿态出现,却已穿

① 转引自《人民日报》1966 年 8 月 24 日。

② 《李大钊文集》(下),人民出版社 1984 年版,第 848 页。

③ 《毛泽东文集》第 1 卷,人民出版社 1993 年版,第 35 页。

④ 《毛泽东选集》第 3 卷,人民出版社 1953 年版,第 1060 页。

⑤ 《毛泽东文集》第 3 卷,人民出版社 1996 年版,第 323 页。

起了中国的长袍马褂或农民的粗布短褂来，小如变工队、秧歌队、合作社，大如新民主主义”；“在边区，开口马克思，闭口列宁，是要被笑为落伍的表现的，‘打倒洋教条主义’是他们整风运动之一点，毛泽东给共产党员的教训，是在尊重农民社会的旧习惯之中播种共产党的理论与政策”。[①]这番观感说明深入研究马克思主义哲学中国化与农民文化传统的关系，对于全面认识马克思主义哲学中国化与传统文化的关系是很有必要的。同时，这方面的研究将有助于在当代中国推进马克思主义哲学中国化。邓小平提出“面向现代化”，在很大程度上就是要求摆脱农民文化传统的消极影响，使马克思主义中国化进入与现代化相一致的新境界。

（原载《上海社会科学院学术季刊》2001 年第 3 期，收入本论集时，删去了原文的第四节，因其内容与本论集的其他论文有较多重复）

① 赵超构：《延安一月》，中国国际广播出版社 2013 年版，第 135 页。

中国传统哲学的主要问题和哲学基本问题

如果说毛泽东的《实践论》《矛盾论》反映了马克思主义哲学中国化的一个侧面，即它以近代哲学为中介而与传统哲学有着历史连贯性；那么，通过马克思主义哲学与传统哲学的比较，可以发现马克思主义哲学中国化的另一个侧面，即它以马克思主义和传统哲学在思想上的相似性为内在根据。可以说，正是这两个侧面的交织组成了马克思主义哲学与传统哲学的融合。

在任何两种思想之间，我们都可以找出它们的某些相似性，但并不意味着任何两种思想都有融合的可能性。只有两种思想在某些根本性的内容上有相似之处，它们的融合才是可能的。因此，在研究马克思主义哲学与传统哲学的融合何以成为可能的问题上，最需要的是比较后者是否与前者的根本性思想内容有相似点。马克思主义哲学和其他西方哲学的标志性区别之一，就是明确地把思维与存在的关系作为哲学的基本问题。所以，首先就需要从这方面来进行马克思主义哲学和传统哲学的比较。恩格斯把思维与存在（精神与物质）的关系概括为"全部哲学"的"基本问题"。并指出这个问题包括两个方面：第一方面是思维与存在哪个是第一性的问题，由于对这个问题的相反回答，哲学分成唯物主义和唯心主义两大派别。第二方面是思维能否认识存在的问题，对于这个问题的相反回答，就产生了可知论和不可知论的对立。①同时，把思维与存在的关系看作是对立统一的还是截然割裂的或者直接同一的，则表现为辩证法和形而上学的对立。因此，围绕着哲学基本问题，也存在着辩证法和形而上学的矛盾。恩格斯的概括，主要是以西方哲学的发展为依据的，而中国传统哲学同样将哲学基本问题纳入自己的视野。

在中国传统哲学两千多年的历史进程里，依次集中讨论的主要问题大体

① 参见《马克思恩格斯选集》第 4 卷，人民出版社 1972 年版，第 219—221 页。

是:先秦至两汉的天人之辩和名实之辩、魏晋至隋唐的有无之辩和形神之辩、宋元至明清的理气之辩和心物之辩。这些论辩几乎涉及了哲学的各个方面(如本体论、认识论、方法论、发展观、历史观等)以及哲学的很多分支领域(如伦理学、逻辑学、美学等),具有非常丰富的内容,其中也蕴含着对哲学基本问题的讨论。这里主要从这些论辩涉及哲学基本问题的方面进行考察。当然,中国传统哲学在这些论辩中对于哲学基本问题的回答,无论其表达的概念还是表现的形式,都与西方哲学有所不同,其中蕴含着中华民族独特的思想传统和理论创造。同时,哲学基本问题在中国传统哲学上述主要问题的讨论中越来越完全地被揭示出来。这同恩格斯所说的,哲学基本问题在西方从根源于"蒙昧时代"经过中世纪经院哲学直至近代哲学获得"完全的意义"的过程①,则是相似的。

一、天人之辩、名实之辩:哲学基本问题的开端

天人关系和名实关系是先秦至两汉所讨论的主要哲学问题。哲学基本问题在这两个关系的论辩中已有了最初的开端。天人之辩有十分广泛的内容,其中之一是讨论自然和人为的关系,哲学基本问题在这里主要表现为:天是自然界还是主宰万物和人事祸福的天命?人能否对天(自然)有所作为?所谓"天命",是将天奉为人格化的神,认为天有意志和意识,世界是按其命令建立和发展的;而把天看作自然界,则表现了把其作为物质存在的意义。因此,关于天是自然界还是天命的讨论就蕴含着对思维与存在关系的探究。人的行为往往是有意识、有目的的,因而人对于自然界的作为就关联到人的主观精神对于客观自然界的关系,这无疑是思维与存在的关系的题中之义。名实之辩讨论名称、概念与实在事物之间的关系,名称、概念是思维的形式,因而名实之辩显然要涉及思维与存在的关系,这主要表现在:名称、概念是客观实在的反映还是先天就有的?名称概念能否正确反映以及如何反映客观实在?

先秦是中国传统哲学光辉灿烂的一页。首先书写于这一页上的,是原始

① 参见《马克思恩格斯选集》第4卷,第220页。

的阴阳说和五行说，它们的代表分别是西周初年出现的《易经》和《尚书·洪范》。天人、名实之辩的胚芽在它们中间已萌发滋生。在天人关系上，《易经》所讲的八卦和《洪范》所讲的五行，都是用以窥测天意的“术数”，笼罩在人事吉凶取决于天意的宗教神学迷雾之中。但是，其中又闪现出朴素唯物主义的火星。《易经》乾卦的爻辞说：君子整天勤奋工作，晚上又加以警惕，虽然处境危险，亦可避免灾殃。这表现了人的安危不取决于天命而取决于自身努力的观念。《洪范》把世界万物归结为五行（水、火、木、金、土），具有以物质为世界本原的因素。在名实关系上，《易经》认为现实世界的器物是圣人依据卦象（名）制造出来的。《洪范》也把五行（五个类概念）看作是上天为保佑下民而用来规范现实世界秩序的。这些显然是以名为第一性而以实为第二性。但《易经》又讲“观物取象”，即卦象是人们对事物的摹拟、比附；《洪范》以五种物质的性质（如水的润下与咸等）来分别规定五个类概念，这些则透露出将名称、概念看作是实在事物的反映的意蕴。可见，在天人、名实之辩的萌芽里，表现在哲学基本问题上的唯物主义和唯心主义，都有了最初的端倪。

到春秋战国时期，天人、名实之辩发展为诸子百家的哲学论辩中心。在殷周的宗教天命论里，天是主宰一切的人格神，人则必须听命于天。春秋时期涌动着怀疑、冲击这种宗教天命论的社会思潮。儒家的开创者孔子以仁为其思想核心，正是这种思潮的折射。孔子用“爱人”来解释仁，其主旨是肯定人在天地万物中最为贵；又说“天何言哉”（《论语·阳货》），认为天并非能以言说下达命令的人格神。后来孟子进一步指出，高远的天体并非神秘不可测，其运动规律是可以把握的，“天之高也，星辰之远也，若求其故，千岁之日至，可坐而至也”（《孟子·离娄下》），表现了将神学之天还原为自然之天的倾向。与这一倾向相联系，孔孟的“爱人”之仁，一方面表现为对执行天命的鬼神的疏冷，“敬鬼神而远之”（《论语·雍也》）；一方面表现为强调与自然物相比较，人更加重要。有一次，马厩被大火焚毁，孔子退朝归来，急切地问：“伤人乎”，而不打听马的情况（《论语·乡党》）。人之所以比牛马这类自然物更重要，是因为人具有根据理性而自觉实践仁义的能力。孟子对此作了发挥：“人之所以异于禽兽者几希”，人和动物的区别就在于人能从理性出发，自觉地“由仁义行”而不是自发地“行仁义”（《孟子·离娄下》）。孔孟认为每个人能否达到仁德，主要决定于自身的力量。孔子讲“为仁由己”(《论语·颜渊》)和孟子反对“自暴”“自弃”(《孟子·离娄上》),突出的正是这一点。

但是,孔孟仍然维护了天命论,这首先表现在他们认为某些东西得到与否是取决于天命的。例如,“死生有命,富贵在天”(《论语·雍也》)。孟子进一步划分“在我者”和“在外者”,前者如仁义礼智,通过主体的积极努力,便可以获得;后者如声色货利,则“得之有命”(《孟子·尽心上》)。其次,他们认为人实践仁义的力量,最终是以天命作根据的。孔子说德性是天赋的;孟子说具有仁义等“善端”的人性来自天命,因而涵养善性就是事奉天命。于是,孔孟仍然维护了天命论。孔子提出君子“畏天命”(《论语·季氏》);孟子说“莫之为而为者天也,莫之致而至者命也”(《孟子·万章上》)。他们还是把天命看作非人力所能抗拒的力量和敬畏的对象。

墨子批判儒家的天命论,提出了“非命”思想,强调人力。他指出如果相信“天命不可损益”,人力就毫无作用了;而人和禽兽的区别,在于人必须依靠自身的力量进行生产劳动才能生存,“赖其力者生,不赖其力者不生”(《墨子·非乐上》)。但他对“非命”作了狭隘经验论的论证,认为自古及今,从未“见命之物,闻命之声”(《墨子·非命中》),因而命是不存在的。同样,他也用见闻作标准来论证鬼神的存在,即“明鬼”。鬼神是天意的执行者,因此,墨子同时讲“天志”,把天的意志比作万事万物的规矩。可见,墨子在天人之辩上既批判了儒家的天命论,又比儒家的不语鬼神有所倒退。

道家在天人之辩上,以自然(无为)反对人为(有为)。奠定道家思想基础的《老子》,提出“人法地,地法天,天法道,道法自然”(《老子·二十五章》)认为天地之道无非就是自然法则,因而天并非有情感的主宰者,万物的生成变化都是自然而然的;同时,人为的活动只是效法天地的自然法则,而不敢有意造作。庄子进一步提出“无以人灭天”(《庄子·秋水》),认为所谓“天”,就是自然的存在,如牛马四足;所谓“人”,就是人有意识加于自然之上的作为,如络马首、穿牛鼻;反对以人为去破坏自然。显然,道家的天道自然无为一方面否定了墨子的“天志”,比孔孟更鲜明地把天看作自然之天,包含着尊重客观自然法则的态度;但另一方面要求人不要有所作为,顺从自然命运。“天网恢恢,疏而不漏”(《老子·七十三章》),“知其无可奈何而安之若命”(《庄子·人世间》)。人在自然命运面前无可奈何，无法摆脱冥冥之中的“天网”的支配。这和孔孟的天命论相通，而与墨子的“非命”说相对。

法家发展了道家天道自然无为的唯物主义思想，韩非认为天地就是自然界，没有意志，对人和万物不分亲疏，强调“不逆天理”“因自然”（《韩非子·大体》），要求人按自然规律办事。但其重心是顺应自然而不是改造自然，因而有着道家以自然反对人为的痕迹。不过，法家并未像道家那样，由此而走向宿命论。韩非认为决定国家强弱、战争胜败的是人自己，而不是天意鬼神，因此他强调“当今争于力”（《韩非子·八说》）。这和墨子推崇人力的“非命”说颇为相近。当然，他所谓的力，主要是指暴力，因而认为一切取决于暴力，片面夸大了暴力的作用。

荀子对先秦诸子的天人之辩作了总结，提出了“明于天人之分”（《荀子·天论》）的观点。他指出所谓“天”就是物质自然界，其职分不是有意识的作为，而是自然而然地运动，“不为而成，不求而得，夫是之谓天职”。既然天（自然界）的职分是如此，那么天象的变化与人事的祸福是不相干的。所以，他说“治乱非天”。自然界不仅本身是没有意识的，而且也是离开人的意识而独立存在的，“天行有常，不为尧存，不为桀亡”，即使是尧、桀这样的最高统治者也不能左右自然界运行的恒常规律。同时，他指出人的职分在于建立合理的社会秩序，利用自然规律来改造自然，即“制天命而用之”。荀子充满激情地阐述了这一命题：与其把天看作非常伟大而思慕它，还不如把天看作物来控制它？与其顺从天而颂扬它，还不如掌握自然规律来利用它？要是放弃人力而冥想天道，就不能获得万物的真实情况（《荀子·天论》）。可见，荀子的“明于天人之分”正确阐明了天（自然）和人（人为）的关系：一方面只有尊重和遵循自然界的客观规律，才能事在人为；另一方面，只有通过人的作为，才能把握自然规律，从而改造自然，为人类谋福利。这既收取了诸子的合理因素又克服了它们的片面性，达到了朴素唯物主义和朴素辩证法的统一。

宗教天命论在春秋时期的动摇，意味着天命所维护的地上的统治秩序正趋向于名存实亡，这就是所谓的“礼崩乐坏”，因而名实之辩也成了先秦哲学论争的主要问题。

孔子主张“正名”，就是要按周礼规定的名分来匡正当时僭越周礼的现实状况,这是用概念来规定客观实在的唯心主义先验论。孟子发展了这一先验论,认为只要“尽其心”即充分发挥天赋的理性(心)的作用,就能把握所有的外在事物,“万物皆备于我”(《孟子·尽心上》)。这无疑是以理性思维为第一性而以实在事物为第二性。墨家反对这种先验论。墨子认为重要的不是从名称上分辨事物而是在实际中能正确地择取事物,“非以其名也,以其取也”(《墨子·贵义》)。这是因为概念是对实在事物的反映,后期墨家的“以名举实”(《墨子·小取》),即“名”是对“实”的摹拟,正表达了这一点。从肯定实在事物是第一性而概念是第二性的立场出发,墨子认为判断名实是否相符的标准应在认识个体的主观意识之外,即应以众人的感觉经验、历史经验和行为的客观效果为标准。这显然不同于孔孟认为衡量是非标准就在天赋理性中的先验论。但墨子无条件地肯定感觉经验,陷入了狭隘经验论。

《老子》提出“无名”论,认为“道”不是用普通的名言所能把握的。这是因为“道”作为世界万物统一的本原,无形无声,“视之不见”“听之不闻”“搏之不得”,不是感官所能直接把握的;既然如此,那就无法通过理性的概念如明暗等来摹写它(《老子·十四章》)。庄子进一步用相对主义和怀疑论否定名称概念能够反映客观实在。庄子说,人人都认为毛嫱、丽姬很美,而鱼、鸟、麋鹿见了她们则或沉水或高飞或逃散,可见主体的感觉经验是千差万别的,无法以统一的名称概念去反映实在事物。他认为理性思维同样是如此,每个人都以为自己是正确的,即使请第三者也无法判明是非。因为如果他的意见相同于你我任何一方,或者他的意见与你我都不相同或都相同,都无法判定是非(《庄子·齐物论》)。道家不同于儒家和墨子,认为感性和理性都不可信赖,由此得出了人类不可能通过名称、概念来认识世界的错误结论。但是,道家指出了感觉经验和理性思维的局限性,促使人们进一步去思考:名称、概念如何才能正确地反映客观实在?

名家对于名实关系的考察,也表现了同样的意义。惠施和公孙龙是名家的主要代表。根据《庄子·天下》的记载,惠施主张“合同异”,认为按共性来说,万物都是“物”,因而都是相同的;按个性说,每一物各具特性,因而都是相异的。由于事物的同异是相对的,所以一切概念都是可变的、灵活的,但他以此抹煞了事物的质的差别和概念的稳定性,如认为高和低、生和死是没有区分的,成了相对主义的诡辩。公孙龙的《白马论》提出“白马非马”的命题,有见于概念和对象之间要有一一对应关系,但由此把事物和概念的差异绝对化,也导致了诡辩。惠施和公孙龙的结论都是错误的,然而他们各自揭露了名反映实的思维过程中的一个侧面:惠施强调了概念的灵活性,公孙龙则强调了概念的差异不容混淆。

法家在名实之辩上表现了唯物主义立场。《管子·心术上》说:“物固有形,形固有名,名当谓之圣人”,认为名和实相一致才算是圣人的智慧;韩非要求“循名实而定是非”(《韩非子·奸劫弑臣》)。他们都认为名是实的反映,两者必须相一致,但《管子·心术上》把名实的一致看作是声音与回响的关系,“影之象形,响之应声也”,偏重于思维对于存在的被动性而忽视了思维的能动性。韩非强调名实一致就必须反对概念上的“自相矛盾”(《韩非子·难一》),但他由此把矛盾的事物和概念看作“不相容之事不两立”(《韩非子·五蠹》)即非此即彼,有形而上学倾向。

对先秦诸子的名实之辩作出总结的,也是荀子。他提出了“制名以指实”(《荀子·正名》)的观点,认为人们制定各种名称用以指称各种事物,名称是实在事物的反映;人类能够通过这样的概念正确地反映现实,达到名实相符。这就既坚持了实在事物是第一性而概念是第二性的,又承认了概念作为思维的形式和实在事物具有同一性。这里吸取了墨家、法家的唯物主义见解,又具有它们缺失的辩证法,从而克服了庄子相对主义的不可知论。荀子以为,名实相符是一个理性思维和感觉经验相互作用的辩证运动过程。他的《解蔽》中有两则寓言:一则讽刺只重理性思维的人,就好像闭居在石洞里猜谜语;一则讽刺只凭耳目感官的人,就会把自己的身影认作是趴在地上的鬼。这可以看作是既分别地批评了孟子和墨子,又吸取了道家揭露感性和理性局限性的合理因素。荀子同样既收取了名家的合理因素又克服了他们的弊端。他指出“名无固实”,名实的关系并非凝固不变,名称要随实在的变化而变化,但惠施的“合同异”夸大了这一点,是“用实以乱名”;名和实要有对应关系,“同实”须“同名”,“异实”须“异名”,但公孙龙的“白马非马”夸大了这一点,是“用名以乱实”。荀子认为只有把概念的稳定性和灵活性辩证地统一起来,才能正确反映客观实在。可见,荀子对名实之辩的总结,同样达到了朴素唯物主义和朴素辩证法的统一。

天人、名实之辩仍然是两汉哲学的主要论争。汉武帝采纳了董仲舒独尊儒术的建议。董仲舒提倡的是有神学化色彩的儒学，他把孔孟的天命论发展为“天人感应”论，认为天的意志决定人事的成败，人的行为亦会引起天的反应。他对此作了论证：“天者，百神之君。”（《春秋繁露·基义》）天作为至高无上的神，不仅创造自然界的万物，而且也造就了人类，这表现为人是天的副本，如天有五行、寒温、阴阳，人则有五脏、喜怒、贪仁等，因而天人同类，“以类合之，天人　也”（《春秋繁露·阴阳义》）。天人因同类而相互感应，如同琴瑟之音会产生共鸣一样。他也发挥了孔子的“正名”论，提出“正名”就是“事各顺于名，名各顺于天”（《春秋繁露·深察名号》），天意决定名号，名号决定事物。

王充对于董仲舒为代表的神学化儒学作了批判。他发挥了道家天道自然无为思想，指出天只是物质性的“天体”，万物和人类的产生都是自然而然的，并非天有意识的作为，“自然之道，非或为之”（《论衡·自然》）。天道自然无为，而人是有意识地作为，因而天人不同类。既然如此，天人不能互相感应：“人不能以行感天，天亦不随行而应人。”（《论衡·明雩》）王充称其对天人感应论的批判，是“违儒家之说，合黄老之义”（《论衡·自然》），可见这是先秦天人之辩的延续。但他以为人为对自然只起“辅助”作用，缺乏荀子“制天命而用之”的思想。在名实关系上，他反对名号来自天意的观点，指出“须任耳目以定情实”（《论衡·知实》），必须通过感官来把握客观实在；另一方面“不徒耳目，必开心意”，不能只依赖感官经验，还须用理性思维进行分析，否则就会像墨子那样以“虚象”为真而以“实事”为非（《论衡·薄葬》）。这可以说是继承了荀子的思想，但他缺乏像荀子那样对名实关系的辩证考察。

两汉之后，天人之辩以不同形式延续着，自然和人为的关系仍是这一论辩的重要内容。在这方面两汉以后的哲学家发表了不少充满唯物论和辩证法因素的见解，其中最为值得一提的是唐代的柳宗元、刘禹锡和明清之际的王夫之。柳宗元、刘禹锡提出了“天人不相预”“天人交相胜”。前一命题是说天（自然界）的职能是生育万物，而人的职能是治理万物，两者是有区别的，天不能干预人的治乱，人亦不能干预天的寒暑；后一命题是说天并没有意识，当人不能支配自然时，天就胜过人，但人确实可以利用自然规律来战胜天。这似乎是荀子“明于天人之分”思想的复归。唐代佛教、道教等宗教神学盛行，天命论自汉代以来一直为统治者所倡导，在这样的情况下，这一复归显然有其新的意义。王夫之区分了“天之天”和“人之天”，前者是离开人的意识而独立存在的自然界，但它可以转化为被人所占有、所利用的人化自然界即“人之天”(《诗广传·大雅》)。他认为“天之天”转化为“人之天”的过程，就是“造命”(同上)、“相天”(《续春秋左氏传博议》卷下)，即发挥人的主观能动性的过程。辩证唯物主义以“自在之物”来指称意识之外的物质世界，以“为我之物”来指称被我们认识和把握的物质世界。就物质性而言，两者没有原则的差别。人们通过社会实践，不断地把自在之物转化为我之物。可见，王夫之的上述思想不仅是对荀子和柳宗元、刘禹锡思想的发挥，而且接近于辩证唯物主义的自在之物转化为为我之物的意思。

然而，两汉在天人、名实之辩上比起荀子有所逊色，意味着中国传统哲学所关注的主要问题将发生变化，而哲学基本问题的讨论也由此深入展开。

二、有无之辩、形神之辩：哲学基本问题的深入

有无、形神之辩是魏晋时期哲学讨论的主要问题。王充在天人之辩上虽然没有超越荀子，但他以天道自然无为即自然界自我运动的观念有力地抵制了神学的天意。因而哲学需要进一步回答：在否定了天的主宰之后，以各种方式自我运动的自然界万物是否统一于共同的本体(本原或存在的根据)。这就产生了魏晋时期的有无之辩。其中涉及哲学基本问题的是：万物的本体是物质世界本身还是在物质世界之外？中国传统哲学关于哲学基本问题的讨论由此而进一步深入。

魏晋的何晏和王弼指出“贵无”说。他们“立论以天地万物，皆以无为本”(《晋书·王衍传》)，认为任何具体事物(有)，总有其规定性，如是方的就不能是圆的。这就决定了一个具体事物不能成为另一个具体事物的本体，更不能成为万有共同的本体。所以，万有的本体只能是无形无象的“无”，犹如“无色”是各种颜色的根本一样。这里虽然包含着世界统一原理具有超越具体事物的普遍性的合理因素，但无疑夸大了这一点，从而把天地万物统一于非物质性的

抽象观念“无”。当时裴頠的《崇有论》批评了“贵无”说。“贵无”说也把“无”叫作“道”，裴頠指出：道不是无，而是万有的总体，有与有之间存在着互相依靠的关系，这种关系就是理，因而理以有为依附的实体。这就反对了“有生于无”即抽象原理产生具体事物的唯心主义，坚持了道（理）依存于物的唯物主义。由此出发，他指出“有”之所以发生，并非另外有一个东西使其成为“有”，而是它“自生”“自有”；而所谓的“无”，只不过是“有”的一种消失状况，因此不可能“无中生有”。每个具体的事物都有其规定性，确是有限不“自足”的，但它凭借其他事物而存在，因此“济有者皆有也”，即成全“有”的也都是“有”。这就论证了世界上唯一的存在就是具体事物（有），万有存在的原因就在于它们互为存在的条件，因而不需要在它们之外去寻找一个“无”作为其本体。但裴頠注重个体事物的实在性，而回避了个体事物的统一性问题。

向秀、郭象的《庄子注》企图用相对主义来调和“贵无”与“崇有”的矛盾。它不赞成“无中生有”，也不同意“济有者皆有”，认为“无”既然是无，就是什么也没有，那也就没有任何作用，因而就“不能生有”（《齐物论》注）；以为“有”要凭借另一个“有”为存在条件，那么在逻辑推理上将是无穷尽的，因为在另一个“有”之外还有一个“有”作为其存在的条件。所以，结论只能是万物“独化”，即自己运动和变化。这包含着否定造物主和精神本体的意义。它指出，肯定万物“独化”，就意味着“造物者无主”（《齐物论》注），这是排除了存在于万物之先的东西，包括道或无。这和“崇有”论有接近之处，但“独化”说认为“有”就是“化”，即运动变化本身，万物处于永恒的变化之流中，交臂的瞬间就失去了原来的状态，一切现象即生即灭，“有”便成了“无”。这就叫“有而无之”，但这个“无”不是没有，因而又可以说是“名无而非无”（《大宗师》注）。这种相对主义的即有即无，似乎达到了有无的统一，实际上是取消了世界的统一性问题。因为即有即无意味着事物存在的根本原因和依据是不存在的，“未有为其根者”（《知北游》注）。

这样的相对主义的即有即无，进一步朝唯心主义方向发展，就是佛教般若学僧肇的“非有非无”。他在《不真空论》中认为事物按其本性来说，是“无”，而事物作为现象显现出来，则是“有”；但是，事物因其本性是“无”，所以现象之“有”只是假有，而不是真有、实有；不是真有，因而就是空无。他将这不真即空的理论比喻为幻化人，认为世界上的一切都是幻象，幻象是不真实的但不能说它是不存在的，所以就是“非有非无”。这实际上是把绝对的虚无看作万物的本体，“夫至虚无生者，盖是般若玄虚鉴之妙趣，有物之宗极者也”(《不真空论》)。

唐代的佛教继续讨论“空有”的关系问题，各个佛教宗派从各种不同角度来论证世界的本体是“空”(无)，否认物质世界的真实性。柳宗元、刘禹锡在分析批判佛教的过程中，开始以气一元论来回答有无之辩。柳宗元在《天对》中指出：关于天地开始以前的毫无根据的说法，是荒诞不经的；万物从蒙昧状态中变化出来，都是元气的自然变化，哪里有谁造作呢？这里明确地否定了世界有一个“有生于无”的开始，并且肯定了世界统一于元气。这显然是主张“崇有”而反对“贵无”的。刘禹锡对于“空”或“无”提出了这样的看法：“空者，形之希微者也。为体也不妨乎物，而为用也恒资乎有，必依于物而后形焉。”认为“空”即空间，其间存在着希微的物质；空间的存在并不妨碍物体，它的作用总是通过有形的物体表现出来。他还指出：“古所谓无形，盖无常形尔，必因物而后见尔。”(《天论》中)认为所谓“空”或“无”，是没有固定的形态，并非一无所有，世界上没有不依赖于物质的“无形者”，柳宗元对此深表赞同。柳宗元和刘禹锡虽然尚未在理论上把气一元论与有无之辩紧密地连接起来，但开辟了解决这一问题的唯物主义道路。

宋代的张载沿着这一道路，在气一元论的基础上比较正确地总结了有无之辩。他肯定一切存在都是气，在《正蒙·乾称》中指出：一切可以用言语来摹写的，都是“有”，一切“有”都是现象，一切现象都是气。这种气一元论肯定了世界的统一性在于其物质性(气)。由此出发，他提出了“太虚即气”(《正蒙·太和》)的命题，认为气本身是有无、虚实的统一体。这主要有两重意思：一是广大深远的天空是无形的，但充满着细微的物质，“太虚”表现了物质(气)的广延性。这是对刘禹锡“空者，形之希微者”论点的发展。二是就本体而言，气虚而无形，具有超越具体事物的普遍性；就作用而言，太虚是气散开而没有凝聚的状态，太虚聚集起来则是气，气的聚散是万物生灭、运动的表现。这是对刘禹锡“无形为无常形者”的论点的发展。正是用这样的有无统一的“太虚即气”的理论，张载批判了“贵无”说和佛学以虚无为本体的唯心论。他在《正蒙·太和》中指出:从“虚空即气”的观点出发,有无就能“通一无二”即统一起来,气聚为物,是为有;气散为虚,是为无;因此,气聚为物,并非幻象;气散为虚,虚亦是气,不能说虚能生气。这就反对了佛教的“万象为假有”和“贵无”说的“有生于无”,论证了气为世界万物的本原和存在的根据。同时,他也克服了裴頠和《庄子注》在反对“贵无”说时回避或取消世界统一性问题的局限。因此,张载是用气一元论对有无之辩作了总结。

有无之辩涉及“有”“无”等概念能否和如何表达对事物本体的认识的问题,因而与此相联系,言意之辩成为魏晋时期引人关注的哲学问题,它在思想渊源上由名实之辩演变而来,其内容关于名言(言辞、概念等)能否完整正确地表达思想(义理、宗旨等)。这里包含着名言是不是实在事物的反映、通过名言是不是可以把握世界的本质等问题,因而与哲学基本问题有关。以虚无为本体的“贵无”说和佛教,都主张“言不尽意”,认为虚无的本体无形无状,无法用名言来描述和把握。魏晋时期的欧阳建反对“言不尽意”论,写下了《言尽意论》,认为名言是对客观事物的反映,名言随事物和思想的变迁而变迁,就如声音和回响一样,有着对应关系。这是以唯物主义态度肯定了名言是能充分表达意的。但他对言确有不足以达意即言外之意的一面有所忽视。张载在总结有无之辩的同时,反对“言不尽意”论,肯定语言、概念能够把握变化之道,“变化之理须存乎辞”(《易说·系辞上》)。但是,直至王夫之,才对言意之辩作出了总结。他指出“名从实起”(《思问录·外篇》),在肯定名言是对实在事物的摹写的唯物主义基础上,认为言和意“固合而无畛”(《周易外传·系辞下传第三章》),即两者是统一的,言是能够表达意的。他同时又指出这种统一并非是直接等同,言确有不足以表达意的情况,因而应以“一阴一阳之谓道”的“微言”(《周易外传·系辞上传第五章》)即对立统一的辩证思维来把握世界的本质。

形神之辩在魏晋时期成为哲学讨论的主要问题并非偶然。王充在名实之辩上没有达到荀子的理论高度,但他却展开了荀子未及详论的形神关系。这意味着形神关系将成为新的哲学主要问题。形神关系表现为哲学基本问题,就是思维主体的精神与物质性的形体孰为根本的问题。与名实之辩相比,关于哲学基本问题的讨论就由思维的形式(名)和思维的对象(实)的关系转向思维主体自身,这无疑是更为深入了。形神问题在先秦的《管子》中已有讨论,

“天出其精，地出其形”（《管子·内业》），认为天赋予人以精神，而地则养成人的形体，没有将形神统一起来，有形神二元论的倾向。荀子提出“形具而神生”（《荀子·天论》）的命题，肯定了神对形的依存关系，但没有展开论证。汉代桓谭以烛火之喻来说明形神关系：火不能离烛而存在，精神亦不能脱离形体而独存（见《新论·形神》）。王充发展了桓谭的学说，比较充分地论证了精神不能脱离形体而存在：“天下无独燃之火，世间安得有无体独知之精？”“夫物未死，精神依倚形体”（《论衡·论死》）。但烛火之喻意味着容许精神有离开形体而独立存在的可能，因而王充最终还是和《管子》一样，没能克服形神二元论。汉代时佛教传入中国。佛教的基本教义之一是灵魂不死，轮回报应。汉末的佛教著作《理惑论》以五谷的根叶和种子来比喻形与神，认为“身自朽烂”而“魂神固不灭”，就像根叶虽死而种子未亡一样。在东汉兴起的道教，追求形神俱存，不死不灭，但认为形依靠神而存在，道教的理论著作《抱朴子·内篇·至理》说：“形须神而立焉。”因此，随着佛教、道教在魏晋南北朝时期的兴旺，形神之辩就成为重要的哲学问题。

东晋戴逵的《流火赋》和南朝何承天的《答宗居士书》在批驳佛教神不灭论时，往往还是沿用烛火之喻。这不仅不能克服形神二元论，反而成了佛教徒论证“形尽神不灭”的武器。如慧远说：“火之传于薪，犹神之传于形”（《沙门不敬王者论》），薪柴燃烧尽了，而火则可以传之于另一薪柴，薪尽火传，形尽神不灭。真正克服了形神二元论，以驳倒神不灭论的是范缜。

如果说《庄子注》的“独化”说朝唯心主义方向发展的，是僧肇的《不真空论》，那么《庄子注》的“独化”说朝唯物主义方向发展的，是范缜的《神灭论》。它说：“陶甄禀于自然，森罗均于独化”，认为天下万物都是自己生成、运动。于是，它把精神看作形体的自我运动，提出了“形质神用”的观点。它说：“形者神之质，神者形之用。”形是物质实体，神是这一物质实体的作用即自然表现，这里一方面肯定了“用”依赖于“质”，神不能离开形而独立存在；另一方面也肯定了神与形不是可合可分的两个东西，因为神是形的自身作用的表现，虽然形神名称不同，但两者不可分割地联成一体。这就反对了以形神可以分离、神可以离形而不灭为依据的神不灭和形神二元论。范缜以质用统一来论证形神统一，也克服了以往唯物论者薪火之喻的缺陷。这表现在他用刀刃与锋利的关系来说明形神关系:“神之于质,犹利之于刃;形之于用,犹刃之于利。”认为“形质神用”就像是刀刃与锋利的关系,有刀刃才有锋利,有锋利才称得上刀刃;既然从未听说过刀刃不存在了也还有锋利,那怎么能说形体死亡了而精神还存在呢?以刀刃与锋利之喻取代薪火之喻来说明形神关系,不只是简单地换了一个比喻,而是以质用关系论证了精神只是特定的物质实体(形)的一种作用,神是从属于形的。这就堵塞了薪火之喻中神可离形而独立存在的漏洞,从而使神灭论在理论上立于不败之地,用朴素唯物主义观点总结了形神之辩。

张载和范缜总结了有无、形神之辩,意味着中国哲学将通过新的哲学论辩而向前发展。有无之辩讨论的是作为抽象的普遍观念的“无”和作为具体物质存在的“有”这两者的关系。张载以气一元论总结了有无之辩,把气作为一切事物的本源,而“贵无”说也把“无”称作“道”,因此理(道)气之辩就取代有无之辩而成为新的哲学讨论的主要问题。佛教的教义一方面讲灵魂不灭,轮回报应,另一方面讲“一切惟心所造”,认为天地万物一切现象都是心所创造的,都不能离开心而存在,这就涉及心物关系。范缜从形神关系上批驳了佛教的灵魂不灭,但尚未从心物关系上展开对佛教的批判。因此,隋唐佛教的各宗派都联系“空有”问题而讨论“心物”关系,从各个不同侧面论证“心作万有,诸法皆空”,认为事物(法)都是虚假的,都是心的显现,唯一实在的就是“真如”,也就叫“真心”,即绝对的心。这样,心物之辩就越来越突出了。到了宋代,为了从心物关系上批驳佛教,心物之辩就成了哲学讨论的又一主要问题。同时,形神问题也是狭义上的心物问题,因为中国古代以心作为精神活动的器官,而形则是一种物质存在。所以,从形神问题发展为广义的心物关系也有其理论上的必然性。哲学基本问题通过理气、心物之辩而在中国传统哲学中得以明晰。

三、理气之辩、心物之辩:哲学基本问题的明晰

理气、心物之辩是宋元至明清时期的哲学讨论的主要问题。当时理气问题是与道器问题联系在一起的。道与器对举,道是抽象的普遍性观念,器则是具体的特殊性事物。道的这一含义与“理”相同,而器的构成元素是“气”,因而道器问题可以归结为理气问题。当时的心物之辩和知行之辩紧密地联系着,

因为心和物即精神和物质之间的关系表现为知(认识)和行(践行)之间的反复活动。理气、心物之辩的重要问题之一是:气、理、心三者孰为根本?气是物质世界,理是普遍观念,心是主观精神。列宁指出:思维与存在的关系“客观上是三项:(1)自然界;(2)人的认识 = 人脑(就是那同一个自然界的最高产物);(3)自然界在人的认识中的反映形式,这种形式就是概念、规律、范畴等等”①。显然,这三项中,自然界即物质世界,人脑即主观精神,概念、规律、范畴等即普遍观念,正与中国哲学的气、心、理相对应,或者说气、心、理是中国哲学对这三项的表达形式。因而可以说,中国哲学发展到理气、心物之辩,哲学基本问题被比较明晰地揭示出来了。通过理气、心物之辩,围绕着气、理、心三者的关系,形成了三种形态的哲学:以张载、王夫之为代表的气一元论;以二程、朱熹为代表的理一元论和以陆九渊、王守仁为代表的心一元论。中国传统哲学之所以在最后阶段形成这样三种形态,是哲学基本问题通过在此之前的论辩而日益明晰化的结果。

张载在以气一元论总结有无之辩的同时,也开启了理气之辩。这主要是在他与二程之间展开的。张载和二程的理气之辩,首先表现在世界统一于“气”还是统一于“理”?前者以为是气,后者以为是理。程颐直截了当地否定了张载“太虚即气”的观点,说:“皆是理,安得谓之虚?天下无实于理者”(《二程遗书》卷三),认为宇宙万物的实体就是理。他们认为,万物皆由气变化而成,而气有其所以然,气之所以然就是理。因而理是气的根据,即天地万物存在的根据。张载则强调理是气之条理,理依存于物。他说:“理不在人皆在物”(《张子语录·语录上》),“由气化,有道之名”。(《正蒙·太和》)道就是气化的过程,是自然界的和谐的秩序。张载认为气有聚散而无生灭,气凝聚而生成万物,万物离散又返归无形的太虚之气。这里包含着物质不灭的思想萌芽。程颐反对张载的这一理论,认为气散即气灭,“既气之散,岂有复在”?物体消散,气就丧失殆尽,“凡物之散,其气遂尽”(《二程遗书》卷十六)。在他看来,气有生有灭,不是永恒的、无限的,而理则“不为尧存,不为桀亡”,没有“存亡加减”,是永恒的、绝对的(见《二程遗书》卷二十七);气的不断生灭表现了理的“屈伸

① 列宁:《哲学笔记》人民出版社 1974 年版,第 194 页。

往来”(见《二程遗书》卷十五)。这是理派生气的理一元论唯心主义立场。张载与二程的理气之辩,为深入展开这一论辩作了先导。

在心物关系上,张载首先批驳了佛教“心作万有”的唯心论。他在《正蒙·大心》中指出:佛教“以心法起灭天地”即天地是依靠心而显现的说法,是完全错误的。因为事实上天地是大是本,人心是小是末,而佛教却把两者颠倒了,他进一步指出:“人本无心,因物为心”(《张子语录·语录下》),认为心的内容是物的反映。这就把被佛教颠倒的心物关系颠倒过来了,肯定了物质的第一性和精神的第二性。这同样为在气一元论的基础上阐明心物关系开辟了道路。

朱熹继承和发展了二程的理论,成为理一元论的集大成者。这突出地表现在他提出了“理在气先”的命题。他说:“天地之间,有理有气。理也者,形而上之道也,生物之本也。气也者,形而下之器也,生物之具也。”(《答黄道夫》)认为理是生物之“本”,即物之所以形成的道理,也就是物的本质,因而是形而上之道;气是生物之“具”,即形成为物的材料,材料总是某种具体的器物,因而是形而下之器。由此他进一步指出,一切事物都是理和气的结合,但是就形而上和形而下之分来说,则理在先而气在后,“理形而上者,气形而下者,自形而上下言,孰无先后?”(《朱子语类》卷一)也就是说,先要有抽象的道理,然后再由具体的质料构成事物,先有事物的形式,后有事物的内容。朱熹还把理和气的关系比喻为骑马者和被骑之马的关系(见《朱子语类》卷九十四),认为理为主而气为从,理是气的支配者。这表明朱熹的理先气后,不仅以理为气的本原和根据,而且以理为气的制约者和主宰者。这就明确肯定了观念性的本体之理是第一性的,物质性的材料之气是第二性,理气之辩从而具有了比较明晰的哲学基本问题的意义。

朱熹从理一元论来看待心物关系。他的《大学章句·补格物传》在解释“格物穷理”时,以“人心”与“天下之物”、以“众物之表里精粗”与“吾心之全体大用”对举;但他认为无论是“心”还是“物”,都是“理”的化身,因而心物一理即两者统一于理;从这个前提出发,那么穷尽了事物之理,也就唤醒了心中之理,或者说“穷”外物之理,无非用心中之理去照见外物。所以,他的格物穷理就是心中固有之理的自我认识。既然如此,那么只有先认识(知)理,作用于事物的行为才能遵循规范,因而“知之为先,行之为后,无可疑者”(《答吴晦叔》)。这样的唯心主义先验论的格物穷理，也表现出形而上学的性质，即以预设的固定不变的理来处理千变万化的具体事物和限制人们的行为。

在宋代，与程朱理学相对立的有王安石的“荆公新学”和陈亮、叶适的“事功之学”。和张载同时期的王安石，认为道（理）的本体是物质性的元气，元气分为阴阳，阴阳之中有“冲气”，阴、阳、冲三气具体化为五行，形成万物（见《道德经注·第五十二章》《王文公文集·洪范传》）。在心物关系上，他认为人的精神意识活动依存于物质性气所凝成的形体，“心生于气，气生于形”（《礼乐论》）。同时，他肯定“心之能思”（《道德经注·第五十九章》），而思维活动则与客观事物相适应：“与时推移，与物运转。”（引自蒙文通：《王介甫〈老子注〉佚文》）虽然王安石在理气、心物之辩上与张载持同样的立场，但他没有像张载那样，鲜明地提出理和气统一于何者、心和物以何为本的问题。陈亮、叶适对同时期的朱熹有所批评。陈亮否定了朱熹超越具体事物的永恒之“道”。他说：“道非出于形气之表，而常行于事物之间者也。”（《勉强行道大有功》）认为没有超越形气之道，道就在事物之中。叶适发挥了这一观点，指出：“物之所在，道则在焉。”（《习学记言》卷四十七）他认为道不能离开物而独立存在，只有认识了具体事物，才能达到对道的认识；同时，只有认识了道才能概括具体事物。叶适也不同意程朱以心中之理照见外在事物的“格物”说，强调“格物”就是“以物用而不以已用”（《进卷·大学》），要求主观精神活动符合于客观事物。然而，陈亮、叶适的事功之学，主要是用功利主义反对程朱理学，因而未能在哲学基本问题上深入讨论理气、心物之辩。

南宋时期，与程朱理学进行论辩的，还有陆九渊的心学。他以“心”取代“理”作为世界万物存在的根据。陆九渊的名言是：“宇宙便是吾心，吾心即是宇宙”（《杂说》），把一切都看作是心的表现，这就比朱熹更为直接地肯定了精神第一性、物质第二性。他认为充塞宇宙的理就在人的心中，因而“心即理”，于是，格物只须内求“本心”，万物之理自然明了。这是比朱熹更为简洁的从心到物的唯心主义先验论。陆九渊的这些思想，经明代王守仁的阐发，发展为比较完备的心一元论。王守仁把理气、心物之辩统一起来，以心作为无所不包的本体：“心外无物，心外无事，心外无理，心外无义，心外无善。”（《与王纯甫书二》）在物（气）、理、心三者的关系上，鲜明地树起了心一元论的旗帜。他发挥陆九渊“心即理”的说法，认为事物的“理”是由“心”（良知）为其设立的，所以心与理是合一的，“吾心之良知，即所谓天理也。致吾心良知之天理于事事物物，则事事物物皆得其理矣”（《传习录》中）。既然理与心是合一的，那么有心便有理，无心便无理。这完全否认了事物的规律（理）具有不以认识的主体和主观意识（心）为转移的客观性。王守仁还断言“心外无物”，认为天地万物如果没有被心知觉，就处于虚寂即不存在的状态。对此有人提出诘难：天地万物从来就是存在的，为什么没有我的灵明便不存在呢？如果说心外无物，那么深山中的花自开自落，和我的心有什么关系呢？王守仁这样回答这两个问题：人死了，没有了这个精神主体，和其相对应的认识对象即天地万物怎么还会有呢？深山中的花，只有被看见时，颜色才明白起来，可见花不在你的心外（见《传习录》下）。这里从人们认识事物必须通过知觉来论证事物的存在完全依赖人的知觉。既然“心外无理”“心外无物”，那么王守仁就视“格物”为“格心”，视作用于事物的“行”为内心的活动，“一念发动处便即是行了”（《传习录》下）。在这基础上提出的“知行合一”，便是把知行统一于心。

明代的罗钦顺和王廷相坚持了张载的气一元论，对理一元论和心一元论都提出了批判。罗钦顺在《困知记》中指出，整个世界，往古来今，“无非一气而已”，气的运动变化形成了万事万物。因此，他不同意程朱的理气观，指出气的运动变化是有规律的，这规律就是“理”，所以说“理只是气之理”。同时，他指出“心可以范围天地”的心一元论也是错误的。他说天地的变化是永恒的；而人心则会随其生命的终结而结束，如果以为人心造成世界，那真是太不自量了。他还进一步指出陆王“心即理”的错误，是以人们用“心”去认识“理”来论证心等于理。王廷相也肯定气是唯一的“实体”，天的全体都是气，地里边也是气，有形的东西是气，无形的东西也是气。他由此来看待理气关系，与程朱的“理在气先”针锋相对，提出“理载于气，非能始气也”（《慎言》）。理依存于气，而不能产生气。因为气是运动变化而生成各种事物的，所以，存在于气的理，并不像程朱所说的那样，是个一成不变的、能套用于各种事物的绝对存在，于是，他说“理因时致宜”，“万事有万事之理”（《雅述》）。他也反对陆王由“心外无物”而把“格物”视作“格心”，指出：“心者栖神之舍”，人心有精神活动，但如果不接触外界事物，“物理不见不闻”（《雅述》），那么就连分辨日常东西这些最起码的精神活动都是不可能的。

由于罗钦顺、王廷相等以气一元论批判程朱理一元论和陆王心一元论，因而气、理、心三者的关系就更加明确地成为理气、心物之辩的焦点。明末方以智的思想比较明显地反映了这一点。他把“气中之理”即理在气中，和“离气执理”“扫物尊心”相举并论，肯定前者而批评后两者“皆病也”。(《物理小识》卷一)可见，正是从气一元论、理一元论和心一元论的三者对峙中，方以智把气、理、心作为理气、心物之辩的三个最基本的哲学概念提了出来。因此，他后来在《东西均》中专门讨论了“言气”“言理”“言心”的问题，但却认为气和理“皆归一心”。这表明他最终未能以气一元论来总结理气、心物之辩，也表明气一元论尚未达到完成的形态。从气一元论出发，对理气、心物之辩作了比较正确的总结，从而使气一元论取得完成形态的，是明清之际的王夫之。“言心、言性、言天、言理，俱必在气上说，若无气，则俱无也。”(《读四书大全说·孟子·尽心上》)他的这句话概括地表现了这一点。

王夫之继承和发展了张载以来的气一元论。这不仅表现在他同张载一样，说“虚空皆气”，更表现在他针对程朱理一元论和陆王心一元论来论证气一元论的正确性。他说：“阴阳二气充满太虚，此外更无他物。”认为气是唯一实体，天地万物“皆其所范围也”(《正蒙注·太和》)。这里的气外无物，既以“气外更无虚托孤立之理”(《读四书大全说·孟子·告子上》)驳斥了将理高悬于气之上的程朱，也驳斥了“心外无物”的陆王。同时，他还指出气是永恒不灭的，它聚而成形，“非幻成也”；散而归于太虚，“非消灭也”(《正蒙注·太和》)。这既反对了佛教(包括陆王)把事物视为主观意识(心)所显现的“幻成”，也反对了程朱的“物散”即“气灭”，进一步论证气不灭即物质不灭的思想。

王夫之以“理在气中”“道不离器”的命题反对程朱的“理在气先”“道在器先”。他说：“气者，理之依也。”(《思问录·内篇》)认为理依存于气，超物质超时空的理是不存在的。程朱认为形而上之道(理)是虚的，形而下之器(气)是实的，先有形而上之道，后有形而下之器。王夫之则提出了与之正相反对的命题：“实道而虚器。”(《周易外传·系辞上第十二章》)就是说，道是依存于具体事物的，是实在的，而具体事物是可以由理性思维进行抽象的。他进一步指出：“天下惟器而已矣。道者器之道，器者不可谓之道之器也。”(同上)天地间存在着的一切都是具体的实物，一般原理存在于具体事物之中，而决不可说具体事物依存于一般原理。所以，不存在先于形器的“道”。由于具体的器物是各种各样的，因而理依各类器物之不同而表现出特殊性即特殊规律，所以，他说事物的“才质性情各依其类”，因而就“各有条理”（《正蒙注·太和》）。可见，王夫之认识到理是普遍规律和特殊规律的统一，这就在反对程朱理在气先的唯心论的同时，也反对了程朱把理看作一成不变的形而上学。这表明王夫之的气一元论是朴素唯物主义和朴素辩证法相结合的体系。

如果说，王夫之在理气之辩的总结上主要批判了程朱理 元论；那么，他在心物之辩上的总结则主要批判了陆王心一元论。如前所述，王夫之以“气外无物”否定了陆王的“心外无物”。他在这基础上展开了对心物之辩的总结。王夫之在《庄子通》中，将“师心”和“师物”并举，作为在心物关系上两种不同的态度，前者凭自己的主观意识去构造世界，后者把主观意识看作是按照事物本来面目来认识它的结果。前者把物归结于心，后者把心统一于物，王夫之认为“师心”不如“师物”，鲜明地表达了物质决定精神的唯物主义观点，指出了陆王的一元论的根本错误在于“师心”。王夫之还进一步论证了为什么心是统一于物的。他说：“内心合外物以启觉，心乃生焉。……故人于所未见所未闻者不能生其心。”（《正蒙注·乾称下》）认为意识活动（心）必须通过感官与外物相接触，由对外物的所见所闻而产生。这就以知觉由接触外物而产生的唯物主义反映论论证了心是统一于物的，由此批判了陆王将事物的存在与否取决于主观知觉的“心外无物”。

王夫之在肯定对外物的见闻产生心的意识活动的同时，又肯定了“心”的“超乎闻见”的作用。他指出：眼睛对事物的观察，只能知其外表的“文理”，而要把握事物运动变化的根本规律，则“非心思不著”（《正蒙注·太和》）。因而他再三强调“格物致知”必须是“心官与耳目均用”，“以耳目资心之用”（《读四书大全说·大学·圣经》）把“格物”与“大其心”统一起来，不能因肯定物的第一性而否定了心的作用，这表现了用辩证法的观点来看待心物关系。他也同样在唯物主义前提下，把与心物之辩相联系的知和行辩证地统一起来。他提出“行可兼知”（《尚书引义·说命中二》），认为认识是通过接触外物的行动而获得的。从这一唯物主义反映论观点出发，他认为程朱的“知先行后”和陆王的“知行合一”的共同本质都是“离行以为知”(同上),同时,他又认为不能否定知对行的指导作用。由此他提出“知行相资以为用”(《礼记章句》卷三),即知行相互依赖、相互作用。可见,王夫之在心物之辩的总结上同样达到了朴素唯物主义和朴素辩证法的统一。

从上述可以看到,中国传统哲学所讨论的主要问题都涉及哲学基本问题,而哲学基本问题在这些论辩中逐步展开深入和日益明晰,最终由王夫之以朴素唯物主义和朴素辩证法相结合的气一元论,达到了传统哲学对这一问题的最高水平的回答。但是,即使是王夫之,也没有明确把思维与存在关系概括为哲学基本问题,这样的概括是马克思主义哲学第一次作出的。但是,中国传统哲学在其发展进程中讨论了哲学基本问题则是毫无疑问的。当然,这并不意味着中国两千多年的传统哲学的丰富内容可以简单化地归结为唯物论和唯心论的斗争,更不能以此作为价值判断:凡唯物论必定是“好”的,凡唯心论必定是“坏”的。列宁把唯心论称作“人类认识这棵活生生的树上的一朵不结果实的花。”①认为唯心论作为人类认识史上的一个环节,不能因为其不结“果实”,而否认它是包含着不少有价值的、深刻思想的“花朵”。这些“花朵”同样是马克思主义哲学中国化过程中应当汲取的思想资料。

这里指出哲学基本问题始终是中国传统哲学所关注的内容之一,主要目的在于说明:中国传统哲学和马克思主义哲学在根本的理论点上有相似之处。这意味着马克思主义哲学与传统哲学融合不仅有着外在的社会根据,而且有着内在的理论根据;马克思主义哲学与中国传统哲学融合以实现其中国化不仅有着理论上的可能性,而且有着逻辑上的必然性。这还意味着马克思主义哲学中国化通过近代哲学与传统哲学相连贯,是以马克思主义哲学和传统哲学的相似性为思想基础的。中国近代哲学主要论争是在历史观和认识论领域展开的,而这两方面的论争和传统的理气(道器)、心物(知行)之辩有着承继关系。思维与存在的关系的论争在近代哲学中就集中表现于历史观和认识论领域,即历史观和认识论在心物之辩上结合为一。②因为历史观的根本问题是把

① 列宁:《哲学笔记》,人民出版社1974年版,第412页。

② 参见冯契:《中国近代哲学的革命进程》,华东师范大学出版社1997年版,绪论第二节“小结”的第二点。

历史的动因归结于精神还是物质生产；而认识论上讨论知行关系是以对心物关系的回答为前提的。这样，中国近代哲学关于历史观和认识论的争论就交汇于心物之辩即思维与存在的关系上。所以，毛泽东用来回答中国近代哲学关于历史观和认识论争论的能动的革命反映论，正是从心物之辩上着眼的："马克思说：'不是人们的意识决定人们的存在，而是人们的社会存在决定人们的意识'。他又说：'从来的哲学家只是各式各样地说明世界，但是重要的乃在于改造世界'。这是自有人类历史以来第一次正确地解决意识和存在关系问题的科学的规定，而为后来列宁所深刻地发挥了的能动的革命的反映论之基本的观点。"①这里用"能动的革命的反映论"既概括了唯物主义认识论关于思维和存在关系的基本观点，也概括了唯物史观关于社会存在和社会意识关系的基本观点，体现了辩证唯物论和历史唯物论的统一。由于思维与存在的关系，在传统的天人、名实、有无、形神、理气、心物之辩里逐步地被明晰揭示了出来，因而能动的革命反映论作为马克思主义哲学中国化的理论成果，和传统哲学关于思维与存在关系的讨论有着历史的连贯性，而这种历史连贯性以传统哲学在思维与存在关系的问题上和马克思主义哲学有相似点为思想依托。也就是说，中国化的马克思主义哲学不仅继承和发展了来自西方的马克思主义，而且和中国哲学的优良传统一脉相承，是对它的继承发展。

（本文由《中国传统哲学的主要问题和哲学基本问题》和《中国哲学与辩证唯物主义》第一章"哲学基本问题在中国传统哲学中的表现"综合而成，前者刊于《教学与研究》1998 年第 2 期，后者由方克立主编，高等教育出版社 1998 年出版）

① 《毛泽东选集》第 2 卷，人民出版社 1952 年版，第 675 页。

中国传统历史观中的唯物史观胚芽

在研究马克思主义与中国传统哲学的关系时，一般都认为后者的朴素唯物主义和辩证法的传统，为中国人认同和接受前者提供了思想资源。然而，实际上中国人接受和认同马克思主义哲学首先是从唯物史观开始的，这是否同传统哲学提供的历史土壤有关呢？以往的研究对此是忽视的。之所以这样，一个重要的原因是认为马克思主义以前的历史观，都是唯心史观，和唯物史观毫无共同之处。其实不然，马克思、恩格斯曾肯定他们之前的一些唯物主义者把"唯物主义运用到社会生活方面"，[①]列宁也指出"在黑格尔那里有历史唯物主义的胚芽"。[②]在中国传统历史观里同样存在着唯物史观的胚芽。论证这一点，一方面有助于说明中国人首先接受唯物史观，不只是由于社会变革需求的外在推动，而且是由于传统哲学提供了内在的可能性；另一方面也有助于说明马克思主义哲学的中国化，是因为后者与作为前者根本性标志的唯物史观有相似之处。如果两种理论体系没有根本性的相似之处，那么两者的融合是很困难的。

中国传统哲学通常把对社会历史的考察和把握称为"通古今之变"（司马迁语）；所谓"通"不仅要求贯通前后相继的历史现象，而且力图穷通变化无常的历史现象背后的恒常之道，这就涉及对社会历史本质和规律的认识。本文认为，这样的"通古今之变"的传统历史观，在关于历史进步和社会变革、社会历史变迁的动因和主体力量，社会历史的客观性和发展规律等问题上，表现出了唯物史观的胚芽。

① 《马克思恩格斯全集》第 2 卷，人民出版社 1957 年版，第 165 页。

② 《列宁全集》第 55 卷，人民出版社 1990 年版，第 274 页。

一、善言古者、有节于今与历史进步、社会变革

历史这个概念,以变化发展为其基本内涵。因此,如何认识社会历史的变化发展,是历史观首先要面对的问题。传统的历史观以“通古今之变”为宗旨,因此就以古今之辩来概括关于古往今来的社会历史变化发展问题的讨论。它在古今之辩上的优良传统,可以用“善言古者必有节于今”(《荀子·性恶》)这句话来表明,其主要内涵是:从古到今的历史变迁是前进的而不是倒退的,应当变革过时的历史传统以适合当今社会的发展。在古今之辩的这一传统中,显然蕴含着唯物史观和历史辩证法的合理因素。

(一)历史变迁,今胜于古

历史总是由古及今地变迁着,这是不难为人们的经验和常识所认可的。然而,历史的变迁是趋向进步还是倒退,是今胜于古还是今不如古,却是传统历史观的古今之辩一直争论的问题。这一争论发端于被王夫之《读通鉴论》称为“古今一大变革之会”的春秋战国时期。如何评价这样的古今大变革,当时的各派思想家们提出了不同的看法。儒家的孔子和孟子认为,这场社会大变动冲垮了古代圣王创造的传统文明,因而人心不古,世道衰微。于是,孔子自称“信而好古”(《论语·述而》);孟子则“言必称尧舜”(《孟子·滕文公上》),一再要求“法先王”。在他们看来,一代不如一代,历史呈现为一个倒退的过程。孔孟崇尚传统文明的是古非今,形成了正统儒学在历史观上的复古主义。

如果说儒家孔孟的是古非今,是执着于被社会大变动日益摧毁的传统文明,那么道家老庄的今不如古,则是将当时的社会大变动和社会文明联系在一起予以彻底否定。他们认为社会大变动导致的“昏乱”,从根本上说是由于人类文明的发展破坏了原始的自然状态。所以他们强调“知古始”(《老子·第十四章》),叹息“往世不可追”(《庄子·人间世》)。可见,道家的今不如古,是要把历史拉回到远离文明的原始自然状态中去。

墨家反对儒家的复古主义,批评孔孟的“述而不作,信而好古”和“言必称尧舜”。《墨子》指出:“古之善者则述之,今之善者则作之,欲善之益多也。”(《耕柱》)“自古在之今,则尧不能治也。”(《经说下》)认为无论古或今,只要是

对实际社会生活有利(善)的,都应予以肯定;如果考察自古到今不同的历史情况,就知道尧也不能治理好当今的国家。

如果说墨家主要是批判了孔孟的好古复古,那么荀子的“善言古者必有节于今”,则对孔孟和老庄的今不如古都作了批判。他认为孔孟“舍后王而道上古”的法先王,实际上是“案往旧造说”(《荀子·非十二子》),即把往古的模糊缥缈的关于先王的主观臆造强加于现实。同时,他又批评“老子有见于诎,无见于信”(《荀子·天论》),“庄子蔽于天而不知人”(《荀子·解蔽》),指出道家只看到原始社会质朴自然的这一面,而没有看到人为的文明创造所带来的巨大的历史进步。

比较充分地用历史进化观点论证今胜于古的,则是法家。韩非认为中国历史由“上古”(有巢氏、燧人氏)、“中古”(尧、舜、鲧、禹)和“近古”(殷、周)这几个阶段而不断向前进化。他据此驳斥了孔孟和老庄的今不如古论。他说:“上古竞于道德,中世逐于智谋,当今争于气力。”(《韩非子·五蠹》)认为历史进化到了当今之世,“争于气力”就是时代精神的体现。因此,孔孟企图重建传统的仁义道德是不足取的,“仁义用于古而不用于今”(同上)。老庄对当今之世充满着利益争夺的谴责也是没有道理的,因为正是凭借“气力”的利益争夺,才推动了当今之世的社会进步。这固然是为以耕战称霸天下的法家学说提供历史观的依据,但却包含着肯定暴力在推进社会历史发展过程中的作用的合理因素。马克思说:“暴力是每一个孕育着新社会的旧社会的助产婆。”①韩非的上述思想触及了这一点。

秦汉以后,随着儒术独尊,孔孟的复古思想占据主导地位。但是,先秦今胜于古的思想传统仍然得到了延续和发展。当时崇古非今的主要论点是:远古的三代是道德盛世,以后则每况愈下。宋代的朱熹将此概括为“三代专以天理行,汉唐专以人欲行”(《寄陈同甫书》六),一代不如一代。对于这种历史倒退论观点,自汉至明清之际都不断有人予以批评。东汉的王充针对“上世之人质朴易化,下世之人文薄难治”的说法,指出周代的德化并不比汉代高明。“汉何以不如周?”(《论衡·宣汉》)唐代史学家杜佑在其《通典》中,通过对各种典

① 《马克思恩格斯选集》第2卷,人民出版社1995年版,第266页。

章制度发展演变过程的分析，指出上古质朴少事固然很好，但多鄙风弊俗。因此，不是世风日下，而是古不如今。“汉、隋、大唐，海内统一，人户滋殖，三代莫俦。”（《职官·王侯总序》）宋代陈亮在同朱熹的辩难中，指出三代并不全是天理，三代以下亦不全是人欲。（见《甲辰秋与朱元晦书》）明清之际的王夫之认为，人类社会历史是不断变化发展的，“洪荒无揖让之道，唐虞无吊伐之道，汉唐无今日之道，则今日无他年之道者多矣”（《周易外传·系辞上传》第十二章）。这个变化发展过程是由野蛮而日趋文明：从摆脱“不粒不火之禽心”的野蛮状态，到学会使用火和耕种，“聊修仁义之文”。于是他诘问道：“孰谓后世之天下，难与言仁义？”（《读通鉴论》卷二十）更为深刻的是，他指出不能因为人在历史活动中有私欲，就否定历史在进步：“以一时之利害言之，则病天下；通古今而计之，则利大而圣道以宏。”（《读通鉴论》卷三）就是说，从整个历史发展过程来看，当时“病天下”的私欲，却是与历史的进步相伴随的。这在一定程度上揭示了“自从阶级对立产生以来，正是人类的恶劣的情欲——贪欲和权势欲成了历史发展的杠杆”①。当然，传统历史观的进化观点是不彻底的，其重要表现之一，没有摆脱近代严复批评的“以一治一乱、一盛一衰为天行人事之自然”（《论世变之亟》）的循环论。

（二）变古易常，有因有革

传统历史观的古今之辩讨论的又一个问题是：要不要随着社会历史的发展进行变革？在变革的过程中如何对待古代的传统？

先秦是个社会大变革的时代。孔孟虽然好古非今，但他们也主张对传统的制度进行某些变革。孔子说：“殷因于夏礼，所损益可知也；周因于殷礼，所损益可知也。”（《论语·为政》）认为夏、商、周作为一个历史过程，既有相因相续的一面，又有变革损益的一面，这是合乎历史辩证法的。法家旗帜鲜明地提出了变法改革的主张。商鞅说“治世不一道，便国不法古”（《商君书·更法》），认为治理国家不是只有一种办法，只要适合实际情况，就没有必要效法古代。韩非指出“欲以先王之政，治当世之民，皆守株之类也”（《韩非子·五蠹》）。因此，韩非主张与“先王之政”截然决绝。就要不要对传统制度进行根本性的变

① 《马克思恩格斯选集》第4卷，人民出版社1995年版，第237页。

革而言，法家与孔孟儒家是对立的。不过，韩非完全排斥“先王之政”，表现出一概否定传统的片面性。这种片面性发展到极端，就是秦始皇的焚书坑儒，即对主张“师古”的儒生予以暴力镇压：“有敢偶语《诗》《书》者弃市，以古非今者族”（《史记·秦始皇本纪》），从反对以古非今走到了完全抛弃传统，割裂了古和今的联系。

在先秦的典籍中，论述变革最多的当推《易传》。《易传》虽然是儒家的著作，但它吸取了法家的历史进化观点，认为社会历史由穴居野处而易之以宫室，由结绳记事而易之以书契，是从野蛮到文明的进化过程（见《系辞》下）。由此出发，它将其“穷则变，变则通，通则久”（《系辞》下）的思想贯彻到社会历史领域，肯定社会变革具有推动历史进步的作用：“汤武革命，顺乎天而应乎人。革之时义大矣哉！”（《革·彖》）即肯定推翻暴君的社会变革是合乎历史潮流的，推动了历史的进步，并从中得出普遍性的结论：变革的作用和意义是巨大的。《易传》的成书不会早于战国末期。这表明变古易常、称颂革命到那个时期已成为时代的主流。

如果说力主古今之变革是先秦的最强音，那么汉代以后则以强调古今有“因”有“革”为主旋律。这是由于地主阶级在基本确立封建制度之后，需要维护和稳定这一制度。与此相适应，在社会历史观上就表现为关于“因”和“革”的关系的讨论，强调作为体现封建制度的纲常名教是“常道”，可因不可革；而具体举措则“无定法”，可革不可因；这样，既能使得封建制度长久存在，又能保持一定活力。可以说，汉以后关于古今之“因革”的讨论，没有越出把孔子因礼而有所损益的思想轨道，但把孔子关于历史是在变革传统和继承传统的统一中发展的辩证法因素加以展开了。

西汉末年的扬雄，首先从社会历史观的意义上讨论了“因”和“革”的问题。他认为古今之间，是因袭和变革的结合，“可则因，否则革”，“新则袭之，敝则损益之”（《法言·问道》）。这就是说，历史的传统既有值得继承、仍然具有生命力的东西，又有落后于时代、需要加以变革的东西。因此，他的结论是：“道有因有循，有革有化。”（《太玄·玄莹》）

唐代杜佑在具体考察了历代典章制度的变迁之后，认为虽然古今制度不同，但其间并非没有“相因”的关系。古今制度演变的过程是：“酌古之要，通今之宜,既弊而思变,乃泽流无竭。”(《通典》卷十二)即在吸收旧制度中的精华的基础上,根据当时的实际情况,制定出新的制度,历史就在这样的新旧相因相革的运动中充满着无穷的活力,这是对扬雄“道有因有革”思想的发展和深化。

王夫之和前人一样,也把历史看作是有因有革,但他进一步把历史发展的因革和历史发展中的离合治乱联系起来。他认为中国历史已经历了三次离合治乱之大变:三代至秦汉是“一合一离之始”,汉至宋是“一合一离之变”,宋至明“又为一变”(《读通鉴论》卷十六),强调历史不只是“因而继之”的直线发展,而是在离合治乱交替的曲折中前进的。他由此来讲因和革:“承治者因之,承乱者革之,一定之论也。”(《尚书引义》卷五)因是对治而言,革是对乱而言。所以,古今之间的因革,必然表现为由治乱离合构成的历史的前进运动。这在一定程度上看到了社会历史发展过程是连续性和间断性、前进性和曲折性的统一,也包含着历史是螺旋式上升的思想胚芽。

中国传统社会历史观的变易因革思想对历史辩证法有所揭示,但是,与唯物史观相比,它未能正确阐明引起变易因革的社会内在矛盾,往往只是笼统地说“适时”而变易,“遇事”而因革。所以,这种变易因革的历史辩证法还带有思辨猜测的性质。

二、食足知礼、民惟邦本与历史动因、历史主体

唯物史观不仅肯定了历史进步的总趋势和社会变革的必要性,而且指出了历史进步的社会变革的根本原因,在于社会物质生产中生产力和生产关系的矛盾运动,因而在社会经济结构中经济基础决定上层建筑,以经济关系为本质的社会存在决定人们的思想意识,作为物质生产主体的人民群众是推动历史前进和实现社会变革的决定性力量。以“通古今之变”为宗旨的中国传统社会历史观,也讨论了古今之变的动因和主体力量问题,并形成了重视经济因素和民众力量的观点。前者以“仓廪实则知礼节,衣食足则知荣辱”(《管子·牧民》)为代表,后者以“民惟邦本,本固邦宁”(《古文尚书·子五之歌》)为代表。食足知礼的观点,自先秦的《管子》提出后,历代都有所申述。它在历史观上的

内涵，主要有两个方面：解决人民的衣食问题，是社会存在的基础和发展的前提；只有人民的基本生存需要得到了满足，才能有效地进行礼乐教化。民惟邦本的观点，自先秦至明清，形成了一以贯之的“民本”传统。这一传统就历史观而言，也有两个方面的内涵：在人与神的关系上，强调历史的主体是人；在君与民的关系上，强调民众的力量值得重视。这些观点和唯物史观有着相通之处。

（一）强本节用，民食为天

食足知礼首先是要重视解决“食足”的问题。“民以食为天”这句谚语通俗而形象地表达了老百姓丰衣足食是治国理政的头等大事的思想。这句谚语之所以流传至今，为人们所熟知，说明了食足知礼的思想在中国古代有着深厚的传统和影响。先秦诸子从各种不同角度强调了解决民食问题的重要性。儒家提倡王道、仁政，以确立道德原则（仁义）和道德教化（德教）为根本。他们认为接受仁义和进行教化的对象主要是民众，而民众生存的基本问题是解决衣食温饱问题。因此，《论语·颜渊》记载：“子贡问政。子曰：足食、足兵，民信之矣。”孟子进一步明确指出，王道、仁政的推行，以“制民之产”，即使老百姓有自己的财产为基础。为此，他设计了具体的方案：给每个农民一块土地，让其耕作植桑，建造屋宇，饲养家畜，以满足养家活口的需要。他说：“明君制产之民，必使仰足以事父母，俯足以畜妻子，乐岁终身饱，凶年免于死亡。”（《孟子·梁惠王上》）这是力图从生产资料（土地）和生活资料（主要是粮食）的结合上来解决老百姓的温饱问题。

墨家从小生产者的立场出发，强调只有通过劳动进行物质生产才能解决民食即社会生活的基础问题。墨家治国的宗旨是“兼相爱、交相利”（《墨子·兼爱中》），即以利益对等回报为纽带来建立人们之间的仁爱关系，而每个人的利益的基点是“生利”即生存的权利：“衣食者，人之生利也。”（《墨子·节葬下》）使得利益对等回报的途径，则是人人参加生产劳动。他说兽禽不用耕稼和纺织，就能生存下来，因为它们“以水草为饮食”“以羽毛为衣裳”“衣食之财固已具矣”；但是，“今人与此异者也，赖其力者生，不赖其力者不生”（《墨子·非乐上》）。人类社会只有人人进行物质生产劳动，才能消除“饥者不得食，寒者不得衣，劳者不得息”（同上）三大巨患，从而使每个人的生存利益都得到满足。

法家也把民食问题的解决当作治国的当务之急。他们认为人与人之间之所以发生利益争夺，是由于人口增长的速度超过了物质财富增长的速度。韩非说：古时候，人口数量少，财富有剩余，因而人民不必争夺，现在不同了，“今人有五子不为多，子又有五子，大父未死而有二十五孙，是以人民众而货财寡，事力劳而供养薄，故民争”（《韩非子·五蠹》）。为了避免因利益争夺而造成社会动乱，法家一方面以赏罚两手强迫人民去从事艰苦的农业生产（见《商君书·耕战》），另一方面把社会财富集中于君主手中，使其能够左右人民的生计，民众为了吃饭穿衣而不得不服从君主的统治（见《管子·轻重》）。这固然显示出法家的横暴，但就其理论逻辑而言，却表现了从物质生活上去分析和解决社会问题的思路，包含着暴力的使用根植于物质利益的合理因素。

道家的治国主张是“为无为，则无不治”（《老子·第三章》），即无为而治。道家之所以提出这样的主张，理由之一就是统治者的苛捐杂税太多，使得老百姓的衣食发生了问题。老子说：“民之饥者，以其上食税之多也，是以饥。”（《老子·第七十五章》）道家认为退回到没有统治者与被统治者的原始自然状态去，人民的衣食问题就自然解决了。这固然是不足取的，但它说明道家也非常重视民食问题，而且对造成“民之饥”的根源的揭露是尖锐而深刻的。

恩格斯指出，马克思创立唯物史观的意义在于“历史破天荒第一次被置于它的真正基础之上；一个很明显的而以前完全被人忽略的事实，即人们首先必须吃、喝、住、穿，就是说首先必须劳动，然后才能争取统治，从事政治、宗教和哲学等等，——这一很明显的事实在历史上的应有之义此时终于获得了承认”。①先秦诸子的上述言论和见解，都程度不同地揭示了“民以食为天”这个明显的事实。

汉代独尊儒术之后，正统儒学提倡“正其谊不谋其利”（董仲舒语）和“存天理、灭人欲”（朱熹语），贬抑和轻视人们的物质生活需求。一些思想家正是从先秦诸子中吸取思想资料，坚持用“民以食为天”的观点批评正统儒学。王充认为，国家的治乱首先取决于人民的衣食问题能否解决：“世之所以为乱者”，是因为“谷食乏绝，不能忍饥寒”；他重申“仓廪实，民知礼节，衣食足，民知荣

① 《马克思恩格斯选集》第3卷，人民出版社1995年版，第335页。

辱”(《论衡·治期》)。宋代的李觏在引用了孔子“足食、足兵,民信之矣”的话后,接着说:“是则治国之实,必本于财用”,首先要增加物质财富,而增加物质财富的途径是“强本节用”,即发展农业生产和节约开支。(《富国策》第一)明清之际的王夫之承认物质生活欲望是人类社会存在的前提,因此“君子敬天地之产而秩其分,重饮食男女之辨而协其安”(《诗广传》卷二),主张充分发展“天地之产”即进行物质生产,使人们的饮食男女之欲能够得到满足。显然,李觏和王夫之继承了先秦儒家“制民之产”和墨家通过物质生产以增加财富的观点。

不过,“民以食为天”从根本上说,是把社会存在和发展的基础归结于满足老百姓的物质欲望。欲望毕竟是一种心理意念和生理本能,因而这一观点还不是真正的唯物史观。

(二)食足知礼,先富后教

食足知礼的另一方面内涵是讨论“食足”和“知礼”的关系问题。在中国古代,广义的“礼”既包括各种政治、经济制度,以至日常生活的礼节仪式,同时也指一般的道德规范。因此,“食足”和“知礼”的关系,涉及物质利益、物质生活和道德规范、道德教育的关系。按照食足知礼的逻辑,这种关系应当是“先富后教”,即前者是后者的基础。

“先富后教”的思想源自孔子。《论语·子路》记载:“子适卫。冉有仆。子曰:‘庶矣哉!’冉有曰:‘既庶矣,又何加焉?’曰:‘富之。’曰:‘既富矣,又何加焉?’曰:‘教之。’”这里的“教之”主要指道德教化。孔子认为物质利益、物质生活和道德规范、道德教育在次序上有先后关系,因而“先富后教”隐约地包含着后者受到前者制约的思想。孟子把孔子的先富后教思想加以展开,他首先考察了“恒心”(道德意识)和“恒产”的关系,认为“有恒产者有恒心,无恒产者无恒心”(《孟子·滕文公上》)。就是说,稳定的产业(恒产)是形成道德意识的前提。其次,他认为道德规范不是远离主体的基本物质需要的抽象概念,圣人治理天下,“菽粟如水火,而民焉有不仁者乎?”(《孟子·尽心上》)要是粮食像水火那么多,民众不会不讲仁德。再次,他认为物质生活对人的道德面貌有很大影响:“富岁子弟多赖,凶岁子弟多暴。”(《孟子·告子上》)

如果说孟子是从狭义的“礼”,即礼义道德的角度来论述先富后教,那么荀子则从广义的“礼”,即包括道德规范在内的所有人类社会行为准则的角度,来讨论物质利益和礼的关系问题。荀子说:“人生而有欲,欲而不得,则不能无求,求而无度量分界,则不能不争。”“养人之欲,给人之求,使欲必不穷乎物,物必不屈乎欲,两者相持而长,是礼之所起也。故礼者,养也。”(《荀子·礼论》)认为礼义道德起源于现实的物质利益关系,并具有调节人与人之间的物质利益关系的功能。既然如此,那么“先富后教”自然是无可置疑的了。

唯物史观认为,道德作为社会规范具有两重性:从它的起源和现实作用来看,道德以社会的功利关系为基础,具有功利性质;但道德作为人的理性力量的体现,又具有超功利的内在价值。从孔孟到荀子,他们的“先富后教”思想显然已经触及道德的功利性质。然而,孔孟更强调道德超功利的内在价值,因此具有重义轻利的倾向,孔子分别赋予君子和小人以义和利的属性,所谓“君子喻以义,小人喻以利”(《论语·里仁》)。孟子对梁惠王说“王何必曰利?亦有仁义而已矣”(《孟子·梁惠王上》),都表现了这样的倾向。

墨家以“兼相爱、交相利”的原则反对重义轻利,认为道德行为必须是能够满足人们的利益需求的。墨子再三指出,仁爱就是使饥者得食、寒者得衣、劳者得息(见《墨子·非乐上》)。这可以说是“先富后教”思想的另一种形式的表达。不过,墨家认为“尚利”即“贵义”,把道德完全等同于功利,具有忽视道德的超功利的内在价值的片面性。这种片面性被法家的韩非发展到了极端,他说:“是以古之易财,非仁也,财多也;今之争夺,非鄙也,财寡也。”(《韩非子·五蠹》)古人看轻财富,并不是有仁爱之心,而是因为财富很多;今人争夺财富,并不是品格卑劣,而是由于财富太少。韩非把人的行为看成完全是由财富多寡决定的,不存在善(道德)和恶(不道德)之分。于是,取消道德和道德教育。当然,这就不存在先富后教的问题了。

与法家的这种极端正相反,汉代独尊儒术后,正统儒学把孔孟的重义轻利也发展到极端,提出了“正其谊不谋其利”“存天理、灭人欲”的主张,把道德规范、道德教育和功利(尤其是物质利益)绝对对立起来,完全否认了前者的物质利益基础和物质利益内容。在批评正统儒学的这种观点时,先富后教思想得到了进一步的传扬。

汉代王充不同意董仲舒的“正其谊不谋其利”,指出“饥寒并至而能无为非者寡，然则温饱并至而能不为善者希”。因此，在他看来，“为善恶之行，不在人之质性，在于岁之饥穰。由此言之，礼义之行，在谷足也”（《论衡·治期》）。他强调衣食等物质生活需求的基本满足，是“礼义之行”即道德行为的起点。这里的语言和韩非类似，但王充认为行为是有善恶之分的，不同于韩非取消行为之善恶的非道德主义。宋代的陈亮从“人道”存于“人事”的观点出发，把衣食住等物质生活需求称作非“身外”之物，作为“人道”重要方面的仁义道德就是对这些非“身外”之物的满足。（《又乙已秋书之一》）叶适指出：“后世儒者，行仲舒之论，既无功利，则道义乃无用之虚语耳。”（《习学记言》卷二十三）认为道德必须达到一定的功效，实现一定的物质利益，否则就是无用的空虚之言。这可以说是继承和延续了先富后教的思想，但也显示出和墨家相似的片面性，即把道德行为等同于满足物质需求。这种片面性有可能导致否认在物质生活相对贫困时也能坚守仁义道德的歧途。

明清之际的王夫之看到了这种危险。他认为片面地讲“衣食足而后廉耻兴，财物阜而后礼乐作”，就会“待其足而后有廉耻，待其阜而后有礼乐，则先乎此者无有矣。无有之始且置之，可以得利者，无不为也”（《诗广传·小雅》）。如果认为非要等到物质生活富裕了才会有道德，那么，在此之前为了追求物质生活利益，就可以无所不为了。这就是说，不能因为讲先富后教而忽视了物质生活和道德水准的提高是应当同步的。他把这两者的同步提高叫做“裕民之衣食，必以廉耻之心裕之”（《诗广传·小雅》），从而比较辩证地看待“食足”和“知礼”的关系。不过，王夫之还未能认识到先富后教思想整体上的缺陷，那就是以物质生活水平的贫富来决定道德水平的高低。因为贫而有德和富而忘义的情况并不少见。

（三）民为神主，人事为本

“民惟邦本”的民本思想，就历史观而言是以人本为前提的，即意识到历史的主体力量是人类自身而不是天帝鬼神。殷商以前的宗教天命论认为，人类社会的所有活动都是由上帝天命主宰的。然而人类在日益走向文明社会的过程中越来越意识到了自身的力量。周公说：“天视自我民视，天听自我民听。”（《孟子·万章上》引《泰誓》语）认为天所看到和听到的，就是民众所看到和听到的；又说：“民之所欲，天必从之。”（《左传·昭公元年》引《泰誓》语）认为人民有什么追求,天会尽量使其实现。这些话语都表达了一个意思:天神必须重视人(民)的意愿,而不能独断专行。这种思想的进一步发展,就是提出了“民为神主”的命题。春秋时的季梁说:“夫民,神之主也。是以圣王先成民而后致力于神。”(《左传·桓公六年》)认为人(民)比神更重要,因而圣王要治理好国家,就一定要先办好人间自己的事,然而再去敬鬼神。类似的思想在当时已经不很罕见。宋国有次出现了怪异的天象,人们以为是不祥之兆,周内史叔兴则说:“吉凶由人。”(《左传·僖公十六年》)郑国子产提出:“天道远,人道迩,非所及也。”(《左传·昭公十八年》)都是说高远的天不能决定我们人自身的事情。可以说,到春秋时期已经涌动起了一股重人轻神的思潮。先秦诸子的历史观正是在这样的思想背景下形成的,程度不同地表现出了以人事为本、为主的倾向。

孔孟的历史观虽然没有完全否定天命,但他们的思想以“仁”为核心,其价值取向是肯定人的价值,因而“敬鬼神而远之”(《论语·雍也》),认为“未知生,焉知死”“未能事人,焉能事鬼”(《论语·先进》),强调人类社会历史是以人的现实活动为主而构成的。《论语·公冶长》中,孔子认为国家治理或是“邦有道”或是“邦无道”,要变“无道”为“有道”,关键在于人能否“弘道”(《论语·卫灵公》),也就是说,社会历史能否朝着正确的方向前进,是由人能否弘扬和实践自己的道德理想而决定的。但是,人可以尽力弘道,但道的兴废最终取决于命:“道之将兴也与?命也;道之将废也与?命也。”(《论语·子路》)孟子认为国家的兴亡,取决于天命和人心两个方面,他分析齐宣王伐燕取胜的原因,在于“取之而燕民悦”;如果“取之而燕民不悦,则勿取”(《孟子·梁惠王上》)。就是说,国家兴亡与民众的意愿关系密切。但是,他又认为天命是人力不能改变的,“莫之为而为者天也;莫之致而至者命也”(《孟子·万章上》)。可见,在孔孟的社会历史观里,“命”是人力发挥到极点而无可奈何的东西,更多需要关注的则是人自身的活动。孔孟之后的荀子,则否弃了孔孟的天命论,提出了“制天命而用之”(《荀子·天论》)的命题。这一命题就其历史观的意义而言,是把人类历史发展过程看作改造自然而为人类服务的过程,也是人的主体力量充分展示的过程,一个“制”字充分地表明了这一点。

墨子一方面讲非命,一方面又讲天志、明鬼,但他认为天志以爱人、利人为内容，而爱人、利人则以人人参加生产劳动为基础。因此，墨子把人类社会历史看作通过人自身的劳动而与命相抗衡的过程，“强必治，不强必乱；强必宁，不强必危”（《墨子·非命上》）。这里的“强”，就是指人自身的力量。道家主张“道法自然”（《老子·第二十五章》）、无为而治，表现在社会历史观上，虽然有否定人类文明的倾向，但他们把人类社会历史发展过程看作是合乎自然的发展过程，而不是由天神操纵的。这仍然包含着以人事为主来看待社会历史的态度，所谓“为无为、事无事”（《老子·第六十三章》）的前一个“为”和“事”就表明了这一点，“无为”“无事”正是人事的反映。法家的历史进化观点，非常明确地把历史的进化看作是人类自身活动的结果。韩非说：“上古竞于道德，中世逐于智谋，当今争于气力。”（《韩非子·五蠹》）这里把上古、中世、当今的历史进化过程，看作是人类从比道德、赛智谋到争气力的显示自身力量的过程。

先秦诸子历史观的主流方面，是把社会历史的发展归结为人自身的活动。汉代以后，儒家占统治地位，它肯定人为天地万物最尊贵者的价值取向，一直支配着人们的社会历史观。即使是具有神学色彩的董仲舒，虽要求人们按天意来行事，但其天意就是“仁义”，即以人的要求为内容，因而仍然肯定了人的价值以及人的活动对社会历史发展的巨大影响，如说：“人之超然万物之上而最为天下贵也。人下长万物，上参天地，故其治乱之故，动静顺逆之气，乃损益阴阳之化，而摇荡四海之内。”（《春秋繁露·天地阴阳》）另外，还有许多思想家从不同方面阐述以人事为本的思想。汉末仲长统明确提出了“人事为本，天道为末”的观点，认为“信天道而背人事者，是昏乱迷惑之主，覆国亡家之臣”（《昌言·理乱》），只有亡国的君臣才会把人事之成败归结于天命。唐代柳宗元说：“法治与悖乱，皆人也。”（《答刘禹锡天论书》）刘禹锡指出，人的力量就表现在能够建立法制以判定是非，“人之道在法制，其用在是非”（《天论上》）。明清时期的王艮、吕坤、王夫之、颜元等思想家都提出了“造命”“自造”的观点，更加鲜明地突出了人类社会历史是自己造就的思想。

从先秦到明清，形成了以人事为本的社会历史观，这在传统史学著作中也得到了充分的反映。刘知几在《史通·杂说》中指出：“夫论成败者，固当以人事为主。必推命而言，则其理悖矣。”这代表了传统史学的基本取向。当然，传统社会历史观不可能将天或神彻底驱逐出社会历史领域，因为封建统治者需要借助天和神来维护自身的权威性和合法性。

（四）民贵君轻，民主君客

“民惟邦本”的思想以讨论君民关系为主要内容,从社会历史观来说,可以归结为社会历史的主体力量究竟是民众还是君主。

民本思想早在西周就有端倪。周代殷的历史巨变显示了无名之辈的集体力量,也表现出至高无上的君权的内在虚弱。因此,西周统治者对民众的力量有所认识,周公提出了“保民而王”(《孟子·梁惠王上》)的主张。西周的召公要求重视民意,使民众有渠道把自己的意见表达出来,否则就会如同“川壅而溃”,冲塌统治者的堤坝。(《国语·周语》)春秋时期,民本思想有了进一步的发展,看到民心之向背才能决定君主之地位。例如,宋国的乐祁在议论鲁昭公能否复国时说:“无民而能逞其志者,未之有也”,而“鲁君失民矣,焉能逞其志?”(《左传·昭公二十五年》)

上述这些思想被战国时期的孟子作了概括和提升,奠定了以“民贵君轻”为核心的民本思想。孟子说:“民为贵,社稷次之,君为轻。”(《孟子·尽心下》)这里所谓“贵”,是指重要性。民的重要性何在呢?荀子讲得比较形象:“君者,舟也;庶人者,水也。水则载舟,水则覆舟。”(《荀子·王制》)就是说,民的重要性就在于它是君的载体。民在这里虽然仍处于从属于君的地位,但毕竟承认了民众的力量和作用是不可轻视的。孟子的这种认识则来自历史经验:“桀纣之失天下也,失其民也;失其民者,失其心也。得天下有道,得其民,斯得天下矣。”(《孟子·离娄上》)得民心者得天下的认识,往往在一场社会大动荡之后,就更为深刻。强大的秦朝,被揭竿而起的农民所推翻,汉代贾谊总结这一教训,在《过秦论》中说:“自古至于今,与民为仇者,有迟有速,而民必胜之。”肯定只有得民心者才能得天下,这是传统民本思想的基本观点。

由此出发,传统民本思想还多方面地讨论了如何得民心的问题。孟子说:“得其心有道:所欲与之聚之,所恶勿施,尔也。”(《孟子·离娄上》)意谓要给人民以实际利益,与人民同忧乐,才能得到人民的支持。“乐民之乐者,民亦乐其乐;忧民之忧者,民亦忧其忧。”(《孟子·梁惠王上》)柳宗元进一步指出,官吏应是人民的仆役,“凡吏于土者,若知其职乎?盖民之役,非以役民而已也”(《送薛存义之任序》)。官吏的职责,是给人民当仆役而不是奴役人民;如果官吏拿了俸禄,不尽到自己的职责,难道人民没有理由发怒吗?这种"吏为民役"的民本思想,在封建社会不可能得到真正实现,但它表现了古代哲人对民众在社会历史中的地位的认识。

这样的讨论到明清之际,随着资本主义萌芽的出现,形成了"民主君客"的思潮,这在尚处于封建君主专制时期的中国,可谓是惊世骇俗之论。黄宗羲提出了"天下为主,君为客"(《原君》)的命题,比较明确地提出了民众是社会历史的主体力量的思想。这种思想观点在同时代的不少思想家那里有所反映。主要内容有以下几个方面:

其一,天下为天下人之天下。他们指出:"天下者,非一人之天下,天下之天下也。"(傅山:《霜红龛集》卷二十三)"以天下论者,必循天下之公,天下之非一姓之私也。"(王夫之:《读通鉴论·叙论一》)"岂天地之大,于兆人万姓之中,独私一人乎?"(黄宗羲:《原君》)认为封建专制君主把天下看成是自己一人的天下,是把历史颠倒了,天下应当以人民即天下人为主体。黄宗羲还从君主产生的历史来证明这一点。他说最初的君主只是为天下百姓兴利除害,不谋求一己一姓之私;后世君主则攫取天下人之公利为己有,从而使君主成为"天下之大害"(《原君》)。这就是说,从社会历史发展的过程来看,君主不仅不是社会历史前进的主体力量,而且是阻碍社会历史前进的祸害;相反,被君主盘剥的人民,才是社会历史的真正主体。总之,承认人民是社会历史的主体,不过是还历史之本来面目而已。

其二,君臣为民役。黄宗羲强调"天下之治乱,不在一姓之兴亡,而在万民之忧乐"。正因为万民之忧乐决定天下之治乱,所以君臣都应当事奉万民。但是,现实的情况却是:"臣者昧于此义,以谓臣为君而设者也,……视天下人民为人君橐中之私物。"(《原臣》)要求君臣事奉于人民,是从社会政治秩序上来确认人民是社会历史的主体。

其三,由庶人断是非。由于君主是人民设立的,是请其代表他们发表意见和实现意图的,因此,不应当由君主个人来决定是非。黄宗羲主张"公是非于学校"(《学校》),认为学校应当成为公众决定国家大事的场所。顾炎武说:"政教风俗,苟非尽善,即许庶人之议矣。"(《日知录》卷十九)表达了由民众来决定国家大政方针的要求。这就是说,人民作为社会历史的主体力量,应该在政治生活实践中能够体现出来。

显然,明清之际的这种“民主君客”思潮,是从中国传统的“民贵君轻”的民本思想发展而来的。可以说,从“民贵君轻”把人民看作君主的载体,发展到“民主君客”把人民看成是社会历史的主体,表现了传统民本思想对人民的力量和作用的认识是不断向前发展的。当然,“民主君客”还未达到人民群众是创造历史的动力的认识,但这是走向这一认识的阶梯之一。

三、理势合一、天下大同与历史规律、理想社会

唯物史观作为科学历史观的根本任务,揭示和阐明了社会历史发展的一般规律。认识和掌握社会历史发展的规律,是为了建立合乎规律的理想社会。唯物史观正是从揭示生产力和生产关系的矛盾是社会历史发展的基本矛盾这一普遍规律出发,指明了人类的理想社会是在消灭私有制基础上使全人类获得解放和自由的共产主义社会。“通古今之变”的传统社会历史观,要求认识和把握贯通古今变迁的原因,这就涉及历史趋势和历史规律的问题。传统社会历史观在这方面的优良传统集中表现在“理势合一”的思想上,强调社会历史发展有其客观的必然趋势,这种趋势和社会历史的发展规律是统一的。中国古代思想家依据他们对社会历史规律的认识,提出过各种社会理想,其中影响最大的是“天下为公”的大同理想。它为中国人民认同共产主义提供了思想文化基础。

(一)治乱有数,势非圣意

“理”和“势”作为单个范畴,在先秦古籍中已经出现;把它们作为对举的历史观范畴,则是较晚出现的。“理”在先秦已有自然规律的含义,后来被运用于社会历史领域,是指社会历史发展的内在规律。“势”在先秦主要被法家和兵家使用,指权势、威势、形势等,后来则逐渐有了社会历史发展趋势的含义。

理势这对范畴虽然晚出,但对于人类社会历史的发展是否具有客观趋势、是否具有客观规律性的探讨,却早在先秦就已展开了。孔子肯定“人能弘道”(《论语·卫灵公》),肯定人能通过自身的努力来贯彻自己的理想社会;孟子更是声称,要使人类社会走向天下太平,“舍我其谁?”(《孟子·公孙丑下》)可见,

孔孟都认为人参与并影响了社会历史的发展进程。但是,他们又认为历史的进程受到一种人无法控制的力量的支配,这就是“命”或“天命”。如前所述,孔子认为道之兴废即人的社会理想能否实现,最终取决于天命。这样的天命只有少数圣人才能把握,“唯天为大,唯尧则之”(《论语·泰伯》),尧效法天命,制定了一套礼仪制度,舜、禹、汤、文、武、周公代代相传。孟子也认为安排历史进程的最后的决定性力量是天命而不是人力。他说,舜得天下并非由尧所传,而是天所授予的;天不是通过语言来下命令,而是通过对历史进程的支配来体现其意志。“天不言,以行与事。”(《孟子·万章上》)可见,孔孟都承认历史的进程有某种必然性,但这种必然性以天命的面目出现,而圣人则是天命的代言人。

道家主张“道法自然”,这多少意识到了社会历史也存在着同自然界类似的运动规律。但是,道家否定人有认识规律(道)的可能性,因而认为人在社会历史领域的任何活动都是由命所支配的:“死生、存亡、穷达、贫富、贤与不肖、毁誉、饥渴、寒暑,是事之变,命之行也”(《庄子·德充符》),由此走向了命定论。法家认为历史进化是一种必然趋势和客观规律。“圣人知必然之理,必为之时势,故为必治之政。”(《商君书·画策》)不过,他们认为掌握了这种必然之理和必为之势的统治者所推行的“必治之政”,必须以包括暴力在内的实力来支配一切,表现了把历史发展的必然趋势归结为由实力所决定的偏颇。先秦诸子虽然都程度不同地意识到了社会历史的发展受到某种必然性的支配,但对这种必然性并非是神秘的天命、天志或圣王的意志,即对这种必然性的客观性还没有明确的认识。

汉代的王充和司马迁开始对历史发展必然性的客观性有所认识。王充说:“国当衰乱,贤圣不能盛;时当治,恶人不能乱。世之治乱,在时不在政;国之安危,在数不在教。贤不贤之君,明不明之政,无能损益。”(《论衡·治期》)就是说,社会的治乱,是由独立于圣贤意志之外的“时”“数”所导致的。司马迁在《史记·平准书》中指出,古代货币的产生和演变,是“事势之流,相激使然,曷足怪焉”,认为这没有什么神秘的,而是如同流水一样的客观之“势”所决定的。王充和司马迁开始把历史发展的必然趋势和圣贤意志对立起来,力图突出其客观性。但是,如果不能正确认识和掌握历史发展规律,就会把客观必然性归结为“时”或“数”,仍然不能完全摆脱神秘主义。

柳宗元深入地探讨了历史发展的必然趋势和个人意志的关系问题,提出了“封建非圣人意也,势也”(《封建论》)的命题,明确地把“势”和“意”对举。如前所述,圣人往往是天意的代表,因而以势否定圣人之意,也包含着对天意(天命)的否定。柳宗元总结了秦汉以来关于郡县制和分封制(封建制)的争论,将分封制的产生、发展以至衰亡而为郡县制所取代的整个过程,看作“非圣人意也,势也”,即为客观必然趋势所决定的。他指出:在古代,为了解决人群之间对物质财富的争夺,就产生了裁断争夺的诸侯、方伯以至天子,而这些长官只要对百姓施以德政,人们在他们死后,就拥戴他们的子孙继续做长官,世代相袭的分封制就由此产生了,所以说:“封建非圣人意也,势也”;以后尧、舜、禹、汤、文、武等“圣王”,主观上都想废除分封制,但客观上办不到,“非不欲去之也,势不可也”;周代的灭亡,充分暴露了分封制的弊端,因而秦始皇就以郡县制取代了分封制,这完全是由“周之败端”所造成的“势”所决定的。

在《封建论》中,柳宗元还以历史发展的趋势和参与历史活动的圣王的主观动机的矛盾,进一步论证历史发展趋势的客观性。他说,殷周之君不革除分封制,其主观动机是为了使诸侯效力于自己和保卫王室的子孙,“非公之大者也,私其力于己也,私其卫于子孙也”,然而结果却走向反面,导致其衰败;秦始皇革除分封制,以郡县制代之,其主观动机是为了树立自己的权威和维护一家一姓的私利,但客观上却反映了加强中央集权的历史趋势,因此就不可能再退回到分封制去了:“秦之所以革之者,其为制,公之大者也;其情私也,私其一己之威也,私其尽臣畜于我也。然而公天下之端自秦始。”在这里,他已认识到在人们的主观动机(圣王之意)背后有一种必然的力量(势)在起作用,圣王的意志虽然指导其社会历史活动,但对历史发展的总趋势来说只具有从属的意义,这也从一个方面证明了历史发展趋势有着不以个人意志为转移的客观性。

不过,柳宗元没有进一步认识到历史发展的客观趋势体现了历史发展的必然规律。与他同时代的刘禹锡则触及了这个问题。刘禹锡指出:“夫物之合并,必有数存乎其间焉。数存,然后势形乎其间焉。”(《天论》中)事物互相结合,就必定存在着“数”即必然的规律性的联系,而规律是在事物发展趋势中表现出来的,也就是说,“数存而势生”(同上)。但是,刘禹锡的这种认识没有在社会历史领域展开。

柳宗元的“势非圣意”说，强调了历史发展的必然趋势的客观性，但对于人能够认识和把握这种客观趋势从而有所作为，则注意不够，宋代的叶适对此有所补充。叶适同柳宗元一样，也把分封制的产生及其后来被郡县制取而代之，都归结为由“势”所决定。在此基础上，叶适强调人只要认识和把握了“势”，就能在历史舞台上有所作为。“夫势者，天下之至神也”（《治势上》），势是社会历史发展的支配力量，人的活动合乎势则治，背离势则乱。认识和掌握了“势”，就能治理天下，“知其势而以一身为之，此治天下之大原也”。在他看来，从尧舜到汉高祖、唐太宗，“皆能以一身为天下之势”；认识和把握了历史发展趋势，就能代表历史发展趋势而大有作为，“天下之事惟其所为，而莫或制其后”（同上），从而在历史活动中显得十分自由。但是，叶适却从肯定尧舜等人体现了历史趋势，而得出了历史趋势依存于尧（“道为尧存”）的错误结论，这就从柳宗元“势非圣意”的认识倒退了。由此可见，要对客观历史趋势有正确认识，还必须进一步探讨“势”和“理”的关系问题。

（二）势中见理，理势合一

“势中见理”，即从历史发展的趋势中发现历史规律的思想，在明代王廷相那里已经萌发。王廷相和柳宗元一样，也认为郡县制取代分封制是势所必然：“儒恶秦郡县，私也。王子曰：势也，非秦也。虽一人之私也，天下之民利之，则天下之公也。”（《慎言·保傅篇》）就是说，从分封制演变为郡县制，不是秦始皇的主观意志能左右的，而是社会历史发展的必然结果。他还在更大的范围内说明了历史有其必然之“势”，指出韩、魏等六国被秦所灭和陈涉亡秦，皆有其“势”。这是说相反的历史现象，却各有其必然之势。他认为孟子的仁政之所以不能推行于战国，并不是齐、梁之君没有行仁政之“心”，而是“势之不可为也”（同上）。同样，元代大儒许衡之所以不能完全改变入主中原的元朝统治者的风俗，也是“势不能也，非心也”（《慎言·鲁两生篇》）。这是从同类历史现象中，说明个人的意愿并不能左右历史趋势。他认为井田制的废除，是历史发展的趋势，因此要恢复井田制是“势终不能”（《慎言·保傅篇》）。不仅一项制度是如此，整个社会由“质”变“文”，即由自然质朴走向文明的过程，也是“日趋之势”（同上）。这是从某个制度推衍到整个文明发展进程来考察历史发展的趋势。由于王廷相从不同和相同的历史现象、从个别的到一般的历史现象等各种角度来考察这些现象背后的必然之势，因此就能发现历史活动中的重复性和恒常性，从而得到“势”中见“理”即从历史趋势中发现历史规律的认识。

王廷相说：“民苦思乱，乱久思治，治则思休，乃理势必至之期也。”（《雅述》上篇）在他看来，苦→乱→治→休，是社会历史发展的规律，同时也是历史发展的必然趋势。这里已有“理势合一”思想的萌芽。王廷相还提出了“理因时致宜”即历史发展规律是随时间条件为转移的思想：“以其情实论之，揖让之后为放伐，放伐之后为篡夺，井田坏而阡陌成，封建罢而郡县设，行于前者不能行于后，宜于古者不能宜于今，理因时致宜，逝者皆刍狗矣，不亦朽敝乎哉！”（《雅述》下篇）强调历史活动是变化发展的，因而不能把历史规律当作一成不变的抽象概念。这里包含着历史规律寓于社会历史的实际情况（情实）之中和不能把历史规律凝固化的辩证法思想。但是，王廷相把所有的社会历史规律都看成和祭祀用的刍狗一样，随着祭祀的结束而消逝，这就否认了存在适用于一切社会历史发展阶段的普遍规律。

就社会历史领域来说，“势中见理”首先是要发现和研究最普遍的规律，对此有比较全面深刻认识的是王夫之。他明确指出：“迨得其理，则自然成势，又只在势之必然处见理。”（《读四书大全说·孟子·离娄上》）即认为合乎历史规律就自然形成为发展趋势，而不得不然的历史趋势正体现了它的发展规律。人类历史就是这样一个理势统一的过程，所以他强调要“将理势作一合说”（同上）。王夫之的“理势合一”说，明确地表达了肯定历史发展有其客观必然趋势和寻求历史发展规律相统一的思想。他说：“凡言势者，皆顺而不逆之谓也。”（同上）历史发展趋势具有“顺而不逆”即无法违抗的客观必然性。历史发展规律（理）正是在这必然之势中体现出来，“顺必然之势者，理也”（《宋论》卷七）。因此，所谓“势中见理”，就意味着可以通过外在的、具体的、可感知的历史趋势，把握内在的、抽象的、不可直接感知的历史规律。这里肯定了历史趋势受内在规律支配，对于传统的以圣王意志左右历史和在现实历史进程之外去设置“天命”“天理”等主宰者的唯心史观，显然具有批判的意义。

外在的历史趋势是变动不居的，因而通过“势”来把握“理”（历史规律），就不能把历史规律看作一成不变的教条，而要认识到历史规律是随历史趋势之不同而不同的。王夫之说:“势因乎时,理因乎势。”(《读通鉴论》卷二十)势依存于现实的时代条件,时代条件不同,历史就有不同的发展趋势,不同的发展趋势就有不同的历史规律。但他同时又肯定有贯穿于整个历史发展过程的历史规律。他说:“势字精微,理字广大,合而名之曰天。”(《读四书大全说·孟子·离娄上》)历史发展趋势和它的合规律性,就是历史的自然(天)过程。在这历史自然过程中存在着始终起作用的规律,“天有贞一之理”(《读通鉴论》卷二),“万古不易者,时之贞也”(《宋论》卷七)。这里强调“贞一之理”是“万古不易”的,即与人类社会共始终的。当然,“贞一之理”在各个历史时期遇到的情况不同,因此顺时而表现为不同的趋势,“古今殊异者,时之顺也”(同上)。尽管王夫之所说的“贞一之理”通常还是以君臣父子的纲常名教为内容,但在这里体现了探求适用于任何历史阶段的普遍规律的努力。

王夫之的“势中见理”,也力图说明正是通过人的实际活动,才使得历史规律得以实现,从而形成了历史的某种发展趋势。他在分析秦始皇以郡县制取代分封制时说:“秦以私天下之心而罢侯置守,而天假其私以行其大公。”(《读通鉴论》卷一)这里的“天”,就是客观历史规律。“顺必然之势者理也,理之自然者天也。”(《宋论》卷七)他认为秦始皇的主观动机是为了一己之私利,而这一举措产生的结果却与其动机相反。“行其大公”的历史趋势正是由内在规律(天)假手于某些历史人物的活动而展示的。这不仅看到了历史趋势是人的合规律的实践活动的结果,而且意识到了历史的必然规律是通过表面上看来是偶然性的东西(如人的行为动机)为自己开辟道路的。这就把“势中见理”深入到了从必然和偶然的关系来探求历史规律。

王夫之还把探求历史的趋势、规律和历史活动的主体力量联系起来,认为体现历史规律的历史趋势,虽然和个别人物的动机不完全相符合,但却总是顺应了大多数人的意愿。他说,从历史上看,社会上流行的风俗,总是过一段时间就变化了;然而,“可以行之千年而不易,人也,即天也。天视自我民视者也”(《读通鉴论》卷十九)。认为能够行之千年而不易即表现为某种历史趋势的东西,就一定是人民乐于接受的,而人民乐于接受的,就一定是合乎历史规律的。这说明他意识到了历史趋势是历史规律和人民意愿的统一。从人民是历史的主体力量来说明历史趋势是合规律性与合目的性的统一,是王夫之“势中见理”“理势合一”思想的精华,比较充分地体现了传统社会历史观的唯物主义和辩证法因素。当然,王夫之尚未达到唯物史观的高度,他还不可能从历史的必然性取决于经济的必然性的角度来探求历史规律。

(三) 大同之世,天下为公

追求理想社会是研究社会历史的终极目标。古今中外的思想家提出过各种各样的社会理想,中国古代的“大同”理想社会有着深远的历史传统,并鼓舞着人们为实现这一社会理想而进行不懈的努力,在人类社会思想史上极具典型意义。

战国末年或秦汉之际儒家学者托名孔子答问而编撰的《礼记·礼运》篇,首先描绘出了“大同”理想社会的蓝图,它说:“大道之行也,天下为公,选贤与能,讲信修睦。故人不独亲其亲,不独子其子,使老有所终,壮有所用,幼有所长,矜寡孤独废疾者皆有所养。男有分,女有归。货恶其弃于地也,不必藏于己;力恶其不出于身也,不必为己。是故谋闭而不兴,盗窃乱贼而不作,故外户而不闭。是谓大同。”这一理想社会的总原则是“天下为公”,即以公有制为基础,从而与“天下为家”即以私有制为基础的“小康”社会形成了鲜明的对比。“天下为公”具体表现在以下三个方面:

第一,财产公有。“货恶其弃于地也,不必藏于己。”对于财货,只怕它抛弃在地上浪费不用,却不一定要归自己藏起来。财货为全体社会成员所公有,这是大同社会的经济基础。既然财产公有,因此就不存在私有观念。这表现在“人不独亲其亲,不独子其子”,即不只是孝敬自己的父母,爱抚自己的子女。而在小康社会里,财货“为己”即归自己所有,人们“各亲其亲,各子其子”,私有观念很强烈。

第二,人人劳动。“力恶其不出于身也,不必为己”。对于能力,只怕没法贡献出来,却不一定是为了自己。社会财货既属社会公有,社会的所有成员就必须为社会各尽其力,各献其能。这是大同社会的社会生活准则。在大同社会里,按年龄、性别和社会需要进行分工。成年的劳动者,都要充分发挥自己的能力和作用,做到“壮有所用”。总之,人人劳动,没有不劳而获者。而在小康社会里,则是“力为己”,“以功为己”,即付出能力、建立功业都是为了自己。人们“贤勇智”,即崇尚有勇力和有智谋的人,也就是说,有这么一些人是靠别人的劳动来养活的。

第三，平等友爱。“选贤与能”，由社会全体成员选举“贤者”“能者”来为大家办事。这意味着这些贤者、能者和社会其他成员是平等的，并没有贵贱之分。因此，社会所有成员之间，“讲信修睦”，讲话诚实不欺，行为亲爱和睦，没有盗贼，没有战争，大家都过着幸福太平的生活。“老有所终”“幼有所长”“矜寡孤独废疾者皆有所养”“谋闭而不兴，盗窃乱贼而不作，故外户而不闭”等等，这些是对大同社会人际关系状况的描绘。而小康社会则“设制度”，即规定上下贵贱的礼义制度，人与人之间“谋用是作”，互相施展阴谋诡计，甚至兵刃相见。

大同之世是先秦时代人们追求的理想社会。早在《诗经》中就已朦胧地表达出了对无剥削社会的向往。《魏风·伐檀》嘲骂了“不稼不穑”“不狩不猎”，白白受人供养的“素飧”者；《魏风·硕鼠》向往那把吸血害人的“硕鼠”都赶走了的“乐土”。这说明自从人类进入有阶级剥削和压迫的私有制社会以后，就萌发出了否定这一现实社会的理想追求。在某种意义上说，大同理想综合了先秦诸子对理想社会的探索中的各种合理思想。孔孟儒家所讲的“仁政”，要求通过平均分配来消除贫富悬殊，即“不患寡而患不均”，“均无贫”（《论语·季氏》）。所有社会成员都能各得其所，“老者安之”，“少者怀之”（《论语·公冶长》）。如果说大同理想从孔孟那里主要吸取了如何在社会成员间实行仁爱的因素，那么它在墨家那里，就主要是吸取了反对不劳而获和互助的思想。墨子认为理想的社会应当是每个成员都靠自己的劳动生活，“赖其力者生”（《墨子·非乐上》），反对“不与其劳获其实”（《墨子·天志下》）。同时，对于丧失了劳动力或劳动力不足的社会成员，则是“有力者疾以助人，有财者勉以分人”（《墨子·尚贤下》）。在老庄道家那里，大同理想主要吸取了其崇尚自然纯朴而主张无私平等的思想。老庄的理想社会是自然纯朴的原始社会，人们“顺物自然而无私”（《庄子·天地》），没有私有财产，也不存在私有观念。由此他们抨击“财货有余，是谓盗夸”（《老子·第五十三章》），认为后来拥有了大量财富的人就是一批“大盗”。他们主张统治者应“上如标枝”（《庄子·天地》），就像生长在树梢上的枝叶一样，所处地位虽高，但听任老百姓自然而然，自由自在，即“民如野鹿”（同上），这就是所谓“无为而治”。

可见,大同理想集中和总结了先秦以来人们对理想社会的追求。这一追求显然是对以私有制为基础的现实社会的批判和否定,因而在长达数千年的中国历史上,始终成为人们抨击剥削和压迫,反抗黑暗,争取社会进步的一面旗帜。但是这一理想追求也明显地带有依托远古,留恋已经逝去的原始共产主义社会的复古倾向。这表现在《礼运》篇中,借孔子之口说,大同理想这一"大道"只施行于三代以前,现在则已隐没不见了,因而就成了"小康",甚至比"小康"更坏的社会。同时,大同理想的"天下为公",主要是以分配上的平均主义为出发点,而不是建立在社会物质生产充分发展的基础之上。因此,这种社会理想具有空想的性质。

尽管大同理想只是一种空想,但由于它寄托了被压迫、被剥削者对未来的憧憬和希望,因此在中国历史上总是有人试图使它成为现实。东汉末年的农民起义领袖张鲁,在汉中地区建立政权长达三十余年,曾在一定程度上对大同理想进行了实践。他"不置长吏,皆以祭酒为治"(《三国志·魏志·张鲁传》),即废除了封建官僚制度,以"祭酒"来掌握政权。"祭酒"并不是以强制的压迫手段进行管理,而是对人民坚持以"诚信不欺诈"为主的道德教育;对于一切犯了错误的人,则采取"自首其过"的做法,由他们自己说出所犯的过错。同时,在每个"祭酒"统辖的范围内都建有"义舍",向过往行人免费供应食宿,其数量按各人所需以食饱为止。张鲁采取的这些措施,大受群众欢迎,"民夷便乐"。在中国历代农民起义过程中,都或多或少地实行过类似的措施。但是,这些措施并不能长久实行。这是因为农民不是新的生产力的代表,他们想要建立的理想社会是以小农经济为基础的,而小农经济归根到底是个体私有制。事实证明,在小农经济基础上企图实现"天下为公"是行不通的。

如果说张鲁及历代农民起义是在某一地区实践大同理想,那么明代的何心隐则试图以社会基层单位的形式来实践大同理想。何心隐在自己的家乡江西永丰县创办了"聚和堂"。"聚和堂"的意思是"合族始聚以和","有教有养"。也就是说,它是以宗族为单位,既管教化,又管经济(包括统一向官府交纳田粮)的社会基层组织。这个组织承担全体成员的吃穿等所需费用,对鳏寡孤独实行集体救济,婚丧红白喜事都由集体统一办理。对于全体成员实行义务教育,"不分贫富","不分远近长幼",所有学生都住在学堂里,过着平等的集体生活。对上下左右都要求除“私心”，做到“相亲相爱”，“礼以相让，文以相勖，欢如翕如”。对犯了过错的人，以教育为主，“以协人心”，但也辅以处罚。（《何心隐集·聚和率教谕族俚语》）然而，这个“聚和堂”的试验只进行了几年就夭折了。当时的官府将何心隐的这种试验看作异端，妄加罪名，把他逮捕入狱，“聚和堂”也就随之瓦解。这表明在封建社会制度下，实践“大同”是根本不为社会所容的，因为它和当时社会的根本制度即私有制是相冲突的。

张鲁领导的农民起义和历代农民起义虽然失败了，“聚和堂”虽然被扼杀了，但是人们对于“天下为公”的大同理想社会的追求并没有停止。从近代洪秀全的“太平天国”到康有为的《大同书》，再到孙中山以“天下为公”作为民主革命的最终目标。中国的志士仁人始终在为实现大同理想而奋斗。但是，所有这些奋斗都没有开出成功的花朵。这是因为他们的大同理想没有建立在对社会历史规律的正确认识的基础之上，也没有实现它的物质力量。但是，大同理想蕴含的反对剥削和压迫、否定私有制的合理内容，无疑和建立在唯物史观基础上的社会理想，即马克思的社会主义、共产主义学说有共同之处，因此中国人在接受马克思主义时，就以“大同”来指称社会主义、共产主义。社会主义、共产主义的社会理想是建立在对人类社会历史规律的正确把握，对社会生产力和生产关系的矛盾运动的科学分析的基础之上，因而克服了传统大同理想的空想性，打开了人类真正通往大同理想的现实道路。

这里指出中国传统历史观与唯物史观有诸多相似之处，意在证明中国接受和认同马克思主义哲学始于唯物史观，且是以传统历史观培植的深厚思想土壤为资源的。从中国哲学的历史进程而言，中国人经历了由进化论向唯物史观的转变。然而，进化论在这里恰恰是唯物史观与传统历史观相贯通的通道。近代进化论使传统的理气（道器）之辩主要成为历史观问题，它在关于社会历史变化的问题上，提出“力今以胜古”，反对“好古而忽今”；在关于历史发展的动因和主体的问题上，提出了“求乐免苦”，即物质利益的追求是“人道”“群道”的基础、人类进化过程是使用工具和建立礼制进行竞争（“竞以器，竞以礼”）的过程、把民生作为社会进化重心的民生史观以及“合群进化”“以群为体”“合乎人群之需要”等等；在关于历史规律和理想社会的问题上，提出了社会历史发展循序渐进的“三世”说和社会历史发展可以有跨越阶段的“突驾”

说，并把大同理想开始与社会主义相联系等。显然进化论的这些观点延续和展开了传统历史观“善言古者，有节于今”“食足知礼，民惟邦本”“理势合一，世界大同”中与唯物史观相近似的因素，并贯注了新的时代内容。因此，由进化论转向唯物史观，可以说是把前者所延续和展开的传统历史观的上述观点作了进一步提升，唯物史观在中国的土地上表现为对传统历史观的变革和融合。

（本文由《论中国传统历史观中的唯物史观胚芽》和《中国哲学与辩证唯物主义》第五章：“‘通古今之变’与科学的社会历史观”综合而成，前者刊于《华东师范大学学报》2001 年第 5 期，后者由方克立主编，高等教育出版社 1998 年出版）

第二辑

经济改革对历史唯物论提出新课题

论社会主义理想向现实转化中的矛盾运动

走向开放的马克思主义哲学

——台湾对大陆二十多年马克思主义哲学研究的述评

“对理法”与“马魂、中体、西用”

30年来上海马克思主义哲学理论研究的学术创新

因史而建:建构中国话语马克思主义哲学的重要维度

经济改革对历史唯物论提出新课题

时代的要求和哲学发展的历史都告诉我们,哲学要发展,应当和经济学相结合,尤其是历史唯物论的发展更需要和经济学结成联盟。当前,经济改革对历史唯物论已提出一系列新课题。

首先是区域经济与地理环境对社会发展的作用问题。建立经济区(如上海经济区)是经济改革的重大措施。建立经济区的重要依据之一,是地理环境的优势能促进经济的发展。历史唯物论认为生产力对社会发展起决定作用,反对地理环境决定论。但以往由于过分强调这一点,就忽视研究地理环境在社会发展中的作用。区域经济学研究表明,地理环境能够对生产力发展产生很大影响,从而改变社会的面貌。在我国历史上,从西晋末至南朝结束,经济重心由黄河流域向长江流域转移,“中国经济文化的主要基地从此扩大了一倍,封建社会也就得到进一步的发展,隋唐时期的繁荣就是在这个扩大的基地上产生的”。①长江流域之所以能在短短三百多年时间里就和黄河流域并驾齐驱,成为我国经济文化的重要基地,其优越的地理环境不能不说是一个重要的因素。随着科学技术的发展,人类对自己所处的地理环境有了越来越深刻的认识,可以最大限度地利用地理环境来发展经济,因而地理环境在社会发展中的作用就越来越显著。历史唯物论不仅需要反省以往批判地理环境决定论中的不正确部分,更需要深入地思考:地理环境对社会发展的作用有哪些,这些作用和生产力对社会发展的作用是否统一? 这两者的作用是否属于同一层次? 应当怎样正确说明地理环境在社会发展中的作用? 地理环境在一定的范围和一定的时期内,是否可以对经济文化的发展起决定性作用?

其次是经济管理和人性问题的研究。经济管理的重要内容是对人(生产

① 范文澜:《中国通史简编》(修订本)第2版,人民出版社1964年版,第390页。

者)的管理,这就涉及人性问题。人作为一切社会历史活动的主体,历史唯物论理应研究人性问题。但由于“左”的影响,除了片面强调阶级性之外,认为对人性问题就再无其他要研究的东西了。现在,经济改革要求唯物论摒除“左”的影响,正确地研究人的共性和个性。关于人的共性,以往常常在引用马克思“人的本质是一切社会关系总和”的名言之后,就作了如下的推理:生产关系在人们社会关系中是最根本的,生产关系在阶级社会中表现为阶级关系,因而社会关系的总和归结为阶级关系。经济管理学否定了这种简单化的推理。生产过程的社会结合,首先指和一定生产力水平相联系的劳动组织、与这种劳动组织相适应的经营管理方法,以及维护生产与交通运输的各种制度和必要规范。近代大工业生产所需要的这些东西,尽管是在资本主义制度下建立起来的,但社会主义生产也还需要它们。就是说,生产关系中也有非阶级性的方面,不能把社会关系总和简单归结为阶级关系,把阶级性作为人的本质的唯一表现。现代经济管理方法运用行为科学,使管理过程比较符合人的生理要求。因而历史唯物论应当结合经济管理学的理论,正确认识人的本质到底是什么。是阶级性和自然性的统一,还是前者为主、后者为从?采取最大限度发挥生产者才能的组织形式,是经济管理中的重要原则。在经济改革中,我国的劳动者创造了各种各样的承包制,出现了形形式式的专业户,使自己的聪明才智得到施展。这就提出了哲学上的个性发展的问题。人类发展的历史,就是为了使每个人的个性得到真正解放和全面发展的历史。共产主义比以往任何制度都优越的重要表现,就是真正重视个性的自由发展。承包制和专业户之所以能提高劳动者的积极性,从根本上说,是由于劳动者的个性受到了尊重而不是被压抑,感到命运是掌握在自己的手里而不是在有权势的人手里。这就启示我们应当在理论上研究一下,什么样的环境和社会组织、生产组织最有利于个性的发展?这几年来人们对个性问题那么感兴趣,正是根植于生产责任制这一经济土壤。现在,应当把生产责任制作为个性发展的研究课题,从哲学理论上说明它兴起的必然性。此外还有开拓型人才和培养理想人格的问题。经济改革中涌现出一批改革者,人们称为开拓型人才。开拓型人才和哲学上培养理想人格的问题有关。哲学作为世界观不仅要给人提供社会理想,也要提供人格理想。培养理想人格的问题一直是中国古代哲学家所注重的,然而我们现在的哲学体系中却没有它的地位。其实，这是历史唯物论应当研究的。历史唯物论要研究人类社会的一般规律，而人类正是在改造社会的同时培养自己的德性，形成理想人格。因此，不研究理想人格，就不能正确说明人类历史的活动规律。历史唯物论不仅要指出共产主义的理想境界，也应当提出共产主义的理想人格。开拓型人才的出现给历史唯物论在这方面提出了问题，开拓型人才是一种什么样的理想人格？和共产主义理想人格的关系如何？同时，我们还需要研究，在理论上如何指明培养这种经济改革所需要的人才的必然性。这才会使得开拓型人才从目前的自己冒出来变成大批地成长起来。

（原载《探索与争鸣》1986 年第 1 期）

论社会主义理想向现实转化中的矛盾运动

马克思主义指明了社会主义必然代替资本主义，最终实现共产主义的社会理想。近一个半世纪以来，为将这一伟大的理想转化为现实经历了种种艰难曲折。我国40年来如何把马克思主义的社会主义理想转化为现实的过程，是一个矛盾运动的过程。从马克思主义认识论来看，这一矛盾运动主要有三个方面：

首先，社会主义理想向现实的转化表现为科学与空想的矛盾运动。马克思最初把社会主义空想变为科学，使社会主义的理想建立在对历史发展规律的真理性认识的基础上。但是，这并不意味着科学与空想的矛盾运动就此终结。科学的理想反映了现实的可能性，有它的客观性，但它作为观念形态的东西，作为"理想化"的东西，无疑具有主观性和想象性，因而即使是科学的理想也会掺杂着空想的成分。马克思的社会主义理想也不例外，比如消灭商品经济、消灭社会分工等。这就决定了我们在将社会主义理想转化为现实的过程中，不能认为社会主义理想一经形成就是凝固不变的模式、理想向现实的转化就是简单地照搬这一凝固模式。理想转化为现实应当是科学不断克服空想成分的过程，在这一过程中，科学理想的内容不断地得到丰富和发展，不断地在现实中加以具体化。如果我们不认识科学与空想的矛盾贯穿在社会主义理想向现实转化的过程中，就有可能夸大科学理想中的空想成分，从而使社会主义的理想从科学倒退为空想。我国从20世纪50年代末至"文革"期间，社会主义理想口号没有变，但搞的不少东西实际上既离开了理想的要求，又离开了我国的国情，因而在现实生活中表现为某些缺乏科学根据的空想。社会主义理想在其实现过程中不断克服自身的空想成分，是其富有生命力的表现。我们进行社会主义的改革，内容之一就是要克服原来理想中的某些空想成分。但是，正如在人的认识过程中"知"和"无知"总是纠缠在一起、人在任何时候都不可能说和“无知”绝缘一样，我们也不能认为一经改革，社会主义理想就不再掺有任何空想成分了。从科学和空想的矛盾运动来把握社会主义理想的蓝图，就能既不把这一蓝图看作凝固不变的，也不因这一蓝图在具体实现过程中的变动而否认其科学性。

其次，社会主义理想向现实的转化表现为理性和非理性的矛盾运动。社会主义理想是出自对社会历史发展规律的自觉把握，是经过科学论证的产物，因而是以理性因素为主导的。这一科学理想化为现实的实践活动的主体是每一个具体的自我，要使每个具体的自我执着地为实现这一理想而努力不懈，则需要有坚定的信仰和顽强的意志。信仰和意志，即使是科学的信仰和革命的意志，都在某种程度上包含着非理性的因素。这样，化理想为现实的过程中就存在着理性和非理性的矛盾运动。

树立坚定的信仰和顽强的意志，对于鼓舞人们为实现社会主义理想而奋斗是完全必要的。但是，如果片面地强调这一点，以为用信仰和意志的力量加以贯彻，就能实现社会主义的理想，则会使理想在化为现实的过程中成为非理性的盲目热情和唯意志论，从而遭到不应有的挫折。我国 1958 年的“大跃进”运动就非常典型地说明了这一点。因此，理想化为现实的过程，应当是理性和非理性统一的过程。我们一方面要科学地分析社会主义发展的客观规律，不断地由自发而自觉，另一方面也要培养坚定的信仰和顽强的意志，始终以不屈不挠的精神从事社会主义事业。

第三，社会主义理想向现实的转化表现为必然和自由的矛盾运动。实现社会主义理想的过程，是一个不断从必然王国走向自由王国的过程。这一观点，马克思主义的经典作家曾不止一次地作过表述。然而，回顾我们 40 年来的社会主义实践，某些失误比如“急于求成”的顽症一而再、再而三地出现，这表明从必然走向自由的自觉性还相当缺乏。之所以如此，是因为对必然和自由在理想转化为现实的过程中的矛盾运动的认识有片面性。

这种片面性的一个突出表现，就是对“失误难免”论的认识。社会主义理想向现实转化的过程自有其必然规律，驾驭这些必然的规律，我们就能从中获得自由。但由于必然是通过偶然来表现的，而偶然又不可能完全地加以预测。从这个意义上讲“失误难免”是有它道理的。但是如果把这一方面加以绝对化，那么我们在化理想为现实的过程中就永远不可能有自由了，就永远走不出失误循环圈了。必然性要通过偶然来表现是正确的，但偶然因素也并不都是不可捉摸的神秘物，它有其发生的概率。因此，对偶然因素作出较为正确的估计是完全可能的，人们对此并非毫无自由可言。同时，客观规律的必然性所提供的可能也并不只是一种，而是多种。如果作出符合客观规律性的选择，就可以获得自由，取得正确的认识。从这个意义上讲，失误也并非难免。我们从自由和必然的矛盾运动来看，只有认识到失误并非绝对难免，有不少失误是可以避免的，才能不再重犯以往的主观主义错误，而使社会主义理想转化为现实的过程较为顺利。

（原载《毛泽东思想研究》1991年第1期）

走向开放的马克思主义哲学

——台湾对大陆二十多年马克思主义哲学研究的述评①

马克思主义是大陆的指导性意识形态,马克思主义哲学研究无疑是大陆二十多年来哲学变化的重要方面。台湾学界对大陆马克思主义哲学研究有较多观察的是三个问题:一是《巴黎手稿》与异化和人道主义的讨论以及美学研究;二是有关社会发展形态的讨论、西方马克思主义研究以及康德与马克思主义哲学的关联;三是有关马克思主义中国化与传统文化特别是儒学的讨论、马克思主义中国化与毛泽东晚年的关系的讨论。

一

大陆关于"异化"和人道主义讨论的兴起,涉及对马克思《巴黎手稿》的评价。《巴黎手稿》1956年在大陆出版了中译本,然而,1963年周扬在《哲学社会科学工作者的战斗任务》的报告中,认为《巴黎手稿》不是成熟的马克思主义著作,现代修正主义者和某些资产阶级学者"特别利用马克思早年所写的经济学、哲学手稿一书中关于异化问题的某些论述,来把马克思描写成资产阶级的人性论者,竭力利用异化概念来宣扬所谓人道主义"。②于是,《巴黎手稿》实际上不能流传,关于异化问题的讨论也成了禁区。1979年大陆出版了《巴黎手稿》新的中译本,学术界普遍质疑以往对《巴黎手稿》的评价,异化和人道主义成了争辩的热门话题。

在有关异化和人道主义的讨论中,台湾学界最为关注的人物是王若水。

① 此文写于2003年在台湾访学期间。

② 周扬的报告刊载于《红旗》1963年第24期。

陈璋津认为，王若水在 1979 年以后发表的有关异化和人道主义的文章，提出社会主义还存在着思想上、政治上和经济上三种异化，“马克思主义是支持人道主义的”，“社会主义社会一定要突出人的价值，尊重人身的价值与创造力，为人的目的进行改造，给人思考的自由”等等，最后“终于发展成追求完整自由的全面的人的生命哲学”，这一“生命哲学紧扣在马克思主义这个基础上”，强调“人的价值与全面发展，是其建设的最终目的”。陈璋津对王若水的生命哲学评论道：“这种生命哲学的最大特点，是在于它把马克思主义当作一种类似伦理学的规范性哲学”，和南斯拉夫“实践派”、波兰的沙夫以及匈牙利“布达佩斯学派”类似，“几乎也等于是它们的中国版”；同时，由于以规范作为企求生命自由的出发点，因而缺乏实践性和可能性，“这种哲学，最需要的，是像哈贝马斯提出‘沟通行动理论’那样探索实践可能性的行动，以补充其不足。否则，它是救赎的乌托邦。”他还提出王若水的哲学思考必须在三方面有所增补：一是“反省马克思主义过去在中国的激进传统，而不只是‘文革’的问题而已”；二是“对各代各种激进与保守思潮的反省与批评”；三是“对当代现实生活经验的反省”，即反省现代文明的进步及其负面结果。①林安梧从较为宏观的层面考察了异化和人道主义讨论对大陆马克思主义哲学研究的影响：“以马克思主义的研究而言，他们将马克思主义哲学转化成‘人学’的探讨。人学的探讨包括了新马克思主义的崭新向度，也涉及到文化人类学、宗教社会学、政治经济学、心灵治疗学、伦理学、价值哲学等等论题”；“伴随着西方盛行的新马克思主义思潮，中国大陆从原先的正统马克思主义、列宁主义、毛思想，逐渐转成一种有别于批判理论的‘人学’探讨。这人学的探讨关连着民族性、阶级性、文化性、历史性，以及更高一层的人性。”②

人道主义和异化问题以及《巴黎手稿》首先在美学领域引发讨论。傅伟勋在 1985 年评论当时大陆哲学研究状况时说：“整个地说，‘文革’结束以后不但有批判的继承，且有创造的发展倾向的是美学这一部门。”他列举了朱光潜、蔡仪、宗白华的论集以及李泽厚、叶朗、周中明、杨辛与甘霖等人的著作后说：“我

① 陈璋津：《王若水与乌托邦的救赎》，《中国大陆研究》1986 年第 5 期。
② 林安梧：《台海两岸哲学发展的一个观察》，《鹅湖月刊》2001 年总第 316 期。

在美学这部门看到了一缕学术突破的小小希望。”①台湾学界以为这种学术突破主要表现在由马克思《巴黎手稿》而带来的美学理论的蜕变。

陈继法在 1993 年连续发表两篇评论大陆美学研究的文章。他略述了大陆 20 世纪 70 年代“美学热”以来的美学研究状况，指出在马克思主义美学理论方面，有李思孝、董学文、程代熙、蔡仪、丁枫的有关著作，出版了很多西方和苏联的著作，“形成了美学译介方面的繁花竞放的盛况，也带来了美学发展的动力和深远影响”。②不过，他重点评述了马克思《巴黎手稿》所导致的大陆美学理论的变化。他指出在 20 世纪 70 年代末，随着《巴黎手稿》在大陆由沉寂而浮现，“美学界开始展开了对《手稿》内容中的‘自然的人化’‘美的规律’‘物种的尺度’‘内在的尺度’等有关美学的基本问题和概念等的探讨和论争”，蔡仪开始对《手稿》的价值持否定态度，李泽厚由美是客观的存在转而主张美在对象的社会性和美依存于客观的社会生活，即后来称之为的实践论的客观美学，《手稿》的解禁，是对朱光潜原先的美是主客观统一的思想“所受迫害与冤屈的彻底平反”，正是在对《手稿》美学的争论中，大陆的美学发生了“蜕变”；在他看来，这种蜕变首先表现在曾被朱光潜指为“‘见物不见人’的美学之扬弃”，李泽厚由“客观论唯物美学蜕变到‘实践论美学’”和蔡仪的“新美学”在 20 世纪 80 年代的重新改写就表明了这一点，由此，大陆的美学“终于蜕变为具有‘人学’素质的美学。美学既是‘人学’，美学便以主体的人为主，美的问题便与人相亲和，与人的精神、生命、情感相联系、相融合”。③

如果说陈继法主要指出了大陆美学受《巴黎手稿》的启示而出现的新面貌，熊自健则着重评述了朱光潜、蒋孔阳、陆梅林、蔡仪四人有关《巴黎手稿》涉及的审美的主客观关系、艺术起源和美的规律等问题的讨论。他说：朱光潜认为《巴黎手稿》诞生了实践观点的美学，美是在主客观交往的辩证统一中，《巴黎手稿》讲的物种尺度指每个审美主体的标准，内在尺度指对象本身固有的标准，即对象本身固有的客观规律；蒋孔阳也从《巴黎手稿》论证马克思实践观点

① 傅伟勋：《大陆学者的哲学研究述评》，载《海峡两岸学术研究的发展》，《中国论坛》杂志社 1988 年版，第 61 页。

② 陈继法：《六十年来的中国马克思主义美学》，《东亚季刊》1993 年第 3 期。

③ 陈继法：《马克思〈巴黎手稿〉与中国大陆美学的蜕变》，《东亚季刊》1993 年第 1 期。

的美学，美是“客观规律”和“主体目的”的产物，物种尺度是指客观世界的规律，内在尺度是指主体的目的；陆梅林认为《巴黎手稿》是尚未成熟的马克思主义，但其中的美学观点有革命性，主张从美感是人对客体的主观印象来阐述马克思的美学，这与朱光潜、蒋孔阳从主客体交往的辩证统一来阐述马克思的美学，大异其趣；蔡仪坚决反对以《巴黎手稿》来建立马克思主义美学，主张美是客观的，美即是典型。熊自健指出，除了以上四种意见之外，还有许多不同意见，以及对上述四种意见的批评，但从中可以看到大陆“美学界已走出苏联理论界所设下的框框，企图探索出一套自己的美学理论，来加强马克思主义的信念，并且要以理论来指导社会主义文艺的方向”，但是意见如此分歧，说明大陆美学理论“是站在马克思主义的十字街头上”。[①]这意味着他并不像陈继法那样，认为《巴黎手稿》给大陆的美学理论指出了新方向，而是认为《巴黎手稿》使大陆的美学理论陷入迷茫彷徨之中。

二

关于社会形态问题，按照以往大陆的唯物史观，依次经历原始社会、奴隶社会、封建社会、资本主义、社会主义和共产主义五种形态，就是关于社会发展过程的唯一概括。王章陵在转述刘佐成、郑镇、孟清仁、段若非等人的有关论述后，认为他们对“五形态”说作了如下的反思：首先，“五形态”说源自马克思，但是对斯大林观点的附加和曲解；其次，马克思有“三形态”说，即把社会发展划分为人的依赖关系、物的依赖关系、自由个性三种形态，这比“五形态”说对社会发展过程的概括要全面；第三，马克思的社会发展理论是“复线发展论”，即“五形态”只是以西欧历史为依据的，之后马克思认识到西欧以外地区还存在着别样的社会发展形态。王章陵认为，上述的反思表明：大陆学界“主张‘三形态’说或‘复线发展论’，否定‘五形态’论，尤其否定‘五形态’论之为人类历史发展的普遍规律”；这“固属新的突破”，但只是“以马解马”而已。[②]

① 熊自健：《马克思恩格斯的文艺理论在中国大陆的发展》，唐山出版社 1994 年版，第 83—95 页。

② 王章陵：《唯物史观的反思》，载《大陆文化思潮》，“行政院大陆委员会”1993 年印，第 93—129 页。

西方马克思主义对于台湾有相当的影响，因而台湾学界对于大陆的西方马克思主义研究是比较关注的。台湾学界首先注意到大陆对西方马克思主义著述的译介。傅伟勋在 1986 年说："大陆学者与台湾学者有一个共通的研究趋向，就是特别关注二十世纪（尤其战后）的西方哲学思潮，包括存在主义、结构主义、科学的哲学、西方（新派）马克思主义、新解释学理论等等"，并在译介西方哲学（包括西方马克思主义）方面取得了相当可观的成绩。①1988 年陈思宇指出，台湾的西方马克思主义研究者常说："原典的译作我们就靠大陆了。"②直至目前，在西方马克思主义领域，台湾学者引用的原典中译本，基本上是出自大陆的。

台湾学界认为大陆的西方马克思主义研究是学术旨趣和现实观照并重。陈思宇在 1988 年指出，大陆"研究新马克思主义的浪潮，势不可挡"，而且"有计划、有步骤，老老实实从培养人才、翻译原典、讨论与聘请名家讲学着手"，比台湾要扎实；在这一研究领域比较有名的杜章智、任立、燕宏远、徐崇温、汪培基、夏基松等人，"这些人的素质都比台湾研究新马克思主义思潮者高"，但在"资讯的搜集与对新研究状况的触角方面，却输台湾很多"。他同时对大陆的西方马克思主义研究提出了几点批评意见：研究范围较狭窄，研究方向集中在文学、政治思想和哲学，研究的人物绝大部分集中在卢卡奇和法兰克福学派；思想上受到"许多关系到原来国际共产主义运动中尚未翻案的对待新马克思主义的观点"的束缚，比如在徐崇温《西方马克思主义》中对卢卡奇和柯尔施的判断，就可以看到这点；没能凸显每一个新马克思主义者思想的重点，因此"很难看出其思想意义，与研究者研究的知识用心在那里"，李青宜的《阿尔都塞与"结构主义马克思主义"》也是如此；掌握资料的欠缺，"以研究卢卡奇比较深入的杜章智与徐崇温为例，他们对于卢卡奇在 1918 年以前的心路历程，完全空白"。这些评述基本上是属于学术层面的，但从其评述文章的题目《教条主义的最后壁垒》来看，作者也是有现实关怀的。这在文章快要结束时作了一点流露："假如这种研究，只能以某种角度评估那些东西是对是错，是否合乎马克思

① 傅伟勋：《中国大陆社会与学术的晚近发展》，载《"文化中国"与中国文化》，东大图书公司 1988 年版，第 78—79 页。

② 陈思宇：《教条主义的最后壁垒》，《文星》1988 年第 3 期。

主义的一些内容，而不能从评估中获得思想的启迪，那我们也不会觉得这种讨论与研究对我们这个现实世界，或者是中国大陆，有些什么样的意义。”①

大陆在1992年至1994年关于市民社会的讨论，可以说表现了研究西方马克思主义对大陆的现实意义。熊自健正是更多地从这一角度来对此进行评论的。他指出为了理解西方马克思主义者葛兰西、哈贝马斯的市民社会理论，大陆学者深入探讨了西方古希腊罗马、中世纪、近代以及现代在不同历史时期的市民社会的特质，并论述了从古典的市民社会概念演变到近代洛克、卢梭、黑格尔、马克思、托克维尔的市民社会理论，由此可以看到葛兰西、哈贝马斯的市民社会理论，是与20世纪西方市民社会的新发展相联系的。他列举了何增科、方朝晖、陈嘉明、俞可平等人的论文予以说明，他还指出了大陆学者对葛兰西、哈贝马斯市民社会理论的质疑：葛兰西、哈贝马斯片面强调文化系统的功能，但文化系统究竟能不能和应不应该完全摆脱政治化和商业化的影响呢？熊自健认为大陆学者的上述研讨，是为了“反省中国大陆市民社会的问题”。他指出这场讨论是由邓正来、景跃进关于建构中国大陆市民社会的论文而引发的，论文“所提出的国家与市民社会的二元结构、良性互动的理论，明显的受到哈贝马斯的影响。但邓正来的独到之处在于从西方市民社会理论来批评传统中国大陆的民间社会及集权体制”；在讨论中，夏维中、萧功秦都认为中国历史上不存在严格意义上的市民阶级，却存在着强大的反市民社会的传统；而朱英则从清末民初的中国市民社会雏形，来说明可以找到建立中国市民社会的历史经验；后来，邓正来认为自己的观点忽视了对大陆市场经济以及大陆市民社会品格的具体分析，忽视了大陆自身发展的经验对形成大陆市民社会的可能性。熊自健分析这一讨论的背景，一是大陆知识分子“放弃一步到位达到民主政治的幻想，而转入探究民主政治赖以建立的社会结构性基础的渐进道路”，二是大陆市场经济“发展的现实进程需求某种能够对国家与社会关系的分界和建构等问题，作出分析和解释的理论的出现”，因此，“大陆学界关于市民社会的研讨成果，不仅具有学理上的价值而且富于现实的意义，推动中国大陆向现代化社会迈进”；如要进一步深化市民社会的研究，除了应继续翻译有

① 陈思宇：《教条主义的最后壁垒》，《文星》1988年第3期。

关市民社会的经典名著,“更重要的是大陆学者还必须追随费孝通的脚步,用实地调查的研究,具体地研究正在中国大陆萌芽的市民社会,提出有关中国大陆市民社会的实证分析”,从而“走出西方框架的支配,创建出独树一帜的‘中国市民社会’研究的道路与成果来”。①

在20世纪80年代,大陆的康德研究成为显学,而港台新儒家尤其是牟宗三注重用康德来诠释儒学,因此,台湾对大陆的康德哲学研究有所关注,认为大陆的康德研究与马克思主义哲学相关联。熊自健评述了大陆对康德道德哲学、美学和宗教哲学的研究,认为“大陆学界重新探讨康德道德哲学的用心,并不仅在疏解康德道德哲学的义理,其主旨是落在研析康德道德哲学与马克思主义的关连上,以及如何批判继承康德的道德哲学,以充实发展马克思主义的道德哲学上”,因而罗国杰和李泽厚都回顾了马克思、恩格斯逝世后,伯恩斯坦和考茨基关于康德伦理学与社会主义关系的争论,李泽厚指出这两者后来很快站在了一起,前者本体论的伦理社会主义与后者现象界的庸俗进化论携手同行,恰好构成了康德主义的全貌,成为第二国际哲学理论的标准特征;李泽厚还论述了康德道德哲学对当代西方马克思主义的影响,后者把社会主义当作人类意志的自由选择和伦理思想,回到了康德伦理学的主观主义和意志主义,并且用“曲笔”指出中国马克思主义也有康德主义或准康德主义的倾向,与西方马克思主义相类似,共同表现出某种急躁的小资产阶级的伦理空想。②

三

有关马克思主义中国化的讨论,台湾学者关注的有两个方面:一是马克思主义中国化与传统文化特别是儒学传统的关系;二是马克思主义中国化与毛泽东晚期思想的关系。

关于马克思主义中国化与传统文化特别是儒学传统的关系,傅伟勋认为应当予以正视:“在共产主义国家里,很少有像中国大陆必须面对悠久传统文

① 熊自健:《大陆学界关于“市民社会”的研讨》,《中国大陆研究》1995年第8期。
② 熊自健:《大陆学界对康德哲学的新研讨》,《鹅湖》1989年总第168号。

化的例子。无论是'文革'之前或之后,如何调和马列主义思想与中国传统文化,的确一直是学术界必须思考的课题。"①王章陵和曾春海先后列举了张慧彬、金观涛、李泽厚、陈卫平、祝福恩等人有关这方面的论文,予以评论。这里主要阐述前者的评论,后者大体是重复前者的观点。王章陵把大陆关于马克思主义中国化与传统文化的研究,归结为"马克思主义儒家化"的命题,认为对这个命题有三种理论诠释:同构效应论、西体中用论、文化重构论。同构效应论意谓马克思主义被接受的部分是基于和传统儒学的文化心理同构,而其与传统儒学的文化心理不同构的则被排斥了,因而中国的马克思主义在结构上是类似于儒家文化的思想系统的。这一观点的代表作是张慧彬的《中国传统文化人文精神的特点》和金观涛的《当代中国马克思主义的儒家化》。王章陵主要评论了后者,认为金观涛以刘少奇的《论共产党员的修养》为依据,论证中国马克思主义是伦理中心主义的思想体系,因而是儒学化的马克思主义,实际上"不能把刘少奇要求共产党员的'修养'比附到儒家的道德理想,马克思主义的原质,自始就重视人的立场与品质,绝非刘少奇原创性发展",而且"马克思的阶级斗争与儒学仁爱哲学毫无'同构对应'的可能"。对于提出西体中用论的李泽厚,王章陵批评他开始以现代化、马克思主义为"西体",以马克思主义指导的现代化与中国实际(包括中国传统意识形态的实际)的结合为"中用",但在后来解释"西体中用"时,又否认马克思主义为体,而谓为"学",称生产方式是"体";因此,"概念模糊,前后矛盾"。文化重构论的代表作是祝福恩的《文化重构与马克思主义在中国的发展》,提出中国马克思主义经过了中国文化场的重构,因而存在若干变形和失真,马克思主义中国化应当反省这样的变形和失真;王章陵认为"这当然不失为挽救马克思主义危机的法子之一",但既然马克思主义和传统儒学产生于不同的文化场,那么两者融合的可能性是很小的。②

李明辉认为马克思主义中国化是马克思主义儒家化的观点不能成立。他

① 傅伟勋:《"文化中国"与中国文化》,东大图书公司1988年版,第27页。

② 王章陵:《马学儒化驳议》,载《大陆文化思潮》,"行政院大陆委员会"1993年印,第193—230页;曾春海:《以马列主义中国化为线索评估中国大陆四十年来的哲学发展》,载沈清松主编:《中国大陆人文社会科学发展现状》,台湾政治大学学术研究发展委员会1995年印。

指出包遵信、甘阳和金观涛把马克思主义中国化对贯彻自由化政策的阻碍归于受到儒家传统的影响，分别从三个层面来论证中国马克思主义的儒家化：包遵信着重于理论思想层面、甘阳偏重社会心理层面、金观涛强调文化结构层面，但三者“均注意到道德伦理在儒家思想中的优越地位，而将这种特色称为‘伦理本位主义’‘道德理想主义’或‘伦理中心主义’，并视之为儒家思想与中国共产主义汇合之处”。李明辉从儒学的理论意涵来批评马克思主义儒家化的说法，认为这种说法的“最大盲点是不了解道德与政治在儒家思想中的关系，只凭表面上的形似，便将儒家思想与马克思主义牵连在一起”；如果借用康德“道德的政治家”与“政治的道德家”的区分，那么儒家是前者而马克思主义是后者，就如张灏所说，儒家是政治道德化而毛泽东则是道德政治化，两者适成对比。他并不否认“在社会心理及文化结构的层面，儒家的‘德治’思想有被中共假借以争取支持的可能性。在这个意义之下，上述三位大陆学者的剖析亦非完全无所见”，但是，“不能将这个层面上的探讨与儒家思想本身的理论意涵混为一谈，并据此批评儒家。原则上，任何思想都有被假借或歪曲的可能性”，意谓在社会心理及文化结构层面上的儒学，往往是不能代表儒家思想真正意义的。①刘述先认为金观涛的中国马克思主义儒学化的论证，“主要症结在于，他仍然未能在儒家思想与中国传统之间作出足够的分疏，以致陷入泥沼之中。但……如能补上一些必要的分疏，他的想法仍然是有意义的”；其意义在于指出了毛泽东的马克思主义是中国传统的产物，然而把毛泽东当作儒学化的马克思主义，则是没有在概念上加以分疏，因为毛泽东“完全看不见儒家的超越理想与价值”，金观涛认为毛的道德理想主义来自儒家传统，“不能说是完全没有根据的，但他所缺乏的是没有好好讨论儒家的理想与精神在马列框架以内受到的折曲”。②在李明辉和刘述先看来，以毛泽东为代表的中国马克思主义所受到的传统影响，并不是真正体现儒学思想精神的东西，因而中国马克思主义儒学化的观点无从谈起。

熊自健在1992年对大陆此前十年的毛泽东晚期思想的研讨作过述评。

① 李明辉：《论所谓“马克思主义的儒家化”》，载《儒学与现代意识》，文津出版社1991年版，第45—66页。

② 刘述先：《理想与现实的纠结》，学生书局1993年版，第122—124页。

他指出，中共十一届六中全会通过的"'决议'突破了毛泽东的神话，带动了中国大陆研讨'毛泽东晚期思想'的新风气"，发表了有关论文三百篇。在阐述了若干篇论文的观点后，他认为"十年来中国大陆关于研讨与评价毛泽东晚期思想，基本上是沿着马克思主义的思路来理解与整理晚年毛泽东思想体系，并对毛泽东晚年的错误加以批判，厘清其不符合马克思主义之处，解析其错误的个人主观因素与社会历史原因"，但不够深刻和广阔，而徐复观"从儒者的立场深刻的研讨与批评毛泽东晚期思想，值得中国大陆参照思考"。①李锐是大陆研究晚年毛泽东的重要人物，熊自健也对他的这方面研究作了评述，指出"李锐评论'晚年毛泽东'的重点是放在清理并批判晚年毛泽东的错误上"，认为晚年毛泽东的错误在 1957 年以前已经初露端倪，毛泽东晚年思考最多的是建设什么样的社会主义和怎样建设社会主义，在这两个问题的错误可以概括为空想的社会主义模式和无产阶级专政下继续革命的理论，并分析了毛泽东错误形成的原因。在熊自健看来，在李锐的研究中，"结合早年和晚年毛泽东的比较研究，独树一帜"，但也存在两点可商榷之处：李锐从社会主义立场批判晚年毛泽东的错误，"如不从社会主义的立场而从自由主义的观点来看，社会主义的结局必然是奴役社会"；李锐认为中国传统文化的负效应，在晚年毛泽东的错误中起了相当的作用，但"没有进一步指出毛泽东还大力摧毁某些优良的传统文化"，这些有待更深入的研讨。②

关向光则注意到大陆对于赞成和反对使用毛泽东晚期思想这一概念的两种意见：赞成者认为毛泽东晚年在探索中国建设社会主义过程中形成了比较完整的思想体系，这个体系虽然基本上是错误的，但也包含着某些正确的思想，也就是说，用毛泽东晚期思想这个概念可以概括他的关于社会主义建设的思想体系；反对者认为"毛泽东晚期思想"和"毛泽东思想"造成概念上的重叠，因为前者中的正确部分已包含在后者中了，主张用"毛泽东晚年错误"取代"毛泽东晚期思想"，从而与正确的"毛泽东思想"相区分。关向光认为"可以拿这个概念来讨论第二次马克思主义中国化问题"，即视毛泽东对于社会主义建设

---

① 熊自健：《中国大陆十年来关于"毛泽东晚期思想"的研讨与评价》，载《当代中国思潮述评》，文津出版社 1992 年版，第 299—318 页。

② 熊自健：《评李锐论"晚年毛泽东"》，《中国大陆研究》1994 年第 4 期。

的探索为“接续‘新民主主义理论’的第二次马克思主义中国化”，由此“凸显第一次和第二次马克思主义中国化实质内涵的断裂性”。①

综上所述，台湾学界普遍把大陆二十多年的马克思主义哲学研究，概括为由教条走向开放，当然，他们从台湾的意识形态出发，认为摆脱教条是不彻底的，走向开放是有限度的。

（原载《毛泽东邓小平理论研究》2004年第9期。
收入本论集时略有增补）

① 关向光：《论“毛泽东晚期思想”：概念与争议》，《东亚季刊》2001年第1期。

“对理法”与“马魂、中体、西用”

当代中国文化建设的一个重大问题，是如何看待马克思主义、中国传统文化和西方文化的关系。20 世纪三四十年代张岱年提出了综合创造的观点，直至 80 年代形成了比较完整的综合创新论，认为中国新文化的建设应当是对这三者的综合创新。方克立近些年在阐发张岱年综合创新论的基础上，针对当代中国在全球化进程中思想日益多样化的现实，提出了“马魂、中体、西用”的观点（详见《关于文化的体用问题》，《社会科学战线》2006 年第 4 期），在学术界引起了一定的关注。这确实是非常值得探讨的问题。方克立从 20 世纪 90 年代阐发和研究“综合创新”论，到如今形成“马魂、中体、西用”的主张，从中确实可以看到得益于综合创新论又努力将其推进深化的轨迹。张岱年指出：“想了解创造的综合之真义，还需了解对理”；“研究文化问题，当用科学方法，然而于一般所认为的科学方法外，还须用‘对理法’（Dialectical method）。”但是“唯用对理法。然后才能见到文化之实相，才不失之皮毛。才不失之笼统。”①就是说，张岱年以为，其综合创新论对文化实相的揭示，是运用对理法即辩证法的结果。“马魂、中体、西用”作为对综合创新论的继承和发展，深得此真髓。因此，这里从辩证法的视域来对此作些解读。

一、倚重与发挥

“马魂、中体、西用”不仅鲜明地体现了以马克思主义为核心价值的立场，而且也蕴含着对马克思主义的辩证态度。在 20 世纪 30 年代，张岱年指出当时“多数讲马克思主义的人对于马克思主义以外的学说，不问内容，不加分别，一

① 《张岱年文集》第 1 卷，清华大学出版社 1992 年版，第 277、269 页。

概藐视，一概抹杀；而那些反马克思主义的人，对马克思主义的书，也不问内容，不加细察，一概藐视，一概抹杀”。他将前者称为“盲信”，后者称为“盲诽”，[①]以为皆不足取。因为这两者均与辩证法相背离。张岱年在阐明“唯物、理想、解析，综合于一”时，指出：“凡综合皆有所倚重，如康德之综合即是倚重于唯心，其实是一种唯心的综合；今此所说之综合，则当倚重于唯物，而是一种唯物的综合。”倚重之不同于盲信和盲诽，是有见于“马克思主义哲学实有堪信取者在，实有胜过它派学说的地方，而现代它派的哲学亦非皆无所见，即古代哲学，西洋的及中国的，亦都非可完全排弃”。因此，在倚重新唯物论的同时，还须对其“发挥扩充：对于已有之理论应更加阐发，而以前未及讨论之问题，应补充研讨之”。[②]就是说，对于马克思主义的辩证态度是既倚重又发挥。

方克立曾多次撰文肯定张岱年对马克思主义的这种辩证态度，而提出“马魂、中体、西用”正是坚持了这种态度，又有所细化。其细化之处，在于既讲原则又明确地指出了在当代中国文化建设上对马克思主义如何倚重和发挥。“马魂”意味着对马克思主义的倚重就是以它为灵魂，即以其为核心价值。这可以说是更清楚地揭示了张岱年“倚重”的含义。“中体”就是说马克思主义的发挥扩充，必须融入“中体”即中国民族文化的主体。否则，所谓的发挥扩充是没有民族文化根基的。换言之，马克思主义融入“中体”而获得发挥扩充，也就是使之承继了中国文化传统，具有中国文化传统的特色。有了这样的特色，马克思主义才可能真正成为进入中国人精神世界的灵魂。“西用”就是说对马克思主义的发挥扩充，必须借鉴采纳西方文化尤其是马克思主义产生以后的现代西方文化。现代西方文化表现了对现代发达社会中很多问题的思考，这些思考随着全球化进程而具有了普遍的时代意义。然而，这些思考有的是马克思主义缺乏充分阐述的，有的是未曾触及的。因此，借鉴现代西方文化来发挥扩充马克思主义，是“马魂”具有鲜活时代性的重要途径。可以说，在“马魂、中体、西用”的格局里，后两者实际上提出了如何发挥扩充马克思主义的两个基本点，即民族性与时代性。

---

① 《张岱年文集》第1卷，清华大学出版社1992年版，第81页。

② 同上书，210、82、225页。

二、死的与活的

“马魂、中体、西用”在提出认同民族文化主体和借鉴西方文化的同时，也体现了如何认同和借鉴的辩证法。张岱年20世纪30年代初步提出综合创新论时指出：“按照唯物辩证法的观点，一种文化中必然含有相互对立的成分，即好的或较有积极意义的和坏的或具有消极意义的成分，唯物辩证地对待文化，就应一方面否定后者，一方面肯定前者，并根据现实需要加以发挥”。①他在《中国哲学大纲》中形象地把后者称为“死的”，而把前者称为“活的”。正因为中国传统文化和西方文化都有死的和活的，所以“由对理看，文化改造必对于旧文化与外来新文化，同予以批判的‘拔夺’（或‘扬弃’，德文Aufheben译为‘拔夺’较恰，拔有擢取，荡除二义，夺者裁定去取之谓，‘拔夺’二字正合德字原旨）”②，简言之，“拔夺”就是对待传统文化和西方文化的辩证态度。这种态度在“马魂、中体、西用”的主张里得到了进一步的发扬。

冯友兰曾经将对待中国传统文化的态度，分为“信古”“疑古”和“释古”，认为自己的“释古”是正、反、合之“合”。其实，“释古”之“合”，只是就认识传统文化的历史价值而言的，因为“释古”主要是阐释传统文化之历史蕴涵。如果就实现传统文化的现代价值来说，到了张岱年区分“死的”与“活的”的“析古”才是正、反、合之“合”，因为“析古”激发和提升了传统文化中“活的”，批判排斥了传统文化中“死的”，就使得传统文化在新文化建设中实现了现代价值。方克立在以“中体”来指称民族文化主体性时，强调这是有着数千年历史传承的，经过近现代变革和转型的，走向未来、走向世界的活的中国文化生命整体。显然，这源于张岱年区分“死的”与“活的”的析古，但同时又有所推进。这种推进主要是：首先肯定了我们对于民族文化主体的认同以近现代对传统文化的变革和转型为基础。就是说，近现代的变革和转型并不像现代新儒家所指责的那样，造成了民族文化主体性的断裂，而是在反省自身传统弊病的过程中剔除

① 《张岱年文集》第1卷，清华大学出版社1992年版，第252页。

② 同上书，第273页。

了“死的”而激发了“活的”，使民族文化的主体性走向新生。其次，“中体”在走向未来、走向世界中显示其鲜活的生命力。未来的全球化程度会越来越高，民族文化的主体性正因此而闪耀出多种文明的光彩。民族文化的主体性不应只囿于自己民族，更要在向世界提供具有普遍意义的文化元素中彰显魅力。第三，强调活泼的“中体”是中国文化生命的整体，意味着对民族文化主体的认同，不是如现代新儒家那样，仅以儒家道统为局限。

关于西方文化的“拔夺”，张岱年在《西化与创造》中指出：中体西用是“妄以中学与西学对立”，而全盘西化“完全不注意西方文化中之分裂与对立”，即对西方文化中“死的”和“活的”不加选择，这两者都不合乎“拔夺”的精神；对西方文化的“拔夺”，应该是“选择而深入的西化”。①在“马魂、中体、西用”里的“西用”正体现了这样的西化。因为相对于“马魂”“中体”而言的“西用”，一方面是有选择的“用”，即依据“马魂”的基本观点和“中体”的实际需要进行选择，取其“活的”，去其“死的”；另一方面不是浅表的模仿之“用”，而是与“马魂”“中体”交融在一起的深入运用，使其渗透在三者合流的活水里。可见，“马魂、中体、西用”更明确地指出了选择西方文化中“活的”和“死的”之依据和将其“活的”深入的方向。

三、长短与互补

“马魂、中体、西用”不仅包含了对待马克思主义、中国传统文化和西方文化的辩证态度，也包含了如何处理这三者关系的辩证态度。张岱年提出唯物、理想、解析综合为一时，已经阐明了以“对理法”来对待三者关系的基本观点。如前所述，他以为马克思主义哲学有胜过其它学派的地方，西方哲学尤其是现代西方哲学、中国古代哲学亦有所见：“同时马克思主义哲学亦非无缺欠，而其它任何一派哲学都非无缺欠。”②这意味着三者各有长短。他又指出三者可以互相补益。他说：“唯物论在西洋哲学中即不曾有充分的发展，在中国哲学中，

① 《张岱年文集》第 1 卷，清华大学出版社 1992 年版，第 268、274、276 页。

② 同上书，第 82 页。

乃更不盛”;“然而,新唯物论虽颇注重理想,而对于理想之研讨,实不为充分;而其注重分析,不充分乃更甚。中国哲学是最注重生活理想之研讨的,且有卓越的贡献”,西方哲学“近二、三十年来,解析派的哲学有大的发展”。[①]就是说,新唯物论与西方哲学、中国传统哲学相比,其长处是唯物论的充分发展,但由此也带来了不及西方哲学和中国传统哲学的短处。辩证法在这里得到了充分的体现:三者的长处和短处都不是绝对的,即长处并不意味着其中不存在缺陷,而短处也不意味着其中没有值得挖掘的优点,因而三者虽各有长短,但并不能互相取代,而是可以互相补益。他亦以这样的“对理法”分析中国传统哲学与其他二者的关系、解析派哲学与其他二者的关系。三者互补的综合必是新的创造,即“唯物论之新的扩大”。

“马魂、中体、西用”继承和发扬了这样的“对理法”。它不仅指出了三者在当代中国新文化建设中各自的价值定位,也有见于三者的既有长短又能互补的辩证关系。方克立说:“五四后在中国就已形成中、西、马三大哲学流派、三种哲学资源对立互动的格局,在如何处理三者的相互关系问题上,许多人往往只看见它们之间的分歧、对立、互相批评、激烈论战、‘道不同不相为谋’的这一面,而看不到它们所反映的人类哲学智慧发展的共同性,它们之间互相补充、相得益彰的另一面,以及将三者之精华‘综合于一’的可能性。”[②]可以说,“马魂、中体、西用”对马、中、西的各自价值定位,主要是有见于三者长短之异,即“道不同不相为谋”的一面,而将三者综合以建设新文化,主要是有见于三者可以互相补充这一面。

更值得注意的是,它体现的三者既有长短又能互补的辩证法有着新的时代意蕴。首先,以这样的辩证法反对了长期支配学术界的把马克思主义与现代西方文化、中国传统文化对立起来的教条主义观念。张岱年综合唯物、理想、解析而构建的“天人五论”,因有异于当时通行的辩证唯物论,而被视为“非常奇特”“不合时宜”,方克立认为其实这是“马克思主义哲学中国化之独辟蹊径的探索”。这意味着三者互补合一之“奇特”,是马克思主义中国化的创新。

---

① 《张岱年文集》第1卷,清华大学出版社1992年版,第219、211页。

② 《方克立文集》,上海辞书出版社2005年版,第448页。

其次，以这样的辩证法考察看作中国文化建设的趋势和方向，既反对了“21世纪是东方文化世纪”的片面性，也反对了“文明冲突”论的片面性。①

张岱年说得好：“唯应用辩证法，然后能连一切‘见’，去一切‘蔽’”。②我们说“马魂、中体、西用”体现了辩证法，并不意味其只有见而无蔽。如果我们以辩证法的态度来对此进行讨论，那么定能连见去蔽，使当代中国文化建设更好地综合创新。

（原载《上海师范大学学报》2007年第6期）

① 参见《方克立文集》的《张岱年与20世纪中国哲学》《21世纪与东西文化》《儒家文化与未来世界》《21世纪，能否淡化东化与西化之争》诸文。

② 《张岱年文集》第1卷，清华大学出版社1992年版，第190页。

30年来上海马克思主义哲学理论研究的学术创新

任何真正的哲学都是时代的精华。马克思主义哲学同样成为我们开创中国特色社会主义道路新时期的精华，这是与中国哲学界提出的马克思主义哲学的很多新见解密不可分的。上海在这方面做出了自己的学术贡献。

一、马克思主义哲学基本原理的重新研究

《光明日报》1978年5月11日的特约评论员文章《实践是检验真理的唯一标准》揭开了新时期思想解放的序幕。当年9月16日《文汇报》发表了复旦大学党委书记夏征农在校党员干部读书班上的讲话，打破了上海对于真理标准问题的沉寂。①真理标准讨论就马克思主义哲学基本原理而言，主要涉及其实践观和真理观。

这场讨论的矛头直指"两个凡是"。它在真理观上是独断论的，即马克思主义经典作家的论著垄断了全部真理，是终极真理，因此凡是他们所说的就是真理。上海学术界对此作了比较深入的批判分析。这样的独断论真理观在以阶级斗争为纲的支撑下，认为不同意见的百家争鸣归根结底是无产阶级和资产阶级这两家世界观的斗争，马克思主义经典作家代表了无产阶级世界观，当然是真理；与他们不同的意见都是资产阶级世界观的表现，必定是谬误，真理战胜谬误就是无产阶级世界观战胜资产阶级世界观的过程。张天飞撰文首先对所谓世界观只有"两家"的观点提出质疑。他指出：世界观只有"两家"的说法，并不符合我国现实生活的实际，而且即便是一个阶级也可以有不同的世界观，同时世界观也不仅仅是与阶级、阶级斗争相联系的；在"百家"之上再强行

① 参见沈宝祥：《真理标准问题讨论始末》，中国青年出版社1998年版，第159页。

加个“两家”，就是窒息了通过不同意见争鸣而走向真理的道路，新中国成立后的历史已经证明了这一点。①“两个凡是”的独断论真理观还把马克思主义经典作家的片言只语夸大为普遍性真理，由此而形成当时颇有迷惑性的疑问：已经是真理的马克思主义经典作家的学说还须接受实践的检验吗？对此余源培阐明实践除了检验真理与谬误之外，对于具有真理性的马克思主义经典作家的学说，由实践的检验来确定其适用的范围和条件，正是实践检验真理这一原理的重要内容。②

肯定实践是检验真理的标准为重新确立党的解放思想，实事求是思想路线开辟了道路。解放思想和实事求是都必须从事实出发，因此从贯彻和坚持这条思想路线来说，真理标准讨论的进一步深化，就需要在实践观上对“事实”进行研究。然而以往对此的研究则非常缺乏。彭漪涟的著作《事实论》（上海社会科学院 1996 年出版）改变了这种状况，对“事实”首先系统地作了研究。他在论述马克思主义经典作家以及中外哲学家尤其是金岳霖、维特根斯坦、罗素、科普宁等现代哲学家的有关学说和观点的基础上，提出了关于“事实”的界定以及这一范畴的分类：直接经验事实与间接经验事实、自然观察事实与实验观察事实、科学事实与日常经验事实、历史事实与当前事实；由此阐明了“实事求是”不是从狭义的“实事”即一个个客观存在的事物出发，而只能是从客观存在的一个个事实出发；同时揭示了事实与理论的矛盾运动是科学认识发展的内在动力，这就把对实践与理论相统一的研究，进一步深化为研究由实践活动形成的事实与理论的统一。③

除了真理观和实践观之外，上海学者对于马克思主义哲学基本原理的研究主要在以下三个领域有着比较鲜明的特色和比较显著的成果：

首先，意识形态问题领域的研究。重建社会主义意识形态是新时期的重大课题。但是“意识形态”问题领域，以往既是被阶级斗争为纲所笼罩，又缺乏真正的研究，而西方从 20 世纪六七十年代开始涌现出一大批探讨意识形态问

① 参见张天飞：《关于世界观的一种提法》，《文汇报》1980 年 1 月 11 日。

② 参见余源培：《真理标准研究中应当重视的两个理论问题》，《复旦学报》（社会科学版）1982 年第 2 期。

③ 参见彭漪涟：《事实论》，上海社会科学院 1996 年版。

题的论著。因此,俞吾金的《意识形态论》作为国内第一部深入研究意识形态问题的著作(上海人民出版社1993年出版),无疑是值得关注的。这部著作系统考察了意识形态概念产生、演变和发展的历史,指出马克思、恩格斯的《德意志意识形态》将黑格尔和费尔巴哈作为德意志意识形态的主导思想加以扬弃,建立了自己的意识形态学说;在马克思、恩格斯那里,意识形态概念是在否定性或虚假性的意义上使用的,而列宁、毛泽东则将这一概念中性化,即可以讲“资产阶级意识形态”,也可以讲“社会主义意识形态”;整个意识形态概念的发展史表明马克思主义的意识形态学说是唯一科学的意识形态学说;与当代西方哲学对于意识形态问题的探讨相比,马克思一直占据着理论的制高点;在一定意义上,马克思主义哲学是对意识形态的意识。此外,在阐明意识形态概念的过程中,澄清了我国哲学教科书中长期将“意识形态”与“社会意识及其形式”相混淆的误解。

其次,价值论领域的评价论研究。价值论在20世纪初成为独立的学科,但它长期被排除在马克思主义哲学之外,直至20世纪50年代起,前苏联和东欧国家开始将其纳入马克思主义哲学的视野。中国改革开放的新时期,面临社会转型引起的价值观念多元化及其冲突,价值论成为马克思主义哲学新开辟的领域和重要的生长点。上海学者在这一领域相对侧重于评价论的研究,成果较多的是陈新汉。他的《评价论导论》(上海社会科学院出版社1995年出版)着重研究了评价活动中选择评价标准和整合价值信息的两个环节,阐明了选择评价标准的根据是什么以及与选择正确评价标准相关的三个因素;论证了主体用规范、价值判断和评价推理整合价值信息,形成具有价值信息、意向和意味的意义,意义的最高范畴是正义。他的《社会评价论》(上海社会科学院出版社1997年版)着重研究了社会群体评价活动得以实现的形式和机制,指出社会权威机构的自觉评价和民众的自发评价是社会评价的两种基本形式;对于前者,认为主要涉及信息意识、决策活动和评价结论的检验及修正这三个问题,对于后者主要分析了社会舆论、社会思潮、社会谣言和民谣四种类型;在此基础上揭示了社会评价活动的科学化方法论原则和民主机制。几年后他的《民众评价论》和《权威评价论》(分别在2004年和2006年由上海人民出版社出版)进一步深入研究了社会评价活动的两种形式:对于民众评价活动研究的深入,不仅表现在对其四种类型的要素、作用有更细致的分析,而且表现在揭示了内在于民众评价活动的悖论中的盲目性与自觉性的矛盾,并由此思考了建立民众评价活动的疏通渠道和社会预警系统的问题;对于权威评价活动研究的深入,除了对其选择机制、决策机制、检验和修正机制作了更详尽的考察之外,最主要的是研究了作为权威评价活动基本矛盾即"公"与"私"矛盾所引发的悖论,同时提出了在权威评价活动中引进民主监督机制和健全法制建设的问题。以上的研究从一般评价论到社会评价论,从社会评价论到其两种形式即民众评价论和社会评价论,形成了两个一般到特殊的内在联系。

第三,认识论领域的辩证逻辑研究。贯穿于马克思主义哲学的辩证思维,对于探索和实践中国特色社会主义具有重要的方法论意义。正是基于这样的认识,在马克思主义哲学的认识论领域,上海学者在辩证逻辑的研究上下了很大功夫。冯契的《逻辑思维的辩证法》作为其"智慧说"三篇之一(冯契的智慧说将在下文论述),提出了关于辩证逻辑的系统理论;彭漪涟的一系列著作对此作了引申和发挥,并提出了自己的独到见解。①这些引申、发挥和独到见解主要有两个方面:一是充分论证了"具体概念是有理想形态的概念";二是首次阐明了辩证逻辑的基本规律。他指出马克思主义哲学要给人以理想和信念,就不仅要研究其科学形态,也要研究其理想形态,但是对于后者的研究往往被忽视;而要研究马克思主义哲学的理想形态,首先必须研究概念的理想形态,因为马克思主义哲学是一个有机的概念体系和概念结构;由此论证了具体真理总是有理想形态的,而表达具体真理的思维形式是具体概念,所以具体概念必然是具有理想形态的,即体现和寄托着人的理想;同时考察了概念理想形态的主要表现,表明了辩证逻辑必须而且可能研究概念的理想形态。他还首次论述了辩证逻辑具有不同于一般辩证法的特有的三条规律:分析综合统一律,这是对立统一规律的特殊表现形式,是辩证思维运动的动力和源泉;归纳演绎互渗律,是量变到质变规律的特殊表现形式,表现了辩证思维运动的一般形式;

① 彭漪涟的辩证逻辑系列著作有:《辩证逻辑述要》(华东师范大学出版社1986年出版),该书2000年出版的修订本易名为《辩证逻辑基本原理》;《概念论——辩证逻辑的概念理论》(学林出版社1991年出版);《逻辑规律论》(学林出版社1994年出版);《冯契辩证逻辑思想研究》(华东师范大学出版社1999年出版);《逻辑范畴论——马克思主义哲学关于逻辑范畴得力论》(华东师范大学出版社2000年出版)。

从抽象到具体的上升律,是否定之否定规律的特殊表现形式,表现着辩证思维运动的总过程。

二、马克思主义哲学发展历史的重新梳理

马克思主义哲学的基本原理形成于马克思主义哲学的历史发展过程中,因此对前者的重新研究与对后者的重新梳理是紧密相联的。在重新梳理马克思主义哲学史方面,上海学者的新见解主要表现在以下两方面:

首先,对马克思主义哲学源头的新考察。重新梳理马克思主义哲学史,不能不回溯到作为其源头的马克思哲学。这正是新时期以来“发现马克思”“回到马克思”“走近马克思”等呼唤的实质。马克思晚年提出了东方社会跨越资本主义“卡夫丁峡谷”可能性的问题,这是新时期重新解读马克思哲学的重大课题。俞吾金在对此的研究中,提出了马克思主义应有第四个来源和第四个组成部分的观点。他认为马克思提出跨越卡夫丁峡谷问题,是和其《人类学笔记》相联系的,正是人类学的研究使马克思的理论视野扩大到整个非欧洲社会,尤其是东方社会的全部发展阶段,揭示了东方社会演化的特殊性;马克思为此停下了《资本论》的写作,表明人类学的探讨在其整个学说中并非无足轻重,而是一个相对独立的、有机的组成部分;与此相应,英、德、美、俄等西方的人类学应当被看作是马克思主义的第四个来源;列宁在作出马克思主义三个来源和三个组成部分的论断时,还无法看到马克思的有关人类学的手稿,现在应当丰富并发展列宁的论断。①重新解读马克思的文本,无疑是重新考察马克思主义哲学史源头的题中之义。那么,通过什么途径去解读马克思的文本和把握马克思哲学思想的发展路径?这是重新考察马克思主义哲学源头所面临的重要问题。余源培对此提供了一个独特的回答:从哲学与经济学的创造性综合的角度,去解读马克思的文本和把握马克思哲学思想的发展路径。他通过对马克思一系列文本的分析,论证了马克思的两大伟大发现是哲学和经济学结合的产物:马克思通过对经济学的研究,使其哲学超越了黑格尔和费尔巴

---

① 参见俞吾金:《马克思主义的第四个来源和第四个组成部分》,《学术月刊》1993年第8期。

哈，创立了唯物史观；马克思对经济学的研究又是哲学的，这使他远远高于以亚当·斯密和李嘉图为代表的英国古典经济学，提出了剩余价值学说；因此只有转变传统的将哲学与经济学相割裂的思路，才能正确解读马克思的文本和正确认识马克思哲学产生的思想路径。①这对于上海相对比较集中地把经济哲学作为马克思主义哲学研究的重要内容起到了推动作用。

其次，对列宁主义的新理解以及列宁十月革命后的哲学思想的新概括。列宁的哲学思想在马克思主义哲学史上占有重要地位。新时期以来，如何评价列宁的哲学思想存在着不少争议。余源培认为要正确评价列宁的哲学思想，必须跳出斯大林的列宁主义定义。对于什么是列宁主义，以往一贯沿用斯大林的定义："列宁主义是帝国主义和无产阶级革命时代的马克思主义。确切些说，列宁主义是无产阶级革命的理论和策略，特别是无产阶级专政的理论和策略。"余源培指出，斯大林的定义尽管在当时有其一定的积极意义，但存在着两个重大缺陷：一是从形而上学的思维方法出发，在强调列宁主义的普遍性时，没有正确反映出列宁主义是马克思主义普遍真理和俄国实际相结合的产物；二是导致了长期以来忽视了他的以新经济政策为主体的社会主义建设思想；实际上列宁主义的主要内容是：在相对落后的俄国能否首先取得社会主义革命的胜利以及怎样进行社会主义建设。②正是基于对列宁主义的新理解，在他和虞伟人主编的《马克思主义哲学的理论与历史》（复旦大学出版社 1990 年初版，2000 年出版的修订版由余源培主编）中，对十月革命后的列宁哲学思想作了这样的新概括："探讨和解决落后俄国从资本主义到社会主义的过渡和建设社会主义的规律，始终是列宁哲学思考的中心。"③同类的教材或著作一般对列宁十月革命后的哲学思想也有论述，但都没有明确提出列宁这一时期的哲学思考的中心是什么。上述的概括，不仅使这一时期的列宁哲学论述有了内在的联系，也不仅使这一时期的列宁哲学思想成为其整个哲学思想的有机组成，更重要的是表现了列宁以社会主义革命和社会主义建设作为自己哲学思

① 参见余源培、荆忠：《马克思的启示：在哲学与经济学的结合中走向历史的深处》，《东南学术》2000 年第 5 期。

② 参见余源培：《重评斯大林的列宁主义定义》，《学术月刊》1989 年第 6 期。

③ 余源培主编：《马克思主义哲学的理论与历史》（修订版），复旦大学出版社 2000 年版，第 449 页。

考的终点，从而揭开了马克思主义哲学对于实践社会主义道路进行探讨的序幕。该著作从上述的概括出发，将十月革命后列宁的一系列哲学论述，如理论与实践、普遍与特殊的辩证法，具体情况具体分析是马克思主义活的灵魂，区分矛盾与对抗，等等，落实于列宁对在小农占优势的落后国家如何实现和建设社会主义的再认识和再思索。

三、马克思主义哲学与现代西方哲学关系的重新认识

改革开放以前甚至以后的相当长时期内盛行的一种教条，是把马克思主义哲学与其产生后的现代西方哲学看作完全对立的，后者是走向腐朽没落的意识形态，没有任何值得吸取的积极因素。这就使得本来主要在西方文化背景中产生的马克思主义哲学，在其产生后却与现代西方哲学割断了联系。马克思主义哲学在这种教条的束缚下只能走向自我封闭，丧失与现代西方文明对话的可能性。走上与现代西方文明对话的前台，是新时期的中国马克思主义哲学肩负的使命。因此，摆脱这种教条的桎梏，重新认识马克思主义哲学与现代西方哲学的关系，就成为新时期马克思主义哲学的重大课题。上海学者对于这一课题，以马克思主义哲学与现代西方哲学的比较研究为路径，取得了富有特色的成果。这主要体现在赵修义、童世骏合著的《马克思恩格斯同时代的西方哲学》（华东师范大学出版社 1994 年出版，以下简称《同时代》）和刘放桐的一系列相关论文以及著作《马克思主义与西方哲学的现当代走向》（人民出版社 2001 年出版，以下简称《走向》）。[①]前者将马克思、恩格斯的哲学与同处 19 世纪中后期的现代西方哲学进行比较，以“同时代性”作为重新认识两者关系的统帅；后者把马克思主义哲学与更广范围的现代西方哲学（从 19 世纪中后期到后现代主义）进行比较，将“现代走向”作为重新认识两者关系的主旨。

《同时代》从哲学观、认识论、科学方法论、社会历史观、价值论等五个方面，比较了马克思、恩格斯的哲学与 19 世纪中后期的西方哲学，论证了两者不

① 这里的评述均以《马克思恩格斯同时代的西方哲学》和《马克思主义与西方哲学的现当代走向》为依据。

但在时间上处于同一历史时代，而且面临着时代向哲学提出的同样问题。虽然马克思、恩格斯提出问题的角度以及对问题的解答，与同时代的西方哲学不尽相同，但是两者往往总结着相同的自然科学成果和社会科学成果，反映着同一时代思维形式的特点，概括着相同时代的历史经验。因而从不同角度和侧面体现着时代精神。提出和论证这样的"同时代性"，对于马克思主义哲学的研究有以下三点意义：第一，有助于对马克思、恩格斯的哲学思想进行深入的历史考察。这种考察以往大都停留在追溯他们与德国古典哲学的纵向联系，而《同时代》则进一步展示了他们与同时代西方哲学的横向联系。这对于理解马克思、恩格斯的哲学提供了更为具体的理论背景。第二，有助于充分理解马克思主义哲学的革命变革的意义。《同时代》指出，在哲学观上反对传统的思辨的形而上学是当时多数哲学家(包括马克思、恩格斯)的共同倾向，而实证主义和非理性主义的立场各有不同，马克思、恩格斯则在强调克服传统的形而上学思辨体系的同时，把辩证法拯救出来；正是在这样的同异研究中，显露出马克思主义哲学的革命变革的优越之所在。第三，有助于发现马克思主义哲学新生长点的理论根基。《同时代》的比较研究表明，在价值论和社会科学方法论的诠释学方面，虽然马克思、恩格斯没有像同时代西方哲学家那样作过专门的论述，但他们关于理想和自由的学说，已为价值论问题提供了一把钥匙；而他们的辩证法作为历史科学的方法论，实际上包含了"解释学循环"；这就揭示了建构当代中国马克思主义价值论和诠释学的理论出发点。

《走向》把马克思主义在哲学上的变更发展与西方哲学由近代向现代的变更发展联系起来研究，指出西方现代哲学试图超越近代哲学由于把理性绝对化和主客二分绝对化而造成的人被异化的困境，使哲学从抽象化的自在的自然界或绝对化的观念世界返回到人的现实生活世界；马克思主义哲学不仅批判近代哲学的理性绝对化、主客二分绝对化以及人的异化等倾向，而且直接面向人的实践，以此来发挥人的能动性，促进人的自由全面发展；因此从超越西方近代哲学的角度而言，从建立一种不以绝对的物质的或精神体系为追求，而以强调人的现实生活和实践以及激发人的创造性为特征的适应现代社会的时代精神的新的哲学思维方式来说，马克思主义哲学和西方现代哲学可谓是殊途同归，即以不同的形式和不同的彻底性体现了现代哲学思维方式，在某种程度上具有走向现代的同质关系。认识和论证两者共有的“现代走向”,对于马克思主义哲学的研究有以下三点意义:第一,凸显了马克思主义哲学在现代社会中的价值。《走向》的研究表明,对于西方近代哲学的超越,现代西方哲学是经过了一个多世纪的历程才在某种程度上实现的,与之相比,马克思主义哲学则在其19世纪中叶的初创阶段就以更加明确和彻底的形式提出了,而且更为全面深刻地体现了现代哲学的思维方式;这意味着马克思主义哲学在现代社会不可能不具有生命力。第二,突破了用西方近代哲学思维方式理解马克思主义哲学的局限。《走向》认为长期以来把马克思主义哲学理解为穷究一切存在和认识的基础、本质,并成为一切科学知识的根据的体系,这实际上没有走出西方近代哲学思维方式的框架;论证马克思主义哲学与现代西方哲学具有现代走向的共性,开始突破了这种局限,彰显其为此所遮蔽的现代哲学思维方式。第三,揭示了以现代西方哲学来丰富和发展马克思主义哲学的可能和必要。认可现代西方哲学和马克思主义哲学具有现代走向的共性,那么前者存在着丰富和发展后者的可能性就是不言而喻的了;比较西方现代哲学与马克思主义哲学的现代走向,可以看到尽管从整体上说前者对近代哲学的超越没有后者深刻和彻底,但在局部上前者包含了更为丰富和深刻的内容,因此用前者补充后者的某些不足是必要的。

四、中国化的马克思主义哲学的体系创新

新时期以来,建构中国化的马克思主义哲学体系是中国哲学界共同追求的重要目标。对此基本形成三方面的共识:必须改革主要依据斯大林《论辩证唯物主义和历史唯物主义》而形成的苏联的马克思主义哲学教科书模式;必须实现与中国哲学的优秀传统有机的结合;必须吸取西方哲学提供的思想资源。这些共识的形成,是因为新时期以来的很多论著都深入地剖析了教科书模式的教条化弊端,充分地论证了马克思主义哲学中国化不可或缺的理论品格之一是对于中国哲学传统的接着讲,深刻地揭示了中西会通是马克思主义哲学中国化的方向。基于这些共识,怎样建构融合中、西、马的中国化的马克思主义哲学体系,使其成为世界哲学的有机组成部分,是许多学者都在思考和试图

解决的问题。冯契对此交出了一份出色的答卷。他的“智慧说”哲学体系，被一些学者视为可与现代新儒家牟宗三哲学体系相媲美的马克思主义哲学体系，“是马克思主义的，又地地道道是中国的，是专业哲学家建构的第一个中国化的马克思主义哲学的逻辑体系”，“一个中国化和个性化的马克思主义哲学体系”。①

冯契的“智慧说”以解决科学主义和人文主义对立为宗旨。20世纪西方形成了科学主义（实证主义）和人文主义（非理性主义）两大对立的哲学思潮，分别强化了认识论（知识论）或本体论（元学、形而上学），把两者截断，割裂了基于实证科学的知识和追寻宇宙人生根本原理的智慧，反映了西方科学与人生的脱节、理智与情感的冲突。这样的对立和割裂在中国现代哲学中也得以再现：从王国维的“可信者”（实证主义）“不可爱”，“可爱者”（非理性主义）“不可信”，到五四时期的科学与人生观论战，再到金岳霖的知识论态度与元学态度的划界。因此，知识与智慧的关系是20世纪以来具有普遍性时代意义的重大哲学问题。要正确地回答这一问题，冯契以为必须“沿着实践唯物主义辩证法的路子前进”。但是他发现“如何用实践唯物主义的辩证法来解决知识和智慧的关系问题，在书本上、在马克思主义著作中是找不到现成答案的，至少那些苏联教科书是从来不谈这样的问题的”，“在苏联模式的教科书中，辩证唯物主义认识论也是只讲知识理论，没有讲智慧学说”；尽管金岳霖的认识论和毛泽东的能动的革命的反映论给他思考知识与智慧的关系提供了某些启示，但“不论是金岳霖还是毛泽东对智慧都没有作深入的考察，都没有把认识论作为智慧学说来考察”。②冯契的创新在于把认识论作了广义的理解，即不仅把认识论看作是关于知识，而且也是关于智慧的理论。因此，认识论包括四个问题：第一，感觉能否给予客观实在？第二，理论思维能否达到科学真理？即普遍必然的科学知识何以可能？第三，逻辑思维能否把握具体真理（首先是世界统一原理和发展原理）？第四，理想人格或自由人格如何培养？前两个问题主要回答

① 参见方克立：《追求真、善、美的统一——从两位中国现代哲学家说起》，《哲学研究》1995年第11期；许全兴：《马克思主义哲学中国化的新突破——读冯契的“智慧说”》，《吉林大学学报》2005年第5期；何萍、李维武：《马克思主义中国化探论》，人民出版社2002年版，第98—107页。

② 冯契：《认识世界和认识自己》，华东师范大学出版社1996年版，第12、16、71页。

从无知到知的过程是怎样的，后两个问题主要回答从知识到智慧的过程是怎样的，由此广义的认识过程包含从无知到知和从知识到智慧这两个飞跃，知识和智慧统一于实践基础上的认识辩证运动之中。冯契说："我给自己规定了一个哲学任务。就是要根据实践唯物主义辩证法来阐明由无知到知，由知识到智慧的辩证运动。"①对此的系统阐明就是被称为"智慧说三篇"的以下三部著作(均由华东师范大学出版社 1996 年出版)：《认识世界和认识自己》的主旨是回答上述四个问题，建构起广义认识论的主干；《逻辑思维辩证法》和《人的自由和真善美》是两翼，前者主要论证了认识的辩证法如何通过逻辑思维的范畴，转化为方法论的一般原理，后者主要说明了认识的辩证法贯彻于价值领域，在实现真、善、美理想的过程中，培养自由人格。由此"智慧说"建构了一个将本体论、认识论、价值论相统一的中国化的马克思主义哲学体系。

称"智慧说"为"中国化的马克思主义哲学体系"，不仅仅指这是中国马克思主义哲学家对于具有世界普遍意义的哲学重大问题的系统回答，更主要的是指下面两重内涵：首先，这是有别于苏联教科书模式的哲学体系；其次，这与中国哲学的传统有着接着讲的关联。

如冯契在上面所指出的，苏联模式的教科书的认识论局限在知识论，即只讲知识的获得，不讲由知识到智慧的飞跃。这使得教科书的马克思主义哲学体系存在严重的缺陷：反映论的认识论与以物质为本体的自然观相并列，实际上是在人的认识过程之外虚构某种世界图景，认识论与本体论是断裂的；同时又把讨论人的意义的价值论排除在外，成为漠视人的生存的冷冰冰的概念结构。显然，"智慧说"是与此面貌完全不一样的哲学体系，它为建构不同于教科书模式的马克思主义哲学体系提供了具有原创性的独特思路。

冯契认为"智慧学说，即关于性与天道的认识，是最富于民族传统特色的，是民族哲学传统中最根深蒂固的东西"，②因此，他的"智慧说"是从自觉把握中国传统哲学的民族特点而出发的。他把中国传统哲学概括为名实之辩、天人之辩、心物(知行)之辩、理气(道器)之辩这四方面的争论，由这些争论可以看

① 冯契：《认识世界和认识自己》，华东师范大学出版社 1996 年版，第 16 页。
② 同上书，第 23 页。

到，与西方哲学相比，中国传统哲学在关注广义认识论的前两个问题的同时，对后两个问题作了更多的考察，由此而显示了自己的特点。在逻辑思维方面，中国传统哲学较早地发展了辩证逻辑，与此相应也较早发展了辩证法的自然观，于是对逻辑思维能否把握具体真理作了肯定的回答和多方面的考察，但形式逻辑长期遭到冷落。在理想人格（自由人格）培养方面，中国传统哲学较多地考察了自觉原则和“为学之方”（道德的教育和修养），而对自愿原则和意志自由有所忽视；自由也涉及美学，与西方较早提出模仿说（再现说）和典型性格理论相比较，中国则较早发展了言志说（表现说）和意境理论。“智慧说”的建构也体现了对中国近代哲学经验教训的洞察。中国近代哲学开始了中西哲学合流的“革命进程”，它所讨论的四个主要问题即历史观、认识论、逻辑和方法论、人的自由和理想（价值观），是传统哲学原先四方面争论在西方哲学影响下的新展开。在这一进程中，历史观和认识论的问题在心物之辩上逐渐结合起来，由马克思主义的能动的革命的反映论给予了总结；逻辑与方法论、价值观方面虽有成绩，但未能作出系统的总结，留下了“进一步发展哲学革命”的问题。“智慧说”重在阐发广义认识论的后两个问题，显然是为了接续中国近代的哲学革命。可见，“智慧说”既是根植于中国传统哲学民族特色土壤里的，又是对于中国近代哲学革命的进一步发展。这样的接着中国哲学传统讲，意味着作为马克思主义哲学体系的“智慧说”是对中国哲学传统的提升和创新，因此它就成了两千多年的中国哲学发展到当代的一个杰出篇章，这杰出篇章又是面对世界哲学重大问题的，因此它也在世界哲学的舞台上展现了中国化的马克思主义哲学体系的理论风采。

（原载《毛泽东邓小平理论研究》2008 年第 5 期）

因史而建:构建中国话语马克思主义哲学的重要维度

中国话语的马克思主义哲学不可能构建在历史废墟之上,因史而建是其重要维度。就是说,中国话语的马克思主义哲学的构建应当根植于中华文化的历史传统。这主要有两方面的含义:一是构建中国话语的马克思主义哲学需要从中国历史传统中汲取经验;一是构建中国话语的马克思主义哲学需要与中国历史传统相衔接。对此,谈三点粗浅的看法。

第一,因史而建:本来、外来、未来的统一。习近平总书记 2016 年在哲学社会科学工作座谈会上的讲话中指出,构建中国特色哲学社会科学的体系,要"不忘本来,吸收外来,面向外来"。这也是我们构建中国话语的马克思主义哲学体系所要遵循的。构建中国话语的马克思主义哲学无疑要不忘本来,即我们民族的精神家园;否则就谈不上"中国话语"。而马克思主义哲学是由西方传入中国的,同时至今仍然是在西方以不同形态继续发展着,因此构建中国话语的马克思主义哲学肯定要吸取外来,同时,马克思主义作为具有指导意义的思想理论,那么它又存在一个面向未来的问题。因此,因史而建决不是所谓的"儒化"马克思主义,改变马克思主义话语具有的时代性和科学性;而是要正确处理"本来、外来、未来"之间的关系,达到这三者的统一。我认为"不忘本来"讲的是主体性,"吸收外来"讲的是包容性,"面向未来"讲的是前瞻性。这三者之间是存在紧密联系的,没有不忘本来的主体性,吸收外来就成为鹦鹉学舌的外来语,面向未来就成为没有历史传统的无根浮言;而没有吸收外来的包容性,不忘本来就会成为闭关自守的自说自话,面向未来就不可能成为展现人类共同愿景的交流对话;同样,反过来说。如果没有面向未来的前瞻性,不忘本来就会成为怀旧念旧的复古老话,吸收外来就无法提炼反应世界潮流的新鲜词汇。所以我们今天构建中国话语的马克思主义哲学体系,就要把这三者的关系兼顾和处理好。

当然，以因史而建为维度，重点在于“不忘本来”。改革开放近 40 年来，我们对于曾经长期主导马克思主义哲学的“苏联教科书”话语体系作了反思。这个话语体系的重要弊病，就是没有做到不忘本来，即忽视了马克思主义哲学的中国话语的构建，中国的马克思主义哲学的话语体系与苏联的马克思主义哲学的话语体系是同质化的。这种忽视的重要表现就是没有因史而建，即忽视了中国的马克思主义哲学的话语构建要以中国传统哲学的话语为历史基础。列宁指出德国古典哲学是马克思主义哲学的来源，其他的政治经济学和科学社会主义也分别源于英国古典政治经济学和法国空想社会主义。就是说，马克思主义的诞生源于欧洲的文化传统，它的哲学是对欧洲自古希腊以来的哲学传统的继承发展。但是，马克思主义又是具有普遍真理性的思想学说。它的哲学所要回答的问题，是任何民族的哲学都要面对的。张岱年曾经把哲学与中国哲学的关系称为“类称”和“特例”的关系，即中国哲学和西方哲学同属“哲学”之类，而各是其中的“特例”（见《中国哲学大纲·序论》）。这同样适合于马克思主义哲学与中国马克思主义哲学。因此，尽管中国马克思主义哲学的基本立场、基本观点、基本方法与源自西方文化传统的马克思主义是一致的。但是，其话语体系的构建应当是具有“特例”的个性。因为它所根植的中国传统文化，在宇宙人生的根本态度上与西方哲学是不同的。然而，“苏联教科书”的话语体系，无论是问题的提法还是问题的排列次序，都是与西方传统哲学相衔接的。毛泽东在致力于马克思主义哲学中国化的理论创造时，十分反对“言必称希腊”，其话语体系的构建具有鲜明的与中国传统哲学相链接的性质。如《实践论》的副标题是“论认识和实践的关系——知和行的关系”，阐述马克思主义辩证法的《矛盾论》用的是纯粹的中国传统哲学的名词。还有以“实事求是”“一阴一阳之谓道”等来表达马克思主义哲学。这意味着如果把因史而建作为构建中国话语的马克思主义哲学的重要维度，那么，切实搞清楚中国传统哲学不同于西方哲学的基本特征、特有的重要范畴等是必不可少的。从实践上看，也许张岱年的“天人五论”和冯契的“智慧说”是构建中国话语的马克思主义哲学比较成功的范例。张岱年的“天人五论”是以他着重阐发“中国哲学的固有问题”和主要范畴的《中国哲学大纲》为先导的。冯契的《中国古代哲学的逻辑发展》和《中国近代哲学的革命进程》，认为中国哲学古代直至近代主要围绕“天人之辩”等四个问题而展开，由此在真善美上形成了自身的民族特色；其“智慧说”是以此为基础而构建的。因此，从中我们可以认识到因史而建的重要面相之一：中国话语的马克思主义哲学与中国传统哲学话语的融通。从方法论来讲，这是哲学与哲学史相统一在构建中国话语的马克思主义哲学中的运用。

第二，因史而建：汲取传统话语体系的经验。因史而建的重要方面，就是如何汲取中国传统思想构建话语体系的经验。这里主要是指儒学思想。儒学与马克思主义有个相同之处：二者既是意识形态，也是学术知识。儒学在建构话语体系方面的重要经验，是把学术话语体系、价值观话语体系、意识形态话语体系融合为一体。这种成功的融合是儒学能够在中国两千多年历史中一直保持主导话语体系的重要原因。不论是历史上佛教的传入，还是基督教的传入，乃至马克思主义的传入，其共同的一点就是借用儒学的话语体系。

儒学对学术话语体系、价值观话语体系、意识形态话语体系融合的思考，从汉代独尊儒术之际就开始了，《汉书·艺文志》对书籍的分类体现了儒学对于话语体系构建的思考。它把书籍分为六类：六艺（六经）、诸子、诗赋、兵书、数术、方技。六艺是意识形态话语和价值观话语的基石，因而将其置于首位；其他的或用以“明道”或用以“传艺”。体现了构建把意识形态、核心价值观、学术知识融合为一的话语体系的企图。《四库全书》可以说是将这种话语体系构建成功的范例。《四库全书》的经、史、子、集是学术话语体系，它们是学术研究的对象，但同时也是意识形态和核心价值观的话语体系。《四库全书》之“经”，贯穿着儒家需要长期坚持的基本理论、基本路线、基本制度、核心价值，如《四库全书总目提要》指出：“盖经者非他，天下之公理而已”；“夫学者研理于经，可以正天下之是非”。四库之“子”，反映了儒学对于话语体系的构建，不是“经”的一元独霸，而是对多元的包容吸纳。《四库全书总目提要》说：子书“虽真伪相杂，醇疵互见，然凡能自名一家者，必有一节之足以自立，即其不合于圣人者，存之亦可为鉴戒。虽有丝麻，无弃菅蒯，狂夫之言，圣人择焉，在博收而慎取之尔。”就是说，“经”与“子”的统一，在话语体系上表现为前者对后者有所肯定借鉴和审慎汲取，从而达到一元与多元、主旋律与多样性的统一。只有“一元”和“多元”的互动才能保证“一元”的活力,也才能保证“一元”对“多元”的引领。四库之“史”,显示了儒学话语体系的构建与历史的对接。史籍是以往事实的记载,“经”与“史”的关系,是“理”(道)与“事”(器)的关系,理从事出,事以证理。如《四库全书总目提要》所说:史书“载一事之始末,观其始末,得其是非”,因此,以“史”作为话语体系的构建,表明作为意识形态、核心价值之“经”具有被历史事实所证明的合法性。此即《四库全书总目提要》所谓“正史体尊,义与经配”;而这个匹配就是用史实予以“考证”,扫除历史虚无主义。四库之“集”,表明儒学话语体系的建构,不是干巴巴的说教口号,而是赋以“经”以艺术形象,从而打动人、感化人。“经”与“集”的关系,是“理”与“情”的关系,理合于情,以情入理。这是继承了儒家“文以载道”的传统,即通过文艺作品来端正人们的思想方向,树立正确的价值观,也就是“经”所体现的“道”。以文载道使得作为意识形态、核心价值之“经”,对于普通大众来说,容易入耳、入脑,入心,做到如《四库全书总目提要》所说的那样,有效地抵制不良文艺作品“颠倒贤奸,彝良灭绝,其贻害人心风俗”的危害。

以《四库全书》为典型的儒学话语体系的构建提供给我们的启示是:必须思考马克思主义哲学的学术话语体系和马克思主义作为主流意识形态以及社会主义核心价值观的话语体系如何融合为一的问题,如何在融合为一的过程中,实现坚守主流主导与多元包容、对接历史、艺术形象相结合的问题。

第三,因史而建:对中国近代传统的“接着讲”。中国话语的马克思主义哲学的因史而建,特别需要强调对近代中国哲学传统的“接着讲”。从时间序列上讲,马克思主义哲学中国化是近代中国哲学发展的产物。谈到马克思主义中国化与传统文化的关系,一般都会把传统与孔孟老庄、程朱陆王联系在一起。其实,我们今天构建中国话语的马克思主义哲学的直接精神背景,不是原封不动的古代传统。如果将古代比喻为中国的前天,近代则是昨天。古代文化传统在当代中国依然有着生命力的东西,很大程度上不是直接由“前天”而来的,大多是经过了“昨天”的筛选淘洗,并发生了程度不同的变化。在话语体系上更是如此,因为现代汉语是传统语汇和西方语汇的融合。就是说,古代传统不是直接影响到我们今天中国的,它们对我们的影响,是经过近代这个中间环节来传递的。冯契指出:“中国近代哲学既是古代哲学的延续,又发生了革命性的变革，形成了新的近代传统。”①这样的新的近代传统体现了对于古代传统的创造性转化和创新性发展。例如我们今天讲的“大同”，不是原来《礼记·礼运》对于远古时代的描绘，而是对近代康有为、孙中山的“大同之世”的接着讲，是指未来的理想社会。就是说社会主义的大同是直接继承近代的大同而来，这从哲学根据来说，就是唯物史观是对进化论历史观的接着讲。这意味着近代以来，对于传统思想和话语的创造性转化和创新性发展，已经作了很多探索，也有不少成果，这还意味着马克思主义中国化和中国近代传统有着更多、更紧密的联系。现在我们十分需要对此进行很好的梳理和研究。在这基础上构建的中国话语的马克思主义哲学，才能成为中国哲学话语传统的有机组成部分，才能实现对于中国哲学话语传统的创造性转化和创新性发展。

从思想内涵上讲，近代中国哲学在古今中西的思想激荡下，发生了不同于传统哲学的转型。然而，转型不是断裂。中国近代哲学在转型过程中继承了传统。从这个意义上说，中国近代形成的新的哲学传统表现为转型和继承的统一。近代中国的知行观正是如此的典型。中国近代哲学的知行之辩是从传统的知行之辩演变而来的，但又是对后者的转型，即从以道德认知和道德践行为主题到确立以“认识”与“实践”为核心的认识论品格。对于“格物致知”的诠释明显地反映了这一点。传统知行观发展到宋明理学，“格物致知”主要是德性修养的一个环节。近代则称科学为“格致”，体现了以近代科学为基础的认识论品格。这和西方近代哲学的“认识论转向”相类似。但是，中国近代知行观又继承了传统知行观注重认识主体道德修养的传统。传统知行观讲知天和知人，认为认识世界和认识自己的过程，同时是不断提高认识主体道德修养境界的过程。如荀子讲“以仁心说、以学心听、以公心辩”，“心”作为思维器官，在认识事物的过程中需要具有仁、学、公的道德属性。中国近代从魏源到孙中山的知行观，都与“人不忧患，则智慧不成”“新民说”“道德革命”“替众人服务”等相联系。即把认识论与伦理学结合在一起。中国化的马克思主义也同样如此。毛泽东提出的中国共产党的“三大作风”，既是认识论的，也是伦理道德的。今天构建中国话语的马克思主义哲学显然应当接着上述的转型与继承相

① 《冯契文集》第9卷，华东师范大学出版社1998年版，第513页。

统一的近代传统而前进。

五四以来,中国近代哲学形成了三种话语体系:第一种是胡适为代表的把实用主义和乾嘉汉学结合在一起;第二种是新儒家把程朱陆王和西方非理性主义或逻辑实证主义结合在一起;第三种是马克思主义者把辩证唯物主义和批判继承中国优秀传统思想结合在一起,从李大钊到毛泽东、从李达到艾思奇、从张岱年到冯契,都体现了构建这样的话语体系的努力。接着第三种话语体系讲,对于当代构建中国话语的马克思主义哲学,显然是最主要的。这就需要我们不仅对第三种话语体系进行深入的分析研究,而且需要将这三种话语体系进行比较辨析。由此才能真正实现因史而建的对于中国近代哲学传统的接着讲。

(原载《江海学刊》2018 年第 1 期)

第三辑

新民主主义革命胜利的哲学前导

——学习《新民主主义论》的体会

领导中国人民取得新民主主义革命的伟大胜利，是毛泽东彪炳千秋的历史功绩。恩格斯说："正像在十八世纪的法国一样，在十九世纪的德国，哲学革命也作了政治变革的前导。但是这两个哲学革命看起来是多么地不同呵！"[①]中国新民主主义革命的胜利，也有一个哲学革命做前导。当然，这个哲学革命不同于法国和德国。它是将马克思主义哲学同中国革命实际相结合，在中国哲学史上发生的空前伟大的革命。毛泽东的《新民主主义论》深刻地分析了这个哲学革命发生的根据是什么，历史过程是怎样的；并首次提出了能动的革命的反映论——这个哲学革命的理论成果，以此为哲学武器，阐明了"中国式的、特殊的、新式的民主主义"[②]即新民主主义革命的根本规律，为新民主主义革命的胜利充当了前导。

一

这次伟大的哲学革命的发生，不是偶然的，是有其历史根据的。毛泽东在《新民主主义论》中说："一定的文化是一定社会的政治和经济在观念形态上的反映。"哲学作为一种观念形态，根源于在一定的政治和经济条件下进行的社会实践。哲学是自然科学知识和社会科学知识的概括和总结，它对于政治和经济的反映，通常经过这样两个环节：一是反映一定时代的阶级关系和经济关系的重大政治思想斗争；二是反映一定时代的生产力水平的自然科学的发展

① 《马克思恩格斯选集》第4卷，人民出版社1972年版，第210页。

② 《毛泽东选集》第2卷，人民出版社1952年版，第659页。以下凡引自此文的，不再注明。

以及科学反对宗教迷信的斗争。这两个环节统一于社会实践,推动哲学前进。那么,中国近代的政治、经济条件是什么?在这种条件下进行的主要社会实践又是什么?《新民主主义论》中说:在中国近代,“中华民族的旧政治和旧经济,乃是中华民族的旧文化的根据;而中华民族的新政治和新经济,乃是中华民族的新文化的根据。”中国近代的旧政治和旧经济,是半殖民地、半封建的政治和经济;新经济则是资本主义经济,“同这种资本主义新经济同时发生和发展着的新政治力量,就是资产阶级、小资产阶级和无产阶级的政治力量”。近代中国在这种政治和经济条件下进行的社会实践,主要就是这些新、旧政治和经济力量之间的斗争。这个斗争也就是《新民主主义论》指出的:“中国社会的新旧斗争,就是人民大众(各革命阶级)的新势力和帝国主义及封建阶级的旧势力之间的斗争。”人民大众反帝反封建的斗争在政治思想领域是如何表现的呢?由于中国近代是大变革的时代,面对严重的民族危机,要不要变革中国古代沿袭下来的封建的政治制度、经济关系、思想文化等,以适应当今世界的潮流,这就产生了“古今”之争;又由于近代中国落后于西方,要不要学习西方,学习什么,如何把从西方学来的东西与中国实际相结合,这就有了“中西”之争。这一古今中西之争正是人民大众反帝反封建的斗争在政治思想领域的表现。同时,近代中国科学反对宗教迷信的斗争在很大程度上也包含在古今、中西之争内。中国近代讲的科学主要是指西方近代科学,而宗教迷信往往是封建旧学的组成部分。因此,从政治思想斗争和科学反对宗教迷信的斗争这两个环节看来,古今中西之争对中国近代哲学的发展都起着制约作用。正是在古今中西之争的制约下,历史观和认识论上的知行关系成为中国近代哲学的论争中心。因为要回答古今中西之争,在哲学上就要探讨:古往今来的社会历史的发展规律和动力是什么,这是历史观的问题;怎样获得对西方和中国的历史与现实的科学认识,以及怎样用这种认识去指导变革的行动,这是知行观的问题。中国近代哲学对历史观和知行观的考察随着古今中西之争的深入而深入,经过一百多年的发展,毛泽东对这两个中国近代哲学论争的中心问题,在《新民主主义论》里用能动的革命的反映论的观点在理论上作出了正确的阐明。这就实现了中国近代哲学的革命,将中国近代哲学提高到一个新的阶段。因此,我们说这场哲学革命是在古今中西之争的制约下发生的。《新民主主义论》从五四前后的两个历史时期,考察了这场哲学革命在古今中西之争制约下的发展进程。毛泽东说:“在‘五四’以前,中国文化战线上的斗争,是资产阶级的新文化和封建阶级的旧文化的斗争。在‘五四’以前,学校与科举之争,新学与旧学之争,西学与中学之争,都带着这种性质。”这里说的是五四以前的古今中西之争。资产阶级改良派和革命派在以“新学”(西学)反对封建“旧学”(中学)的斗争中,建立了以进化论为主干的哲学体系。在历史观上,他们用进化论取代了中国古代的变易史观,提出了一些合理的见解。如严复提出“力今胜古”“日进无疆”的观点来反对封建旧学“好古而忽今”的历史倒退论和治乱盛衰周而复始的历史循环论(《世变之亟》)。又如孙中山强调革命能使社会的发展来一个“突驾”即飞跃(《中国革命之重要》)。在知行观上,他们用西方近代哲学的认识论使知行之辩取得了近代的新面貌。如改良派强调“开民智”,反对封建蒙昧主义,革命派强调“行”,认为革命斗争会促进人们认识水平的提高,“行其所不知以致其知”(《孙文学说》)强调竞争出智慧、革命开民智(《驳康有为论革命书》)。这些思想虽有合理因素,但是进化论的生物进化原则终究不能科学地说明社会发展的规律;同时,进化论离开人的社会性和人的历史发展,去观察认识问题,也不能真正将知和行统一起来。因此,康有为走入先验论,严复偏重经验论,章太炎倾心唯理论,孙中山的“知难行易”最终还是主张“知行分任”和“分知分行”,割裂了知和行。资产阶级哲学的这种根本缺陷,决定了它尽管是为资产阶级新学反对封建旧学服务的,但并不能真正打败封建旧学,更不能为找到中国民主革命的正确道路提供哲学依据。正如《新民主主义论》所说:五四以前的“新学”,“只能上阵打几个回合,就被外国帝国主义的奴化思想和中国封建主义的复古思想的反动同盟所打退了”,于是,“偃旗息鼓,宣告退却,失了灵魂,而只剩下它的躯壳了”。旧民主主义革命的失败,宣告了资产阶级哲学的破产,于是就有了揭开新民主主义革命序幕的五四运动。毛泽东说:“在‘五四’以后,中国产生了完全崭新的文化生力军,这就是中国共产党人所领导的共产主义的文化思想,即共产主义的宇宙观和社会革命论。”“这个文化生力军,就以新的装束和新的武器,联合一切可能的同盟军,摆开了自己的阵势,向着帝国主义文化和封建文化展开了英勇的进攻。这支生力军在社会科学领域和文学艺术领域中,不论在哲学方面,在经济学方面,在政治学方面,在军事学方面，在历史学方面，在文学方面，在艺术方面(又不论是戏剧、是电影、是音乐、是雕刻、是绘画)，都有了极大的发展。二十年来，这个文化新军的锋芒所向，从思想到形式(文字等)，无不起了极大的革命。"这段话高度概括了五四以后中国文化思想战线上的斗争状况，也指出了古今中西之争在五四以后发展到了一个新的阶段。这主要表现在：一方面是革命者用马克思主义这一"新的武器"向中国封建文化和帝国主义文化的英勇进攻；另一方面是革命队伍内部围绕着西方传来的马克思主义如何运用于中国实际而展开的争论和斗争。经过这样的古今中西之争，马克思主义哲学在中国得到了传播，并在中国生根和发展，引起了中国哲学的"极大革命"。五四时期，中国早期的马克思主义者同封建复古思想和西方资产阶级思想展开了一系列论战。在这些论战中，马克思主义者开始用"共产主义的宇宙观和社会革命论"即辩证唯物主义的认识论和唯物史观来观察中国的实际。如李大钊指出，封建孔学是建筑在封建经济这一基础构造上的表层构造，随着封建经济的解体，孔子主义也不能不跟着崩颓粉碎，反封建的思想革命的兴起是必然的。①他在"问题与主义"的论战中，驳斥了胡适以实用主义观点来否认"外来进口"的马克思主义能解决中国"具体问题"的谬论，驳斥了胡适"一点一滴"改良的庸俗进化论。他正确地指出：马克思主义须因中国的环境而"因时、因所、因事"地变化，须和"工人联合的实际运动"相结合。②又如瞿秋白在"科学与人生观"论战中，批驳了张君劢的人生观出于"自由意志"而不受客观规律支配和胡适的规律是主观"假设"的唯心论以及他们的唯心史观，指出：人们只有认识了客观规律，"则其意志行为更切于实际而能得多量的自由"，群众认识了必然规律，他们的斗争就由无意识而为有意识，"于是方开始从'必然世界'进于'自由世界'的伟业"。③这也是要求把反映必然规律的理论知识和群众的革命斗争结合起来。

马克思主义在五四时期的一系列论战中取得了胜利，这是马克思主义哲学与中国革命实践相结合的开始，为中国近代哲学革命的胜利指明了方向。然而，要将马克思主义哲学与中国革命实践有机地结合起来，实现中国近代哲

① 参见《李大钊选集》，人民出版社1959年版，第296—299页。

② 同上书，第228—233页。

③ 瞿秋白：《自由世界与必然世界》，《新青年》季刊1923年第3期。

学革命的胜利，还需要经过一个艰苦的过程。

二

马克思主义是由西方传入中国的，中国的革命者应当怎样对待它？毛泽东在总结近百年古今中西之争时说："形式主义地吸收外国的东西，在中国过去是吃过大亏的。中国共产主义者对于马克思主义在中国的应用也是这样，必须将马克思主义的普遍真理和中国革命的具体实践完全地恰当地统一起来，就是说，和民族的特点相结合，经过一定的民族形式，才有用处，决不能主观地公式地应用它。""主观地公式地"应用马克思主义，在革命内部就表现为或是"左"，或是右，或是教条主义，或是经验主义等种种错误倾向。反对这种种错误倾向，使马克思主义中国化，就成为古今中西之争在革命内部的继续。毛泽东在《新民主主义论》等著作中，科学地分析了中国的历史（古）和现状（今），分析了中国近代社会与西方资本主义、中国革命和西方帝国主义时代的无产阶级革命的关系，指出：中国经过长期的封建社会，由于西方资本主义的入侵，变为半殖民地和半封建的社会，政治、经济和文化的发展不平衡；中国现时的革命又处于第一次世界大战和十月革命之后的世界形势。从而认清了中国"民族的特点"，并按照这些特点去应用马克思主义，把握了中国民主革命的规律，他指出，中国现阶段的反帝反封建的新民主主义革命，应由无产阶级领导，建立以工农联盟为主体的最广泛的统一战线，通过武装斗争，走农村包围城市的道路，在民主革命完成后及时转变为社会主义革命。这是对近百年的古今中西之争的科学总结，用这样的结论去做行动的指南，中国的新民主主义革命就取得了胜利。毛泽东之所以能对古今中西之争作出科学的总结，是因为他对马克思主义哲学作出了合乎中国需要的理论性的创造，提出了"能动的革命的反映论"。《新民主主义论》说："一定的文化（当作观念形态的文化）是一定社会的政治和经济的反映，又给予伟大影响和作用于一定社会的政治和经济。……马克思说：'不是人们的意识决定人们的存在，而是人们的社会存在决定人们的意识。'他又说：'从来的哲学家只是各式各样地说明世界，但是重要的乃在于改造世界。'这是自有人类历史以来第一次正确地解决意识和存在关系问题的科学的规定，而为后来列宁所深刻地发挥了的能动的革命的反映论之基本的观点。”能动的革命的反映论在历史观上以社会存在决定社会意识的唯物史观取代了进化论，在知行观上以正确解决意识与存在关系的辩证唯物主义认识论取代了资产阶级的经验论、唯理论、先验论和唯意志论等各派哲学。它体现了辩证唯物主义认识论和唯物史观的统一。这标志着中国近代哲学革命的胜利。那么，这一哲学革命的胜利又是怎样为科学总结古今中西之争提供哲学依据，为新民主主义革命的胜利充当前导的呢？能动的革命的反映论之所以能对哲学基本问题——意识与存在的关系作出科学的规定，就在于它以“改造世界”的社会实践作为认识论的基础，把唯物辩证法引入认识论，从而达到了主观和客观、理论和实践、知和行的具体的历史的统一。这就在根本上克服了资产阶级各哲学流派和革命内部种种以主观和客观相分裂，以认识和实践相脱离为特征的错误。能动的革命的反映论在认识对象和主体的关系上，一方面坚持唯物主义反映论，承认对象是外在的，认识是对客观对象的反映；另一方面又承认主体可以通过社会实践，能动地改造客观对象，在这过程中，人又改变着自己的形体、思想等。人既是认识的主体，又是实践的主体。因此，在人身上，认识和实践不能割裂，基于实践的认识既是对对象的反映又能动地作用于对象。这就从哲学的基本问题上正确地回答了知与行的统一问题。能动的革命的反映论在对思维与存在关系作出科学规定的基础上，还通过对感性和理性、绝对和相对、客观规律和主观能动性这些环节的考察，达到了知与行的具体的历史的统一。

首先，中国近代哲学史上的经验论、唯理论都各自夸大了感性和理性，唯意志论既否定感性也反对理性，教条主义和经验主义也是各自偏向理性和感性。能动的革命的反映论把认识过程看作是感性认识和理性认识互相推移的辩证过程。毛泽东在《实践论》中说：“认识的能动作用，不但表现于从感性的认识到理性的认识之能动的飞跃，更重要的还必须表现于从理性的认识到革命的实践这一飞跃。”认识来自感觉经验，但人的感性认识是人在有意识的变革事物的过程中获得的，因而不同于动物的本能的感觉，有着一定的能动性。这是认识可以由感性能动地飞跃到理性的根据。不过，感性认识只反映个别的、有限的、暂时的东西。而人的认识的能动性则可以对感性认识进行改造制作，从个别中找到一般，从有限中找到无限，从暂时中找到永久，即揭示事物现象中普遍的、同一的、稳定的东西，发现事物的规律。这就达到了理性认识。正因为理性认识反映了事物的普遍规律，所以毛泽东强调学习马克思主义的普遍真理。《新民主主义论》指出："中国自有科学的共产主义以来，人们的眼界是提高了，中国革命也改变了面目。中国的民主革命，没有共产主义去指导是决不能成功的。"所谓"眼界是提高了"，就是指马克思主义使中国人民对帝国主义、封建主义的认识从感性进于理性。但是，认识的能动作用更表现于从理性认识到革命实践这一个飞跃。认识的能动性如果只停留于理性认识上，那是没有实际意义的。因为这种能动性没有超出思想意识的主观范畴，对于人类的实际生活不会发生任何影响。只有使理性认识回到革命实践中去，才能使认识的能动性体现出来，从而检验出这种能动性的大小和好坏。认识的能动性的大小和好坏在于它是否能将理论和实际相统一。因此，革命的能动的反映论所强调的认识的能动性，就要求将马克思主义理论和中国革命实际"完全地恰当地统一起来"，而不是"主观地公式地"应用它。能动的革命的反映论通过正确解决感性和理性的关系，阐明了知与行必须统一的道理。人们要认识和把握客观现实的本质和规律，必须从经验发展到理论。理论来源于感性认识，有它的客观性，但它作为观念形态上的东西，是对感性直观的否定，因而有它的主观性、抽象性。理论的这一缺点，只有在与实践的密切结合中才能得到克服，因为实践是具体的、现实的，是与感性直观相联系着的。人们在实践中能动地改变事物的面貌，但如果只凭着主观意志或者局部经验，那这种实践是片面的、盲目的实践。而要克服在实践中可能产生的片面性和盲目性，就必须以科学的理论作指导，把实践同科学的理论紧密地结合起来。

其次，关于绝对和相对。中国近代一些非马克思主义的哲学家，如胡适，以反对"绝对真理"为幌子，片面夸大真理的相对性，否认马克思主义是普遍适用的真理。革命队伍内的教条主义和经验主义，或是把马克思主义词句，或是把个别的经验看成绝对不变的真理，否认真理的相对性。能动的革命的反映论反对这些把绝对和相对完全对立的错误。能动的革命的反映论承认存在决定意识，这就承认了客观真理；承认客观真理，也就承认了绝对真理。因为当我们说人的认识是客观存在的反映时，就等于承认了认识的对象是永久的绝对的物质世界，承认了人能够认识永久的绝对的物质世界。但人的认识受一定条件的限制，不可能一下子达到对绝对的整个宇宙发展过程的认识，因而真理有相对性。然而，它又是对于整个宇宙发展过程的认识的一个部分，所以又具有绝对性。绝对真理包含在相对真理之中，是在人类不断获得相对真理的历史过程中逐步展开的。马克思主义是革命的真理，是绝对与相对的统一。因此，它作为世界无产阶级革命实践的总结，对于中国革命具有普遍指导意义。毛泽东在《新民主主义论》里，驳斥那种以相对主义为哲学依据的"共产主义不适合中国国情"的论调。同时，他特别指出那种把马克思主义词句当作一成不变的"公式"的教条主义者，"只是对于马克思主义和中国革命开玩笑"。正因为真理是绝对和相对的统一，才需要发挥人的主观能动性去获得真理。假如认为真理只具有相对性，那么，真理就是不可捉摸的，人们追求、学习真理的努力就成为多余的了。如果认为真理只具有绝对性，那么，人只要将这种真理照抄照搬就可以了，也谈不上人的主观能动性。因此，依据能动的革命的反映论，《新民主主义论》一方面指出："用共产主义的立场和方法去观察问题、研究学问、处理工作、训练干部"；另一方面又指出："公式的马克思主义者"是不足取的，"在中国革命队伍中是没有他们的位置的"。这就是说，能动的革命的反映论由于正确解决了绝对和相对的关系，从而认为应当以反映了普遍规律的马克思主义的立场和方法去自觉地指导革命，同时又在实践中用心分析和研究具体的时间、地点和条件，以避免公式地应用马克思主义。这样就达到了知与行的统一。

第三，人的实践带有一定的目的，这是人的主观能动性的又一表现。但是，人的目的能否实现，则要看其目的是否符合事物的客观规律。这就发生了客观规律性和主观能动性的矛盾。只有正确解决这一矛盾，知与行才能实现统一。能动的革命的反映论从存在决定意识的唯物论前提出发，认为规律是客观的，人的主观能动性要受客观规律性的制约。但是，人能够经过自己的主观能动性去认识和运用客观规律，从而实现人的目的，"给予伟大影响和作用于一定社会的政治和经济"。人的主观能动性要做到这一点，具体说来要通过如下三个环节：从实际出发，客观地全面地考察现状和历史，把握事物变化发展的根据；通过矛盾分析指出发展的不同可能性，并指出什么是有利于人民的可能性;如何做,如何创造条件促使这种可能性变为现实,达到革命的目的。《新民主主义论》正是极好地体现了这些要点。《新民主主义论》考察了中国的历史条件和环境条件,指出中国社会是半殖民地、半封建的社会,在十月革命以后,中国革命的锋芒对着帝国主义而为帝国主义所不允许,为社会主义国家和国际无产阶级所援助。毛泽东还考察了中国社会内部新旧经济、政治两种对立的力量,指出半殖民地、半封建的经济和帝国主义、封建主义是旧的经济、政治力量;资本主义经济以及由此产生的无产阶级、资产阶级和小资产阶级是新的经济、政治力量。综合了中国民主革命的这些基本要素,就把握了中国革命是无产阶级领导的人民大众反帝反封建的新民主主义革命的根据。整篇《新民主主义论》就是这个根据的展开。接着,《新民主主义论》分析了中国社会发展的种种可能性。它先是区分了可能性和不可能性(虚假的可能性),说:走欧美资产阶级走过的建立资产阶级专政的老路,"无如国际国内的环境,都不容许中国这样做",是"完全的梦呓"。就是说,这在现实中没有它发生的根据和条件,是不可能的。它还区分了现阶段可以实现的可能性和在以后阶段可以实现的可能性,指出:"走无产阶级专政的社会主义的路"在现阶段"也不可能",这在以后阶段具有可以实现的可能性,现阶段可以实现的可能性是"中国式的、特殊的、新式的民主主义";但是这两个不同阶段的可能性又有着联系,"第一个为第二个准备条件",而"两个阶段必须衔接"。《新民主主义论》还指出,实现"以建立新民主主义社会和建立各个革命阶级联合专政为目的的革命",是有利于人民的可能性,"我们应该拍掌欢迎它"。可能性转变为现实要有条件。客观根据提供的现实可能性是目的能够实现的前提。但现实可能性也不会自发地实现,必须通过手段这个中介环节,才能达到目的。因而《新民主主义论》十分具体地制定了新民主主义政治、经济和文化的纲领、政策和方针,这些正是新民主主义革命得以胜利的手段。列宁的《哲学笔记》在概括西方近代哲学史时指出,有三个圆圈:其一,笛卡尔和伽桑狄的对立,到斯宾诺莎作了总结,这包含着唯理论和经验论的对立;其二,霍尔巴赫经过贝克莱、休谟、康德,到黑格尔作了总结,这是独断论和相对主义、怀疑论的对立(包含绝对和相对的关系);其三,黑格尔经过费尔巴哈到马克思的辩证唯物论,这里有直观唯物论和唯心辩证法的对立(包含客观规律性和主观能动性的关系)。①马克思主义哲学正是通过这些环节实现了人类认识史上的伟大革命。中国近代在一定意义上重复了西方哲学经历的这些环节,使中国哲学在近代完成了一个大圆圈,实现了伟大的革命,其标志就是能动的革命的反映论的提出。能动的革命的反映论,正确地解决了思维与存在、感性与理性、绝对与相对、客观规律性与主观能动性的矛盾,达到了知与行的辩证统一,从而制定了实事求是的思想认识路线,为马克思主义与中国革命实践相结合作了哲学论证,成为新民主主义革命胜利的前导。

能动的革命的反映论与唯物史观是统一的。它把革命实践引入认识论,这种实践就是《新民主主义论》讲的"千百万人民的革命实践"。因此,实践把能动的革命的反映论与主张人民群众创造历史的唯物史观联结成一个整体。具体表现在以下两方面:

第一,马克思主义认识论和党的群众路线的统一。能动的革命的反映论关于从感性到理性再由理性回到实践中去的认识过程,体现在党的群众路线上,就是毛泽东概括的"从群众中来,到群众中去"。从群众中来,就是将分散的无系统的意见,化为集中的系统的意见即能动地飞跃到理性认识。到群众中去,就是将这些集中、系统的意见变为群众的行动,并在群众中考验这些意见正确与否,即由理性认识再回到革命实践中去的能动的飞跃。

第二,尊重社会发展规律和尊重人民群众的创造性的统一。中国近代的先进思想家为了鼓舞人们敢于同强大的旧势力作斗争,往往都强调意志的力量。但由于他们不能正确认识社会发展的规律,只看到社会历史是人的有意识的活动,以为凭借个人的意志就能改造社会,结果夸大了个人意志的作用,贬低了人民群众,陷入唯心史观。从龚自珍把"众人"造世归结为"心力"到孙中山看重"先知先觉"者,无不如此。能动的革命的反映论和唯物史观相统一,认为社会发展的规律是由物质资料的生产方式决定的,人民是物质资料的生产者,社会历史的规律是通过人民群众的活动而起作用的。因此,人民的利益和愿望在本质上同社会发展规律相一致。尊重社会发展规律和尊重人民的主观能动性是统一的。这就反对了中国近代哲学史上的唯意志论的传统,找到

① 参见列宁:《哲学笔记》,人民出版社1974年版,第411页。

了实现中国革命胜利的物质承担者。这就是《新民主主义论》说的:“中国无产阶级、农民、知识分子和其他小资产阶级,乃是决定国家命运的基本势力。”能动的革命的反映论曾为新民主主义革命的胜利作了哲学前导,现在新民主主义革命的胜利已成为中国革命史册上的光辉一页而翻过去了,但能动的革命的反映论仍然有着新的生命力。我们党在十一届三中全会以来,重新确立了实事求是的思想路线和群众路线,这就在新的历史条件下继承和发展了毛泽东提出的能动的革命的反映论,为开创社会主义现代化建设的新局面作了理论准备。

(原载中共上海市委宣传部编《毛泽东思想论文集》,
上海人民出版社 1984 年版,作者署名为丁祯彦、陈卫平)

建设中华民族新文化与毛泽东的中西文化比较

在中国近代,随着传统社会的逐步瓦解和西方文化的冲击,传统文化的价值遭到了怀疑。于是,如何重建中华民族新文化就成为思想家们要回答的重大问题。中国近代的“古今中西”之争,就包含着如何重建民族新文化的问题:是维护中国传统文化还是学习西方先进文化?这两种文化的关系应当怎样处理?显然,要回答这样的问题,是必须对中西文化进行比较。因此,中国近代思想家们关于建设民族新文化的思考,总是包含着某种中西文化比较的观点。马克思主义哲学中国化作为五四以后的哲学主流,同样如此。毛泽东关于建设中华民族新文化的理论,在一定意义上对近代中西文化比较所提出的问题和所蕴含的矛盾作出了回答。这对于今天依然是有借鉴意义的。

一

在中国近代提出建设中华民族的新文化,至少有两方面的内涵:一是不能固守传统文化而拒斥正在涌入的西方文化,否则“新”就无从谈起;二是不能全盘地否定传统文化和照搬西方文化,否则“中华民族”也就无法体现。建设民族新文化的这两方面含义,决定了中西文化的比较必将贯穿于中国近代建设民族新文化的始终。从 19 世纪的鸦片战争到 20 世纪 40 年代末,在这整整 100 多年间,中国重要的思想家围绕着重建民族新文化,都对中西文化作了比较。尽管他们各自的观点不完全一致,但就其内容而言可以归结为这样三个问题:(1)认识同异,即分辨中西文化同异之所在;(2)评价优劣,即讨论中西文化的价值意义;(3)结合中西,即寻求中西文化的结合点。在这样三方面的问题里,分别对应地蕴含着如下三方面的矛盾:(1)时代性与民族性;(2)工具价值与内在价值;(3)“中国化”与不“失真”。在整个近代中西文化比较的历史过程中，一直存在着这样三方面的问题和矛盾。

毛泽东在五四时期步入政治的和思想的舞台。从那时开始，他在致力于政治斗争和革命战争的同时，一直致力于中华民族新文化的建设。建设民族新文化，是近代中国社会大变动提出的重大课题。近代中国社会大变动的表征之一，是其从原先狭隘的一国范围跨入了世界范围。与此相应，中国文化不再是一个独自发展的系统，而是开始汇入世界文化。所以，建设民族新文化就必须以世界文化为基础，分析本民族传统文化的特点及其所包含的优点和缺点。这就需要将中国传统文化与世界文化尤其是首先进入近代历史范围的西方文化作比较，认识西方文化的特点及其所包含的优点和缺点，从而融合中西文化之长处以形成新文化。五四时期的青年毛泽东已意识到这一点。他在1917年说："近顷略阅书报，将中外事态略为比较，觉察国人积弊甚深，思想太旧，道德太坏。"同时又说："西方思想亦未必尽是，几多之部分亦应与东方思想同时改造也。"①认为中西文化各有精华和糟粕，应当吸取其精华、舍弃其糟粕来重建民族新文化，这是毛泽东建设民族新文化的一贯主张。显然，这同中西文化比较有着紧密的关联，需要回答近代中西文化比较的历史进程中提出的三方面问题和矛盾。

毛泽东认为，在五四以后，建设民族新文化和马克思主义中国化是一致的。首先，两者面临的问题有共同性。马克思主义中国化的起点是接受和认同马克思主义。由于马克思主义是从西方文化的土壤里发育起来的，因此，接受和认同马克思主义就要以学习西方文化为基础。正是在这个意义上，毛泽东把中国人找到马克思主义看作是对近代中国"向西方寻求真理"的继承和发扬(参见《论人民民主专政》)；也正是在这个意义上，毛泽东认为不读西方哲学，就不懂马克思主义。②然而，接受和认同马克思主义只是马克思主义中国化的起点。马克思主义要真正中国化还必须与中国文化的优秀传统相融合。正是在这个意义上，毛泽东认为把总结和继承"从孔夫子到孙中山"的文化遗产是马克思主义中国化的重要内涵(《中国共产党在民族战争中的地位》)；也正

① 《毛泽东早期文稿》，湖南出版社1990年版，第86页。

② 参见陈晋：《毛泽东读书笔记解析》上册，广东人民出版社1996年版，第691—696页。

是在这个意义上，毛泽东强调马克思主义中国化必须反对“言必称希腊”(《改造我们的学习》)。因此，在马克思主义中国化的过程中，就需要认真分析中西文化的精华和糟粕之所在；而这恰恰也是建设民族新文化需要回答的。其次，民族新文化的建设是在马克思主义中国化的指引下不断前进的；同时民族新文化建设的成果又是马克思主义中国化的体现。毛泽东的《新民主主义论》阐明了两者这种一体化的联系。他说：“在‘五四’以后，中国产生了完全崭新的文化生力军，这就是中国共产党人所领导的共产主义的文化思想，即共产主义的宇宙观和社会革命论”；于是这支文化生力军使文化的各个领域“都有了极大的发展”，“无不起了极大的革命”，从中产生了新文化的旗手鲁迅，“鲁迅的方向，就是中华民族新文化的方向”。①建设民族新文化与马克思主义中国化的一致性，决定了毛泽东在马克思主义中国化的过程中，必须回答中国近代以来围绕建设民族新文化而提出的关于中西文化比较的三方面问题和矛盾。

二

关于近代中西文化比较的历史进程中提出的第一方面的问题和矛盾，毛泽东作出的回答是比较全面和正确的。这需要从考察近代中西文化比较的历史进程入手。

时代性和民族性是任何类型文化的最基本属性。认识中西文化的同异，就是从时代性和民族性来看两者的“一样”与“不一样”。近代中国传入的西方文化，是以近代文化为主体的，因而它与中国传统文化既具有民族性差异，又具有时代性差异。近代中国的“古今中西”之争，就中西文化比较的角度而言，就是从这两方面的差异来认识中西文化：古今之分即时代性差异，中西之别即民族差异。然而近代中西在认识中西文化异同时，存在着偏执时代性和偏执民族性的矛盾。

鸦片战争后，魏源的“师夷长技”，主要是从科学技术(器物层)上比较中西文化的差异。这方面表现出来的差异主要是时代性的，因而偏执时代性或偏

① 《毛泽东选集》第2卷，人民出版社1952年版，第690—691页。

执民族性的矛盾对峙尚未显露。甲午战争前后，随着深入制度层面、心理层面来认识中西文化的异同，这种矛盾对峙就出现了。严复说："中之人好古而忽今，西之人力今以胜古"（《论世变之亟》）。认为中西之争即古今之争，强调中西文化的差异就是古今之分即时代性的不同。与严复同时代的章太炎则认为古今中西之争是"国粹"与"欧化"的对立（《东京留学生欢迎会演说辞》），把古今之争看作中西之争，从而强调中西文化的差异是民族性的不同。五四时期的胡适和梁漱溟，分别发展了严复和章太炎的观点。胡适说，中西文化走在同一条路上，但"走的路有迟速的不同，到的时候有先后的不同"。①梁漱溟则认为中西文化的差异在于为"意欲"所决定的根本"路向"是背道而驰的。②

经过如上的对峙，中西文化时代性和民族性的差异都得到了一定的考察，因而在20世纪30年代至40年代，各执时代性或民族性一端的片面性有所克服。和胡适将西方实证主义与中国传统"非儒学派"相结合一脉相承的金岳霖，在比较中西哲学时指出，中国传统哲学与西方哲学相比，有着"逻辑和认识的意识不发达"的特点；这个特点既是近代"科学在中国不发达的一部分原因"，同时又造成中国哲学的一个优点，观念的"暗示性几乎无边无涯"③，这里同时从民族性差异和时代性差异两个方面来把握中国传统哲学的特点。承继梁漱溟把西方非理性主义和陆王心学相结合的熊十力，一方面认为西洋人是"成功现代文化者"，另一方面又认为"中西人因环境各有不同，性情各有独立，其学术思想之发展，必不能完全"。④这也是把中西文化之异看作是古今之分和中西之别的统一。然而，无论是金岳霖还是熊十力，他们都没有辩证唯物论的实践观点，没能把文化看作是人类在一定历史时期和民族环境中的实践的产物。因此，他们所讲的中西文化是民族性差异和时代性差异的统一，只能是抽象的而非具体的统一。

毛泽东克服了他们的缺陷。他从辩证唯物论的实践观点出发，指出："一定的文化（当作观念形态的文化）是一定社会的政治和经济在观念形态上的反映"。⑤这

① 《胡适文存二集》卷二，亚东图书馆1924年版，第83页。
② 《东西文化及其哲学》，商务印书馆1922年版，第55页。
③ 《中国哲学》，《哲学研究》1985年第1期。
④ 《读经示要》卷一、卷二，上海中正书局1949年版。
⑤ 《毛泽东选集》第2卷，人民出版社1952年版，第656页。

就意味着文化的形成和内容一方面随着一定的社会时代的变化而发生变化，另一方面又有着只属于某一特定社会条件下民族所有而为其他民族所没有的特征，前者即文化的时代性，后者即文化的民族性。这两者具体地统一于人们创造文化的实践活动之中。以这样的观点为依据，毛泽东批评梁漱溟只看到中西文化的民族性差异而抹煞中西文化的时代性差异，对梁漱溟的《乡村建设理论》写了批语；认为中西文化的差异是“资本社会与农业社会不同的结果”。①他也批评胡适只见中西文化时代性差异而抹煞中西文化民族性差异的“全盘西化”，指出这是“形式主义地吸收外国的东西”，因而“所谓‘全盘西化’的主张，乃是一种错误的观点”。②走出了偏执于民族性或偏执于时代性的两极对立，毛泽东关于新文化应是“民族的科学的大众的文化”③的思想，总结了近代中西文化比较领域中的古今中西之争，比较全面和正确地解决了认识中西文化同异中所蕴含的时代性和民族性的矛盾。

毛泽东关于新文化应是“民族的”这一规定性，是以中西文化既有民族性差异又有时代性差异的认识为基础的。他在《新民主主义论》中指出：新文化必须“带有我们民族的特性”，但对于西方文化并不排斥，相反，“应该大量吸收外国的进步文化”。这意味着新文化的建设是中西文化民族性差异和时代性差异的统一，其中的逻辑联系是这样的：承认中西文化民族性差异，那么建设民族新文化就应当尊重中国“灿烂的古代文化”，“决不能割断历史”；但是决不能“颂古非今”，即固守传统而脱离当今时代的土壤；然而中国古代文化与西方近代文化有着时代性差异，因此，民族新文化的建设要扎根于时代的土壤，就应当吸收西方近代文化，成为“世界无产阶级的社会主义的文化革命的一部分”。④这就在古今中西的统一即中西文化民族性差异和时代性差异的统一的意义上实现民族新文化的建设。毛泽东在20世纪50年代进一步阐述了这个思想。他说：“近代文化，外国比我们高，要承认这一点”；又说，“中国的东西有它自己的规律”。认为中西文化存在着民族性和时代性的两方面差异。但是

① 转引自陈晋：《毛泽东读书笔记解析》上册，广东人民出版社1996年版，第397页。

② 《毛泽东选集》第2卷，人民出版社1952年版，第700页。

③ 同上书，第699页。

④ 同上书，第699、700、701、698页。

这两方面的差异并非互相排斥和对立的,“应该学外国的近代的东西,学了以后来研究中国的东西”。[①]这就是说,借助西方近代文化可以帮助我们深入地把握中国传统文化特有的规律,从而创造民族新文化。显然,在这个过程中,中西文化的民族性差异和时代性差异得到了统一。

三

关于评价中西文化的优劣及其蕴含的工具价值与内在价值的矛盾,毛泽东也作出了自己的回答。

任何类型的文化,作为人在社会实践基础上的理性创造,都具有双重价值。一方面,它们对于人达到某一目的(利益)具有实际的功用,具有功利性,这是工具价值;另一方面,它们是人的本质力量的表现,人在其中能获得精神的满足,具有非功利性,这是内在价值。文化的双重价值为评价中西文化的优劣提供了两个价值尺度。在近代中西文化比较的历史进程中形成了这两个尺度的矛盾对峙,而毛泽东则在一定程度上将这个尺度加以统一。

从鸦片战争至甲午战争前,普遍的观点是:就作为富强之术的工具价值而言,西学优于中学,但西学的内在价值是远不及中学的。这种观点的集中表达就是“中体西用”,“体”者形而上之道,具有内在价值,“用”者形而下之器,具有工具价值。“中体西用”似乎把中学的内在价值和工具价值统一了。然而,这样的统一是外在的,因为这是以工具价值和内在价值在中学和西学各自内部的分裂为前提的。

自甲午战争前后到辛亥革命前后,严复反对“中体西用”,认为西学优于中学在于“以自由为体,民主为用”(《原强》)。这意味着肯定西学在工具价值和内在价值上都高于中学,在一定程度上克服了“中体西用”将中西文化的双重价值相分离的弊病。但他从“无用”“无实”批评中国文化落后于西方文化,进而以“凡中学之所有,举不得以学名”(《救亡决论》),这就以工具价值为尺度而抹杀了中国文化的内在价值。章太炎与严复不同,他认为集中了“中国长处”

① 《毛泽东著作选读》下册,人民出版社1986年版,第751、746页。

的“国粹”，具有激发“爱国爱种的心”的内在价值（《东京留学生欢迎会演说辞》），偏重于以内在价值来评价中西文化的优劣。由此，他走向另一个极端：为了彰明“国粹”在内在价值上优于西学，进而把西学的工具价值也否定了。如他对西方考古学的否定。因此，严复和章太炎依然表现了工具价值和内在价值的对立。

五四时期，主要争论中西精神文明孰优孰劣。梁漱溟认为，西方所长的科学和民主，只具有向外追逐物质利益和个人权利的工具价值，因而需要以儒家“不计较利害”的人生态度来医治西方文化在人生问题上的“病痛”。他把儒家的这种人生态度称为“中国文化之特异彩色”。[①]这种中国的精神文明优越于西方的精神文明的观点，是把文化的工具价值从属其内在价值。胡适恰恰相反，认为正因为西方文化具有“增加人类物质上的便利与安逸”的工具价值，所以它才具有“满足人类精神上的要求”的内在价值。在这种“真正理想主义的文明”面前，中国的精神文明不足为道。[②]这是强调文化的内在价值应以其工具价值为基础。梁、胡之争还是没摆脱文化双重价值的对峙。

在20世纪30年代至40年代，思想家在评价中西文化优劣时试图把西方文化的工具价值和中国文化的内在价值相统一。以金岳霖为例，他认为西方哲学擅长逻辑分析方法，使“表达工具有了改进”。[③]他吸取这一工具价值，同时又吸取中国传统哲学具有的“动我底心，怡我底情，养我底性”[④]的内在价值。这是当时构造中西哲学结合的哲学体系的学者（如冯友兰、熊十力）的共识。他们认为这样就避免了文化双重价值的分裂。其实，在他们的哲学体系里，工具价值被局限于逻辑分析的领域，内在价值被关闭在修养情性的范围，两者界限分明，互不越界，仍然处于相分离的状态。

毛泽东在建设民族新文化的思想里，对中西文化作了总体上的评价，认为两者各有其“精华”和“糟粕”，对它们都不应“一概排斥”和“盲目搬用”，“应当以中国人民的实际需要为基础”[⑤]而批判地吸取。这里实际上包含了文化双重

---

① 《东西文化及其哲学》，商务印书馆1922年版，第131页。

② 《胡适文存三集》卷一，亚东图书馆1924年版，第19—20页。

③ 《中国哲学》，《哲学研究》1985年第1期。

④ 《论道》，商务印书馆1985年版，第16页。

⑤ 《毛泽东选集》第3卷，人民出版社1953年版，第984页。

价值的统一，因为不仅工具价值而且内在价值也是人的需要的满足。同时，他指出中西文化各有其精华和糟粕，也蕴含着反对偏执于工具价值或内在价值来评价中西文化之优劣的意思。这一意思在50年代，毛泽东讲得更加明确了。他在批评“中学为体，西学为用”时说：“‘学’是指基本理论，这是中外一致的，不应该分中西”。这是认为中西文化虽然各成体系，但两者有着普遍适用的基本理论。任何理论总是既具有工具价值又具有内在价值，所以中西文化各有其工具价值(用)和内在价值(体)。这就决定了我们应当将这两重价值统一起来评价中西文化的优劣。毛泽东在同一篇文章中说：我们提倡民族音乐，但军乐队总不能用唢呐、胡琴；“乐器是工具”，“外国乐器可能拿来用，但是作曲不能照抄外国”。①这里以音乐为例子，说明一种文化在工具价值方面优于另一种文化，并不等于前者在内在价值方面亦优于后者。因此，科学地评价中西文化的优劣，必须全面地把握文化的双重价值尺度。

但是，在毛泽东“以中国人民的实际需要为基础”来评价中西文化的精华和糟粕的思想中，潜藏着对“实际需要”作片面狭隘理解的意识。他在《新民主主义论》中谈到吸收中西文化之精华时说：“凡属我们今天用得着的东西，都应该吸收”。这就表露出把“实际需要”引向片面狭隘的现时当下用得着的倾向。这样就会偏重于以工具价值(现时当下是否有用)来评价中西文化的优劣。这一偏向在20世纪50年代中期就比较明显了。毛泽东在谈到对待资产阶级和地主阶级的不同时说：“地主阶级也有文化，那是古老文化，不是近代文化。做几句旧诗，做几句桐城派的文章，今天用不着；”资产阶级在近代文化、近代技术这些方面，比其他阶级要高，这些方面的“许多东西用得到”。②毋庸置疑，这里说的地主阶级的古老文化属于中国传统文化的范围，而资产阶级的近代文化则属于西方文化的范围。

四

中国近代中西文化比较是以建设民族新文化为轴心的。近代的思想家逐

① 《毛泽东著作选读》下册，人民出版社1986年版，第752、746—747页。

② 同上书，第749页。

渐意识到中西结合是新文化的必由之路。然而在这中西结合里蕴含着“中国化”和不“失真”的矛盾。毛泽东对近代中西文化比较历史进程中的这方面问题的矛盾,同样是作了回答的。

中西文化结合的本质,就是将传入中国的西方文化“中国化”。中西文化的结合则要通过对两者的比较而找到它们的结合点才能实现,但这里又存在着西方文化“失真”的可能性,即西方文化的基本精神被中国传统文化扭曲甚至同化。这是因为寻求中西文化的结合点,必须以主体的思想结构为必要条件,主体的思想结构则是通过中国传统文化的内化而获得的,所以,当主体以其思想结构来规范中西文化的结合,往往不可避免地用中国传统文化来解释、选择和理解西方文化。这就可能导致西方文化在中西结合中失落了自身的基本精神。于是,中西文化的结合过程就存在着既要“中国化”,又要不“失真”的矛盾。

近代中国都认为西方文化的贡献是民主和科学。我们以此为线索,考察一下近代中西文化结合中的“中国化”与不“失真”的矛盾运动,以及毛泽东在这方面的认识。

自鸦片战争至甲午战争,“中体西用”是公认的中西文化结合的形式。这里的“西用”主要指西方科技。这一形式强调“中体”,即片面地突出“中国化”,以至屈伏其下的科学丧失了在近代西方作为反对封建思想权威的“新工具”的精神。这样的中西文化结合以失败而告终。严复有鉴于此,提出中西文化结合要把握住西学的“命脉”,即“于学术则黜伪而崇真”的科学和“于刑政则屈私以为公”的民主(《论世变之亟》)。同时,他又将西方进化论和中国传统文化中的元气论、天道自然无为等思想相结合。因此,严复的中西结合较好地做到了既“中国化”又不“失真”。但他崇信西学为唯一的“救亡之道”,多少表示出偏重不“失真”而相对看轻“中国化”的意向。章太炎反对“委心远西”而强调“依自不依他”(《答铁铮》),十分明朗地以“中国化”为重心。因而浸润在“国粹”中的小生产意识把西方的科学和民主扭曲成恶魔:科学带来的物质文明导致道德堕落;民主制度只是徒增一批新压迫者。这在其“俱分进化”论中表达得很明白。

五四时期至20世纪40年代末,以胡适为代表的西方文化派和以“新儒家”

为代表的东方文化派，虽然都主张在中西文化结合中吸纳西方的科学和民主，但前者偏执不“失真”而后者偏执“中国化”。胡适认为，首先要全盘西化，因为在中国传统文化极大的惰性作用下，全盘西化自然就会成为“中国化”的。他说：“全盘接受了，旧文化的‘惰性’自然会使他成为一个折衷调和的中国本位文化”。①这里强调首要的是保证西方文化的不“失真”。新儒家则认为，在欧风美雨的袭击下，中国传统文化有消失的危险，因而在中西文化结合中首先应当关注“中国文化能否复兴的问题，亦即华化、中国化西洋文化是否可能，以民族精神为体，以西洋文化为用是否可能的问题”。②这是以“中国化”为首要原则。显然，胡适和“新儒家”都有片面性。因此，前者全盘照搬西方民主制度的蓝图始终是空中楼阁，而其产生较大影响的“大胆假设，小心求证”的科学方法论，倒是西方实证科学方法和清代朴学方法的融通。后者的“中国化”，使得西方的科学和民主并没有取得像它们在西方那样的独立的价值地位。直至今日，新儒家还是无法解决如何在儒学之本体上结出科学和民主的新果这一难题。

五四以后，马克思主义中国化逐渐成了新文化的主流。这和毛泽东在这一过程中较好解决了近代中西文化比较中的“中国化”与不“失真”的矛盾是分不开的。毛泽东指出，马克思主义中国化就文化领域而言，一方面是总结和承继“从孔夫子到孙中山”这份珍贵的遗产，反对全盘西化；另一方面也反对复古倒退，而是“继承了五四运动的科学和民主的精神，并在马克思主义的基础上加以改造”。③毛泽东还指出，中西结合的新文化是“民族的科学的大众的文化”。他说：所谓“科学的”的重要内涵即“主张实事求是”，“科学的态度是‘实事求是’”；由于这一文化“是大众的，因而即是民主的”；而这样的“科学”和“民主”并不是“形式主义地吸收外国的东西”，而是将马克思主义“和民族的特点相结合，经过一定的民族形式”。④因此，毛泽东在把马克思主义和中国传统文化相结合的过程中，较好地解决了“中国化”和不“失真”的矛盾，使得来自西方文化的科学和民主在中国化的马克思主义里结出了丰硕的成果，即实事求是

① 《中国文化建设讨论集》中编，国音书店1936年版，第14页。
② 贺麟：《文化与人生》，商务印书馆1947年版，第3页。
③ 《毛泽东选集》第3卷，人民出版社1953年版，第833页。
④ 《毛泽东选集》第2卷，人民出版社1952年版，第700、655、701页。

的科学态度和新民主主义的理论。

毛泽东阐述"实事求是"时说:"'实事'就是客观存在着的一切事物,'是'就是客观事物的内部联系,即规律性,'求'就是我们去研究。"①这里既包含了马克思主义和西方近代实证科学相联系的认识论的基本观点,也渗进了儒学"实事求是"中的经世致用传统。因此,实事求是的科学态度在毛泽东那里就成了中国化的马克思主义的表述。毛泽东在论述西方的资产阶级民主主义让位给工人阶级领导的人民民主时说,这就是要"经过人民共和国到达社会主义和共产主义,到达阶级的消灭和世界的大同"。②这种人民民主专政的理论,把中国传统的大同理想和马克思主义的由西方近代民主主义发展而来的民主理论作了结合。因此,我们可以说,毛泽东在马克思主义中国化过程中,比较自觉地克服了近代中西文化比较中偏执"中国化"或不"失真"的片面性,较好地达到了两者的统一。

今天在建设当代中国先进文化的时候,中西文化的比较自然是我们思考、争辩的重要问题。因此,毛泽东在马克思主义哲学中国化过程中对中西文化的比较,具有很重要的意义,也是在今天把马克思主义哲学中国化推向前进的重要工作之一。

(原以《建设中华民族新文化的贡献——毛泽东与中西文化比较研究》为题,刊载于《探索与争鸣》1993 年第 7 期。收入本论集时略有增补和修改。)

① 《毛泽东选集》第 3 卷,人民出版社 1953 年版,第 801 页。
② 《毛泽东选集》第 4 卷,人民出版社 1960 年版,第 1476 页。

毛泽东的实践论与传统知行观的近代嬗变

毛泽东的实践论是马克思主义哲学中国化的代表性成果，其名著《实践论》以“论认识和实践的关系——知和行的关系”为副标题，反映了与传统知行观的历史联系。对此已有很多论著作了研究，但以往的研究基本上忽视了这一点：就思想发展的历史进程而言，从传统知行观到毛泽东的实践论，是以其在近代的嬗变为中介的。毛泽东曾写下过如此的批注：“先行后知，知难行易。”①这是孙中山知行观的要点。可以说，实践论是传统知行观近代嬗变的必然产物。这一嬗变的历史进程，以凸显面向客观现实和重视主体能动性为轨道，而毛泽东的实践论则是这两者的统一。

一、实践论与知行范畴的近代界说

在传统知行观里，“知”“行”范畴的主要含义是德性之知和道德践履，而在近代则把“知”“行”范畴的界说转向了科学知识和社会实践。

龚自珍说“欲知大道，必先为史”(《尊史》)。然而，“不通乎当世之务，不知经史施于近日之孰缓、孰亟、孰可行、孰不可行也”(《对策》)。这体现了以认识现实为“知”之内容的趋向。魏源延续着这一趋向，其“及知而后知”的命题，明确地把山、海等自然界事物和“漕、盐、河、兵”即经世的社会政治事务作为“知”的内容。更值得注意的，是他把西方科技纳入“知”，认为学习西方的“长技”即科学技术，将会“风气日开，智慧日出”(《海国图志·筹海篇》)。这不仅扩大了“知”的外延，并且显示了以科学来界说“知”的动向。

这一动向在严复那里得到彰明。他把对外在事物的认识与科学知识相统

① 《毛泽东哲学批注集》，中央文献出版社1988年版，第474页。

一，认为“知”就是以外在事物为认识对象的科学：“读书得智，是第二手事，唯能以宇宙为我简编，名物为我文字者，斯真学耳。”并以此来裁定何为格物致知：“以即物穷理释格物致知，是也；至以读书穷理言之，风斯在下矣。”（《原强》）这里即物穷理就是认识自然的科学之知。他还把科学从自然领域扩展到社会领域：“名、数、质、力四者皆科学也，其公例通理，经纬万端，而西政之善者本斯而起。”（《与外交报主人论教育书》）就是说。无论是自然领域的知识还是社会领域的知识，都由科学来统领，意味着科学由“知”的外延而确立为其内涵，即科学已被规定为“知”的主要内容。孙中山更为明确地把科学作为“知”的主要内容：“凡真知特识，必从科学而来也。舍科学而外所谓知识者，多非真知识也。”孙中山不同于严复之处，是把科学之“知”归结为由“行”而获得，“科学家之试验也，即行其所不知以致其所知也”。①不过，孙中山还不能从“行”的现实性和社会性出发来概括科学之“知”的内容。

毛泽东对“知”的界说，既继承了前人又超越了前人。他说：“什么是知识？自从有阶级的社会存在以来，世界上的知识只有两门，一门叫做生产斗争知识，一门叫做阶级斗争知识。自然科学、社会科学，就是这两门知识的结晶。”②毛泽东赋予“行”以现实性和社会性的性质，从“认识对生产和阶级斗争的依赖关系”③出发，对知识的内容作了如上的规定，这一方面是延续了近代以来以科学为“知”的主要内容的方向，另一方面指出了“知”的内容来自作用于客观事物的实践活动（行），从而在更深的层次上突出了“知”的内容与客观现实的紧密联系。

以科学知识来界说“知”范畴，具有反对以为儒家经典垄断了全部知识的经学独断论的意义。魏源以西方科技为“知”，肯定其是“有用之物，即奇技而非淫巧”（《海国图志·筹海篇》）。与之相对，他将经学无论是汉学还是宋学，都斥之为“无用”。在这有用之知和无用之知的比对中，以科学之“知”挑战经学对知识的垄断已初显端倪。严复在用科学来涵盖“知”的内容时，已明确表达了用科学打破经学独霸知识领域的要求：“吾国人言，除六经外无书，即云六

① 《中国哲学史资料选辑（近代之部）》下册，中华书局 1983 年版，第 640、657 页。
② 《毛泽东著作选读》下册，人民出版社 1986 年版，第 492 页。
③ 《毛泽东著作选读》上册，人民出版社 1986 年版，第 120 页。

经外无事理也”(《名学浅说》夹注),“一国之民,舍故纸所传而外,一无所知”(《论今日教育应当以物理学科为当务之急》);要摆脱这样的无知,就必须以科学为“知”。孙中山也把经学独断论看作科学之“知”的对立面:“科学知识不服从迷信”,而“专是服从古人的经传,古人所说的话,不管他是对不对,总是服从,所以说是迷信”。[①]五四以后,经学独断论受到了空前的打击,但仍然顽固地存在着。“将马克思列宁主义当作宗教教条看待”就是变相的经学独断论,毛泽东认为这是“蒙昧无知”的表现,和作为“科学”理论的马克思主义格格不入。[②]可见,从魏源到毛泽东,以科学为“知”是与近代反对经学独断论的潮流相联系的。反对经学的知识霸权,就意味着把求知的眼光由皓首穷经而走向关注实际。因此,这也从另一个侧面强化了“知”范畴的面向客观现实的含义。

在近代,“行”的范畴从传统的道德修养“功夫”逐步拓展为宽广的变革世界的实际活动。龚自珍立足于“当世之务”来行经史之义,表现了突破以道德践履为“行”的传统的意向。魏源在论证“及之而后知”的举例中,已把樵夫、估客、庖丁的劳动、经营等活动作为“行”;他称解决国计民生的问题为办“实事”,包含着把它们纳入“行”的意思。魏源还说:“善琴弈者不视谱,善相马者不按图,善治民者不泥法。无他,亲历诸身而已。”(《默觚下·治篇五》)认为面向实际之“行”,应当具有主动精神,并不是按一成不变的图谱去行事。魏源对“行”范畴的考察,扩大了“行”的外延,打开了以能动地作用于外部事物的实际活动为“行”的主要含义的思想通道。

维新派在“贵知”的前提下,接续了这样的思想通道。他们所“贵”之“知”,主要以近代科学为根基,而近代科学作为实验科学具有实践(行)的性质。维新派以近代科学为“知”时,就不能不注意到它的这一性质。他们强调近代科学是“实测”之学正表明了这一点。康有为说:“中国人向来穷理俱虚测,今西人实测。”(《康先生口说》)以“实”映照“虚”,就是以实验与思辨相对立。严复更明确地把近代科学的这种实证性和“行”联系在一起:西方近代科学“本于即物实测,层累阶级,以造于至精至大之途,故蔑一事焉可坐论而不足起行者

① 《孙中山全集》第8卷,中华书局1986年版,第316页。
② 《毛泽东著作选读》下册,人民出版社1986年版,第497页。

也。”(《原强》)所谓“实测”就是“起行”。这大概是最早明确地把科学活动作为“行”的形式之一。在严复看来,这一以自然界为认识对象的“行”,是以独立创造为本质要求的。所以,他指出不“读大地原本书”而“读第二手书者,不独因人作计,终当后人;且人心见解不同,常常有误,而我信之,从而误矣,此格物家所最忌者”(《西学门径功用》)。于是,近代科学实验之“行”,就有了面向自然界的超越前人的创造性活动的涵义。

维新派的“贵知”旨在“开民智”为先,而其“开民智”的重要方面,就是用进化论来树立竞争观念。他们把竞争作为自然界和人类的普遍行为,“民民物物,各争有以自存”(《原强》)。一个“争”字,强烈地表现了主体在这一行为中的能动性。这种能动性集中到一点,即反对“任天为治”(《译天演论自序》),而要“与天争胜”(《天演论·导言》)。这里的“天”不仅是指自然界,更是在广义上指自在于主体之外的既定的现实环境。所以,“与天争胜”就是“人欲图存,必用其才力、心思,以与是妨生者为斗,负者日退,而胜者日昌”(《天演论·按语》)。以“斗争”阐释“竞争”这一人类的普遍行为,意味着赋予“行”能动改造世界的意蕴。这一意蕴在梁启超把“革”与竞争相联系时,就更加突出了。他认为在生存竞争中有“自然淘汰”和“人事淘汰”,而“人事淘汰,即革之义也”(《释革》)。这里的“革”就是主体有意识地去旧更新的活动。可见,以竞争来界说“行”,主要是赋予它以能动地改造世界的内涵。当然,在“贵知不贵行”(谭嗣同语)的压抑下,这一内涵没能得到伸张,“革”在梁启超那里一闪而过就是明证。

革命派在“重行”的旗帜下,极大地推进了对“行”范畴的认识,他们把“行”的外延大大地扩展了,并将“革命”列为最重要的“行”,其中最激进的朱执信认为“革命者,阶级战争也”(《论社会革命当与政治革命并行》)。把阶级斗争视为“行”的形式之一。从孙中山有关“知难行易”的例证中,可以看到其所谓的“行”,还有“科学家之试验”和造船、建筑、开河、改良物种等“生产事业”,以及饮食、作文等日常生活中的活动。革命派对“行”的界定已触及人类现实活动的种种形式,其中包括生产活动、科学试验和阶级斗争。这就突出了“行”是变革客观事物的活动形式的涵义。

革命派在扩大“行”的外延的同时,也进一步深化蕴含于维新派以竞争为

“行”的能动改造世界的内涵。章太炎指出人类“强力以与天地竞”，其“强力”表现为“人之相竞也，以器”（《訄书·原变》）。所谓“器”即工具，也认为人类以工具来与自然（天地）相竞争。这在维新派讲“与天争胜”的基础上，进一步揭示了人类能动改造自然界的活动的特点。当然，革命派更多地把竞争和革命相提并论，更注重阐发“革命”的能动改造社会的含义：“革命者，去腐败而存良善者也”（《革命军》）；革命被界说为主体有目的地破旧立新的社会变革活动，可以说是将梁启超“革”之义中闪现过的东西予以确立，是对“行”的能动变革社会的涵义的强调。但是，革命派对“行”的范畴的考察，始终停留在直观的举例。

毛泽东在理论上对“行”范畴的上述含义作了提升和概括。他把“行”与“实践”相对应，把“行”解释为“根据于一定思想、理论、计划、方案以从事于变革客观现实的实践。”①而“思想等等是主观的东西，做或行动是主观见之于客观的东西，都是人类特殊的能动性”。②简言之，“行”就是以实践的形式展开的能动地变革客观现实的活动。他由此进一步指出，实践的形式是多种多样的，除生产活动这种形式外，还有阶级斗争、政治生活、科学和艺术活动等诸多形式；“人类的生产活动是最基本的实践活动，是决定其他一切活动的东西”。③显然，毛泽东在这里综合了前人对于“行”的考察，将其阐释为能动地改造世界的实践活动，并将多种实践形式区分为基本和非基本两大类。

毛泽东在把“行”作为实践加以阐释时，明确地指出它包含着对主观世界的改造：“无产阶级和革命人民改造世界的斗争，包括实现下述的任务：改造客观世界，也改造主观世界。”④这就更深刻、更全面地揭示了“行”的能动改造世界的含义，意味着以“实践”释“行”，就是将其作为主客体交互作用的形式：“在实践中实现主体与客体的辩证法的统一。改变外界，同时又改变自己。”⑤由此，可以看到这样一个阐释“行”的范畴的历史进程：由魏源的“亲历诸身”突破传统的德性修养为目标的“功夫”，到维新派、革命派的能动改造客观事物的

①④ 《毛泽东著作选读》上册，人民出版社1986年版，第135页。

② 同上书，第228页。

③ 同上书，第121页。

⑤ 《毛泽东哲学批注集》，中央文献出版社1988年版，第17页。

"科学""竞争"和"革命",再到能动改造客观世界又能动改造主观世界的主客体交互作用的实践。

二、实践论与知行主体的近代转换

"知"和"行"的主体是同一的。传统的知行观里,获取德性之知和进行德性修养功夫的主体,基本上是以达到圣贤为目标的个体。近代关于知行主体的认识,表现了从个体的圣贤逐渐地向众人之群体转换的趋势。

龚自珍的"天地,人所造,众人自造,非圣人所造"(《壬癸之际胎观第一》),蕴含着"知"的主体由圣人转换为众人的历史动向。魏源把这一蕴含的历史动向作了最初的表达。他不仅称赞樵夫、估客、庖丁是真正知山、知海、知味的人,并进而在一般意义上肯定了众人之知:"合四十九之智,智于尧、禹";"自非众议参同,乌能闭门造车出门合辙乎?"(《默觚下·治篇一》)这表明评价众人之知高于圣人(尧、禹),是以反对闭门造车重视实际为出发点的。不过,龚、魏又认为圣贤有"常人"之知不可比拟的"先觉""大觉""明觉",这显然与他们肯定众人之知是矛盾的。

维新派和革命派也有类似的矛盾,他们一方面或多或少地以"开民智"的"教主""先知先觉"者自居,另一方面承继了魏源关于众人之知的考察,从不同的侧面作了展开。康有为认为知识出自于人人具有的灵魂即天赋的理性,"人有灵魂,知识生焉"(《实理公法全书·师弟门》)。因此,任何表达知识的定理、公式必须得到众人的公认。"实理明则公法定。间有不能定者,则以有益于人道者为断。然二者均合众人之见定之。"(《实理公法全书·凡例》)这就由众人的理性夺走了圣人对于知识的独断:"圣不秉权,权归于众。古今言论以理为衡,不以圣贤为主,但视其言论何如,不得计其为何人之言论。"(《实理公法全书·师弟门》)如果说康有为是从知识的裁定权来界说众人之"知",那么梁启超则是从知识的进化来说明众人之"知"。他指出,古代周公、孔子和柏拉图、亚里士多德这些圣贤的"智识能力,必不让于今人,举世所同认矣。然往往又周孔柏阿所不能知之理、不能行之事,而今日乳臭小儿知之能之者何也?无他,食群之福,享群之利,借群力相接相较、相争相师、相摩相荡、相维相系、相传相嬗，而智慧进焉，而才力进焉”（《新史学·史学之界说》）。就是说，“知”是群体的相互争辩、相互学习、世代相传的结晶。孙中山从科学知识的相互关联来阐发科学之“知”和众人之“知”的一致性：“近世科学之发达，非一学之造诣，必同时众学皆有进步，互相资助，彼此乃得以发明。”①康有为、梁启超、孙中山对众人之“知”的考察，虽然角度不同，但归纳起来都触及“知”的社会性和历史积累性，意识到了认识的主体不是游离于现实社会和历史发展的个人。这不仅进一步把“知”的主体转换为众人，而且也丰富了“知”的面向客观现实的涵义。

但是，真正彻底地把群众当作“知”（认识）的主体的是毛泽东。因为他克服了从魏源直至孙中山的在这个问题上的矛盾。毛泽东认为人民群众是现实社会和历史活动的主体，因而也是认识活动的主体：“群众是真正的英雄，而我们自己则往往是幼稚可笑的，不了解这一点，就不能得到起码的知识。”②这就在肯定人民群众是“知”的主体的同时也否定了有任何高于群众智慧的圣人（英雄）之“知”。在他的实践论里，认识来自实践，又回到实践中去，和从群众中来又到群众中去是同一的过程。因此，以群众为“知”的主体，意味着“知”是通过群众实践而不断地向现实世界敞开而呈现的。这就充分体现出“知”的面向客观现实的涵义。

近代知行观里，“行”的主体也由个体向群体转换。龚自珍以“众人自造”天地的观点赞颂“山中之民”（《尊隐》）；魏源强调历史变化趋势与“人情群便者”（《默觚下·治篇五》）相一致。这些都隐约表露出以众人为“行”的主体的朦胧意识。这样的朦胧意识在维新派那里开始变得明晰起来了。他们把竞争作为人类行为的普遍形式，并指出竞争的行为是在群体间展开的，正如唐才常发挥严复在《原强》中的旨趣所说：“西儒达尔文之言曰：‘争自存。’而锡彭塞（斯宾塞）衍其旨曰：‘群与群争。’”（《公法学会叙》）认识到了竞争以求进化是群体的社会活动，因此他们说：“以群为体，以变为用”（《说群序》）、“进化云者，一群之进也，非一人之进也”（《新史学·史学之界说》）。这就朝着以群体为

① 《中国哲学史资料选辑（近代之部）》下册，中华书局1983年版，第631页。
② 《毛泽东著作选读》下册，人民出版社1986年版，第467页。

"行"的主体迈出了一大步。他们还认为依靠群体力量进行竞争是人与其他动物的重要区别,严复说:"犹荀卿言人之贵于禽兽者,以其能群也"(《原强》)。正是这一区别使得人能够驾驭自然,而禽兽则不能。因此,严复强调"恃人力"而反对"委天数"(《论世变之亟》)。这表明了以群体为竞争主体是与抗拒天命论的能动性相联系的。不过,维新派所讲的"群"主要着眼于知识界。梁启超说:"国群曰议院,商群曰公司,士群曰学会。而议院、公司,其识论业艺,罔不由学,故学会者又二者之母也。"(《变法通议·论学会》)明确地要以知识界结集的学会为其他群体的主体。

革命派比维新派更加鲜明地把群体作为"行"的主体。章太炎和严复一样,认为竞争之成败取决于是否能"合群":"彼人之自保则奈何? 曰:合群明分而已矣。"(《菌说》)然而,他们对"行"的主体的认识更多地注目于"革命"。孙中山说:"我们要求中国进步,造成一个极尽三民主义、五权宪法的国家,非用群力不可,要用群力,便是在合群策群力大家去奋斗,不可依靠一人一部分人去用孤力去做。"①之所以要用"群力"而不可用"孤力",是因为只有前者才能主宰命运,而后者则无法逃脱命运的摆布。章太炎指出:革命的"拨乱反正,不在天命之有无,而在人力之难易。"(《驳康有为论革命书》)这里的"人力"就是"群力",因为在他看来"一人际遇,非能自主,合群图事,则成败视其所措。故一人有命,而国家无命";"一人则成亏前定,而合群则得丧在我"(《菌说》)。可见,革命派比维新派更突出以群体为"行"之主体的革除天命的能动性意义。

革命派对群体是"行"之主体的认识,还有着超越维新派的地方。这主要有以下两方面:首先,章太炎从工具(器)的创造和使用过程来说明"群力"的形成。他在《訄书·尊史》中指出,《世本·作篇》等古籍的记载说明正是在制作和使用弓矢、车辆、宫室、历法等过程中,人们互相协作,"相待以成"。因此,"苟史官之无从《作篇》,而孰以知合群所自始乎?"这里包含着群体成为"行"的主体是由劳动生产决定的思想萌芽。其次,革命派眼里的"行"的主体,已不是知识界集结的学会这类狭隘的"群体"。而是具有广泛社会性的"中等社会"和"下等社会"。他们指出:"在支那民族经营革命事业者,必以下等社会为根据

① 《孙中山选集》,人民出版社1956年版,第497页。

地,而以中等社会为运动场。是故下等社会者,革命之中坚也;中等社会者,革命事业之前列也。”(《民族主义之教育》)就是说,作为革命之“行”,是以“中等社会”和“下等社会”为主体的。但是,他们和“下等社会”相当隔膜,认为“下等社会”即占社会大多数的“不知不觉”者是不起决定性作用的、从属和被动的力量。这就布下了把广大群众排斥在“行”的主体之外的浓重阴影。

毛泽东的实践论以认识论和唯物史观的统一扫除了这层阴影,把广大人民群众确立为实践(行)的主体。他指出所谓实践就是指“千百万人民的革命实践”。①他把生产活动看作最基本的实践形式,而生产活动都是在社会成员结成的一定的生产关系下进行的。这意味着肯定了实践总是具有社会的群体的性质;而从事生产活动的人始终占社会人口的大多数,因此这同时也肯定了这样的群体是广大人民群众。以人民群众为实践的主体,其本质是“坚决地相信人民群众的创造力是无穷无尽的”。②即把人民群众看作能动的永不枯竭的创造力量,而不是将其仅仅视为实现某种目的的工具。这种创造力量,在毛泽东看来,主要表现为两个方面:首先,以群众为主体的实践是社会财富的创造者,社会财富不仅指物质财富,还包括精神财富。因为后者是以群众的实践为源泉的。其次,以群众为主体的实践尤其是他们的革命斗争,是变革社会的决定力量。正是从这个意义上,毛泽东称赞中国古代的农民革命斗争是封建社会“历史发展的真正动力”。③也正是在这个意义上,毛泽东把阻挠人民进行社会变革的反动派比喻为“纸老虎”,他们貌似强大,然而经过人民群众的革命斗争,无不显出“纸老虎”的原形。总之,把人民群众看作实践的主体,既是以社会现实中最基本的生产活动为基础,又是以人民群众的能动创造为依靠。

三、实践论与知行过程的近代意蕴

在传统的知行观里,“知”的形成过程主要是通过教化取得道德自觉的过程,“行”的过程主要是履行纲常伦理规范的过程。近代的知行观则从一般认

① 《毛泽东著作选读》上册,人民出版社 1986 年版,第 349 页。
② 《毛泽东著作选读》下册,人民出版社 1986 年版,第 592 页。
③ 《毛泽东选集》第 2 卷,人民出版社 1952 年版,第 619 页。

识活动的意义上来考察“知”和“行”的过程。

在近代知行观对于“知”的形成过程的考察中，最能体现其近代意蕴的有两个方面：一是强调以主体的觉醒为获取“知”的前提；二是对认识（知）的阶段进行辨析。

龚自珍把“自造”天地的“众人”归结为“自我”，即“众人之宰，非道非极，自名曰我”。因此，文化也是“我”的创造：“我理造文字言语。”（《壬癸之际胎观第一》）这里把自我的觉醒和“知”的形成过程联系在一起，突出了这一过程中的主体能动性。魏源与此有所不同。他从“及之而后知”的观点出发，认为知识的获得，光靠聪明的天资不成，主要依赖于后天的人为努力：“敏者与鲁者共学，敏不获而鲁反获之；敏者日鲁，鲁者日敏，岂天人之相易耶？曰天人之参也。”（《默觚上·学篇二》）从后天的人为努力来讲“知”之形成的主体能动性，是前人已有过的。在这个问题上表现时代特点的，是他把主体的觉醒视为“知”的形成的前提条件：“人不忧患，则智慧不成”，“愤与忧，天道所以倾否而之泰，人心所以违寐而之觉，人才所以革虚而之实。”（《默觚下·治篇二》）没有忧患意识，就不能生成智慧，这是因为忧患能使人觉醒过来，革除空谈而讲求真才实学。他和龚自珍都强调主体的觉醒是获得“知”的前提。

维新派主张知先行后，不像魏源那样阐发“知”的形成是后天努力的结果，而是沿着龚自珍、魏源以主体的觉醒为“知”之形成的前提条件的方向，把主体的觉醒与破除各种束缚相联系。在康有为看来，“知”的起点是主体冲决外在的传统习俗而醒悟：“人之所以异于人者，在勉强学问而已。夫勉强为学，务在逆乎常纬”；“逆而强学者智”。勉强为学就是要敢于违逆被奉为圭臬的常规即传统，然而传统的力量十分强大，主体必须具备极其强烈的叛逆精神，才能打破传统而获得智慧。“积习深矣，欲矫然易之，非至逆安能哉？故其逆弥甚者，其学愈至，其远人愈甚，故所贵勉强行道也。”（《长兴学记》）愈是敢于叛逆传统，便愈有智慧。梁启超则强调“知”的形成以主体破除内在的精神奴役为启始。他说：“今日而知民智之为急，则舍自由无他道矣。”①然而“欲求真自由者乎，其必自除心中之奴隶始”（《新民说·论自由》）。破除心奴就要反对“教学

① 《梁启超年谱长编》第2册，上海人民出版社1983年版，第237页。

之界则守一先生之言,不敢稍有异想”。[①]维新派把精神自由作为形成“知”的前提,体现了把主体的能动性从传统的束缚、经学的钳制中解放出来的时代意蕴。

革命派同样认为挣脱尊孔读经的桎梏是“知”的形成的前提。他们指出:“中国学术之所以日衰者,由于宗师之一统也。宗师之统一,即学术之专制也,统一故无竞争,无竞争故无进步。”[②]不过,章太炎、孙中山等在“知”的形成问题上,更多的是强调“知”源于后天的努力。章太炎的“竞争出智慧”,认为智慧出自于主体的能动性的发挥(竞争)。由此出发,他指出人如不主动运用智力,其原先的智力就会退化到动物的水平:“人之怠用其智力者,萎废而为豦蜼。人迫之使入幽谷,夭阏天明,令其官骸不得用其智力者,亦萎废而为豦蜼”(《訄书·原变》)。孙中山明确地说:“人不能生而知之,必待学而后知。”[③]这里的“学而后知”,就是以后天的努力作为“知”的开端。

显然,这样来考察“知”的形成,是对魏源“及之而后知”的继续和发挥,是与他们的“先行后知”相一致的。他们比魏源和维新派进一步的地方,在于深入地辨析了“知”的形成过程本身。章太炎认为人通过感官获得对于事物的种种认识,但这样的认识是有局限性的,“五官感觉,惟是现量。故曰:‘五官薄之而不知’。”(《诸子学略说》)即耳闻目见的感性认识(现量)还不是真正的“知”。所以,他在《訄书·公言》中要求,通过“天官”(感官)和外物“所合”而得到感觉,然后经过头脑的抽象思维,由“譬称”(判断、推理)上升到“大共名”(抽象概念)。孙中山在称科学为“真知特识”时说:“夫科学者,统系之学也,条理之学也。”科学以观察获得的经验知识为基础,由此而形成系统的规律性知识,“从知识而构成意像,从意像而生出条理”。[④]可以说,章太炎、孙中山都意识到“知”的形成过程中存在感性知识和理性知识这两个阶段,而由前者发展到后者须经过主体的某些努力,如进行逻辑推理。这就触及了主体在其间的能动性。但是,他们未能揭示这两个知识阶段的内在统一性,因而也就不能说明从感性

① 《梁启超年谱长编》第2册,上海人民出版社1983年版,第237页。
② 《辛亥革命前十年时论选集》第1卷下册,三联书店1960年版,第738页。
③ 《孙中山全集》第1卷,中华书局1981年版,第8页。
④ 《中国哲学史资料选辑(近代之部)》下册,中华书局1983年版,第640、644页。

到理性的主体能动性是如何展开的。

毛泽东对于上述的"知"之形成过程的考察和分析作了综合和提升。他在致力于马克思主义中国化的过程中,深切地体会到如果不把思想从马克思主义的"本本"当作包医百病的灵丹妙药的盲目迷信中解放出来,就不能正确认识中国革命的规律。他指出:"凡事应该用脑筋好好想一想。俗话说:'眉头一皱,计上心来',就是说多想出智慧。"但有些人"因为自己背上了包袱,就不肯使用脑筋,他们的聪明被包袱压缩了。"所以,"检查自己背上的包袱,把它放下来,使自己的精神获得解放,实在是联系群众和少犯错误的必要前提之一"。①他认为压抑开动脑筋、"多想出智慧"的最沉重的精神包袱,就是以马克思主义为宗教教条的"蒙昧无知",因此,应当"使我们同志的精神从主观主义、教条主义的蒙蔽中间解放出来"。②这样的精神解放是同奴隶主义相对立的:"共产党员对任何事情都要问一个为什么,都要经过自己头脑的周密思考,想一想它是否合乎实际,是否真有道理,绝对不应盲从,绝对不应提倡奴隶主义。"③这无疑和近代尤其是维新派以来把精神自由作为形成"知"的前提的思想一脉相承。当然,这里把精神解放建立在合乎实际、联系群众的基础上,体现了主体能动性和客观实际相一致,则是超越前人的。

在关于"知"的形成过程的问题上,毛泽东超越前人之处,还表现在他把"知"出自后天的努力和"知"的感性上升到理性的过程相统一。他继承了魏源、章太炎、孙中山等反对"生而知之"的传统,一再嘲讽以"秀才不出门,全知天下事"自居的"知识里手",指出:"你要有知识,你就得参加变革现实的实践"。这里的"参加""变革",意味着知识来源于实践是与后天努力的主体能动性分不开的。然而,从实践中获得的是直接经验,虽然,"一切真知都是从直接经验发源的"④,但直接经验并不就是真知。因为它对客观外界的"反映是不完全的,是没有反映事物本质的"。所以,"必须从感性认识跃进到理性认识",即"经过思考作用,将丰富的感觉材料加以去粗取精、去伪存真、由此及彼、由表

---

① 《毛泽东著作选读》下册,人民出版社 1986 年版,第 585—586 页。
② 同上书,第 504 页。
③ 同上书,第 505 页。
④ 《毛泽东著作选读》上册,人民出版社 1986 年版,第 126 页。

及里的改造制作工夫，造成概念和理论的系统”①。由此，毛泽东得出结论：“一切比较完全的知识都是由两个阶段构成的：第一阶段是感性知识，第二阶段是理性知识，理性知识是感性知识的高级发展阶段。”②毛泽东既阐明了这两个阶段的知识统一于实践，又具体地揭示了主体在改造制作感性材料中的能动作用。这同样体现了以主体能动性与客观实际相一致来阐释“知”的形成过程。

“知”源于“行”，因而“知”之形成过程和“行”之过程有着逻辑的联系。近代以对外在对象的科学为“知”，这样的“知”是在能动地认识、变革实际事物中形成的。然而实际事物有其客观规律，因此，近代知行观关于“行”的过程的认识，是围绕着遵循客观规律（自然力）而“行”和发挥主观能动性（人为力）而“行”来展开的。

龚自珍和魏源在对“行”的过程的考察中，触及了主观能动性和客观规律的矛盾。龚自珍一方面把公羊“三世”说解释为人类活动应当遵照的历史演变的一般规律，另一方面又认为众人“自造”社会历史的活动完全以“自我”的意愿为转移，“行是车船，愿是马楫，有船无楫，难可到也”（《发大心文》），因此，“行”的过程不受任何外在必然性的制约，包括所谓的天命、天理。魏源对“行”的过程的认识和龚自珍有类似之处。他说：“出林不得直趋，行险不得履绳，势使然也；函矢巫医，殊欲人之生死，蓄谷蓄帛，分冀岁之饥丰，择术使然也”（《默觚上·学篇六》），认为主体的行为（出林、行险）有受制于客观条件（势使然）的一面；但这并不意味着毫无能动性可言，相反，主体的行为是在其面临不同可能性（生死、饥丰）时主动作出的一种选择（择术使然）。但是，他把这样的自我选择的能动性归结于意志的力量：“匹夫确然其志，天子不能与之富，上帝不能使之寿，此立命之君子，岂命所拘者乎？……祈天永命造化自我，此造命之君子，岂天所拘者乎？”（《默觚上·学篇八》）可见，龚、魏为了使主体在“行”的过程中不为天命所压抑，最终都以主观能动性吞没客观规律。

维新派对于“行”的过程的认识，既表现出将主观能动性和客观规律相统一的倾向，又陷入把两者相对立的困境中。维新派认为社会历史的演变有其

① 《毛泽东著作选读》上册，人民出版社 1986 年版，第 130 页。
② 《毛泽东著作选读》下册，人民出版社 1986 年版，第 492 页。

客观的必然规律，这个规律就是物竞天择、优胜劣汰；而以竞争作为普遍的行为方式正合乎这一规律。康有为说："物不可不对为二，有对争而后进。"（《论语注》）严复说："今者外力逼迫，为我权籍，变率至疾，方在此时……彼西洋之克有今日者，其变动之速，远之亦不过二百年，近之亦不过五十年已耳，则我何为而不奋发也耶！"（《原强》）这些都表明他们认为"竞争"之"行"的过程不是主观能动性和客观规律相背离而是相一致。但是，一旦他们面对实际的社会变革，这种一致就变成了对立。他们认为社会变革应当遵循由君主专制到君主立宪再到民主共和的历史发展规律。康有为强调社会的变革只能按照这一规律刻板地实施，即"盈科乃进，循序而行"（《礼运注·序》）。严复也把"万化有渐而无顿"称为"公例"即铁定的规律，对此人的历史活动绝无"超跃"的可能。（《政治讲义》）这就在"行"的过程中，以历史的规律性排斥了主体的能动性。谭嗣同倒是颂扬了主观能动性，认为变法改变只能是"一意孤行而创之"（《仁学·四十三》），这样的"行"的过程不能只依靠"人力"，更要依靠"心力"的发挥，"人力或做不到，心当无有做不到者"，由此他认为心力可以改变规律，"理为心所致"（《上欧阳中鹄·十》）。这就用主观能动性消弭了客观规律。可见，维新派对于变法改革之"行"过程中的主观能动性和客观规律的认识，处于两极对峙的状况：不是后者压倒前者，就是前者否定后者。

革命派对于"行"的过程的认识，展现了走出这种两极对峙的前景。革命派相信进化即不断向前发展是社会历史的普遍规律，而"革命"这一能动改造社会的"行"，恰与这一规律相吻合，邹容说："革命者，天演之公例也。"（《革命军》）这基本上是继承和发挥了维新派把"行"的过程视为客观规律和主观能动性相一致的思想。同时，他们企图克服维新派把客观规律和主观能动性相对立的困境。他们认为维新派不懂得人类的"进化原则，则与物种之进化原则不同"①。这种不同的重要表现之一，就是物种进化是自然而然的，人类的进化则与人的有目的、有意识的活动相联系。朱执信指出，人类社会虽然也和生物有机体一样受"自然力"支配，但不能以前者比喻后者，因为后者的存亡纯粹取决于"自然力"，而前者则不然，所以"已临死亡之社会，而有一部分前进之人出于

① 《中国哲学史资料选辑（近代之部）》下册，中华书局1983年版，第635页。

其中，将或更新其社会的精神，而与以前进之生命，非尽受命于自然力之下也”(《未来之价值与前进之人》)。显然，这种“非尽受命于自然力”的能让社会起死回生的活动就是革命。孙中山也同样把革命之“行”的过程看作“自然力”和“人为力”的结合。他说：“世界中的进化力，不止一种天然力，是天然力和人为力凑合而成。”就社会进化而言，人为力“比较天然力还要大”①。革命之“行”的过程既是顺应“自然力”的过程，也是发挥“人为力”的过程：“夫事有顺乎天理，应乎人情，适乎世界之潮流，合乎人群之需要，而为先知先觉者所决志行之，则断无不成者也，此古今之革命维新、兴邦建国等事业是也。”②这里的“顺乎天理”显然是“天然力”，而“决志行之”则无疑是“人为力”。但由于不能正确说明“自然力”和“人为力”之间的关系，因而存在着轻视前者、夸大后者的倾向。孙中山说一切以“人力为之转移”，就表明了这一点。

毛泽东正是从客观规律和主观能动性两者的关系入手，正确地阐释了“行”的过程是两者的统一。他以实践释“行”，实践作为人类能动改造客观世界的活动，其本质是为了驾驭客观事物并达到自己的目的，获得自由。但是，“只有在认识必然的基础上，人们才有自由的活动。这是自由和必然的辩证规律。所谓必然，就是客观存在的规律性，在没有认识它之前，我们的行动总是不自觉的，带有盲目性的”③。所谓“不自觉”“带有盲目性”，意味着是受客观规律的摆布，谈不上发挥主观能动性。因此，这里强调在“行”的过程中发挥主观能动性，是以认识和依据客观规律为前提的。离开了这个前提来发挥主观能动性，只能导致行动的失败。正如毛泽东在批评王明教条主义时所说：“老爷们对于中国革命这个必然性既然是瞎子，却妄欲充当人们的向导，真是所谓‘盲人骑瞎马，夜半临深池’了。”④然而，服从客观规律并不意味着取消主观能动性。客观规律对主体的实践的制约，是通过客观现实条件表现出来的。但是客观现实条件不只是对人的一种限制，同时也是发挥主观能动性的凭借。所以毛泽东指出，战争的胜负，主要地决定于双方的各种客观条件，但“还决定

① 《孙中山全集》第9卷，中华书局1986年版，第197页。
② 《孙中山选集》，人民出版社1956年版，第108页。
③ 《毛泽东著作选读》下册，人民出版社1986年版，第833页。
④ 同上书，第486页。

于作战双方主观指导的能力”;因此,“军事家活动的舞台建筑在客观条件的上面,然而军事家凭着这个舞台,却可以导演出许多有声有色威武雄壮的活剧来”。①在同样的客观条件的舞台上能导演出怎样的戏剧,取决于运用客观条件的主观能动性。另外,客观规律在展开的过程中,不仅表现出必然性,同时又为主体提供了多种可能性,主体可以在实践中创造条件,使合乎自己需要的可能性变为现实,同时避免不利于自己的可能性变为现实。这就需要发挥主观能动性。毛泽东在《论持久战》中,以抗日战争为例说明了这一点。他指出抗战存在着亡国和胜利两种可能性,就后者而言,“客观因素具备着这种变化的可能性,但实现这种可能性,就需要正确的方针和主观的努力。这时候,主观作用是决定性的了”;这种决定性的主观作用集中到一点,就是“为着争取最后胜利所必需的一切条件而努力”②。总之,在实践中运用和创造条件都离不开主观能动性的发挥。这样,实践即“行”的过程,就是遵循客观规律而又发挥主观能动性的过程。

四、实践论与知行作用的近代阐释

“知”和“行”的作用是相互的。不过,在传统的知行观里,这种相互作用是就道德认识与道德践履而言的,前者使后者具有自觉性,后者唤醒处于潜在状态的前者,并将其外现和落实;在近代的知行观里,这种相互作用是就对客观事物的认识和指向客观事物的活动而言的,前者对后者有指导作用,后者对前者具有本源和验证的作用。

龚自珍提出:“报大仇,医大病,解大难,谋大事,学大道,皆以心之力。”(《壬癸之际胎观第四》)把行为看作完全是由精神(心之力)决定的,含有“知”能动地作用于“行”的意思。魏源主张“及之而后知”,但并不认为“知”对于“行”只是受动的:“同一御敌,而知其形与不知其形,利害相百焉;同一款敌,而知其情与不知其情,利害相百焉。”(《海国图志叙》)尽管只是直观的举例,但已

① 《毛泽东著作选读》上册,人民出版社 1986 年版,第 101 页。
② 同上书,第 239、208 页。

触及了“知”对“行”的指导作用，即前者的正确与否关系到后者的结果如何。他把“知”的指导作用建立在把握客观情形的基础上，显露出把“知”的能动性和其客观内容相统一的端倪。但他又说“事必本夫心”(《皇朝经世文编叙》)，把外在事物和人的行为(做事)都看作精神(心)的显现。

维新派比龚、魏更为高扬“知”对“行”的指导作用。因为他们的“开民智”为先，认为行为是由思想观念引导的。严复指出，进化论使得“十九期民智大进步”(《天演论·按语》)，于是“五洲人事，一切皆主于谋新，而率旧之思亡矣。呜呼！世变之成，虽曰天运，岂非学术也哉！”(《政治讲义自叙》)进化论开启了民智，极大地扫除了守旧思想观念，从而促成了“世变”。如前所述，维新派以科学(自然科学和社会科学)为“知”，而进化论正是一种科学之“知”。因此，“开民智”为先，就是以科学之“知”更新思想观念，由此指引社会变革。这正是严复所希望的：“其为事也，一一皆本诸学术”(《原强》)。但是，维新派把科学之“知”对社会变革的指导作用说成是决定社会变革的唯一主宰力量：“天地间独一无二之大势力何在乎？曰智慧而已矣，学术而已矣”(《论学术之势力左右世界》)。

革命派在肯定“行先知后”的同时，也肯定了“知”对“行”的指导作用。这突出表现在孙中山“以行而求知，因知以进行”①的命题中。认为行先于知，但“知”具有指导“行”的能动作用。对于“知”指导“行”的能动作用，孙中山也和维新派一样，注目于思想启蒙是社会变革的前导。他说民众是“明白了我们的主义，才为主义去革命”，所以革命的成功“宣传要用九成，武力只可用一成”。②正是从社会变革(革命)成败的意义上，他说：“天下事惟患于不能知耳，倘能由科学之理则以求得真知，则行之决无所难。”然而，孙中山的“因知以进行”强调“知”必须落实于“行”，不同于维新派只求“知”而将“行”推至遥遥无期。所以，他注重考察科学理论(知)指导“行”的具体过程：“当今科学昌明之世，凡造作事物者，必先求知而后乃敢从事于行。所以然者，盖欲免错误而防费时失事，以冀收事半功倍之效也。是故凡能从知识而构成意像，从意像而生

① 《孙中山选集》，人民出版社1956年版，第145页。

② 同上书，第493页。

出条理,本条理而筹备计划,按计划而用工夫,则无论其事物如何精妙,工程如何浩大,无不指日可成者也。"①这一方面揭示了以科学之"知"指导"行"的一些环节,另一方面也阐述了"知"在这过程中显示的巨大能动作用,就在于使"行"有了明确的目的和步骤,提高了成功的可能性。

孙中山认为肯定科学之"知"对"行"的指导作用,并不能由此否定行而后知:"人类之进步,皆发轫于不知而行者也,此自然之理则,而不以科学发明为之变易者也。"就是说"知"在指导"行"的同时,仍然以"行"所指向的外部世界为其内容的本源,魏源所显露的把"知"指导"行"的能动性和"知"的客观性相统一的端倪,在这里得到了发展,即朝着把这种统一性置之于"行"的方向迈进。但是,他的"知行分任"模糊了"行"对于"知"的本源意义,并由此把"知"对"行"的指导作用归结为主观精神:"吾心信其可行,则移山填海之难,终有成功之日";"夫心也者,万事之本源也"。②这和魏源也是相类似的。

毛泽东克服了孙中山的这种唯心论的倾向,在关于"知"的作用的阐释上,达到了"知"指导"行"的能动作用与其客观内容的相一致。毛泽东十分重视"知"即理论对于"行"即实践的指导作用。在他看来,这种指导作用首先表现在为行动者提供了总体方向,"自从中国人学会了马克思列宁主义以后,中国人在精神上就由被动转入主动"③,这和近代中国知行观注重观念更新、先进思想对社会变革的指导作用是一脉相承的。他认为"知"对"行"的指导作用还表现在为行动制定出计划,使其有明确的目标、方法和步骤,并将此称为"自觉的能动性"④。他认为这种能动性在一定条件下对于"行"起着主要的决定作用:"当着如同列宁所说,'没有革命的理论,就不会有革命的运动'的时候,革命理论的创立和提倡就起了主要的决定的作用。当着某一件事情(任何事情都是一样)要做,但是还没有方针、方法、计划或政策的时候,确立方针、方法、计划或政策就是主要的决定的东西。"⑤同时,他又强调能够起到这样指导作用的理论必须是根据和符合于客观实际的,"真正的理论在世界上只有一种,就是从

① 《中国哲学史资料选辑(近代之部)》下册,中华书局1983年版,第644页。
② 同上书,第657、623页。
③ 《毛泽东选集》第4卷,人民出版社1960年版,第1519页。
④ 《毛泽东著作选读》上册,人民出版社1986年版,第228页。
⑤ 同上书,第166页。

客观实际抽出来的又在客观实际中得到了证明的理论”。①因此,“知”指导“行”的过程,就是反映了实际的理论又回到实际中去被证明的过程,而反映实际和回到实际都是以“行”为中介的。这样,在“行”的基础上,“知”指导“行”的能动作用始终是与“知”的客观内容不可分离的。

在上述考察“知”对“行”的指导作用时,已涉及后者对前者的本源作用和验证作用。事实上,近代知行观也一以贯之地阐释了“行”的这种作用。龚自珍虽然把思想文化看作是“自我”精神的创造,但他的“知大道”不能与面向“当世之务”施行经史之义相分离的见解,隐含着以“知”的源泉和对其的检验来阐释“行”的作用的思绪。这一思绪在魏源那里则已构成了观点:“圣果生知乎?安行乎?孔何以发愤而忘食?姬何以夜坐而待旦?文何以忧患而作《易》?”(《默觚上·学篇三》)认为从孔子、周公、文王的勤奋学习和创作,可以知道“知”源于“行”。这同他强调“知”源于后天的努力即主观能动性是完全吻合的。魏源还说:“善言心者,必有验于事”(《皇朝经世文编叙》),认为人在心(思维)中所作的权衡、判断,必须有事实、行为来验证;通过这样的验证,可以将主体内在的才智能动地呈现出来,犹如“九死之病,可以试医;万乘之变,可以试智”(《默觚下·治篇七》)。魏源关于“行”对“知”具有本源作用和验证作用的阐释,无疑表现了对经学的离心力:反对爬梳典籍和以经典为准则。

维新派“贵知不贵行”,但他们把近代科学活动纳入“行”,从而也考察了“行”的作用。严复译述《名学浅说》时,把近代科学认识事物的过程分为四层功夫:第一“观察法”,即通过观察试验而获得有关材料;第二“臆度法”,即在有关材料的基础上,提出假设;第三“外籀法”,即运用演绎法对假设进行论证、推导;第四“印证法”,即用事实或者实验对假设进行验证。这里的第一层功夫,包含着“行”对“知”的本源作用,即知识源于观察、试验等“行”。这里的第四层功夫,则表现了“行”对“知”的验证作用,即“知”的正确性有待于实验的证实。严复比魏源更明确地把批判的矛头指向经学。他以观察等为知识的来源,就是要求人们把获取知识的对象由六经典籍转向“无字之书”的自然界;他以实

① 《毛泽东著作选读》下册,人民出版社1986年版,第494页。

验来验证知识,就是为了反对把经典当作判定知识的标准,即“必先引用古书、诗云、子曰,而以当前之事体语言,与之校勘离合,而此事体语言之是非遂定”(《名学浅说》夹注)。这意味着“行”的作用的发挥,是和主体的能动性冲破经学的压抑分不开的。同时,在他讲的四层功夫里,表现出将“行”对“知”的来源和检验作用贯通起来的意向,即以本源作用为“知”的起点,而以检验作用为“知”的终点。这是比魏源在理论上更深刻的地方。

孙中山提出“以行求知,因知以进行”,把“行”对“知”的本源和验证作用的贯通,从严复局限于科学活动之内而推向一般的认识活动。“以行而求知”,就是通过“行”去获得“知”;如果离“行”而求“知”,那么“知永不能得”。这意味着“行”是“知”的源头活水,是“不知”转化为“知”的起点。这与前述的强调知识乃后天的学习结果是一致的,表现出和魏源有相似之处,即它揭示了“行”对“知”的本源作用,是通过后天的努力即主观能动性实现的。“因知以进行”,就是把“行”看作“知”的终点,“其始则不知而行之,其继则行之而后知之,其终则因已知而更进于行”①。“知”之所以最终复归于“行”,是因为“知”必须由“行”来验证:“学理有真的有假的,要经过试验才晓得对与不对,……一定要做成事实,能够实行,才可以说是真学理。”②如前所述,“因知以进行”也指出了“知”具有指导“行”的能动作用。就是说,“行”对“知”的检验作用,是与“知”指导“行”的能动作用联结在一起的,“行”对“知”的检验正是在后者指导前者的过程中进行的。可见,孙中山把“行”对“知”的本源作用和验证作用,在“以行而求知,因知以进行”的过程里贯通一气:从本源作用到验证作用就是“知”的起点到终点。但是,他还没能指出这样的由起点到终点是个无限循环的过程。同时,他虽然意识到了这个过程中的主观能动性,但未能对贯穿其中的能动性作出理论的概括。

毛泽东对“行”的作用的阐释,在孙中山的基础上达到了新的理论高度。他说:“知识的来源在行为(实践),行为是决定知识的基础,又是检查知识的标准。”③毛泽东特别强调“行”对“知”的本源作用,是与“行”的直接作用客观事物

---

① 《孙中山选集》,人民出版社 1956 年版,第 145 页。
② 《中国哲学史资料选辑(近代之部)》下册,中华书局 1983 年版,第 703 页。
③ 《毛泽东哲学批注集》,中央文献出版社 1988 年版,第 229 页。

的品格相联系的,“无论何人要认识什么事物,除了同那个事物接触,即生活于(实践)于那个事物的环境中,是没有法子解决的”①。在他看来教条主义者正是排斥了“行”对“知”的本源作用,因而“有了道听途说的一知半解,便自封为‘天下第一’”②。所谓“行”是“检查知识的标准”,就是指“行”具有检验“知”的真理性的作用,“只有人们的社会实践,才是人们对于外界认识的真理性的标准”③。而教条主义者轻视“行”对“知”的检验作用,因而不懂得“我们说马克思主义是对的,决不是马克思这个人是什么先哲,而是因为他的理论,在我们的实践中,在我们的斗争中,证明了是对的”④。毛泽东在对教条主义的批判中,不仅比孙中山更明确地表达了“行”对“知”的本源作用和验证作用,而且用“是”和“又是”,把“行”对“知”的本源作用和验证作用联结起来,比孙中山更明确地指出了这两种作用贯通的基础,就在于“理论对于实践的依赖关系”⑤。因为“知”源于“行”,固然表现了前者对后者的依赖,而“知”有待于“行”的验证,同样表现了前者对后者的依赖。

更值得注意的,是毛泽东把“行”对于“知”的两种作用,与人类认识在“知”与“行”的相互作用中无限循环的过程以及这个过程中的能动性紧紧地联系在一起。他说:“通过实践而发现真理,又通过实践而证实真理和发展真理,从感性认识而能动地发展到理性认识,又从理性认识能动地指导革命实践,改造主观世界和客观世界。实践、认识、再实践、再认识,这种形式,循环往复以至无穷,而实践和认识之每一循环的内容,都比较地进到了高一级的程度。”⑥这里说的“实践、认识”就是“通过实践而发现真理”,显然是指“行”对“知”的本源作用,它和第一次“能动”飞跃相应;“再实践、再认识”就是“又通过实践而证实真理和发展真理”,显然是指“行”对“知”的检验作用,它和第二次“能动”飞跃相应;然而以“行”的本源作用和检验作用为“知”的起点和终点,只是认识过程的一个阶段,随着实践和认识间的无限循环,这两种作用也表现为螺旋式的无限前进运动。这就对“行”的作用作出了孙中山未能作出的理论概括。

---

① 《毛泽东著作选读》上册,人民出版社 1986 年版,第 125 页。

② 同上书,第 126 页。

③⑤ 同上书,第 122 页。

④ 同上书,第 50—51 页。

⑥ 同上书,第 136 页。

综上所说,毛泽东的实践论认为:“知”是群体能动反映客观实际的科学认识,又能动地指导“行”;“行”是群体能动地改造世界的活动,又是“知”的来源及其真理性的检验。这是对传统知行观在近代嬗变的理论总结。

(原载刘俊哲等编:《理论的弘扬与创新》上册,巴蜀书社 2008 年版)

论毛泽东的群众路线的哲学基础

在深入进行党的群众路线教育实践活动之际，我们纪念毛泽东诞辰120周年。党的十一届六中全会《关于建国以来党的若干历史问题的决议》，将群众路线作为毛泽东思想三个基本方面之一，并指出“毛泽东同志把辩证唯物主义和历史唯物主义运用于无产阶级政党的全部工作”。本文主旨是论述贯穿在党的一切工作中的群众路线的哲学基础。

一、实践论与群众路线

实践论是毛泽东的认识论的核心。它和群众路线有着紧密的内在关系：前者是后者的哲学根据，后者是前者在党的工作中的展开发挥。

第一，实践与认识的循环往复与“从群众中来，到群众中去”的循环往复的一致性，是从实践主体和认识主体相统一出发的。毛泽东把认识运动的总过程概括为“实践、认识、再实践、再认识，这种形式循环往复以至无穷，而实践和认识之每一循环的内容，都比较地进到了高一级的程度”，并紧接着强调：“这就是辩证唯物论的全部认识论，这就是辩证唯物论的知行统一观。”①毛泽东认为：“人类的生产活动是最基本的实践活动，是决定其他一切活动的东西。”②因此，直接从事生产活动的人民群众是实践的主体。知和行即认识和实践是不能分离的，认识的来源和目的在于实践，所以，人民群众同时也是认识的主体，“认识的主体是社会的阶级”③。

正是基于人民群众既是认识的主体，又是实践的主体，毛泽东指出实践与

① 《毛泽东选集》第1卷，人民出版社1952年版，第285页。

② 同上书，第271页。

③ 《毛泽东哲学批注集》，中央文献出版社1988年版，第22页。

认识的循环往复的认识运动总过程,就是从群众中来,到群众中去的循环往复的过程:"在我党的一切实际工作中,凡属正确的领导,必须是从群众来,到群众去。这就是说,将群众的意见(分散的无系统的意见)集中起来(经过研究,化为集中的系统的意见),又到群众中去作宣传解释,化为群众的意见,使群众坚持下去,见之于行动,并在群众中考验这些意见是否正确。然后再从群众中集中起来,再到群众中坚持下去。如此无限循环,一次比一次地更正确、更生动、更丰富。这就是马克思主义的认识论。"①实践与认识的循环往复,从逻辑思维过程来说,包含着从个别到一般、再从一般到个别的循环往复。毛泽东对此作了概括:"这是两个认识过程:一个是由特殊到一般,一个是由一般到特殊。人类的认识总是这样循环往复进行的,而每一次的循环(只要是严格地按照科学的方法)都可能使人类的认识提高一步,使人类的认识不断的深化。"②如此的循环往复,表现于从群众中来,到群众中去,就是"在集中和坚持的过程中,必须采取一般号召和个别指导相结合的方法"③。可见,无论是认识运动的总过程还是认识的逻辑思维过程,实践与认识的循环往复和从群众来,到群众中去都是一致的。

第二,坚持真理、修正错误与向人民负责的一致性,是从真理的客观性和价值性相统一出发的。毛泽东论述了两者的一致性。他指出:"实践是真理的标准",而"真理必是有用"④;前者是说真理客观性,后者是说真理的价值性;而这两者统一于人民群众的实践:"只有千百万人民的革命实践,才是检验真理的尺度。"⑤通过人民群众的实践发现和证实真理,真理同时又具有指导人民群众改造主观世界和客观世界的能动作用。因此,人民群众的革命实践作为检验真理的尺度,在检验真理客观正确性的同时,也检验了真理合乎人民利益的价值性:"所谓真理就是在我们斗争实践中被证明是符合客观实际的东西,它适合人民的要求,使我们取得斗争的胜利。"⑥

---

① 《毛泽东选集》第3卷,人民出版社1953年版,第901页。
② 《毛泽东选集》第1卷,人民出版社1952年版,第289页。
③ 《毛泽东选集》第3卷,人民出版社1953年版,第902页。
④ 《毛泽东哲学批注集》,中央文献出版社1988年版,第142、150页。
⑤ 《毛泽东选集》第2卷,人民出版社1952年版,第655—656页。
⑥ 《毛泽东文集》第3卷,人民出版社1996年版,第254页。

真理是对于事物的规律性认识，而“人们认识规律要有一个过程，先锋队也不例外”[①]。在这个过程中，人们总会犯某些错误，并往往由此而走向正确。因此，“任何政党，任何个人，错误总是难免的”[②]。然而，共产党区别于其他政党的显著标志之一，就是“共产党人必须随时准备坚持真理，因为任何真理都是符合人民利益的；共产党人必须随时准备修正错误，因为任何错误都是不符合人民利益的”[③]。毛泽东将这看作是密切联系群众的作风所必须的。真理在一开始，往往不一定为人们普遍地接受，“历史上常常有这样的事实，起初，真理不是在多数人手里，而是在少数人手里。……我们党在一九二一年成立的时候，只有几十个党员，也是少数人，可是这几十个人代表了真理，代表了中国的命运”[④]。因而“真理要坚持，有时真理不被大多数人所认识和了解，我们也要‘反潮流’”[⑤]。“认识了的真理就一定要坚持，如果不坚持会怎么样呢？那就不得了。把真理打烂，就是把中国人民打烂。”[⑥]对于错误，则“要求犯得少一点。犯了错误则要求改正，改正得越迅速，越彻底，越好”[⑦]。而这就必须广泛听取群众的各种批评意见，比封建时代的开明皇帝“更要广开言路，打开门窗，不要怕打开窗户吹进沙子来”[⑧]。打开门窗，各种批评意见都会进来，这里既有比较全面的、正确的，也有片面的、部分正确的，甚至完全不正确的，对此毛泽东形象地比喻为用两个耳朵来听，“一个耳朵听这一面，那一个耳朵听那一面”[⑨]，如果“要求所有人看问题都必须很全面，这样就会阻碍批评的发展”[⑩]；这些片面的、不那么正确或者完全错误的批评很多是“在组织外讲的”那些“闲话”即“怪话”，但依然值得听取。他特别提到自己从“雷公为什么不打死毛泽东”的“闲话”中，认识到了边区老百姓负担太重的问题。[⑪]从认识论来讲，只有

---

① 《毛泽东文集》第 8 卷，人民出版社 1999 年版，第 105 页。
② 《毛泽东选集》第 4 卷，人民出版社 1960 年版，第 1485 页。
③ 《毛泽东选集》第 3 卷，人民出版社 1953 年版，第 1096 页。
④ 《毛泽东文集》第 8 卷，人民出版社 1999 年版，第 308 页。
⑤ 《毛泽东文集》第 5 卷，人民出版社 1996 年版，第 28 页。
⑥ 《毛泽东文集》第 3 卷，人民出版社 1996 年版，第 254 页。
⑦ 《毛泽东选集》第 4 卷，人民出版社 1960 年版，第 1485 页。
⑧ 《毛泽东文集》第 3 卷，人民出版社 1996 年版，第 399 页。
⑨ 同上书，第 257 页。
⑩ 《毛泽东文集》第 7 卷，人民出版社 1999 年版，第 277 页。
⑪ 《毛泽东文集》第 3 卷，人民出版社 1996 年版，第 399、404 页。

听取各种意见，才能尽量避免因片面性而犯错误，毛泽东说："我们有很多经验证明，搞错事情常常是因为看了这个侧面，没有看那个侧面，只听了这一面的话，没有听那一面的话。"①因此，也只有听取各种意见，才能获得真理性的认识，因为"各种意见辩论的结果，就能使真理发展"②。从价值观来讲，坚持真理和修正错误，都是向人民负责，因而"坚持真理是公道，修正错误也是公道"③。可见，基于真理的客观性和价值性的统一，毛泽东提出了群众路线的一个重要思想：即坚持真理、修正错误与向人民负责相一致。

第三，实事求是与深入群众调查研究的一致性，是从认识论和方法论相统一出发的。实事求是是毛泽东实践论的精髓。他指出："'实事'就是客观存在着的一切事物，'是'就是客观事物的内部联系，即规律性，'求'就是我们去研究。"而研究的基本方法就是深入群众调查研究，即"引导同志们的眼光向着这种实际事物的调查和研究"，"就要使同志们懂得，没有调查就没有发言权"④。这意味着实事求是集认识论与方法论于一身："实事"与"是"即客观事物及其规律性，而用以认识"实事"和"求"其"是"的首要的根本的方法是向群众作调查研究。因此，实事求是与深入群众调查研究的内涵是完全一致的。这主要有以下三点：

首先，从调查研究的对象来说，面向基层群众的直接性，和实事求是之"实事"是一致的。要掌握"实事"即实际情况，就必须向身处实际第一线的基层群众进行调查研究。毛泽东说："调查有两种方法，一种是走马看花，一种是下马看花。走马看花，不深入，……还必须用第二种方法，就是下马看花，过细看花，分析一朵'花'，解剖一个'麻雀'"。⑤他更强调下马看花，"如果我们观察问题是走马看花的，各样都弄一点，这只是空花费了时间，一事无成"⑥。相反，"下决心长期下去蹲点，就能听到群众的呼声，就能从实践中认识客观真理，变

① 《毛泽东文集》第3卷，人民出版社1996年版，第257页。
② 《毛泽东文集》第7卷，人民出版社1999年版，第279页。
③ 《毛泽东文集》第3卷，人民出版社1996年版，第255页。
④ 《毛泽东选集》第3卷，人民出版社1953年版，第801、802页。
⑤ 《毛泽东文集》第7卷，人民出版社1999年版，第134页。
⑥ 《毛泽东文集》第2卷，人民出版社1993年版，第381页。

为主观真理”①。毛泽东土地革命时期在江西等地所作的一系列农村的调查研究，就是“下马看花”的典范。1960年毛泽东提出搞一个以“大兴调查研究之风”为主要内容的“实事求是年”，要求省委、地委、县委、公社党委的书记都做一些“我从前在江西那样的调查研究”。这就是要直接与基层群众面对面：“了解情况，要用眼睛看，要用口问，要用手记。谈话的时候还要会谈，不然就会受骗。要看群众是不是面有菜色……”②；“坐在房子里面想像的东西，和看到的粗枝大叶的书面报告上写着的东西，决不是具体的情况”③；“我们的调查工作要面向下层”④。就是说，只有与基层群众直接面对面，才能得到实事求是所要求的真实的材料。

其次，从调查研究的方法来说，对来自群众的材料分析综合的科学性，和实事求是之“求”是一致的。所谓“求”，就是要从来自群众的材料中取得规律性的认识，以此指导解决实际问题。这也正是深入群众调查研究的目的。“为此目的，就要像马克思所说的详细地占有材料，加以科学的分析和综合的研究。”⑤1941年毛泽东在谈到农村调查时，指出研究调查所得的材料，其方法应当“是分析而又综合”⑥。后来他又对此作了精辟论述：“什么叫问题？问题就是事物的矛盾。……提出问题，首先就要对于问题即矛盾的两个基本方面加以大略的调查和研究，才能懂得矛盾的性质是什么，这就是发现问题的过程。要解决问题，还须作系统的周密的调查工作和研究工作，这就是分析的过程。……常常问题提出来了，但还不能解决，就是因为还没有暴露事物的内部联系，就是因为还没有经过这种系统的周密的分析过程，因而问题的面貌还不明晰，还不能做综合工作，也就不能好好地解决问题。……提出一个什么问题，接着加以分析，然后综合起来，指明问题的性质，给以解决的办法，这样，就不是形式主义的方法所能济事。”⑦就是说，调查研究采用分析和综合相结合的

① 《毛泽东文集》第8卷，人民出版社1999年版，第324页。
② 同上书，第237、233页。
③ 《毛泽东文集》第1卷，人民出版社1992年版，第254页。
④ 《毛泽东文集》第2卷，人民出版社1992年版，第378页。
⑤ 《毛泽东选集》第3卷，人民出版社1953年版，第800页。
⑥ 《毛泽东文集》第2卷，人民出版社1993年版，第380页。
⑦ 《毛泽东选集》第3卷，人民出版社1953年版，第840页。

方法，使得实事求是不只是发现和提出实际存在的问题，而且是解决实际存在的问题。

再次，从调查研究的态度来说，甘当群众小学生的自觉性，和实事求是反对主观主义态度是一致的。毛泽东指出，实事求是的态度同主观主义“自以为是，老子天下第一，‘钦差大臣’满天飞”的态度是相对立的。①他以进行“兴国调查”等的亲身经历指出，做好调查研究需要的是与自以为是相反的态度，即真心诚意地向群众学习。他说那些参加调查会的普通群众，“就是我可敬爱的先生，我给他们当学生是必须恭谨勤劳……因此，没有满腔的热忱，没有眼睛向下的决心，没有求知的渴望，没有放下臭架子，甘当小学生的精神，是一定不能做的，也一定做不好的”②。可见，调查研究拜群众为师的自觉态度与实事求是反对主观主义是一致的。

由上述可见，实践论与群众路线是一致的，这体现了党的实事求是思想路线与工作路线的一致性。

二、唯物史观与群众路线

早在建党初期，毛泽东就指出：“唯物史观是吾党哲学的根据。”③群众路线十分集中和突出地体现了这一点。

第一，以唯物史观对历史动力的认识作为依靠群众的根据。唯物史观认为人民群众是物质财富、精神财富的创造者和社会变革的决定力量，如毛泽东所说：“人民，只有人民，才是创造世界历史的动力。”④依据这样的观点，群众路线强调：“力量的来源就是人民群众”⑤，“群众是我们的最后依靠”⑥。在革命战争年代，依靠人民群众，战胜了在武器装备、军队数量都占据优势的强大敌人。因而毛泽东将这样的战争称为“群众战争”“人民战争”，而群众是任何敌

---

① 《毛泽东选集》第3卷，人民出版社1953年版，第800页。
② 同上书，第790页。
③ 《毛泽东文集》第1卷，人民出版社1993年版，第4页。
④ 《毛泽东选集》第3卷，人民出版社1953年版，第1031页。
⑤ 《毛泽东文集》第8卷，人民出版社1999年版，第324页。
⑥ 《毛泽东文集》第2卷，人民出版社1993年版，第234页。

人无法打破的“铜墙铁壁”。在社会主义时期，毛泽东认为仍然需要依靠群众。他指出苏联的政治经济学“教科书把群众的斗争只看做重要条件之一的说法，违背了人民群众是历史创造者这个马克思主义的原理。无论如何，不能认为历史是计划工作人员创造的，而不是人民群众创造的”。斯大林领导苏联社会主义建设的过程中，“后来有了一点东西，就不再那么靠群众了”①。就是说，无论社会主义建设取得多大的成就，依靠群众必须始终坚持，否则就背离了唯物史观的基本原理。

毛泽东的群众路线还依据唯物史观，指出了如何使得群众能够真正成为足以依靠的力量。这主要有以下三个方面：

首先，在思想上必须使群众认识到自己的力量。毛泽东说：“我们要在人民群众中间，广泛地进行宣传教育工作，使人民认识到中国的真实情况和动向，对于自己的力量具备信心。”②通过广泛的宣传教育，使群众认识自己的力量，最根本的是用正确的思想武装群众，“代表先进阶级的正确思想，一旦被群众掌握，就会变成改造社会、改造世界的物质力量”③。要让正确思想被群众掌握，就要使宣传教育大众化。在延安整风期间，他批评“党八股”的文风是“懒婆娘的裹脚布，又臭又长”“语言无味，像个瘪三”，“天天喊大众化的人，连三句老百姓的话都讲不来”，这是“下决心不要群众看”；因此，必须“代之以新鲜活泼的、为中国老百姓所喜闻乐见的中国作风和中国气派”④。在社会主义时期，毛泽东依然强调这一点：“应当大大提倡学习马克思主义的认识论，使之群众化，为广大干部和人民群众所掌握。”⑤就是说，马克思主义大众化是依靠群众的题中之义。

其次，在方法上必须要把群众组织起来。毛泽东指出：群众的力量，如果没有组织起来，“没有团体，这种力量是散的、零碎的，……‘心一齐，山可移’，这就是讲结团体有力量的观点”⑥。因此，依靠群众就是“要干部去发动组织广

① 《毛泽东读苏联〈政治经济学(教科书)〉谈话记录》，《党的文献》1993年第4期。
② 《毛泽东选集》第4卷，人民出版社1960年版，第1131页。
③ 《毛泽东文集》第8卷，人民出版社1999年版，第320页。
④ 《毛泽东选集》第3卷，人民出版社1953年版，第835、838、842、845页。
⑤ 《毛泽东文集》第8卷，人民出版社1999年版，第323页。
⑥ 《毛泽东文集》第2卷，人民出版社1993年版，第167页。

大的人民,把成千上万的人民变为有组织的队伍;没有组织便没有力量"①。在组织群众的过程中,必须避免命令主义和尾巴主义,前者"超过了群众的觉悟程度,违反了群众的自愿原则",后者"落后于群众的觉悟程度,违反了领导群众前进一步的原则"。②群众力量是通过组织起来而显现的,因此,党对群众组织的领导的实质,就是通过群众组织作为依靠群众的中介。

再次,在制度上必须以民主集中制作为保障。毛泽东认为,只有广泛地发扬民主,党和政府才能集中群众的力量,这就需要实行民主集中制。针对人们头脑中"封建时代独裁专断的恶习惯",毛泽东说:"民主集中主义的制度,一定要在革命斗争中显出它的效力,使群众了解它是最能发动群众力量和最利于斗争的"③;"只有民主集中制的政府,才能充分发挥一切革命人民的意志,也才能最有力量地去反对革命的敌人"④。他在论述斯大林领导苏联社会主义过程中产生独断独行、脱离群众的错误时说:"为此,我们需要建立一定的制度来保证群众路线和集体领导的贯彻实施"⑤,这一定的制度最核心的就是民主集中制,即"实现群众的监督,实现真正的民主集中制"⑥。在社会主义建设遇到严重困难的 1962 年,毛泽东指出:"不依靠群众,不发动群众和干部的积极性,就不可能克服困难",如果"我们充分地发扬了民主,就能把党内外广大群众的积极性调动起来的",因此,"只能用民主的方法,让群众讲话的方法",而且严肃地指出:"不让人讲话呢?难免有一天要垮台。"⑦这意味着如果没有民主集中制保障群众成为我们最有力的监督力量,我们就会因丧失群众这个最坚强的依靠力量而垮台。

第二,以唯物史观对历史规律的把握作为代表群众的根据。唯物史观揭示了人类社会历史发展最基本、最一般的规律,而历史规律就体现在人民群众的实践之中,人民群众的愿望、呼声和动向,往往自觉或不自觉地反映了社会

---

① 《毛泽东文集》第 2 卷,人民出版社 1993 年版,第 117 页。
② 《毛泽东选集》第 3 卷,人民出版社 1953 年版,第 1096 页。
③ 《毛泽东选集》第 1 卷,人民出版社 1952 年版,第 74 页。
④ 《毛泽东选集》第 2 卷,人民出版社 1952 年版,第 670 页。
⑤ 《毛泽东文集》第 7 卷,人民出版社 1999 年版,第 19 页。
⑥ 《毛泽东文集》第 8 卷,人民出版社 1999 年版,第 35 页。
⑦ 同上书,第 293、311、291 页。

历史发展规律的要求。毛泽东指出,中国革命经过新民主主义而进入社会主义,就是出自对历史规律的把握,即“走历史必由之路”①,这条必由之路展开于人民的实践,是“斗争,失败,再斗争,再失败,再斗争,直至胜利——这就是人民的逻辑”②。这表明历史的必由之路和人民的必然逻辑是一致的。由此出发,毛泽东在1949年论述中国共产党产生的历史必然性时,指出这种必然性实际上反映了人民的需要:“二十八年前甚至连共产党也没有。为什么过去没有的东西今天会有呢?就是因为人民的需要。……共产党是后来因为人民需要才成立的。”③当时人民最根本的需要是从半殖民地半封建的境遇中解放出来,“人民要解放,就把权力委托给能够代表他们的、能够忠实为他们办事的人,这就是我们共产党人”④。因此,广大群众是否满意,是对共产党人工作价值的最高裁决:“共产党人的一切言论行动,必须以合乎最广大人民群众的最大利益,为最广大人民群众所拥护为最高标准”⑤;毛泽东称赞长冈乡为“苏维埃工作的模范”,就是因为“群众完全满意”⑥。群众路线正是以把握历史规律的自觉,阐明了只有代表人民群众,我们党才能代表历史的趋势和主流;群众对我们党作为他们的代表是否满意,决定了我们党是否会被历史所抛弃,他们的满意程度,决定了我们党的地位的历史高度。

毛泽东的群众路线还依据唯物史观,指出了怎样代表广大群众,合乎他们的需要。这主要有以下三方面:

首先,从生产力和生产关系的矛盾运动来说,毛泽东指出:“生产力是主要的;……一般地表现为主要的决定的作用。”⑦即生产力是社会发展的最终决定力量。以此为依据,毛泽东认为代表人民群众,就必须努力发展生产力。1945年的4月至5月,他两次阐明了这一点:“中国一切政党的政策及其实践在中国人民中所表现的作用的好坏、大小,归根到底,看它对于中国人的生产

① 《毛泽东选集》第2卷,人民出版社1952年版,第546页。
② 《毛泽东选集》第4卷,人民出版社1960年版,第1491页。
③ 《毛泽东文集》第5卷,人民出版社1996年版,第305—306页。
④ 《毛泽东选集》第4卷,人民出版社1960年版,第1128页。
⑤ 《毛泽东选集》第3卷,人民出版社1953年版,第1097页。
⑥ 《毛泽东文集》第1卷,人民出版社1993年版,第277、304页。
⑦ 《毛泽东选集》第1卷,人民出版社1952年版,第313页。

力的发展是否有帮助及其帮助之大小,看它是否束缚生产力的,还是解放生产力的。”①“老百姓拥护共产党,是因为我们代表了民族与人民的要求。但是,如果我们不能解决经济问题,如果我们不能建立新式工业,如果我们不能发展生产力,老百姓就不一定拥护我们。”②在社会主义时期,毛泽东明确指出:“所谓社会主义生产关系比较旧时代生产关系更能够适合生产力发展的性质,就是指能够容许生产力以旧社会没有的速度迅速发展,因而生产不断扩大,因而使人民不断增长的需要能够逐步得到满足。”③就是说,无论在民主革命时期,还是社会主义时期,只有致力于发展生产力,才能代表人民群众。

其次,从经济基础和上层建筑的矛盾运动来说,唯物史观认为,在一定意义上,社会发展的历史就是人民为争取自己的权利而斗争的历史,人民的权利的进步是社会进步的重要标志。代表人民群众,就要领导和支持人民群众为实现自己的权利而奋斗。早在建党后的初期,毛泽东指出,要“特别注重”劳工的三个权利:“一、劳工的生存权,二、劳工的劳动权,三、劳工的劳动全收权”;如果不涉及这些,虽然“美其名曰全民政治,实际抛弃了至少百分之九十九的劳工”。④1945年毛泽东在阐述党的民主革命的“具体纲领即中国人民的现时要求”时,提出国民党政府应“取消一切镇压人民的言论、出版、集会、结社、思想、信仰和身体等项自由的反动法令,使人民获得充分的自由权利”;并指出“这几项自由,是最重要的自由。在中国境内,只有解放区是彻底实现了”。⑤就是说,在民主革命时期,共产党的纲领所代表人民群众的重大要求,是实现这些人民的自由权利。在社会主义时期,毛泽东认为社会主义制度的核心是人民当家作主,因而特别强调人民群众的管理权:“劳动者管理国家、管理军队、管理文化教育的权利,实际上,这是社会主义制度下劳动者最大的权利,最根本的权利。没有这种权利,劳动者的工作权、休息权、受教育权等等权利,就没有保证。”当然,这“做起来并不容易”,需要在实践中逐步探索。⑥这意味着只有

① 《毛泽东选集》第3卷,人民出版社1953年版,第1079页。
② 《毛泽东文集》第3卷,人民出版社1996年版,第147页。
③ 《毛泽东文集》第7卷,人民出版社1999年版,第214页。
④ 《毛泽东文集》第1卷,人民出版社1993年版,第8、9页。
⑤ 《毛泽东选集》第3卷,人民出版社1953年版,第1063、1064、1071页。
⑥ 《毛泽东文集》第8卷,人民出版社1999年版,第129页。

不断探索如何实现好、维护好、发展好人民当家作主的权利，才能从根本上代表了人民群众。

再次，从领袖与群众的辩证关系来说，毛泽东指出："事业是多数人做的，少数人的作用是有限的。应当承认少数人的作用，就是领导者、干部的作用，但是，没有什么了不起的作用，有了不起作用的还是群众。干部与群众的正确关系是，没有干部也不行，但是，事情是广大群众做的，干部起一种领导作用，不要夸大干部的这种作用。没有你就不得了吗？……没有你，地球就不转了。"①就是说，一方面群众要成为自觉的伟大力量，需要领袖、干部的组织和领导，另一方面，领袖、干部脱离了群众，则将一事无成。从这样的观点出发，就必须反对脱离群众的官僚主义，因为官僚主义正是以为离了他地球就不转了。毛泽东说："我们一定要警惕，不要滋长官僚主义作风，不要形成一个脱离人民群众的贵族阶层。谁犯了官僚主义，不去解决群众的问题，骂群众，压群众，总是不改，群众就有理由把他革掉。"②这表明如果听任官僚主义滋长，就会颠倒领袖、干部和群众的正确关系，被人民群众取消代表他们的资格。

第三，以唯物史观对主体能动性的注重作为发挥群众创造力的根据。毛泽东多次说过："人类的历史，就是一个不断地从必然王国向自由王国发展的历史。"③走向自由王国的过程，是一个展开于人类能动的实践活动的过程。他说："这种能动性，我们名之曰'自觉的能动性'，是人之所以区别于物的特点。"④因此，人民群众推动历史，就是人民群众发挥主体能动性在历史舞台上演出有声有色的活剧中实现的。据此毛泽东指出："提高中国人民的能动性、热情，鼓吹变革现实的中国是可能的"⑤；"坚决地相信人民群众的创造力是无穷无尽的，因而信任人民，和人民打成一片"⑥；"列宁这句话，'社会主义是生气勃勃的、创造性的，是人民群众本身的创造'，讲得好。我们的群众路线，就是

---

① 《毛泽东文集》第6卷，人民出版社1999年版，第401—402页。
② 《毛泽东选集》第5卷，人民出版社1977年版，第326页。
③ 《毛泽东文集》第8卷，人民出版社1999年版，第325页。
④ 《毛泽东选集》第2卷，人民出版社1952年版，第467页。
⑤ 《毛泽东哲学批注集》，中央文献出版社1988年版，第311页。
⑥ 《毛泽东选集》第3卷，人民出版社1953年版，第1097页。

这样的”①。可见,群众路线是建立在相信群众蕴藏着极大历史创造性之上的。

毛泽东的群众路线还依据唯物史观,指出了怎样发挥广大群众的创造性。这主要有以下三方面:

首先,把关心群众生活作为利益基础。毛泽东说:“马克思列宁主义的基本原则,就是要使群众认识自己的利益,并且团结起来,为自己的利益而奋斗。”②这是说在普遍的意义上,群众参与历史活动的积极性,是以实现自身利益为基础的。群众的利益首先体现于日常生活中,因而调动群众的积极性必须从关心群众生活做起。毛泽东在革命战争年代指出:“要群众拿出他们的全力放到战线上去么?那末,就得和群众在一起,就得去发动群众的积极性,就得关心群众的痛痒,就得真心实意地为群众谋利益,解决群众的生产和生活的问题,盐的问题,米的问题,房子的问题,衣的问题,生小孩子的问题,解决群众的一切问题。”③这里说明了要使群众表现出极大的积极性,必须切实解决民生问题。

其次,把变革制度和破除教条主义作为发展创造性个性的基本条件。群众是由个体组成的,而不同的个体各具个性。因此,发挥群众的创造性,从个体来说,必须充分发展其个性。毛泽东认为变革制度和破除教条主义是发展个性的基本条件。他指出:在半殖民地半封建的中国,“帝国主义与封建势力是摧残个性的,使中国人民不能发展他们的聪明才智”④。因而需要通过民主革命推翻摧残中国人民个性的旧制度。在建立社会主义制度之后,也需要改革不合理的制度,以利于发挥每个人的积极性。他在1956年指出,人是生活在制度之中,同样是那些人,实行这种制度,人们就不积极,实行另一种制度,人们就积极起来了;如农业生产合作社实行包工包酬制度,据说二流子也积极起来了。⑤毛泽东引用《共产党宣言》“每个人的自由发展是一切人的自由发展的条件”的观点,将龚自珍“我劝天公重抖擞,不拘一格降人才”改为“我劝马列

① 《毛泽东文集》第8卷,人民出版社1999年版,第129页。

② 《毛泽东选集》第4卷,人民出版社1960年版,第1317页。

③ 《毛泽东选集》第1卷,人民出版社1952年版,第133页。

④ 《毛泽东文集》第3卷,人民出版社1996年版,第336页。

⑤ 转引自逄先知、金冲及主编:《毛泽东传》(1949—1976)上,中央文献出版社2003年版,第472页。

重抖擞，不拘一格降人才”。这样的人才具有“创造性的个性”，并说“比如模范工作者、特等射击手、发明家、能独立工作的干部，不但党外斗争有勇气，党内斗争也有勇气，盲目性少，不随声附和，搞清楚情况再举手，这就是创造性的个性”①。这里的“我劝马列重抖擞，不拘一格降人才”，实际上指出了只有从把马列主义当作教条的迷信中解放出来，才能发展不拘一格、不随声附和的创造性的个性。

再次，把发现、总结和宣传群众创造的经验作为工作方法。毛泽东说：“‘三个臭皮匠，合成诸葛亮’，这就是说，群众有伟大的创造力。中国人民中间，是实在有成千成万的‘诸葛亮’，每个乡村，每个市镇，都有那里的‘诸葛亮’。我们应该走到群众中间去，向群众学习，把他们的经验综合起来，成为更好的有条理的道理和办法，然后再告诉群众（宣传），并号召群众实行起来，解决群众的问题，使群众得到解放和幸福。”②群众中存在着无数具有创造智慧的“诸葛亮”，发挥群众伟大创造力的工作方法，就是到群众中去发现这些“诸葛亮”，总结他们创造的经验，加以宣传、推广，以此激发更广大群众的更大的创造力。事实上，土地革命时期，毛泽东在江西兴国县长冈乡等地进行的调查研究就是这样做的：在调查中发现“兴国的同志们创造了第一等的工作”，然后给予总结、宣传，推广到整个苏区，以求“造成几千个长冈乡、几十个兴国县”③。在社会主义时期，他将其进一步概括为“突破一点就可以推动全面”④。

以上说明了毛泽东的群众路线是把唯物史观系统地运用于党的工作而形成的。这意味着它是马克思主义哲学中国化的具体体现。

三、为人民服务的道德理想与群众路线

毛泽东的群众路线贯穿着为人民服务的道德理想。“全心全意地为人民服务，一刻也不脱离群众，一切从人民的利益出发”⑤，既是紧密联系群众的群

① 《毛泽东文集》第3卷，人民出版社1996年版，第416页。
② 《毛泽东选集》第3卷，人民出版社1953年版，第936页。
③ 《毛泽东选集》第1卷，人民出版社1952年版，第135页。
④ 《毛泽东文集》第7卷，人民出版社1999年版，第349页。
⑤ 《毛泽东选集》第3卷，人民出版社1953年版，第1095页。

众路线所要求的，也是共产党人的道德理想。毛泽东指出："所谓伦理学，或道德学，是社会科学的一个部门，是讨论社会各阶级各不相同的道德标准的，是阶级斗争的一种工具。其基本对象是论善恶(忠奸、好坏)。"①无产阶级政党将全心全意为人民服务作为宗旨，就是在伦理学的意义上视其为道德上的至善。因此，为人民服务的道德理想是群众路线的伦理学基础。

第一，在群己之辩上，把毫不利己、专门利人与感动群众相联系。毛泽东认为，为人民服务之"全心全意"，表现于群己之辩，就是在任何事情上，都"毫无自私自利之心的精神。从这点出发，就可以变为大有利于人民的人。一个人能力有大小，但只要有这点精神，就是一个高尚的人，一个纯粹的人，一个脱离了低级趣味的人，一个有益于人民的人"②；相反，"如果他为他自己个人图谋特殊利益，在我们的队伍里就叫做丧失道德的行为"③。他在中共七大讲了愚公为了移掉两座大山，每天挖山不止，最终感动了上帝，指派神仙背走了这两座山的故事，说明"首先要使先锋队觉悟"，为了挖掉"两座压在中国人民头上的大山"即封建主义和帝国主义，"下定决心，不怕牺牲"，这样"我们也会感动上帝的。这个上帝不是别人，就是全中国的人民大众"。④这种感动大众的力量就是为了人民不怕牺牲的道德觉悟。这样的道德觉悟，体现了毫无自私自利之心的精神，是毫无自私自利之心的最高境界。毛泽东说：对于"白求恩同志毫不利己专门利人的精神"，凡有所了解的人，"没有一个不佩服，没有一个不为他的精神所感动"。他号召"每一个共产党员，一定要学习白求恩同志的这种真正共产主义者的精神"⑤，就是要用这种精神感动更多的乃至全国的人民大众。毫无自私自利之心不仅表现在不怕牺牲的壮烈献身，也表现在维护人民利益的平常小事。毛泽东在党的八届二中全会上说：锦州出苹果，辽沈战役在秋天攻打锦州，战士们不拿老百姓的一个苹果，"在这个问题上，战士们自觉地认为，不吃是很高尚的，而吃了是很卑鄙的，因为这是人民的苹果"。

① 《建国以来毛泽东文稿》第10册，中央文献出版社1996年版，第186页。
② 《毛泽东选集》第2卷，人民出版社1952年版，第654页。
③ 毛泽东：《经济问题和财政问题》，转引自《人民日报》1951年12月21日。
④ 《毛泽东选集》第3卷，人民出版社1953年版，第1102页。
⑤ 《毛泽东选集》第2卷，人民出版社1952年版，第653、654页。

这是件小事,但他说:“我看了那个消息很感动。”①共产党人无私的道德觉悟更多的表现在这些看来微不足道的每件小事中,从而产生了感动人民大众的巨大力量。之所以有这样的力量,是因为毫无自私自利的精神超越了利己的本能。可以说,用毫无自私自利之心感召和凝聚人民大众,是实行群众路线的道德担保。

无论是牺牲生命的壮举,还是不吃苹果的小事,毫无自私自利的道德觉悟都是出于理性的自觉。对于前者,是因为我们知道“中国人民正在受难,我们有责任解救他们,我们要努力奋斗。要奋斗就会有牺牲,死人的事是经常发生的。但是我们想到人民的利益,想到大多数人民的痛苦,我们为人民而死,就是死得其所”②。对于后者,毛泽东说:“我们的纪律就建筑在这个自觉性上边。这是我们党的领导和教育的结果。”③这意味着感动人民的道德力量来自共产党人的高度道德自觉。把感动人民比喻为感动上帝,也意味着为人民无私奉献的道德觉悟出自这样的感情:敬畏和热爱。上帝能够创造如同命令夸娥的儿子背走两座大山那样的任何奇迹,因而视人民为上帝,就是将人民作为必须敬畏的神圣,听到民间雷公为何不打死毛泽东的传言,就要反省自警;上帝造出了人类,因而视人民为上帝,就是将人民作为生育我们的父母,必须以热爱父母般的感情,“热爱人民群众,细心地倾听群众的呼声”④。出于理性的道德自觉和敬畏、热爱人民的道德感情结合在一起而形成的感动人民的毫无自私自利之心,由此树立了这样的人格形象:“我们一切工作干部,不论职位高低,都是人民的勤务员,我们所做的一切,都是为人民服务。”⑤人民的勤务员就是群众路线的人格形象。

每个共产党人是否以无私之心感动了人民,民心是最好的检验。毛泽东说:“联系群众这一条,也要用客观标准来衡量。比如,一个人死了开追悼会,群众的反映怎样,这就是一个衡量的标准。有些人高高在上,官位很大,称首

① 《毛泽东文集》第7卷,人民出版社1999年版,第162页。
② 《毛泽东选集》第3卷,人民出版社1953年版,第1004页。
③ 《毛泽东文集》第7卷,人民出版社1999年版,第162页。
④ 《毛泽东选集》第3卷,人民出版社1953年版,第1096页。
⑤ 《毛泽东文集》第3卷,人民出版社1996年版,第243页。

长，好像老百姓都拥护他，其实这不能说明问题，要看最后的盖棺论定，要看开追悼会那一天老百姓落不落泪。有些干部死了，我看老百姓就不见得落泪。他是自封的群众领袖。因为你做了官，老百姓不得不和你打交道，其实公事一办完，人家就掉头而去，不大理睬你了。真正的群众领袖，到开追悼会那一天，老百姓会觉得他死了很可惜，至少不会觉得死了也好，可以省下小米。”①以开追悼会老百姓落不落泪，来衡量共产党人有没有感动他们，意味着老百姓心里的道德天平才是对每个共产党人是否真正实行群众路线的最后的盖棺论定。

第二，在义利之辩上，把革命的功利主义与为群众谋取利益相联系。毛泽东说：“我们是无产阶级的革命的功利主义者，我们是以占人口百分之九十以上的最广大群众的目前利益和将来利益的统一为出发点的，所以我们是以最广和最远为目标的革命功利主义者，而不是只看到局部和目前的狭隘的功利主义者。……任何一种东西，必须能使人民群众得到真实的利益，才是好的东西。”②这里的“好”指广义的价值，包括道德上的善。所以，在革命的功利主义看来，为人民服务的道德理想就是以人民得到真实利益为道德至善，由此将道德（义）和功利（利）相统一。

从革命功利主义出发，在人民的长远利益和当前利益、集体利益和个人利益的关系上，为人民服务的道德理想认为，两者必须兼顾。毛泽东指出：所谓仁政有两种：一种是为人民的当前利益，另一种是为人民的长远利益。……前一种是小仁政，后一种是大仁政。两者必须兼顾，不兼顾是错误的。就是说，为人民服务的道德理想，注重于人民的长远利益。这体现了为人民谋取真实利益的道德责任，因为不从长远利益着眼，既不可能维护人民的根本利益，也会导致丢失暂时得到的当前利益。然而，人民群众只有得到了当前需要的利益，才会为长远的利益而奋斗。正是在这个意义上，毛泽东说：“一切空话都是无用的，必须给人民以看得见的物质福利”，因而“我们应该不惜风霜劳苦，夜以继日，勤勤恳恳，切切实实地去研究人民中间的生活问题，生产问题，耕牛、农具、种子、肥料、水利、牧草、农贷、移民、开荒、改良农作法、妇女劳动、二流子

① 《毛泽东文集》第3卷，人民出版社1996年版，第60页。

② 《毛泽东选集》第3卷，人民出版社1953年版，第866页。

劳动、按家计划……等等重要问题,并帮助人民具体而不是讲空话地去解决这些问题”①。这是说为人民服务的道德理想,如果不与为人民谋取当前利益相联系,就是没有价值的空话。人民是由个人组成的,人民的利益离不开个人利益。因此,从革命的功利主义出发,为人民服务的道德理想不是排斥个人利益,而是兼顾集体利益和个人利益,“提倡以集体利益和个人利益相结合的原则为一切言论行动的标准的社会主义精神”②。这表明为人民服务的道德理想没有视个人利益为道德上的“恶”,而是肯定其具有一定的正当性。如毛泽东所说:“我们历来讲公私兼顾,早就说过没有什么大公无私,又说过先公后私。个人是集体的一分子,集体利益增加了,个人利益也随着改善了。”③为人民服务的道德理想主张兼顾人民的长远利益和当前利益、集体利益和个人利益,给群众路线如何为人民谋利益提供了正确的道德导向。

从革命的功利主义出发,在目的和手段(工具)的关系上,为人民服务的道德理想认为,为人民谋取利益是目的,而绝不是相反,把人民当作谋取个人或少数人利益的工具。毛泽东通俗地把这两者的区别,叫做给老百姓以东西还是问老百姓要东西,他批评某些党员干部对群众“只知道向他们要救国公粮”的作风:“国民党就是只问老百姓要东西,而不给老百姓以任何一点什么东西的。如果我们共产党员也是这样,那末,这种党员的作风就是国民党的作风,这种党员的脸上就堆上了一层官僚主义的灰尘”,就是“缺乏群众观点而脱离群众。”④他曾讲了个笑话,讽刺国民党的这种作风:“听说西安有一次开大会,三青团的人当主席,当时到了很多农民,散会的时候台上喊口号‘蒋委员长万岁!’农民就喊‘赶快完粮纳税!’什么原因呢?因为国民党要农民开会没有别的,就是要农民完粮纳税。”⑤毛泽东认为只向人民要东西的实质,就是将人民看作如同牛马般的工具:“国民党也需要老百姓,也讲‘爱民’。不论是中国还是外国,古代还是现在,剥削阶级的生活都离不了老百姓。他们‘爱民’是为了剥削,为了从老百姓那里榨取东西。这同喂牛差不多。喂牛做什么?

① 《毛泽东文集》第2卷,人民出版社1993年版,第467页。
② 《毛泽东文集》第6卷,人民出版社1999年版,第450页。
③ 《毛泽东文集》第8卷,人民出版社1999年版,第134页。
④ 《毛泽东选集》第3卷,人民出版社1953年版,第936页。
⑤ 《毛泽东文集》第3卷,人民出版社1996年版,第312页。

牛除了耕田之外，还有一种用场，就是能挤奶。剥削阶级的‘爱民’同爱牛差不多。……在这个问题上，我们同国民党是对立的，一个要人民，一个脱离人民。”①这个对立就是把人民作为目的还是作为工具的对立，在伦理学上就是维护还是践踏人格尊严的对立。尊重人格是人道主义的基本原则，为人民服务的道德理想以人民为目的而不是工具，体现了人道主义的精神。与国民党视人民为任意榨取乳汁的牛相反，共产党把自己看作为人民耕田挤奶的牛。毛泽东引用鲁迅的诗句“俯首甘为孺子牛”形象地表达了这一点：“‘孺子’在这里说的就是无产阶级和人民大众”；一切共产党员“应该学习鲁迅的榜样，做无产阶级和人民大众的‘牛’”②。这里的“俯首甘为”表明了自觉充当为人民谋取利益的工具的意蕴：“我们党要使人民胜利，就要当工具，自觉地当工具。”③所谓自觉，就是始终把为人民谋利益作为目的置于价值优先的地位。毛泽东说共产党也会向人民要东西以支持革命事业，然而，“我们的第一方面的工作并不是向人民要东西，而是给人民以东西”；“只有在做了这一方面的工作，并确实生了成效后，我们去做第二方面的工作——向人民要东西的工作时，我们才能取得人民的拥护，他们才会说我们要东西是应该的，是正当的；他们才会懂得如不送出粮草等等东西给政府，则他们的生活就不会好，就不会更好。这样我们的工作不是勉强的，才会感觉顺利，才会感觉真正和人民打成一片了。这就是我们党的根本路线、根本政策”④。这里的“第一”“第二”，主要不是指工作顺序，而是指何者价值优先。就是说，只有将为人民谋利益作为目的置于最优先的价值，向人民要东西才具有道德的正当性，才能使人民的利益和党领导的事业的利益相一致，才能使向人民要粮草的群众工作体现党的群众路线而不是官僚主义的运动群众。可以说，为人民服务的道德理想把人民视作目的而不是工具，分清了共产党和国民党、群众路线和官僚主义的区别，体现了群众路线所要求的向人民和向党的事业负责的一致性。

从革命的功利主义出发，在动机和效果的关系上，为人民服务的道德理想

① 《毛泽东文集》第3卷，人民出版社1996年版，第57—58页。
② 《毛泽东选集》第3卷，人民出版社1953年版，第878页。
③ 《毛泽东文集》第3卷，人民出版社1996年版，第373—374页。
④ 同上书，第467—468页。

认为，不仅要有为人民服务的动机，更要有为人民服务的效果，而且要用后者检验前者。动机和效果的关系是义利之辨讨论的重要问题。毛泽东说："唯心论者是强调动机否认效果的，机械唯物论者是强调效果否认动机的，我们和这两者相反，我们是辩证唯物主义的动机和效果统一论者，为大众的动机和被大众欢迎的效果，是分不开的，必须使两者统一起来。为个人的和狭隘集团的动机是不好的，有为大众的动机但无被大众欢迎、对大众有益的效果也是不好的"；"如一个党，只顾发宣言，实行不实行是不管的。试问这样的立场是正确的吗？这样的心也是好的吗？……真正的好心必须顾及效果"①。就是说，是否以为人民服务作为道德理想，不能只看是否发表了为人民服务的宣言，而要看在实际行动上是否产生有益于人民的效果。毛泽东十分强调调查研究的重要目的，就在于了解党的旨在为人民谋利益的方针、政策是否产生实际的效果。如他在《长冈乡调查》中，对于群众生活的饥荒、吃油、食盐、吃肉、制衣、柴火、市价等都进行了调查，从而得知乡苏维埃的工作"切切实实改良了群众的生活"②。不过，"事前顾及事后的效果，当然可能发生错误，但是已经有了事实证明的坏效果，还是照老样子做，这样的心也是好的吗？……真正的好心，必须对于自己工作的缺点错误有完全诚意的自我批评，决心改正这些缺点错误"。这意味着调查研究和自我批评不仅有前述的认识论意义，而且具有顾及为人民服务的效果的"真正的好心"即道德良心的意义。从动机和效果的统一出发，为了使为人民服务达到好的效果，就必须提高为人民服务的本领。毛泽东说："一个人做事只凭动机，不问效果，等于一个医生只顾开药方，病人吃死了多少他是不管的。"③医生要使其药方有药到病除的效果，必须提高自己的医疗本领。因此，毛泽东在赞扬白求恩无私地为人民服务的同时，特别指出："白求恩同志是个医生，他以医疗为职业，对技术精益求精"；而这是"他对工作的极端的负责任，对同志对人民的极端的热忱"的表现。④因此，而对技术精益求精就有了顾及为人民服务的效果的道德良心的意义。显然，为人民服务的道

① 《毛泽东选集》第3卷，人民出版社1953年版，第870、874页。
② 《毛泽东文集》第1卷，人民出版社1993年版，第298页。
③ 《毛泽东选集》第3卷，人民出版社1953年版，第875页。
④ 《毛泽东选集》第2卷，人民出版社1952年版，第654、653页。

德理想将动机和效果相统一，要求我们在贯彻群众路线中，注重为民的实效、提高为民的能力。

第三，在道德主体上，把加强自我修养与同群众打成一片相联系。为人民服务的道德理想作为群众路线的伦理学基础，还表现在加强道德修养以促进和群众的紧密联系。毛泽东说："我们的共产党员，无论在什么问题上，一定要能够同群众相结合，如果我们的党员，一生一世坐在房子里不出去，不经风雨，不见世面，这种党员，对于中国人民究竟有什么好处没有呢？一点好处也没有的"；共产党员应该经受"群众斗争"的"大风雨""大世面"。①就是说，要确立为人民服务的道德理想，和群众打成一片，必须用群众实践的风雨洗刷自己思想意识上的污泥浊水，加强道德修养。

为人民服务的道德理想体现在人与人的伦理关系上，就是用平等的态度对待群众。与群众打成一片，首先面临的是以怎样的态度和群众相处。对此毛泽东指出："共产党员在民众运动中，应该是民众的朋友，而不是民众的上司。"②这里说明了与群众相处应该以朋友的态度，而不是摆起上司式的官僚架子。所谓"朋友"的态度，在伦理关系上，就是平等待人。毛泽东说："人与人的关系应是民主和平等的。"③以平等的态度对待群众，在对自身的要求上，必须自觉地抵制特权。早在土地革命时期，毛泽东在谈到分配没收来的地主财物时，就反对工作人员享有特权："猪鸡等物，煮起来在群众大会上使大家吃，不可工作人员少数人吃"，"要防止工作人员自由拿东西"。④其表兄曾想通过毛泽东谋得差事，毛泽东直言相告："我们这里仅有衣穿饭吃，上自总司令，下至伙夫，待遇相同。……人人平等，并无薪水。"⑤在新中国成立后，毛泽东多次强调："领导人员以普通劳动者姿态出现，以平等态度待人。"⑥为此他要求县以上主要干部"和工人农民一道从事可能胜任的一小部分体力劳动（哪怕是很少一

① 《毛泽东选集》第3卷，人民出版社1953年版，第936页。
② 《毛泽东选集》第2卷，人民出版社1952年版，第510页。
③ 《毛泽东读文史古籍批语集》，中央文献出版社1993年版，第83页。
④ 《毛泽东文集》第1卷，人民出版社1993年版，第273页。
⑤ 《毛泽东文集》第2卷，人民出版社1993年版，第72页。
⑥ 《毛泽东文集》第8卷，人民出版社1999年版，第135页。

点)。这样一来,党和群众的关系就打成一片了"[①],因为这样更能体会普通劳动者的甘苦,拉近和他们的距离。以平等态度对待群众,在两者的情感沟通上,就应当与群众交心。毛泽东谈到自己到农村开调查会,在和农民"做朋友的过程中,给他们一些时间摸索你的心,逐渐地让他们能够了解你的真意,把你当好朋友看",以至于到后来,"无话不谈,亲切得像自家人一样"。[②]他在总结社会主义时期工作方法时提出:"以真正平等的态度对待群众。必须使人感到人们互相间的关系确实是平等的,使人感到你的心是交给他的。"以平等态度对待群众,在对待群众的批评上,就需要耐心和虚心。毛泽东说:"对于下级所提出的不同意见,要能够耐心听完,并且加以考虑,不要一听到和自己不同的意见就生气,以为是不尊重自己。这是以平等态度待人的条件之一。"[③]显然,要做到上述这些,必须加强道德修养。因此,毛泽东指出是以平等态度对待群众,还是以官气对待群众,表现了道德境界的高低:"官气是一种低级趣味,摆架子、摆资格、不平等待人、看不起人,这是最低级的趣味,这不是高尚的共产主义精神。以普通劳动者的姿态出现,则是一种高级趣味,是高尚的共产主义精神。"[④]

为人民服务的道德理想体现在自我的道德规范上,就是做忠实于人民的老实人。毛泽东在论及共产党员个人品德时说:"品德就是忠实为人民服务。"[⑤]忠实为人民服务就是做老实人。总体来说,做老实人就是正直而不谋私利,实干而勇于担当。毛泽东指出:"刘少奇同志曾经说过,有一种人的手特别长,很会替自己个人打算,至于别人的利益和全党的利益那是不大关心的,'我的就是我的,你的还是我的'",于是,"闹名誉,闹地位,闹出风头。在他们掌管一部分事业的时候,就要闹独立性。为了这些,就要拉拢一些人,排挤一些人,在同志中间吹吹拍拍,拉拉扯扯,把资产阶级政党的庸俗作风也搬到共产党里来了。这种人的吃亏在于不老实"[⑥]。而老实人正与此相反,他们"是襟怀坦白

① 《毛泽东文集》第7卷,人民出版社1999年版,第294页。
② 《毛泽东文集》第2卷,人民出版社1993年版,第383—384页。
③ 《毛泽东文集》第7卷,人民出版社1999年版,第355页。
④ 同上书,第378页。
⑤ 《毛泽东建国以来文稿》第7册,中央文献出版社1992年版,第202页。
⑥ 《毛泽东选集》第3卷,人民出版社1953年版,第823—824页。

的、忠诚的、积极的与正直的；他们是不谋私利的，唯一地为着民族与社会的解放；他们不怕困难，在困难面前总是坚定的，勇往直前；他们不是狂妄分子，而是脚踏实地富于实际精神的人们”①。老实人在行为上就是办老实事。毛泽东说：“我们应该是老老实实地办事；在世界上要办成几件事，没有老实态度是根本不行的。……一切狡猾的人，不照科学的态度办事的人，自以为得计，自以为很聪明，其实都是最蠢的，都是没有好结果的。”②办老实事就是照科学的态度办事，这在毛泽东看来，最基本的是两条：一是以“科学的周密的调查研究的精神”办事③；二是按照客观规律办事，1958年毛泽东针对把客观规律作为迷信来破除的情况说：“不要把科学当迷信破除了”，比如“人是要吃饭，这是科学”“人是要睡觉的，这也是科学”，对于人作用于自然界，“自然界有抵抗力，这是一条科学”，一旦把这些都破除了，“就不好办事，就要死人”。④照科学态度办老实事，就必须去掉自以为得计、自以为聪明、哗众取宠这些不良品德。老实人在言论上就是说老实话，即讲真话，不讲假话。毛泽东对此有个概括：“要讲真话，不偷，不装，不吹”，并解释道：不偷就是不能把别人做的事说成是自己做的；不装就是不能把不懂的事说成懂的，不吹“就是报实数”，不扯谎，还强调这是最起码的品德，“讲真话，每个普通人都应该如此”。⑤总之，做老实人贯穿着对人民诚信的品德，毛泽东说：“老实人，敢讲真话的人，归根到底，于人民事业有利，于自己也不吃亏。”⑥所谓不吃亏，主要是指在道德上赢得了人民的信任，因为“人民是骗不了的”⑦。

为人民服务的道德理想体现在个人的意志磨炼上，就是具备为人民事业永久奋斗的精神。道德理想必须通过个人的意志力予以贯彻，因而把为人民服务作为道德理想，就要在为人民服务的实践中磨炼意志。意志的磨炼总是与一定的环境(境遇)相联系的。对此毛泽东指出，五四以来，青年运动有两个

① 《毛泽东文集》第2卷，人民出版社1993年版，第42页。
② 《毛泽东选集》第3卷，人民出版社1953年版，第824页。
③ 《毛泽东文集》第2卷，人民出版社1996年版，第390页。
④ 《毛泽东文集》第7卷，人民出版社1999年版，第448页。
⑤ 《毛泽东文集》第3卷，人民出版社1996年版，第349—351页。
⑥ 《毛泽东文集》第8卷，人民出版社1999年版，第50页。
⑦ 《毛泽东文集》第7卷，人民出版社1999年版，第435页。

潮流，一个是“跟工农劳苦群众在一块的”，“一个是反人民的”，选择了前者，不能像张国焘那样，中途逃跑了，而是“要有‘富贵不能淫，贫贱不能移，威武不能屈’的骨气来坚持这个方向”；也就是无论遇到什么环境，都应该“永久奋斗，就是要奋斗到死。这个永久奋斗是非常要紧的，如果要讲道德就应该讲这一条道德。……这样的道德，才算是真正的政治道德”①。就是说，只有具备了永久奋斗的意志，才能在任何环境下始终坚守为人民服务的道德理想。在革命战争艰难困苦的环境里，永久奋斗的意志就是“需要艰苦奋斗的精神，不然就不能抵抗各种恶势力恶风浪，例如死的威胁，饿饭的威胁，革命失败的威胁等等”②。在革命胜利执政掌权的环境里，“因为革命胜利了，有一部分同志，革命意志有些衰退，革命热情有些不足，全心全意为人民服务的精神少了，过去跟敌人打仗时的那种拼命精神少了”，永久奋斗的意志就是“要保持革命战争时期的那么一股劲，那么一股革命热情，那么一种拼命精神，把革命工作做到底”③；就是要抵御各种可能“征服我们队伍中的意志薄弱者”的诱惑，“务必使同志们继续地保持谦虚、谨慎、不骄、不躁的作风，务必使同志们继续地保持艰苦奋斗的作风”④。在受到错误处理即降低职务和调动工作的环境里，永久奋斗的意志就是将这看作“可以锻炼革命意志”，像“文王拘而演周易，仲尼厄而作春秋”那样，“从人民群众中吸取许多新知识”⑤，继续为人民服务。显然，永久奋斗的意志体现了意志的自愿和专一的双重品格，即无论在何种环境下都自愿选择并专一坚定地为人民服务，正是经过这样的意志磨炼，为人民服务的道德理想内化为自身的德性。

张岱年在 20 世纪 30 年代曾说过：马克思主义“新唯物论虽颇注重理想，而对于理想之研讨，实不为充分，……中国哲学是最注重生活理想之研讨的，且有卓越的贡献，我们既生于中国，对于先民此方面的贡献，实不当漠视，而应继承修正而发挥之”⑥。就是说，中国需要的马克思主义哲学，应当具有中国传统

① 《毛泽东文集》第 2 卷，人民出版社 1993 年版，第 190—192 页。
② 同上书，第 262 页。
③ 《毛泽东文集》第 7 卷，人民出版社 1999 年版，第 284—285 页。
④ 《毛泽东选集》第 4 卷，人民出版社 1996 年版，第 1440 页。
⑤ 《毛泽东文集》第 8 卷，人民出版社 1999 年版，第 291—292 页。
⑥ 《张岱年文集》第 1 卷，清华大学出版社 1989 年版，第 211 页。

哲学注重人生理想的长处。毛泽东也明确地说:“马克思列宁主义也包括无产阶级的革命道德。”①他以为人民服务的道德理想作为群众路线的伦理学基础,突出地彰显了马克思主义哲学中国化继承和发扬了中国哲学注重伦理道德的优良传统。

由上述可以看到,群众路线在毛泽东的思想里,有着认识论、历史观、伦理学的基础,是这三者相统一的结晶。这无疑是马克思主义哲学发展史上的创新成果。毛泽东说:“马克思这些老祖宗的书,必须读,……但是,任何国家的共产党,任何国家的思想界,都要创造新的理论,写出新的著作,产生自己的理论家,来为当前的政治服务,单靠老祖宗是不行。”②毛泽东是我们党提出群众路线的“老祖宗”,他的有关思想至今依然闪耀着伟大的光芒,但是,我们今天面临新的形势和任务,不能单靠“老祖宗”,而要在当前的群众路线实践教育活动中,创造群众路线的新的理论篇章。

(原载《毛泽东邓小平理论研究》2013年第11期,收入本论集时有增补)

① 《毛泽东选集》第5卷,人民出版社1977年版,第334页。
② 《毛泽东文集》第8卷,人民出版社1999年版,第109页。

第四辑

在建设精神文明中培养理想人格

创新:邓小平理论的重要品格

建设有中国特色的社会主义文化与批判继承传统文化

邓小平之问与五四前后对“什么叫社会主义”的认识

人的全面发展:马克思主义中国化的当代成果

人的全面发展:社会发展和个人发展的相互促进

人的全面发展:社会主义初级阶段体制创新的价值导向

“两创”:马克思主义中国化在新时代的新发展

“两创”:增强国家文化软实力的新自觉

“两创”:新时代正确对待传统文化的新回答

在建设精神文明中培养理想人格

人是精神活动的主体。哲学、科学、艺术以及全部的人类文化，归根到底是探讨人的问题。人类精神文明建设的根本意义，是为了使人不断提高自己的精神素质。社会主义精神文明建设也不例外。中共中央《关于社会主义精神文明建设指导方针的决议》指出："社会主义精神文明建设的根本任务，是适应社会主义现代化建设的需要，培育有理想、有道德、有文化、有纪律的社会主义公民，提高整个中华民族的思想道德素质和科学文化素质。"

提高人们的思想道德素质和科学文化素质，用哲学的语言来讲，就是如何培养理想人格的问题。我们党的最高理想是建立共产主义社会，这就决定了社会主义精神文明建设的根本目标，是培养一代又一代的共产主义理想人格。所谓共产主义理想人格，就是共产主义理想的人格化身。如何培养这样的理想人格，是精神文明建设中的重大问题。

一

《决议》总结了新中国成立以来的建设精神文明的历史经验，指出：这里的一个重大失误在于"以阶级斗争为纲"。这个重大的失误也在培养理想人格的问题上表现出来。

从总体上来说，"以阶级斗争为纲"是立足于在"破字当头"的批判中来教育人、培养人，而不是着眼于在精神文明的建设中来塑造人的心灵。这就违背了马克思主义在社会主义建设时期里的历史使命。如果说，在革命战争年代，马克思主义的主要任务是批判旧世界，从中来提高人们的觉悟，那么，在社会主义建设时期，马克思主义尽管还是批判旧世界的思想武器，但是更主要的是要坚定不移地把重心放到建设上来，从而使人的精神得到升华。

共产主义是真善美统一的理想境界,作为这一理想的人格化身也应当是真善美的统一。人类的精神活动有多种方式,而理论思维、道德实践和审美活动是三种最主要的方式(暂且不论宗教这种对世界的虚幻的反映方式),它们各自以汲取和实现真善美的理想为其特征,分别地创造真、善、美的价值,而又不可分割地互相联系着,因为它们无不是统一的精神活动及其成果的不同侧面。人类精神文明的建设,就是真、善、美的理想和价值不断地实现、创造的过程。因此,归根结底,只有在精神文明的建设中,才能造就真善美统一的共产主义理想人格。而所谓的"破字当头"的大批判,一方面以"抓意识形态领域里的阶级斗争"窒息了在现实中对真善美的创造;另一方面把人类以往创造的绝大多数精神文明斥之为"封、资、修"的黑货,堵住了从历史中吸收真善美的途径。显然,在这种"破字当头"的大批判中,人们并不能受到真善美的教育。相反,它留给人们的是对真善美的无知和扭曲。在这样的状况下,怎么能培养出真善美的理想人格呢?

"以阶级斗争为纲"不仅不能造就理想人格,而且对理想人格的培养造成了极大的破坏。我们分别从科学理想(真)、道德理想(善)和艺术理想(美)的角度,来进一步说明这个问题。

《决议》指出:必须"把理想建立在科学基础之上"。科学理想是客观规律所提供的现实可能性的反映,它在现实的母体里怀胎,在现实的土壤中植根。理想一旦脱离现实就会成为空想。在"以阶级斗争为纲"的指导下,曾经提出了在社会主义时期消灭资产阶级权利、消灭货币和商品经济等的理想。然而,这种"理想"是不科学的,因为它违背了社会发展的客观规律,是凭主观愿望和主观想象虚构出来的。这就使本来是科学的共产主义理想倒退为空想。用这种空想来教育人,就不可能形成真实的性格。它只能培养出这么两种人:一种是替这种空想制造根据的编假话、说大话和讲空话的虚伪者;另一种人是在这种空想给社会造成的破坏面前,丧失了对远大理想的追求,成了平庸之辈。

道德理想的具体化就是道德规范。所谓道德规范,是人们在相互关系上应当遵循的准则。《决议》说:社会主义道德建设,要求在"人民内部的一切相互关系上,建立和发展平等、团结、友爱、互助的社会主义新型关系"。在这个方面,"以阶级斗争为纲"表现为要求人们成为"时刻注意阶级斗争新动向"的

"战士"。这就把敌对的阶级关系扩大为处理人们相互关系的唯一准则。于是,对人的尊重、信任和友爱统统被作为资产阶级的人道主义而践踏在地,代之以残酷的斗争。在这样的斗争中成长起来的"战士",是些肆意损害人、污辱人的整人能手和打砸抢分子。他们的人格相去"善"何止十万八千里呢?

"以阶级斗争为纲"在道德上,还表现为要人们"狠斗私字一闪念",认为道德理想的实现是对个人利益的绝对排斥。这是违背马克思主义的。马克思说得好,"人们奋斗所争取的一切,都同他们的利益有关"①。《决议》也指出:社会主义道德主张的是"国家利益、集体利益、个人利益相结合的社会主义集体主义精神";所反对的仅仅是"损人利己、损公肥私、金钱至上、以权谋私、欺诈勒索的思想和行为",而绝不是否定通过按劳分配、等价交换等来谋得个人利益。"狠斗私字一闪念",看来非常纯洁,其实,这种"斗"的结果只会把人引上这样的道路:或者把平均主义当作道德理想,或者做"存天理、灭人欲"式的封建道学家。

艺术理想就是在艺术作品中,把人及其社会生活的本质,体现于灌注着感情的生动形象。正是通过这种艺术形象,提高了人们的审美能力。如马克思说的,"艺术对象创造出懂得艺术和能够欣赏美的大众"②。在"以阶级斗争为纲"的影响下,长期地把艺术视作阶级斗争的工具。因此,千篇一律的政治图解取代了生动的形象,枯燥无味的道德说教驱走了丰富的情感。这就使音乐不成其为音乐,绘画不成其为绘画,结果欣赏音乐的耳朵和欣赏造型美的眼睛自然不可能被培养出来。

因此,我们要在精神文明建设中培养真善美统一的理想人格,造就有理想、有道德、有文化、有纪律的社会主义新人,就不能再出现"以阶级斗争为纲"的失误。

二

理想人格的培养,从理论上说,就是如何达到人性的自觉的问题。人性问

① 《马克思恩格斯全集》第1卷,人民出版社1956年版,第82页。

② 《马克思恩格斯选集》第2卷,人民出版社1972年版,第95页。

题，多年来在“以阶级斗争为纲”的影响下，形成了一个僵硬的观念，人性等于阶级性。这就不可能正确地认识人的共性和个性，从而科学地说明如何培养理想人格的问题。

关于人的共性，以往常常在引用马克思的人的本质是一切社会关系总和的名言之后，就作如下的推论：生产关系是人们社会关系中最根本的，生产关系在阶级社会中表现为阶级关系，因而人的本质是阶级性。诚然，马克思要求从人具体的社会关系、历史条件来考察人性是完全正确的。但是，对马克思的话作这么简单化的推论则是片面的。生产过程的社会结合，首先是指和一定生产力水平相联系的劳动组织、还有与这种劳动组织相适应的经营管理方法，以及维护生产与交通运输的各种制度和必要规范。近代大工业生产所需要的这些东西，尽管是在资本主义制度下建立起来的，但社会主义生产也还是需要它们。就是说，生产关系中也有非阶级性的方面。这些非阶级性的东西也影响到人的本质，比如，培养了人们的时间观念、竞争观念、纪律观念等。如果我们把这些东西都当作资产阶级的“管、卡、压”加以砸烂，那么就不可能造就守纪律的、有进取精神的劳动者，只会形成一批“阿混”。

人的社会关系除了生产关系之外，还有家庭、民族等其他方面，而且人还有共同的自然本性方面。所有这些都反映了人的共性，都对理想人格的培养发生作用。因此，从共性的角度来说，我们就需要研究怎样在阶级性以外的其他方面来培养理想人格，比如，如何根据人的自然的生理、心理的需要来引导人的思想行为。长期以来，由于“以阶级斗争为纲”的影响，我们的思想教育基本上忽视了阶级性以外的人性的其他方面，因而这样的思想教育很难真正起到培养人的效果，反而造成了人们对于思想教育的逆反心理。现在，随着我们整个国家的重心转到经济建设上来，就更加理所当然地要着重研究和阐明人性的非阶级性方面在培养理想人格上的作用和影响。

把人性等同于阶级性，不仅是忽视了人的共性的其他方面，更是抹杀了人的个性的发展。而抹杀个性是绝不可能造就共产主义理想人格的——因为没有抽象的理想人格。理想人格总是通过我、你、他这些个性来取得表现形式。这就决定了共产主义理想人格要一个个地培养，而每一个人都是有血有肉的、有个性特征的。离开了个性的发展怎么能培养理想人格呢？

扼杀个性，是封建专制主义的罪恶。揭开中国近代思想序幕的龚自珍曾对此作过深刻的揭露。他指出：八股取士的科举制度束缚了个性的发展，以致人们说出话来，用的词、讲的意思几乎都是一样的，“万喙相因”，毫无个人的思想。（见《拟厘正五事书》）他说，由于扼杀了个性，整个社会充满了只知磕头的奴才和只会背诵四书五经的庸人，一个人才也找不出来，不仅没有出色的将相官吏，甚至有才干的小偷、强盗都没有。（见《乙丙之际箸议第九》）如同《决议》所说：“在人类历史上，在新兴资产阶级和劳动人民反对封建专制制度的斗争中，形成民主和自由、平等、博爱的观念，是人类精神的一次大解放。”正由于有了这样的个性大解放，因而在当时的西方产生了很多伟大的思想家、科学家、艺术家和革命家。所以，恩格斯称赞那是“产生了巨人——在思维能力、热情和性格方面，在多才多艺和学识渊博方面的巨人的时代”；这些巨人们具有“完人的那种性格上的完整和坚强”。①可以说，资产阶级的个性解放造就了那个时代的“巨人”，即理想人格。诚然，在资本主义制度下，个性自由并不能得到真正的实现。共产主义优越性的重要表现，就是使人的个性得到真正的解放，如《共产党宣言》所说：“在那里，每个人的自由发展是一切人的自由发展的条件。”因此，共产主义理想人格的培养，理应是个性的全面发展。

因此，我们今天在建设精神文明中造就理想人格，就要在充分尊重个性的发展的基础上来进行。比如，在精神文明建设中培养理想人格，自然需要进行马克思主义理论的教育。但是，这种教育不应当是强迫性的灌输，而应当是如周恩来所指出的，“我们以我们的思想教育大家，但是你可以听，也可以不听，可以接受，也可以不接受，可以自由选择。这样才是一个教育的态度”②。再比如培养理想人格也需要变革陈旧的生活方式，但这种变革也应当按照《决议》说的，“在自愿的基础上，由群众自己来进行”；至于人们在日常生活中喜欢什么，不喜欢什么，愿意做什么，不愿意做什么，从服饰发型到文娱爱好，都有充分的个人自由。这就明确告诉我们，精神文明建设不是对人们横加干涉，无论是在思想上还是在生活上；精神文明建设是要在人的个性自由发展中来培养

① 《马克思恩格斯选集》第3卷，人民出版社1972年版，第445、446页。
② 《周恩来选集》上卷，人民出版社1980年版，第341页。

人和教育人。

从以上的分析中,可以看到只有突破长期以来形成的“人性就是阶级性”的僵化的理论,才能正确地培养理想人格,实现精神文明建设的根本任务。

三

在精神文明建设中培养理想人格,是同现在正在进行的经济体制改革和政治体制改革相联系的。

在西方,法国18世纪的资产阶级大革命,在“自由、平等,博爱”的旗帜下,提出了“人是环境和教育的产物”的理论,把改变现有环境同人格培养连接在一起。马克思和恩格斯肯定了这一理论的唯物主义因素。他们在《神圣家族》里说:“既然人的性格是由环境造成的,那就必须使环境成为合乎人性的环境。”①所谓合乎人性的环境,就是人的个性受到充分的尊重,如爱因斯坦说的:“一个人不会因为他发表了关于知识的一般和特殊问题的意见和主张而遭受危险或者严重的损害。”②理想人格只有在这样的环境下才会大批地成长起来。

在中国,龚自珍曾以他敏锐的感觉意识到了这一点。他指出,偌大的中国之所以没有人才,就在于封建专制的环境:“一夫为刚,万夫为柔”(《明良论》三),亿万人的命运被操于帝王一人之手;“天下事无巨细,一束于不可破之例”(《明良论》四),亿万人的思维空间和行为方式被限制在官方允许的狭小范围内。因此,他在近代中国发出了改革的第一声呐喊,认为要以呼唤“风雷”的精神来改变“万马齐喑”的社会环境,这样,古老的中国一旦“重抖擞”,广阔的土地上便会“不拘一格降人材”(见《己亥杂诗》)。龚自珍的话已被历史所证实。在他以后,中国近代史上涌现出了大批优秀的人才,而这些人才的涌现是同近代一次次的改革对社会环境的改造分不开的。如果没有对中国传统的闭关锁国的环境的改变,就不会有詹天佑、王国维这样的大科学家、大学问家;如果没有五四新文化运动倡导民主和科学的环境,就很难产生毛泽东、周恩来这样伟

① 《马克思恩格斯全集》第2卷,人民出版社1957年版,第166页。

② 《爱因斯坦文集》第3卷,商务印书馆1979年版,第179页。

大的马克思主义者。

社会主义社会是人民当家作主。这从根本上提供了造就“合乎人性的环境”的可能，提供了培养共产主义理想人格的优越的社会制度。但是，由于中国封建专制统治长达两千多年，其思想有着强大的传统力量，而长期来我们对于这一强大的传统力量没有进行深入的清扫，因此它就依附在我们的经济生产组织、社会政治组织和思想文化组织中。比如严格的等级制度、领导干部的终身制、论资排辈、人身依附关系等。邓小平在《党和国家领导制度的改革》一文中已经指出了这个问题。因此，我们现在的社会环境离完全“合乎人性的环境”还有不小的距离。这将对培养共产主义理想人格造成了很多的阻碍。

因此，我们需要进行改革。通过改革，使社会主义日益成为完全“合乎人性的环境”，显示出使个性真正得到自由发展的优越性。比如，我们农村的经济改革是从生产责任制开始的。生产责任制比原来的生产组织有什么优越性呢？显然不是什么“一大二公”。其优越性就在于使劳动者的个性受到了尊重而不被压抑。在这样的生产组织内，劳动者感到命运掌握在自己的手里，于是个性就有了充分施展的可能。不仅在生产上是这样，而且在思想文化上也是如此。可以说，生产责任制是有利于个性发展的生产组织形式，为培养理想人格提供了良好的环境。这就启示我们，在精神文明建设中培养理想人格，不能仅仅从思想教育、科学文化教育的角度来考虑，而是应当把它同全面改革联系起来研究：在什么样的社会环境下，什么样的生产组织、社会组织、思想文化组织内，最有利于个性的发展？最有利于理想人格的培养？

理想人格的培养，需要一定的社会环境，同时也需要个人的主观努力。这种主观努力主要是指个人对于理想人格的追求。追求理想人格的根本表现，就是在任何的社会环境下，敢于坚持真理，不随波逐流，敢于开拓创新，不为传统势力所束缚。用爱因斯坦的话来说，就是保持“内心的自由”，“这种精神上的自由在于思想上不受权威和社会偏见的束缚，也不受一般违背哲理的常规和习惯的束缚”①。

① 《爱因斯坦文集》第3卷，商务印书馆1979年版，第180页。

在封建社会的黑夜里，“权威是它的知识原则，而崇拜权威则是它的思想方式”。①因而在那样的环境里，追求理想人格的只是难能可贵的少数人，而绝大多数的人则缺乏或者丧失这种追求。中国近代的另一位启蒙思想家严复曾对这个现象进行过猛烈的抨击。他指出，当时绝大多数知识分子的状况是：所学的东西，除了统治者所规定的科举必备之书，“无他等书”；所谓的学术，不求有“创得之智”“远略之怀”，只求“循途守辙”；最终的追求是“以钱财为上帝，以子孙为灵魂”(见《道学外传》)。可以说，缺乏对敢于突破禁区、不惧权威的人格的追求，也是中国几千年的封建主义留给我们的一大精神包袱。因此，我们在精神文明建设中造就理想人格，就不能不正视封建主义留给我们的这个包袱，就必须向每个人提出追求思想解放、勇于创新的人格的问题。

我们相信，在《决议》的指引下，在精神文明建设中，一定能造就出大批的共产主义理想人格。

（原载中共上海市委宣传部编：《一件关系社会主义兴衰成败的大事——学习〈中共中央关于社会主义精神文明建设指导方针的决议〉》，上海人民出版社1986年版）

① 《马克思恩格斯全集》第1卷，人民出版社1956年版，第322页。

创新:邓小平理论的重要品格

江泽民在纪念邓小平逝世一周年时指出,学习邓小平的著作,“不能仅仅以了解它的某些论述和某些词句为满足”,他“从实际出发反映事业和时代发展要求的创新精神,是我们尤其要认真学习和努力掌握的”。邓小平理论是这种创新精神的集中反映和思想结晶,具有鲜明的创新品格。认识和把握这一品格,对于我们学习和贯彻邓小平理论是极其重要的。

一

创新是马克思主义理论的固有品格。这不仅仅是因为马克思主义产生的本身就是人类思想史上的伟大创新,更重要的是因为马克思主义演进的过程就是不断创新的过程。列宁没有被马克思关于社会主义革命必须在几个先进资本主义国家同时进行的设想所束缚,得出了革命可能在一国单独发生并取得胜利的崭新结论,这就是俄国社会主义者“独立地探讨马克思的理论”[①]的创新。毛泽东突破俄国革命的方式,开辟了新民主主义革命的崭新道路,这就是应用马克思主义而作出的“合乎中国需要的理论性创造”[②]。邓小平摒弃了把马克思、列宁关于社会主义社会的某些勾画当作必须遵奉的教条的态度,展示了社会主义建设的崭新前景,这就是说了些“我们老祖宗没有说过的话,有些新话”[③]。可见,创新是马克思主义发展至今的主要凭借,也是马克思主义仍然具有活力的重要表现,更是邓小平理论与马列主义、毛泽东思想并列为党的指导思想的依据之所在。党的十五大报告在阐述邓小平理论的历史地位和指导

① 《列宁选集》第1卷,人民出版社1972年版,第203页。
② 《毛泽东选集》第3卷,人民出版社1953年版,第823页。
③ 《邓小平文选》第3卷,人民出版社1993年版,第91页。

意义时，深刻地揭示了这一点。它指出：邓小平理论是“马克思主义在中国发展的新阶段”，并且以“开拓了马克思主义的新境界”“把对社会主义的认识提高到新的科学水平”对整个世界的观察“作出了新的科学判断”和“形成了新的建设有中国特色社会主义理论的科学体系”来加以论证。简言之，就是用“新境界”“新水平”“新判断”和“新体系”来说明“新阶段”。无疑，这些“新”，着力凸显了邓小平理论的创新品格。正因为邓小平理论在总体上具有如此鲜明的创新品格，党的十五大才有理由将其继马列主义、毛泽东思想之后，写在我们党的指导思想的理论旗帜上。如果说，高举邓小平理论的伟大旗帜，是党的十五大的灵魂；那么，突出这一理论的创新品格，则是党的十五大报告阐述这一理论的历史地位和指导意义的灵魂。

一般来说，凡在人类思想史上被称为某种理论的学说，都有一定的创新意义。但是，唯有马克思主义自觉地赋予自身以创新的品格。恩格斯说：“我们的理论是发展的理论，而不是必须背得烂熟并机械地加以重复的教条。”①发展的关键是创新，突破僵硬教条的关键也是创新。马克思主义之所以把创新视为自身固有的品格，是因为唯有它把实践作为自己的理论基础，而把自己的理论作为实践的内在环节。也就是说，马克思主义的创新品格是和其特有的实践品格紧密相联的。因为实践是在不断发展的，以满足实践的需要为首要目标的马克思主义必须不断地研究、探索实践提出的新问题，在理论上不断地创新。在马克思主义发展史上，邓小平最鲜明、最突出地把实践品格和创新品格作为自己最重要的理论品格，并且最紧密地把这两者联系在一起。这表现在他反复地把“解放思想”和“实事求是”相提并论，而且多次阐明两者的内在联系：实事求是是解放思想的目的和原则，坚持实事求是必须以解放思想为前提和途径，因此，“实事求是就是解放思想”。实事求是主要体现的是实践品格，解放思想主要体现的是创新品格，实事求是和解放思想的一致性，也就是实践品格和创新品格的一致性。

邓小平理论如此强调其创新品格和实践品格的一致性，意味着这一理论的创新是与它对中国现实国情的正确把握相一致的。十一届三中全会之前，

---

① 《马克思恩格斯选集》第4卷，人民出版社1972年版，第460页。

曾经有过一些“左”的理论“创新”。改革开放之后，也有一种把西方的某些思想照搬到中国，并以此作为理论“创新”的时髦。然而，这些理论“创新”，尽管喧闹了一阵，但最终都失去了吸引人的光彩，被人们抛弃了。究其原因，就在于这些理论“创新”没有建立在正确把握中国现实国情的基础上。也就是说，其创新品格和实践品格是脱节的。与实践相分离的理论“创新”，不仅不可能有效地指导实践，而且必然被实践所否定。邓小平理论把创新品格和实践品格相统一，强调中国的现实国情就是处于社会主义初级阶段，“一切都要从这个实际出发”。[①]在这里可以看到，一方面作出我国处于社会主义初级阶段这一论断的本身就是邓小平理论的一大创新；另一方面邓小平理论的任何创新都是从中国处于社会主义初级阶段这一最大的实际出发的。正因为邓小平理论的创新品格与实践品格有着这样的一致性，它的理论创新才能成为指引我们建设有中国特色社会主义实践的伟大旗帜。

二

邓小平理论的创新品格，不仅由其马克思主义的属性所决定，而且由其把“什么是社会主义、怎样建设社会主义”作为自己要解决的根本问题所决定。

在邓小平理论中，“什么是社会主义、怎样建设社会主义”的问题，也就是在经济文化比较落后的国家，在建立社会主义制度之后，如何建设、巩固和发展社会主义的问题。这是一个全新的问题。如邓小平所说：“在中国建设社会主义这样的事，马克思的本本上找不出来，列宁的本本上也找不出来，每个国家都有自己的情况，各自的经历也不同，所以要独立思考。”“我们现在所干的事业，是一项新事业，马克思没有讲过，我们的前人没有做过，其他社会主义国家也没有干过，所以没有现成的经验可学。”[②]这就告诉我们，“什么是社会主义，怎样建设社会主义”之所以是一个全新的问题，有如下三方面原因：首先，虽然马克思主义自诞生之日起，就把社会主义制度的建立作为奋斗目标，但它

① 《邓小平文选》第3卷，人民出版社1993年版，第252页。
② 同上书，第178、258页。

认为没有必要也不可能对这一未来的社会制度作细致的描绘，只能由后人根据实际情况来确定。其次，中国进入社会主义的历史条件，同马克思、恩格斯所预想的情况有很大的不同，需要我们独立探索。第三，社会主义在前苏联由学说变为制度之后，逐渐形成一系列僵化的思想观念，我们必须冲破这些僵化的观念，重新进行思考。由于邓小平理论把这样一个全新的问题视为自己需要解决的根本问题，并第一次比较系统地对此作出了初步的回答，因而就具有了鲜明的创新品格。

邓小平理论在这里的创新品格，不只是表现在对“什么是社会主义、怎样建设社会主义”的一系列基本问题的论述上，更重要的是在马克思主义发展史上树立了一种新的理论范式，即以社会主义建设为中心的理论范式。在这之前，从马克思、列宁到毛泽东，他们的理论范式是以政治革命为中心的。马克思在其晚年提出的跨越“卡夫丁峡谷”问题，已蕴含着对东方落后国家如何进行社会主义建设的思考，但马克思、恩格斯的整个理论，是以发展欧洲工人革命运动为主题而展开的。列宁的理论则以俄国无产阶级根据实际情况夺取国家政权为主题，尽管他晚年对社会主义建设问题做过有益的探索，但由于过早去世，因此没有完成从以政治革命为中心的理论范式到以社会主义建设为中心的理论范式的转变。毛泽东的思想，主要回答了中国新民主主义革命的问题。他虽然曾经觉察到苏联社会主义模式的某些弊端，认为中国社会主义建设应当避免这些弊端；但他以阶级斗争为纲进行社会主义建设，实际上是延续了政治革命为中心的理论范式。可以说，邓小平理论在马克思主义发展史上，首先超越了政治革命为中心的理论范式，实现了向社会主义建设为中心的理论范式的转变。这是邓小平理论最大的创新，也是其创新品格最突出之处。

邓小平理论不仅由回答“什么是社会主义、怎样建设社会主义”而显示其创新品格，还因为他对这一问题的思考，是与社会主义运动正处于低潮时期相联系的。社会主义运动的低潮，往往在一定意义上暴露了以往的社会主义的不足和缺陷，从而提出了创新这一理论的历史任务。邓小平理论正是以肩负这一历史使命为己任的。这在它的产生和形成的过程中得到了充分的反映。邓小平 1978 年的《解放思想，实事求是，团结一致向前看》的讲话和他 1992 年的南方谈话,是邓小平理论产生和形成的宣言书。前一篇讲话发表的时候,由于“文化大革命”的破坏,我国的社会主义建设遭到了严重的挫折,失去了蓬勃的生气。中国的社会主义向何处去,是不是像“两个凡是”那样,继续把对马克思主义本本中的个别论断的教条式理解和附加在这些本本名义下的某些错误理论,当作中国发展社会主义不可逾越的框框?在这紧要的历史关头,邓小平在这篇讲话中强调,必须解放思想,实行改革,“如果现在再不实行改革,我们的现代化事业和社会主义事业就会被葬送”。改革就要打破陈规,开拓创新。所以,邓小平理论是以创新社会主义理论为开端的。南方谈话发表的时候,正是苏联东欧一些社会主义国家相继瓦解之际,中国的社会主义又面临严峻的考验,是步苏联东欧之后尘,丢掉社会主义的旗帜,还是怕资本主义的东西多了,否定改革开放,回到原来所谓的正统社会主义老路上去?邓小平认为这两者都是不足取的,我们不能因为苏东剧变而“惊慌失措”,而应“从中吸取教训,将促使社会主义向着更加健康的方向发展”;我们也不能囿于姓“资”还是姓“社”的思维定势而“不敢闯”,应当“在建设有中国特色的社会主义道路上继续前进”。在这里,“更加健康”的发展和“继续前进”,无疑都包含敢闯敢试的创新要求。事实上,正是这篇讲话对社会主义的一系列重大理论问题作出了很多的创新。可见,邓小平理论的形成,就意味着把社会主义理论的创新推进到了更高的阶段。总之,社会主义运动的低潮,为社会主义理论的创新提供了契机,而邓小平理论正是以这样的创新为主题,因此,其创新的品格就不能不分外醒目了。

三

邓小平理论的创新品格,还表现在对中国传统文化的提升和超越上。马克思列宁主义同中国实际相结合,产生了两大创造性的理论成果,这就是毛泽东思想和邓小平理论。这里讲的“中国实际”既包括了中国社会的客观现实,也包括了中国固有的文化传统。因此,这两大理论成果既是对马列主义的发展,也是对中国传统文化的创新。毛泽东关于“中国式的、特殊的、新式的民主主义”①革命的理论是如此,以建设有中国特色社会主义为主旨的邓小平理论也是如此。没有对中国传统文化的创新,“中国式”和“中国特色”则是不完全的。

邓小平在他的著作里,很少像毛泽东那样引证中国古代典籍,但他却始终认为中华民族悠久的文化传统,是凝聚我们民族的重要精神力量。他在谈到振兴中华民族时指出:“要懂得些中国的历史,这是中国发展的一个精神动力。”②可以说,在继承中国优秀文化传统的基础上创新传统文化,是邓小平理论的重要精神渊源。邓小平理论对中国传统文化的创新,是以下列两方面为文化背景的:一是以中国近代以来的思想家尤其是毛泽东对传统文化的选择和改造为基础;二是以世界现代文明发展的趋势来淘洗传统文化。前者是从中国近代思想文化的纵向发展过程来创新传统文化;后者是从世界思想文化对中国现代化的横向影响来创新传统文化,两者互相交融。我们可以看到,邓小平理论作为马克思主义在中国发展的新阶段,也是马克思主义与中国优秀传统文化相结合的新阶段。

邓小平一再指出,实事求是是马克思主义、毛泽东思想的精髓。这也是邓小平理论的精髓。邓小平理论重新确立实事求是的思想路线,既继承了毛泽东对传统文化的哲学升华,又摒弃了与现代民主相悖的传统经学的独断论。“实事求是”在中国传统文化里,指的是一种经学的治学态度,即通过考据来证实儒家经典之本义,以维护经典的绝对权威。毛泽东将其提高到马克思主义哲学的高度,使其成为马克思主义中国化的一大理论创新。毛泽东提出实事求是,主要是针对王明的教条主义,即一切从经典出发,以为经典之外别无真理的“本本主义”,这实际上是传统经学独断论的翻版。毛泽东以实事求是反对王明教条主义,触及了这个问题,指出这种“本本主义”就是以为“圣经上载了的才是对的”③。但从总体上看,毛泽东主要是批判王明教条主义在思想方法上的主观性、表面性和片面性。④

① 《毛泽东选集》第2卷,人民出版社1952年版,第659页。

② 《邓小平文选》第3卷,人民出版社1993年版,第358页。

③ 《毛泽东选集》第1卷,人民出版社1952年版,第149页。

④ 参见《若干历史问题的决议》(1945年4月20日中国共产党第六届中央委员会扩大的第七次会议通过),载《毛泽东选集》第3卷,人民出版社1953年版附录。

邓小平一方面重申毛泽东思想的精髓是实事求是，同时着重于批判一切从本本出发的变相的经学独断论，强调“一个党，一个国家，一个民族，如果一切从本本出发，思想僵化，迷信盛行，那它就不能前进，它的生机就停止了，就要亡党亡国了”。正是从扫除变相的经学独断论出发，邓小平把思想解放作为实事求是的前提，指出“思想一僵化，不从实际出发的本本主义也就严重起来了”。更为深刻的是，他看到了这种变相的经学传统是封建主义意识的表现，因而必须以现代的民主观念、民主制度去根绝它。他指出，“本本”之所以束缚头脑，使人的思想难以解放，正是因为“民主集中制受到破坏”，“重大问题往往是一两个人说了算，别人只能奉命行事。这样，大家就什么问题都用不着思考了”①。可见，邓小平的实事求是，是在毛泽东的基础上，更为深刻、更为全面地对中国传统文化作了创新。

邓小平理论的不少内容也是如此。比如社会主义初级阶段的理论，既继承了近代对传统大同思想的改造，又以世界现代文明的眼光增加了社会主义市场经济的内容；大力发展社会生产力的理论，既继承了近代以来对重视民生的传统的发扬，又摒弃了与现代社会不相适应的政治伦理至上的传统；培养“四有”新人的思想，既在近代以来培养“新人”的学说的基础上，继承了注重理想和道德的传统，又增添了注重现代科学知识和法制教育的内容；按唯物辩证法办事的矛盾意识，既继承了毛泽东对传统矛盾学说的改造，又进一步突出了传统哲学的矛盾中和、均衡的意识，使传统的辩证思维更具有以发展与和平为主题的现时代的意义。总之，邓小平理论的创新品格，同样也反映在它对传统文化的创新上。

四

认识和理解邓小平理论的创新品格，并不只是为了赞叹和敬仰，而是为了在实践中让这一品格永放光芒。党的十五大报告指出，在实践中继续丰富和创造性地发展这个理论，“这是党中央领导集体和全党同志的庄严历史责任”。

① 《邓小平文选》第2卷，人民出版社1994年版，第141—143页。

这表明领导集体清醒自觉地意识到,坚持邓小平理论的实质,就是在实践中不断地创新这一理论。党的十五大将之作为“庄严历史责任”提了出来,同时对如何担负这样的历史责任指出了方向和树立了榜样。

通过学习党的十五大报告,我们可以体会到,要在实践中不断地对邓小平理论有所创新,关键是确立马克思主义的学风。学风问题是如何对待党自身指导思想的问题。我们党以马克思主义作为指导思想,这使我们在实践中减少了盲目性。但是,如果不能科学地对待这一指导思想,使之教条化,那就不仅会脱离不断变化的实际,而且也会使指导思想失去生命力。邓小平之所以能在理论上对马克思主义作出重大的创新,关键在于他树立了正确的学风,那就是不从本本出发,而是从解决实际中的新问题出发。他说:“马克思主义理论从来不是教条,而是行动的指南。它要求人们根据它的基本原则和基本方法,不断结合变化着的实际,探索解决新问题的答案,从而也发展马克思主义理论本身。”他还说:“不以新的思想观点去继承、发展马克思主义,不是真正的马克思主义者。”[①]邓小平不是为了证明马克思主义的某些论断而去进行建设社会主义现代化的实践,而是为了推进社会主义现代化的实践而去运用马克思主义。因此,他不是以马克思是否说过或是否赞同作为判断是非取舍的标准,而是以对我们现在正在进行的事业是否有利作为判断的标准。显然,正是这样的学风,铸就了邓小平理论的创新品格。

党的十五大报告在把邓小平理论列为我们党的指导思想的同时,郑重地提出了树立马克思主义学风的问题。这是要求我们像邓小平对待马列主义、毛泽东思想那样,来对待邓小平理论,即如果不以新的思想观点去丰富和发展邓小平理论,那就不是真正的坚持邓小平理论。因此,党的十五大报告指出,高举邓小平理论的伟大旗帜,“一定要以我国改革开放和现代化建设的实际问题、以我们正在做的事情为中心,着眼于马克思主义理论的运用,着眼于新的实践和新的发展”。对新的实践、新的实际问题保持开放,是理论创新的唯一途径。党的十五大报告在这方面为我们树立了榜样。该报告根据十四大以来的建设有中国特色社会主义的实践,运用邓小平理论,在关于“什么是社会主

① 《邓小平文选》第3卷,人民出版社1993年版,第147、292页。

义、怎样建设社会主义”的根本问题上，作出了一系列崭新的理论判断，其中最为敏感的是关于什么是社会主义公有制，怎样建设社会主义公有制的理论判断。这些新的理论判断，高举了邓小平理论的旗帜，又说了些邓小平没有说过的新话。因此，党的十五大报告本身就证明，只有树立正确的学风，才能担负起在实践中丰富和创造性地发展邓小平理论的历史责任。

理论上的创新总是实践的创造的反映，而实践的主体是广大人民群众。生气勃勃的社会主义是人民群众自己创造的。因此，若要对邓小平理论有所创新，并不能依赖少数人的聪明才智，而是要依靠人民群众的实践，尊重他们在实践中的创造以及这些创造所体现的智慧。邓小平的理论创新，归根结底离不开人民群众实践的创造。邓小平多次肯定这一点，说农村改革的“发明权是农民的”，“农村改革中的好多东西都是基层创造出来，我们把它拿来加工、提高，作为全国的指导”①。他在谈到党的十四大报告的起草和修改问题时说出了一个深刻的道理：人民群众的实践，是马克思主义理论创新的源泉。为了让这一源泉不断地为丰富和发展邓小平理论提供新鲜活水，党的十五大报告着重提出了两个方面：一是“逐步形成深入了解民情、充分反映民意、广泛集中民智的决策机制”；二是“扩大基层民主，保证人民群众直接行使民主权利，依法管理自己的事情，创造自己的幸福生活”。前者可以说是接通人民群众实践创造的“活水”，并使之上升为理论创新的管道，从而使理论创新有了取之不尽的新鲜“活水”；后者可以说是增大理论创新的源泉的“储水量”，因为加强基层民主建设，必然使得群众中潜藏着的巨大的创造潜能发挥出来，从而使这一理论创新的源泉的“储水量”得到极大的扩充。这两个方面互相结合，我们就一定能依靠人民群众的创造和智慧，承担起在实践中发展邓小平理论的历史责任。

我们要肩负起这样的历史责任，还必须具有勇于探索的精神。理论创新的过程，是把未知的自在之物变成已知的为我之物的过程。对于涉足未知领域而言，勇于探索的精神是不可或缺的。邓小平之所以能够作出众多重大的理论创新，是和他具有勇于探索的精神分不开的。他在指出我们干的是全新

① 《邓小平文选》第3卷，人民出版社1993年版，第383页。

的事业的同时，就反复地说："干革命、搞建设，都要有一批勇于思考、勇于探索、勇于创新的闯将"；"没有一点闯的精神，没有一点'冒'的精神，没有一股气呀、劲呀，就走不出一条好路，走不出一条新路，就干不出新的事业"。①可以说，没有这样的敢闯敢试、敢冒风险的勇于探索的精神，就不可能有崭新的建设有中国特色社会主义的事业，也不可能有邓小平的理论创新。

我们要对邓小平理论有所发展，同样需要这种勇于探索的精神。因此，党的十五大报告在将丰富和创造性地发展邓小平理论的庄严历史责任提到全党面前的同时，就要求在全党造成"积极探索的风气"。但要随着时代的发展而对邓小平理论有所创新，就必须抓住历史机遇；而历史机遇是客观的存在，如果我们没有勇于探索的精神，那么就不能抓住历史机遇，从而也就丧失面对时代提出的重大问题而在理论上有所创新的可能性。另外，理论创新并非一蹴而就，往往要经受多次的长期的实践的检验，甚至失败的教训的结果。如果没有勇于探索的精神，就会因为试了一两回碰了壁而使理论创新半途夭折。同时，理论上的创新，在开始的时候，常常被认作是"异端邪说"，这不仅是因为它要突破的原有的理论往往来自某个权威，还因为原有的理论往往在很大程度上已积淀为某种集体无意识，罩盖了绝大多数人的头脑。所以，不具备勇于探索的精神，就会被"异端邪说"的帽子而吓倒，就会屈从于权威和大多数人奉行的传统，使理论创新遭到窒息。因此，倡导勇于探索的精神，对于我们在运用邓小平理论中不断创新是完全必要的。党的十五大报告尤其是其关于社会主义初级阶段的基本纲领的制定，就充分体现了这种勇于探索的精神。这也说明这种精神是党的十五大报告能够为邓小平理论作出重要新贡献的重要条件。

总之，只要我们树立了正确的学风，以人民群众的创造和智慧为源泉，发扬勇于探索的精神，就一定能把党的十五大提出的继续丰富和创造性地发展邓小平理论的庄严历史责任担当起来，让邓小平理论的创新品格永不褪色。

（原载《学术界》1998 年第 5 期）

① 《邓小平文选》第 3 卷，人民出版社 1993 年版，第 143、372 页。

建设有中国特色的社会主义文化与批判继承传统文化

在20世纪的最后20年,随着邓小平理论的产生和发展,马克思主义中国化进入了新的阶段。邓小平理论作为当代中国的马克思主义,需要回答建设当代中国先进文化与批判继承传统文化的关系,因为批判继承传统文化是"中国特色"的重要文化根基。20年来,在建设中国特色社会主义文化的过程中,有两种倾向值得注意:一是贯穿于20世纪80年代以"彻底反传统"为旗号的文化激进主义,将传统文化看作是应当彻底扬弃的"包袱";二是兴起于20世纪90年代以"国学热"为现象的文化保守主义,其表现于思想文化界是认同和呼应海外新儒家的"儒学复兴"说,表现于普通民众则是热衷于从佛教、道教和《易经》的神秘术数里寻求精神慰藉以及身心健康之道。这两种倾向的交替出现,表明如何超越文化激进主义和文化保守主义的两极对峙,批判继承传统文化,是建设有中国特色社会主义文化在世纪之交的重要课题。

一

文化激进主义和文化保守主义相对峙的表现之一,是把对传统文化的批判和继承割裂开来,而中国特色社会主义文化则把对传统文化的批判和继承相统一。

所谓"中国特色",就包含着对传统文化的继承,因而党的十五大报告指出,中国特色的社会主义文化"渊源于中华民族五千年文明史";所谓"社会主义"则意味着对传统文化的继承是通过社会主义意识形态的批判而实现的,因而如党的十五大报告所说,能够"反映我国社会主义经济和政治的基本特征"。正因为中国特色的社会主义文化这一命题本身就蕴含着对传统文化的批判和继承的统一,所以批判继承传统文化就成了建设中国特色社会主义文化的应有之义。

首先,在思想上建设中国特色社会主义文化以马克思主义为指导,而批判继承传统文化正是马克思主义中国化所要求的。马克思主义在任何一个国家和民族,都必须和这个国家和民族的文化传统相结合,才能得以生根开花。众所周知,毛泽东在提出马克思主义中国化时,指出“从孔夫子到孙中山,我们应当给以总结,承继这一份珍贵的遗产”。这意味着批判继承传统文化是马克思主义中国化的重要内涵,也意味着批判继承传统文化是毛泽东思想的重要的文化品格。邓小平理论作为马克思主义中国化的新阶段,继承和发展了毛泽东思想的这一文化品格,同样具有批判继承传统文化的内涵。它以重新确立实事求是的思想路线为出发点,赋予实事求是的文化传统以解放思想的崭新意义,就突出地表明了这一点。

中国化的马克思主义以批判继承传统文化作为自己的重要品格,因而在其指导下的文化建设纲领自然就包含着批判继承传统文化的要求。毛泽东的《新民主主义论》以“民族的科学的大众的文化”作为新民主主义文化的建设纲领,这一纲领提出了批判继承传统文化的一般原则:“剔除其封建性的糟粕,吸收其民主性的精华。”在邓小平理论指导下的中国特色社会主义文化的建设纲领,则将对传统文化的批判继承集中落实在其规定的建设目标上。党的十五大报告在阐述中国特色社会主义的文化纲领时指出,它“以培育有理想、有道德、有文化、有纪律的公民为目标”。这样的新人体现了对传统理想人格的批判继承。

传统儒家的理想人格以“内圣”即完善自我德性为主要取向。德性的完善总是展现于自我对于“道”即道德境界和理想社会的毕生追求中,所以说“朝闻道,夕可死”(《论语·里仁》)。因此,“内圣”人格特别注重道德和理想的价值。然而,专注于内在德性修养的“内圣”人格,发展到理学家的“醇儒”,就显示出两个主要的缺陷:一是以对内在德性的认识(德性之知)贬抑对外在事物的认识(闻见之知),于是科学文化知识在人格要素中就无足轻重了;二是以“惩忿窒欲”的内在收敛排斥奋发拓展的豪杰之气。近代思想家关于“新人”“新民”的学说,批判了“内圣”人格的上述缺陷,他们提出的“开民智”,主要就是指学习近代科学文化,他们要求的“新民”,具有“进取冒险之性质”,即富有创造创新的精神。中国特色社会主义文化建设纲领所要求的“四有”新人，继承了“内圣”人格重视理想和道德的文化传统，并吸取了近代思想家对这一人格所作的批判，提出了“有文化”和具有“敢闯”的“冒点风险”的精神，同时增加了现代文明所要求的法律意识，“有纪律”，就包含了这一点，因为法律就是社会这个大组织的纪律。一般而言，文化建设总是归结为人的培养。因此，“四有”新人突出地展示了中国特色社会主义文化的建设纲领对传统文化的批判继承。

其次，在内容上中国特色的社会主义文化立足中国，面向世界，是民族性和世界性的统一，这同样离不开对传统文化的批判继承。有中国特色的社会主义文化，不可能建立在历史的空白上，而是把几千年来人类共同创造的文明成果为基础。在人类文明中占有重要历史地位的中国传统文化无疑是其不可或缺的思想资源，这就需要批判继承传统文化。否则，中国特色的社会主义文化的“中国特色”将是不完全的，它所要求的民族性也就无从谈起。然而中国特色的社会主义文化建设是在改革开放的条件下进行的，因而必须充分吸收外国文化的优秀成果，否则其世界性就是空话。但是，这依然是和批判继承中国传统文化相联系的，这其中的道理特别需要加以说明。

学习外国文化，自然应学习其长处以克服中国传统文化的短处。但是，长处和短处都不是绝对的，即长处并不意味着其中不存在缺陷，而短处也不意味着其中没有值得挖掘的优点。因此，学习外国文化的长处以克服中国传统文化的短处，绝不是把前者照搬过来以取代后者，而是要以后者中的优点来扬弃前者中的缺陷，使两者形成互补关系，在更深的层次上将民族性和世界性统一于“中国特色”之中。显然，在这里批判继承中国传统文化是重要的一环。比如，以当代中国法文化建设而言，一般认为西方和中国形成了不同的传统：前者重法治，后者重德治。我们今天的以法治国，是否意味着只是仿效前者的法文化，而视后者为一无是处呢？以法治为特征的西方法文化传统奠基于正义原则之上。古希腊的柏拉图、亚里士多德把正义看作是确定个体权利范围的界限，这种确定以契约形式表现出来，而法律则保证契约形式的实现。西方以权利契约关系为内涵的法治文化传统由此而发端。但是，它偏重于确保彼此权利的不逾越界限和契约形式的实现，把法律看作是冷峻的、无情感的形式，亚里士多德说：“法律正是全没有感情的。”这样的法治社会导致人际间情感淡漠,成为自我孤独的冷冰冰的世界。中国重德治的法文化传统以儒家的仁道原则为主导,认为人与人只有通过仁爱的道德情感加以沟通,才能建立起和谐的社会秩序,因而唤醒潜藏着仁爱之情的良心,比之立法和执法更为重要。它注重个体彼此间道德情感的沟通对于社会的凝聚力作用,但拒斥了个体间权利的确定。因为它与西方“正义”相近的概念即“义”是从属于仁的,在它看来,关注彼此自身权利必然导致相互争夺,泯灭仁爱之情,“义”就无从谈起,社会也无法正常运转。可见,西方法文化的长处正是中国法文化传统的短处,而前者长处中所忽视的东西恰恰是后者短处中所具有的。显然,只有看到两者的互补性,才能在学习西方法文化长处的同时,又继承和发展中国传统法文化的合理之处,从而使当代中国的法文化具有民族性和世界性相统一的“中国特色”。无疑,这需要经过对中国传统法文化的批判继承。法文化的建设是如此,推而广之,其他领域的有中国特色社会主义文化的建设也是如此。

第三,在实践上建设有中国特色社会主义文化作为广泛的群众性活动,批判继承传统文化也是必不可少的。这是因为中国多元的文化传统对当代中国文化建设的现实影响是复杂多样的。

就思想流派而言,传统文化可分为儒、墨、道、法等,还有道教、佛教等宗教。即使是儒学也存在着正统派儒学和非正统派儒学之分;道教、佛教内部更是宗派林立。这么多样的思想传统在当代中国的不同地区、不同阶层,其影响是不尽一致的。就地区、区域而言,古代就有齐鲁、荆楚、吴越、巴蜀、幽燕等不同的文化传统。显然,这样的地域性的传统文化对本地域的影响要大于本地域之外。就多民族组成的中国而言,汉族和其他众多的少数民族,都有相对独立的传统文化。这些带有各自民族色彩的传统文化,对本民族的影响自然是大于其他民族的。就社会阶层而言,有“雅”文化即上层精英文化的传统,也有“俗”文化即下层民间文化的传统。在中国封建社会,上层精英的传统文化往往和封建主义意识形态有较大的联系;下层民间的传统文化和农民思想意识有较大的联系。而农民作为封建社会的被统治者,其文化传统和封建主义文化传统有对立的一面,但两者又有着相通的一面,因为它们同是小农自然经济的反映。当代中国是从漫长的封建社会和小农自然经济中发展而来的,因而这两种文化传统对当代中国的影响也同时存在。总之,由于传统文化的多元性以及对当代中国影响的复杂性，因此无论是哪一个地区、民族、阶层建设有中国特色的社会主义文化，在实践上都需要对这一地区、民族、阶层影响最大和关系最为密切的传统文化进行批判继承。

二

文化激进主义和文化保守主义的对峙，尤其表现在评价传统文化的价值上。前者认为传统文化随着产生它的传统社会在近代的解体，已落后于时代，对于走向现代化的中国只有负价值。后者认为传统文化即使在其产生的社会根基瓦解之后，仍然具有永恒的人文价值。这两者的对峙实际上是工具价值和内在价值这两种评价尺度的对峙。揭示传统文化落后于时代，是以其对中国现代化能否带来直接功效为尺度，用的是工具价值的评价尺度；强调传统文化具有不因其落后时代而随之丧失人文价值，是以传统文化本身的内在价值为评价尺度。建设中国特色的社会主义文化，把对传统文化的批判和继承相统一，贯彻于对传统文化的评价上，就是将上述两种评价尺度相统一。因为中国特色的社会主义文化之所以以批判继承传统文化为己任，就是认为一方面传统文化包含着中华民族特有的智慧，其本身就具有价值，另一方面传统文化主要是在封建社会里和小农经济基础上形成和发展起来的，不可避免地具有与社会主义时代不相适应和相背离的负面价值。可见，在建设有中国特色社会主义文化的过程中批判继承传统文化，必然在评价传统文化的尺度上表现为内在价值和工具价值的统一，从而超越文化激进主义和文化保守主义的对峙。

在中国近代，传统文化尤其是作为传统社会价值体系支撑的儒学遭到了猛烈批判。这些批判的基本点，是揭露传统文化特别是儒学在中国走向近代化过程中的负面作用，即凸显传统文化落后于时代的一面，因而到了五四时期就发出了“打倒孔家店”的呐喊。①这显然主要是用工具价值的尺度来评价传统

① 本人后来经查考，五四时期并无“打倒孔家店”一语，只有“打孔家店”，详见拙作《新文化运动反传统之辨析》，《中国社会科学》2015 年第 11 期。

文化。以新儒家为代表的保守主义对中国近代尤其是五四时期批判传统文化特别是反孔情绪的高涨颇有微词。其实,指出以儒学为代表的传统文化落后于时代的负面作用,不仅在近代中国具有解放思想的历史意义,而且对于建设中国特色的社会主义文化也具有现实意义。

中国特色的社会主义文化的时代性,最主要地表现在为社会主义现代化建设服务,反映社会主义政治和经济的特征。致力于建设现代化的中国社会主义的经济和政治,正朝着市场经济和民主政治的方向迈进。作为传统文化主流的儒学,其价值取向和市场经济、民主政治的价值取向具有明显的时代落差。市场经济以功利原则为主导,而儒学主张"重义轻利",以小农经济的道德规范(义)来排斥功利;民主政治与以人的依赖关系为特征的权威主义是相对立的,而儒学以三纲五常为核心的宗法伦理,恰恰是维护以人的依赖关系为特征的权威主义。因此,在建设中国特色的社会主义文化的过程中批判继承传统文化,决不能只是辑录某些在今天还有需要的词句,从而掩饰其落后于时代的性质,作片面的阐发。因此,工具价值的评价尺度,仍然是中国特色的社会主义文化批判继承传统文化时所需要的。否则,就很容易和现代新儒家的"儒学复兴"论相混淆。

但是,这并不意味着以工具价值的尺度批判继承传统文化,只是单一地批判其落后于时代的负面性。因为传统文化在中国社会主义现代化进程里不是毫无时代意义的。当代中国的现代化也出现了与西方现代化相类似的流弊,即天(自然)人关系失衡、人际关系紧张。主张天人合一,人际和谐的儒学传统可以对此起到调节和制约的作用。可以说,包括儒学在内的传统文化对于中国的社会主义现代化,不能在价值取向的主导地位上取代马克思主义,但它仍在使价值取向更为合理方面具有借鉴作用的工具价值。所以,以工具价值的尺度评价传统文化,本身就包含了批判和继承的统一。

中国特色的社会主义文化对传统文化的批判继承,更着重于它的内在价值。以传统的思想流派而言,主要是儒、道(道家和道教)、释三家,对于它们的批判继承,主要是开掘和发展其内在的理论价值。所谓内在的理论价值,就是说它们不只提供了某种关于宇宙人生的知识(它们作为知识体系在总体上是过时了),也包含着某种关于宇宙人生的真理性认识即智慧,潜藏着许多有待于充分展开的深刻洞见。这里试以它们的主要宗旨来对此作简略的说明。

儒学以仁知统一为主旨。这一主旨表现为认识论与伦理学相联系，往往把道德评价(仁)置于事实认知(知)之上，以人伦关系的体认遮蔽了对自然现象的考察。这种把知识伦理化的倾向显然是中国特色的社会主义文化建设不足取的，因为这种倾向必然导致对科学知识的漠视，而重视科学文化知识的学习正是中国特色的社会主义文化所要求的。但是，知作为求真的过程，仁作为道德规范体现了善的原则。因此，仁知统一的传统无疑内在地包含着真与善的统一。这正是它的理论价值之所在，是它向我们提供的智慧。就此而言，儒学的仁知统一仍然是有价值的。中国特色的社会主义文化着眼于全民族的思想道德素质和科学文化素质的提高，正是表现了对真善统一的追求。

道家的主旨是“道法自然”，强调以自然的法则为法则。由此出发，认为一切人为的文明都是对自然的破坏，应予以排斥。这同中国特色的社会主义文化搞好物质文明和精神文明两手抓的主张是不协调的。但是，“道法自然”所包含的内在理论价值，则是提出了人为必须遵循自然法则。这一智慧实际上已被我们今天所讲的“可持续发展”所摄入。道教的主旨是长生成仙，认为人可以通过“夺天地阴阳造化之机”，使得自己和天地一样长生不死。这其中无疑掺杂着神学迷信，为中国特色的社会主义文化所不取。但是，它肯定自然和人生有其统一的原理，是有机联系的，却是十分有价值的观念。挖掘这一观念的智慧，对于今天的自然科学和人文科学如何认识自然和人的关系是富有启迪性的。

佛教的全部学说则是要论证人们如何从现世痛苦中获得解脱。它在论证这一问题的过程中，认为必须把现实世界看作是“心”(精神)的显现，是虚假的幻象，即“心作万有，诸法皆空”，由此才能从现实世界的种种痛苦中解脱出来。这种把现实人生、现实世界看作虚幻的观点，和中国特色的社会主义文化所坚持的辩证唯物主义是相背离的。但佛学由此而对人的精神意识活动作了多方面的考察，提出了一些有价值的见解。比如，禅宗的“顿悟”说认为，顿悟式的直觉是认识过程中的飞跃，这一观点已在不同程度上为现代的认识论和心理学所吸取，古老的传统智慧流淌在当代人的思想血脉里。

以上通过对儒、道、释的简略分析，意在说明在建设中国特色的社会主义文化的过程中，必须看到传统文化的内在价值，否则就容易只看到它落后于时代的负面作用而走向民族虚无主义。当然，认识到传统文化具有内在价值，并不意味着把这些富于智慧的思想、观念等简单地搬过来，而是要对其重新予以梳理、诠释、阐发，这里面就包含着批判即扬弃和创新。可见，以内在价值的尺度评价传统文化，本身也应当是批判和继承相统一的。

总之，在建设中国特色的社会主义文化中，用工具价值和内在价值相统一的尺度评价传统文化，体现了批判和继承的统一，而这两个尺度的本身也包含着批判与继承的统一。

三

把工具价值和内在价值相统一来评价传统文化，主要是从学理层面来解决如何批判继承传统文化的问题。但是，批判继承传统文化在实际操作中如何来具体落实呢？这是建设中国特色的社会主义文化必须回答的。批判继承传统文化在实际操作层面讲，就是回答经过何种环节使得优秀的文化传统能对有中国特色的社会主义文化发生影响。这就需要首先考察一下传统文化在古代社会产生影响力的主要环节。

首先是思想观念。在古代社会，传统文化以典籍文献为重要载体。人们正是通过对这些典籍文献的不断讲授、领会和阐发，使得其中的思想观念一脉相承，由此而影响和支配了一代又一代人们。儒家的思想观念之所以特别有影响，重要的原因就在于其独尊的地位使得其典籍被奉为“经典”，于是对这些经典的注疏绵延不绝，其思想观念也就在这源远流长的注疏里不断地被继承。同时科举制进一步强化了儒家经典影响人们思想观念的功能。

其次是行为方式。古代社会大多数民众对传统文化的接受，主要不是来自书本(因他们多为文盲)，而是来自行为方式的训练。在古代社会，人们的行为方式通常是以所谓的“礼”为准则的。人们要从呱呱坠地时的自然人变成社会认同的社会人，就必须按照社会通行的行为准则(礼)来规范自己。这样的规范过程，就是把行为准则所体现的“义理”即思想观念尤其是价值观念内化于行为主体自身的过程。于是，传统文化的思想观念就通过行为方式而展示出来,并延续下去。儒家的思想观念之所以不仅对士大夫阶层而且对普通民众也具有特别大的影响力,是同作为行为准则的“礼”主要来自儒家分不开的。儒家的思想观念正是通过“礼”对普通民众的规范而在他们身上打下了深深的烙印。民间流行的家训、家教等家规正是“礼”在日常生活的落实。

第三是语言传递。语言是表达思想的工具。古代汉语(文言)的特点是言约义丰。这个特点表现为它的字、词有多重的意义。如“气”,即有质料之义,如阴阳之气、电气;又有精神状态之义,如阳刚之气、勇气。词语意义的含混,对于表达思维的严密性和精确性,显然是个缺点。但是,它的另一方面则是所包含的情感相当丰富。这是因为词语的意义歧多,其涵盖性就大,可以被用来指称不同的事物,于是就能够长久地使用下去。这样,在同一词语里,就积淀了在长久的使用中所蕴含的各种情感。因此,随着语言的传递,传统文化的丰富情感也就得以为后人所接受、咀嚼、发展和引申。古代诗词追求“言外之意”,就突出地表现了对同一词语的多重情感意蕴的挖掘。

如果就上述三个环节而言,传统文化对于当代中国社会的影响力是微乎其微的。从思想观念来说,当代中国社会不再把古代典籍奉为必读的教科书了,绝大多数中国人已说不清楚这些典籍(如四书五经)为何物。这就是说,当代的中国大众并非古代传统文化的自觉继承者。当代中国和古代传统文化有较为密切关联的,主要是从事这方面的学者。这些学者不仅在总人口数量的占比上无法和古代皓首穷经的儒生相比,而且其中绝大多数人在心态上也和古代儒生的“闻道”“传道”不能相提并论。从行为方式来看,封建礼教从五四以来逐步瓦解,“礼”不再是通行的准则,人们只能从影视、小说的描写中知道古人的行为方式(且不论这类描写很多是错误的);而且随着大众传媒(尤其是电视)的普及,少年儿童更多从这里接受行为方式的熏陶,即将电视中的人物的行为方式视为社会认同的行为方式,而这些行为方式常常是西方式的。以语言传递来说,五四以来文言被以白话文为主体的现代汉语所取代,在现代汉语的教学中更多注意语法结构,而蕴藏于词语中的传统情感已很少得以传递了。所以,现代中国人讲到“道”字,恐怕已不会获得古人寄托于其中的庄严、崇高的情感了。

这就告诉我们:要在建设有中国特色的社会主义文化的过程中批判继承

传统文化,必须从上述三个环节来加以落实。否则,就容易流于空洞的原则。如上所述,由于传统思想观念主要依赖于古典文献而传播,因此需要在大、中、小学里加强对于古典文献的阅读和讲授,即选择能较好体现优秀的传统思想观念的典籍,形成一个阅读系列,从而使大、中、小学生受到这些优秀思想传统的感染。最近以来举办的中小学生诵读唐宋诗词活动,在这方面开了一个好头。在行为方式上,封建礼教是不足取的,重新搬出传统之“礼”,是迂腐的做法。但是,将“礼”的传统中蕴含的合理因素融进现代文明的行为方式里,则是可以做到的。传统之“礼”包含着“节”和“文”的作用,即对情感,欲望起到有所节制和美化的作用。我们应当在现代文明的行为方式里发挥传统之礼的这种作用。传统之“礼”强调以道德凝聚力作为人际交往的行为方式的基础。其实我们所讲的同志式的交往方式已包含传统之“礼”的这一合理因素(《国语·晋语四》:“同德则同心,同心则同志”)。然而,这一合理因素现在往往被淡忘了,人们更多地以官衔、学衔来称呼人就表明这一点。我们应当在同志式交往方式的发扬光大中重显传统之“礼”的这一合理因素。在语言传递方面,应当改变目前汉语教学中偏重语法结构而忽略其中蕴含的情感的缺点。如对于楚辞、汉赋、唐诗、宋词等的传授,应当使学生知道如果离开了文言词语中包容的多重意蕴,其意境神韵恐怕是难以表现出来的。这样,在汉语的使用过程中,其积淀的传统情感才有可能在中国特色的社会主义文化里放射出新的光彩。

(原载《上海交通大学学报》2001年第1期)

邓小平之问与五四前后对“什么叫社会主义”的认识

如何认识社会主义，是整个 20 世纪始终萦绕在中国人脑海里的重大问题。百年来中国认识社会主义的过程，是空想与科学矛盾运动的过程。20 世纪 80 年代，邓小平指出：“什么叫社会主义，什么叫马克思主义，我们过去对这个问题的认识不是完全清醒的。马克思主义最注重生产力。”①在这里他点明了马克思主义的科学社会主义的要点在于注重生产力，是否注重生产力则是中国认识社会主义过程中能否以科学克服空想的关键。五四前后中国最初认识社会主义的过程就反映了这一点，它从一个侧面显示了邓小平之问的历史内涵和历史洞察力。

一、以“大同”解读社会主义

近代中国同西方一样，社会主义也经历了由空想到科学的发展过程。不过，中国最初的空想社会主义与其传统的大同理想是息息相关的。

（一）“大同学”：社会主义的最初指南

“社会主义”这个名词，是在 20 世纪即将来临之际由日本传入中国的。当时在中国的西方传教士把社会主义理论诠释为“贫富适均”的“大同学”，这样的诠释很快就风行于中国的思想界。

20 世纪初叶，中国思想界的主要情景是资产阶级的改良派和革命派之间的对垒。然而，对垒的双方却都以“大同”来解读社会主义。康有为的《大同书》明显受到西方社会主义思想的影响。书中不仅介绍了傅立叶等人的“乌托邦”，并且认为欧美工人罢工结党的“腾跃”之势，表明“均产之说益盛，乃为后

① 《邓小平文选》第 3 卷，人民出版社 1993 年版，第 64 页。

此第一大论题也”。此外，康有为在早年编辑的《日本书目志》中，收入日本哲学家井上圆了《星界想游记》一书，这是日本明治时代空想社会主义的著作；他还读过美国贝拉米写的空想社会主义小说《回头看纪略》(一名《百年一览》)中译本，对此评价道：“美国所著《百年一览》书，是大同影子。”[①]梁启超把相传曾在远古“大同”实行过的井田制比附为社会主义：“中国古代井田制度，正与近世之社会主义同一立脚点。”(《中国之社会主义》)孙中山在阐释三民主义的民生主义时说：“民生主义就是社会主义，又名共产主义，即是大同主义。”(《三民主义·民生主义》)思想论战的双方，都以中国传统的大同理想来指称社会主义，表达了当时中国人对于社会主义的最初向往。

“大同”理想的蓝图，首先出于儒家经典《礼运·礼运》：“大道之行也，天下为公。选贤与能，讲信修睦，故人不独亲其亲，子其子。使老有所终，壮有所用，幼有所长，矜寡孤独废疾者，皆有所养。男有分，女有归。货恶其弃于地也，不必藏于已；力恶其不出于身也，不必为已。是故谋闭而不兴，盗窃乱贼而不作，故外户而不闭，是谓大同。”显然，这样的理想社会，最主要的是把“天下为公”作为道德原则贯彻于社会生活的各个方面。所以，中国人最初以“大同”解读社会主义，意味着主要是把社会主义当作道德理想来看待的。这样的社会主义自然具有空想的性质。这种空想社会主义的出现，固然表现了传统大同理想的潜意识作用；但是，这种潜意识是被当时的社会历史要求所激活，裹挟在中国近代进化论大潮里而映显的。

(二) 社会主义的优越：“无有竞争”的至善

进化论从西方传入中国，它在西方是带有哲学意义的自然科学理论，然而，到了中国则成为具有以自然科学为佐证的世界观。于是，中国近代的进化论为社会进化预设了一个至善尽美的终极目标——大同世界，社会的进化是朝着这一终极目标不断进步的必然进程。于是，进化论就成了进化即进步的社会向善论。康有为的“公羊三世”说历史进化论，以为社会进化是严格按照“三世”的顺序“日进而日盛”(梁启超：《南海康先生传》)，最终达到盛之极至的“太平世”(大同)。梁启超强调进化论所谓的社会进化，不是泛指一般的“变”，

① 《康南海先生口说》，中山大学出版社1985年版，第31页。

而是指“日趋于善”(《变法通议》)的变。严复则更为明确地指出,社会的进化和其趋善的进步是一致的。赫胥黎认为,达尔文进化论的进化,并非单一的进步趋善:“以天演言之,则善固演也,恶亦未尝非演。”①严复则予以反驳,认为斯宾塞的社会进化即向善之进步的观点是坚不可摧的:“斯宾塞所谓民群任天演之自然,则日必进善,不日趋恶,而郅治必有德而臻者,其竖义至坚,殆难破也。”②革命派的进化论同样认为社会进化是趋向至善的终极目标的过程,孙中山把社会向善的趋势比作长江、黄河的流水:“水流的方向或者有许多曲折,向北流或向南流的,但是流到最后一定是向东的,无论是怎么样都阻止不住的。”(《三民主义·民权主义》)

根据这样一种社会向善的进化论,改良派和革命派都以为西方资本主义比中国封建主义要美妙,因而在中国发展资本主义,在社会日趋向善的进化程序中是必然的;然而他们发现西方资本主义并非是理想化的至善王国,因而比资本主义更美妙的社会主义的兴起,在社会日趋向至善大同的进化程序中也是必然的。严复指出:“夫自今日中国而视西洋,则西洋诚为强且富,顾谓其至治极盛,则又大谬不然之说也。”③孙中山表达了同样的看法:“国家富强,民权发达,如欧洲列强者,犹未能登民族极乐之乡也。”(《孙文学说》)改良派和革命派都认为,西方资本主义以生存竞争为准则,带来了两个弊病:一是贫富两极分化,二是极端的自私自利。康有为在《大同书》中指出:“近自天演之说鸣,竞争之义视为至理,故国与国陈兵相视,以吞灭为固然;人与人相诈相陷,以欺凌为得计。”因此,西方资本主义“文明日进,诚过畴昔,然新且虽瑰玮,不过世界之外观,于民生独人之困苦,公德之缺乏,未能略有补救也”。革命派的朱执信指出,西方资本主义的“社会经济组织”完全“放任竞争,一不过问,故其竞争之结果生无数贫困者,而一方胜于竞争者积其富,日益以肆矣”,因而“放任竞争与贫富悬隔有必然之关系”(《论社会革命当与政治革命并行》)。章太炎还指出,“生存竞争,专为一己”④,孙中山认为“以优胜劣败、弱肉强食为立国之主脑,至谓有强权而无公理”(《在北京湖广会馆学界欢迎会的演说》)。

①② 《严复集》第5册,中华书局1986年版,第1392页。
③ 《严复集》第1册,中华书局1986年版,第24页。
④ 《章太炎政论选集》上,中华书局1977年版,第272页。

然而,社会主义正可救治这两方面的弊病。于是,改良派和革命派都相信按照社会朝至善大同进化的必然程序,社会主义取代资本主义是无可怀疑的。他们认为社会主义是对竞争原则的摈弃。康有为的《大同书》说:“大同之世,视人如己,无有畛域,‘货恶其弃于地也,不必藏于己,力恶其不出于身也,不必为己’。当是时也,最恶竞争,亦无有竞争者也。”在这里,排斥竞争与避免资本主义的两大弊病是紧密联系在一起的。革命派也持同样的观点,孙中山指出:“共产云者,即人在社会之中……不相妨害,不相竞争”(《在上海中国社会党的演说》),于是社会主义就能避免资本主义的两大弊病而实现大同理想:“民生主义(Socialism),日人译名社会主义”,它“自二十世纪开幕以来”是“吐露锋芒,光焰万丈”,其之“发达何以故?曰:以救正贫富不均”(冯自由:《民生主义与中国政治革命之前途》);“社会主义者,无自私自利,专说公道真理,以图社会之进化”(褚民谊:《伸论民族、民权社会三主义之异同再答来书论〈新世纪〉发刊之趣意》)。社会主义消除了西方资本主义的弊病,就能避免把“欧美日本伪文明推行于中国”(何震、刘师培:《论种族革命与无政府革命之得失》),而造就“真文明”的大同理想:“社会主义革命……实行科学的进化,求世界之真文明,于是以人道之大同、世界之极乐为其究竟。”(千夜:《就社会主义以正革命主义论》)可见,改良派和革命派都把资本主义的不善归之于倡导竞争,而把社会主义大同的至善归之于否定竞争。这在很大程度上是基于道义的立场,即以道德评价作为尺度。他们的大同社会主义遏止竞争,并非否定竞争在造就物质文明方面的作用,而是指斥它的不道德。正如革命派刊物上一篇名为“天演大同辩”的文章所说的,资本主义用“竞争”之术创造的物质文明“有胜于昔者”,因而排斥竞争不是“欲返古”,而是“悯众生之不平,悲人世之多难,故欲企此不争无意之大同世界”(君平:《天演大同辩》)。

正因为以道德评价的尺度把“竞争”从大同社会主义中剔除出去,所以,改良派和革命派都把确立取“竞争”而代之的道德原则看作向社会主义大同进化的动力。康有为指出,善心即不忍人之心,“一切仁政皆从不忍人之心生。……一核而成参天大树,一滴而成大海之水,人道之仁爱,人道之文明,人道之进化,至于天下大同,皆从此出”(《孟子微·总论第一》)。扩充人类不忍人之心的过程,就是实现世界大同的过程。在孙中山看来,“近代文明进步,以日加速……如此递推，太平之世，当在不远”，然而“达尔文在发明物种进化之物竞天择原则后，而学者多以为仁义道德皆属虚无，而竞争生存乃为实际，几欲以物种以之原则，而施之于人类之进化”，这就阻碍了人类迈向进化的目的即太平（大同）之世。因此，他认为必须以互助作为道德原则来取代竞争原则，“物种以竞争为原则，人类则以互助为原则。社会国家者，互助之体也，道德仁义者，互助之用也；人类顺此原则则昌，不顺此原则”。人类遵循互助原则就能走入大同，“向于互助之原则，以求达人类进化之目的点。人类进化之目的为何？即孔子所谓‘大道之行也，天下为公’”（《孙文学说》）。由此可见从康有为到孙中山，都把社会主义大同的实现看作是道德理想的实现。

（三）“一跃”而为社会主义：平均主义的平等

改良派和革命派虽然都用进化论的观点，以“大同”解读社会主义，为社会主义涂上了浓烈的道德理想的色彩。但两者对于社会主义的认识还是有差异的。改良派的进化论以为社会主义确是高尚美妙的大同理想，但不可立即在中国实行。梁启超明确地对主张中国应早日实行社会主义的美国社会主义者表示：“进步有等级，不能一蹴而就。”（《新大陆游记》）他强调中国的当务之急是“以奖励资本家为第一义”，对他们的工商经济“稍加补苴之力使循轨以发达进化”（《杂答某报》）。康有为写了《大同书》，“既而思大同之治，恐非今日所能骤行，骤行之恐适足以酝乱，故秘其稿不肯以示人”（张伯祯：《南海康先生传》）。梁启超在评论康有为为何迟迟不肯出版刊行《大同书》时说：“有为虽著此书，然秘不示人，亦从不以此义教学者，谓今为据乱之世，只能言小康，不能言大同，言则陷天下于洪水猛兽。”（《清代学术概论·二十四》）可见，改良派的进化论把发展资本主义作为达到大同理想的前阶，而把立即实行具有社会主义内容的大同视为洪水猛兽。革命派的进化论则与此不同，认为中国可以“一跃”而为社会主义，走在世界向大同社会进化的前列。近代中国面临的历史课题是：在尽可能短的时间里，走完西方几百年走过的路程，后来居上，打开通往大同理想的大门。在这样的历史背景下，尽管康有为十分强调循序渐进，但也表露了后来居上的愿望：“天道，后起者胜于先起也；人道，后人逸于前人也。”（《日本书目志·序》）不过，认真回答中国如何后来居上与实行社会主义相联系的是革命派的进化论。孙中山把贫弱国家赶上富强国家的飞跃称为“突驾”，认为中国可以“突驾”日本，超胜西方。这种“突驾”说和中国一跃实现社会主义的信念有着内在的逻辑联系，即前者是后者的前提，后者是前者的演绎。“突驾”说的核心，是以为社会的进化在某种条件下可以跳越某些环节而实现跃进，中国作为后起的近代化国家，无须将西方走向近代化过程中的每一环节都加以充分的展开，这就犹如发明机器和仿造机器的关系：“各国发明机器者，皆积数十百年，始能成一物，仿而造之者，岁月之功已足。中国情况犹是耳。”(《东京留学生欢迎会演说辞》)以此为前提，那么既然已看到社会主义能够消除资本主义的恶果，中国就完全应当跳越西方经历过的资本主义充分发展的环节而一跃实行社会主义，从而在迈向大同社会的进化道路上把西方资本主义国家抛在后面。

革命派进化论的“毕其功于一役”，正体现了上述的逻辑联系：“余维欧美之进化，凡以三大主义：曰民族，曰民权，曰民生。”欧美国家依次进化，到了“二十世纪不得不为民生主义之擅扬时代也”，而中国则可以将实行民族主义、民权主义的政治革命与实行民生主义的社会革命同时并进，“举政治革命、社会革命毕其功于一役。环视欧美，彼且瞠乎后也”(《民报发刊词》)。这里说的实行民生主义的社会革命，也就是革命派说的“预防资本主义制度”的社会主义，因为“共产是民生主义的理想，民生是共产主义的实行”(《三民主义·民生主义》)。革命派的“毕其功于一役”，认为通过社会革命来立即实行社会主义而进于大同理想，表明他们不仅仅如改良派那样把社会主义看作是应当确立的理想，而且将其作为改变社会现状的现实运动。这意味着中国人已开始把社会主义作为改造中国的旗帜了。

当然，这种“毕其功于一役”的革命，如列宁所指出的，“是同社会主义空想、同使中国避免走资本主义道路：即防止资本主义的愿望结合在一起的”一种“主观社会主义”。①它的主观空想性，突出地表现在把跃进为社会主义大同看作是以平等为核心的道德理想的实现，从而忽略了社会主义作为现实运动必须具备的现实条件。康有为设计的“大同”是以平等为最高价值的道德理

① 《列宁选集》第2卷，人民出版社1972年版，第425—426页。

想："大同之道，至平也，至公也，至仁也，治之至也，虽有善道，无以加此矣。"（《大同书·甲部·绪言》）认为大同世界之所以是最完美的"善道"，就在于达到了终极的平等即"至平"。如前所述，康有为把竞争排挤于大同之外，因此，这样的"至平"只能是无任何差异的绝对平等，于是平等就成了平均主义。革命派的社会主义大同也以平等的道德理想作为根本。孙中山说："社会主义国家人民既不存尊卑贵贱之见，则尊卑贵贱之阶级，自无形而归于消灭。农以生之，工以成之，商以通之，舌以治之。各尽其事，各执其业。幸福不平而自平，权利不等而自等。自此演进，不难至大同之世。"（《社会主义的分析》）如前所述，革命派同样是把竞争与社会主义大同相对立的，因此在其社会主义大同里的平等，也是绝对平等的平均主义。孙中山的下面一段话就反映了这一点："我们要解决中国的社会问题，和外国是有相同的目标，这个目标就是要全国人民都可以得安乐，都不致受财产分配不均的痛苦。……才是真正达到民生逐一的目的。此就是孔子所希望之大同世界。"（《三民主义·民生主义》）在中国近代，太平天国的洪秀全首先把大同作为未来的理想社会。这是一个建立于自然经济之上、以平均主义为平等的道德化的理想社会。无论康有为还是孙中山，他们以"大同"解读社会主义，在相当程度上是沿袭了洪秀全的。由于洪秀全把建立大同的太平世界作为现实革命运动的旗帜，这和孙中山等革命派以实行社会主义大同作为现实革命运动有相似之处；因此，孙中山屡屡提到洪秀全，视其大同理想为社会主义大同的先驱："民生主义即贫富均等，不能以富者压制贫者是也，但民生主义在前数十年已有人行之者，其人为何？即洪秀全是。"（《欲改造新国家当实行三民主义》）这就告诉我们，把社会主义大同看成平等即平均主义的道德理想，实际上是根植于与自然经济相联系的农民意识的深厚土壤之中的。

既然社会主义大同以平均主义为平等的道德理想，因而它的立即实行就无须以物质生产的极大发展为前提。孙中山把民生主义称作社会主义，意识到社会主义与解决经济问题有关，"社会主义中的最大问题，就是社会经济问题"（《三民主义·民生主义》），然而他解决这一问题的重点不是以大力发展物质生产为前提，而是以如何在财富分配上达到均等为根本。所以他经常称"民生主义即贫富均等"。由于社会主义大同主要是在财富分配上做到均等，因而革命派认为中国物质生产不发达，人民普遍贫困，贫富不像西方那样悬殊，财富均等的问题容易解决，立即实行社会主义就更加可行了。“近世社会主义学者，恒承认一国社会主义之实行与否，与其文明之进步，为反比例。故纽斯纶者，南洋之一蛮岛也，而可倏变为社会主义乐土。言欧美社会问题者，则曰积重难返，而对于中国，则曰消患未然。”（胡汉民：《告非难民生主义者》）正因为贫穷有利于中国一跃而为社会主义，所以革命派中有人专门“论穷的好处”，认为“中国愈穷，革命党愈多，革命军起得愈早，成事也就愈快。”（白话道人：《国民意见书》）这种愈穷愈有利于迅速实现社会主义的观点，实际上是否认社会主义的实现要以社会物质生产大发展为基础。于是，革命派的一跃而为社会主义只能成为空想。

但是，正如列宁所指出的，应当记住恩格斯在评价空想社会主义时的名言：“在经济学的形式上是错误的东西，在世界历史上却可以是正确的。”①20世纪初叶，中国人以“大同”解读社会主义，把社会主义视作道德理想，这在“经济学的形式上”是错误的，具有空想的性质。然而其中也包含着对中国社会历史发展的正确预见，这就是：实行社会主义是中国历史进化的必然。中国可以跨越资本主义充分发展的阶段而进入社会主义，唯有如此，中国才能后来居上，真正迈向大同理想。也就是说在中国人对社会主义的最初向往中，也潜含着科学的因素。

二、生产力落后与选择社会主义

十月革命一声炮响，给中国人送来了马克思主义，送来了建立社会主义理想社会的曙光。进化论用“大同”解读社会主义，把社会主义在中国的兴起建筑在道德评价的尺度上，由此陷入了空想。中国的早期马克思主义者以唯物史观认识社会主义，论证了社会主义之所以可能是生产力发展的必然产物，生产力落后的中国选择社会主义同样是以生产力根据的，因而有其可能性和必然性的。这样，中国人对社会主义的认识开始走出了空想。

① 《列宁选集》第2卷，人民出版社1992年版，第431页。

（一）科学开端：社会主义是生产力发展的产物

以“大同”解读社会主义所表现的空想性，首先就在于进化论把社会历史向社会主义发展的动因归结于道德。最早由进化论转向唯物史观的李大钊、陈独秀等人，克服了这种空想性。李大钊说，如果“以历史行程的价值”，即以对历史是否发展的态度为标准，进化论和唯物史观都是一致的，即都是与“退落的或循环的历史观”相对立的进步的历史观，而在对历史发展动因的解释上，唯物史观因其把历史进化的动因归于“物质”，归于“社会的生产方式”，认定社会“以其内部促他自己进化的最高动因，就是生产力”①，因而较进化论胜出一筹。陈独秀也在唯物史观和进化论之间的比较中说道：“唯物史固然含着有自然进化的意义，但是他的要求并不只此，我以为唯物史观底要义是告诉我们：历史上一切制度变化是随着经济制度底变化而变化的。”②可见，早期马克思主义者已经把握了唯物史观的基本观点，即把社会历史的最终动因归结了生产力。正是在此基础上，李大钊明确地指出不能把社会主义纯粹看成是伦理道德的理想。他指出，“有许多人所以深病‘马克思主义’的原故，都因为他的学说全把伦理的观念抹煞一切，他那阶级竞争说尤足以使人头痛”，提出“近来哲学上有一种新理想主义出现，可以修正马氏的唯物论，而救其偏弊”，倡导“当这过渡时代，伦理的感化，人道的运动，应该倍加努力，以图铲除人类在前史中所受的恶习染，所养的恶性质，不可单靠物质的变更。这是马氏学说应加救正的地方”。主张要“以人道主义改造人类精神，同时以社会主义改造经济组织。不改造经济组织，单求改造人类精神，必致没有效果。不改造人类精神，单求改造经济组织，也怕不能成功。我们主张物心两面的改造，灵肉一致的改造”③。这里尽管有着对马克思唯物史观的误解，但其把社会主义看作是物质生产力变更的结果而并不只是人道的伦理感化的观点，显然是对于把社会主义大同视为道德理想的克服。

以“大同”解读社会主义的空想性，在孙中山等革命派那里还表现为忽略了实现向社会主义飞跃的“社会革命”需要一定的物质前提。早期马克思主义

① 《李大钊文集》下册，人民出版社 1984 年版，第 59 页。

② 《陈独秀文章选编》中，三联书店 1984 年版，第 157 页。

③ 《李大钊文集》下册，人民出版社 1984 年版，第 67—68 页。

者则克服了这种空想性,把通过社会革命建立社会主义看作是生产力发展的必然产物。李大钊在《我的马克思主义观》中提出,马克思主义理论可分为三部分,一为社会组织进化论,二为经济论,三为社会主义运动论,“阶级竞争说恰如一条金线,把这三大原理从根本上联络起来”①。由此,他一方面阐述了阶级斗争和社会革命推进社会形态、生产力发展的作用,指出,阶级竞争“当初只是经济上的竞争,争经济上的利益,后来更进而为政治的竞争,争政治上的权力,直至那建在阶级对立上的经济的构造自己进化,发生了一种新变化为止”②。消灭资本主义制度,建立社会主义制度,“除了诉于最后的阶级竞争,没有第二个再好的方法”③。阶级斗争和社会革命成为新的社会形态的助产婆,为生产力的新发展开辟道路。另一方面,他指出了社会革命必须具备相应的物质前提,这就是“这个生产力,非到在他所活动的社会组织里,发展到无可再容的程度,那社会组织是万万不能打破。而这在旧社会组织内,长成他那生存条件的新社会组织,非到自然脱离母胎,有了独立生存的运命,也是万万不能发生。恰如孵卵的情形一样,人为的助长,打破孵壳的行动,是万万无效的,是万万不可能的”④。正是把上述两方面结合起来,李大钊阐明了通过社会革命建立社会主义的生产力根据。他指出:“社会主义是由资本主义中发育完全的,好像一个鸡蛋,蛋里面本有新的生机,等到孵养成熟,小鸡自然破壳而出。阶级斗争的新生机,原动力就是社会主义。推翻资本制度的力量,完全在资本主义的积威下,随着进化程序自然而然养成的。这是我们要承认进化论的地方。但到了时机成熟,新生命已经发育完全,就是资本家势力发达到极点,非采用社会主义去推翻资本制度不可的时候,那就必定要用革命的手段——无论如何,革命总是必须的,必经的,无可避免的。”⑤就是说,通过社会革命建立社会主义是人为的努力,但这一努力并非脱离生产力发展的凭空“助长”。

(二)创造性:生产力落后的中国走向社会主义的必然性

早期马克思主义者以唯物史观论证社会主义革命的发生是社会生产力发

①③ 《李大钊文集》下册,人民出版社1984年版,第50页。
② 同上书,第62页。
④ 同上书,第60页。
⑤ 同上书,第631—632页。

展的必然，表现了对科学社会主义的一般性认识；他们对生产力落后的中国必须实行社会主义的论证，则表现了对科学社会主义的特殊性认识。

社会主义是资本主义生产力高度发展的必然产物，那么在生产力落后的国家实行社会主义是否就不具有历史的必然性呢？十月革命胜利后，列宁就面对着这个问题。然而，中国的马克思主义者在革命道路选择之初便面临着这个问题。正是在回答这个问题的过程中，早期马克思主义者表现出了科学认识社会主义的创造性。

这个问题的提出和回答，集中于20世纪20年代初的"社会主义讨论"。在这场讨论中，张东荪、梁启超等人的基本观点就是：社会主义必定是资本主义发展的产物，但中国实业不发达，不具备实现社会主义的前提，因而中国现在不适宜讲社会主义，而应当发展资本主义。张东荪说："马克思之经济进化论是有相当的价值，现在中国就要实行社会主义似乎太越阶了。"(《现在与将来》)梁启超认为"不要空谈社会主义"，在当时的中国，社会主义运动的"第一义""第一问题"，是发展生产，"而生产事业，十中八九，不能不委诸'将本求利'之资本家"(《复张东荪书论社会主义运动》)，因此，在工业不发达的中国，社会主义学说"只好拿来做学问上解放思想的资料，讲到实行，且慢一步罢"(《欧游心影录节录》)。简言之，他们认为中国实行社会主义没有生产力的基础。

从某种意义上说，张东荪、梁启超的认识是对孙中山等革命派忽视生产力基础而向社会主义飞跃的空想的纠正。但是，他们考察中国实行社会主义的生产力的视野是狭窄和片面的。早期马克思主义者承认中国生产力落后的现状，但认为仅仅这样来看待中国实行社会主义的生产力基础是不全面的。李大钊指出："中国今日是否能行社会主义，换言之就是实现社会主义的经济条件在中国今日是否具备，是很要紧而且应该深加研究的问题。"他认为必须从世界发展的全局出发，把中国的发展置于整个世界发展的整体来考量，"要问中国今日是否已具实行社会主义的经济条件，须先问世界今日是否已具实现社会主义的倾向的经济条件。因为中国的经济情形，实不能超出于世界经济势力之外。现在世界的经济组织，既已经资本主义以至社会主义，中国虽未经自行如欧美日本等国的资本主义的发展实业，而一般平民间接受资本主义经济的组织的压迫，较各国直接受资本主义压迫的劳动阶级尤其苦痛。中国国内的劳资阶级间虽未发生重大问题，中国人民在世界经济上的地位，已立在这劳工运动日盛一日的风潮中，想行保护资本家的制度，无论理所不可，抑且势所不能。再在中国在国际上的地位。人家已经由自由竞争发达到必须社会主义共营地位，我们今天才起首由人家的出发点，按人家的步数走。正如人家已达壮年，我们尚在幼稚；人家已走远了几千万里，我们尚在初步在这种势力之下，要想存立，适应这共同生活，恐非取兼程并力社会共营的组织不能有成。所以今日中国想发展实业，非由纯粹生产者组织政府，以铲除国内的掠夺阶级，抵抗此世界的资本主义，使社会主义的组织经营实业不可"①。这里李大钊指出张东荪等人虽然看到了中国生产力落后的国情，但是都不懂得在中国已被卷入世界资本主义市场的情形下，想跟在西方资本主义国家后面，亦步亦趋，已是"理所不可，势所不能"，客观形势决定了只有选择社会主义才是中国的光明前途。

蔡和森表达了与李大钊颇为相似的看法。他以俄国为例阐述了社会主义革命何以不在英美法等先进的工业国发生而在工业比较落后的俄国先行发生，并以此推论中国："因为交通发达的结果，资本主义如水银泼地，无孔不入，故东方久已隶属于西方，农业国久已隶属于工业国，野蛮国久已隶属于文明国"，因而考察实现社会主义条件是否成熟应立足于世界历史的高度。他指出外国资本家早已成了中国无产阶级的主人，中国的阶级战争已不再是中国的最大多数劳动者对本国几个可怜的资本家的战争，而是国际的阶级战争，以此论证社会主义运动在中国"也如自然力的雷电爆发一样，行所必然"（《马克思学说与中国无产阶级》）。

李大钊、蔡和森上述对于中国选择社会主义之必然性的论证，实际上把孙中山等人跨越资本主义而跃入社会主义的正确预见，从以错误的"经济学形式"为基础开始变为以正确的"经济学形式"，即唯物史观为基础，表现了由空想走向科学的开端。他们的论证，实际上与马克思从历史转向世界历史的角度，论证生产力落后的东方社会可以跨越资本主义的"卡夫丁峡谷"而走向社会主义是吻合的，显示出对马克思主义唯物史观的深刻理解。

---

① 《李大钊文集》下册，人民出版社1984年版，第454页。

显示早期马克思主义者对唯物史观的深刻理解，还表现在他们中的一些人在回答生产力落后的中国何以能够实行社会主义时，提出革命胜利并不必然意味着社会主义生产方式的全面推行，而可以从中国生产力落后的现状出发，灵活地采取有益于生产力发展的各种具体方法。恽代英就把中国的情况和欧美的情况区分开来，提出因为中国很少有社会主义生产所要求的“公有机器工厂及一切规模的生产事业”，所以不必如欧美的社会主义“将资本家私有的生产机关没收为公有”，而可以“由人民的政府新办一切的生产机关”(《研究社会问题发端》)。施存统则从吸取俄罗斯这一社会主义生产“最大的最新的试验场”的经验出发，认为中国在革命胜利后同样可运用国家资本主义发展富力，推进实业。他还看到，在生产力不发达的情况下进行社会革命，将要经历较长的向社会主义的过渡期：“在俄国、中国这些产业幼稚，人民无智识的国家，过渡时期要比别国多一些时日也未可知。究竟要多少时日，我们固不能预定；不过共产主义不是一举而成的这件事实，我们是无疑的。”(《马克思底共产主义》)这里显露出在生产力落后的中国需要经过某种既不同于资本主义又不同于社会主义的过渡时期而走向社会主义的思想萌芽。

(三) 空想犹存：正确选择中的偏失

早期马克思主义用基于唯物史观的生产力学说论证了中国选择社会主义的必然性和可能性，从总体上说是正确的，表现出科学认识社会主义的开端。然而，从空想走向科学并非一蹴而就。早期马克思主义者在论证的过程中，仍然犹有不能充分认识到发展生产力对于社会主义具有决定性作用的空想倾向。这主要有以下两方面：

第一，只看到资本主义的罪恶，没有认识到与资本主义相联系的生产力正是走向社会主义所需要的，尤其在生产力落后的中国，资本主义的生产力的发展是有进步作用的。按照陈独秀的看法，资本主义生产方法有两大缺点不得不急图改造，一是资本私有，二是生产过剩。由这两大缺点而生，一方面，“资本主义虽然在欧洲、美洲、日本也能够发达教育及工业，同时却把欧、美、日本之社会弄成贪鄙、欺诈、刻薄、没有良心了”①。他认为这种生产方法是“贪狠”

① 《陈独秀文章选编》中，三联书店1984年版，第52页。

的,不能使人得着人的生活,而且通过战争给世界造成了巨大的灾难。另一方面,“资本主义生产制一面固然增加富力,一面却也增加贫乏”①。正具有见于资本主义的这种罪恶,陈独秀断然否定了资本主义在中国发展生产力的历史作用。他说:“如果说中国贫穷极了,非增加富力不可,我们不反对这话;如果说增加富力非开发实业不可,我们也不反对这话;如果说开发实业非资本不可,且非资本集中不可,我们不但不反对这话而且极端赞成。但如果说开发实业非资本主义不可,集中资本非资本家不可,我们便未免发笑。”因此,他认为不论“外国资本主义”还是“国内资本主义”,一概予以排斥。他说:“我们所谓资本主义不应该分别内外”,“国内资本主义的掠夺方法同外来的是一样的,不过是程度上的区别”。为了开发实业、增加富力,“非废除资本主义生产制采用社会主义生产制不可。因资本主义生产制下,无论资本家是外国人,或是本国人,决不能够使多数人‘都’得着人的生活”②。这就否定了民族资本主义具有一定先进性的生产力。资本主义确实产生罪恶,但资本主义相联系的生产力又是我们所追求的,这实际上要求我们在选择社会主义,拒斥资本主义的同时,将资本主义所包含的、具有一定普遍意义的、能有力推进生产力发展的有效机制,从产生种种弊端的资本主义制度中剥离开来。对此,早期马克思主义者缺乏深刻认识的,从而很难与以“大同”解读社会主义对资本主义的道义批判划清界限。这也表明如何科学地认识和评价资本主义发展生产力的作用,是与科学地认识社会主义紧密相联的。

第二,把社会主义片面地把看作一种新的生产关系,忽视了生产力对于社会主义的决定意义。陈独秀在论述什么是社会主义时说:“社会主义的生产方法:资本归公,人人都有工作生产的机会,社会上一切生产工具——土地、矿山、机器、房屋等——谁也不能据为已有……一切生产品的产额及交换都由公的机关统计调节或直接经营,务使供求相应,不许私人投机营业。”③在这里,陈独秀将社会主义仅仅视为新的生产关系,这同他对资本主义罪恶的道义批判是相联系的,因为只要改变了生产关系,资本主义的罪恶就可以消除了。既然

① 《陈独秀文章选编》中,三联书店 1984 年版,第 54 页。
② 同上书,第 55 页。
③ 同上书,第 51 页。

社会主义只是改变生产关系，那么生产力的发展对于社会主义就无足轻重了。应当说，陈独秀的这种看法是有普遍性的，李达在“社会主义讨论”中，批评梁启超“误解社会主义的本质”，由此阐明了自己对社会主义本质的看法：“社会主义在根本改造经济组织谋社会中最大多数的最大幸福，实行将一切生产机关归为公有，共同生产共同消费。”（《讨论社会主义并质梁任公》）这里李达只是从生产关系而不是从生产力和生产关系的统一来界定社会主义的本质。其实，这也是对社会主义本质的一种误解。这种误解实际上表现了以“大同”解读社会主义的空想性的阴影，即把社会主义看作道德理想。

上述两方面的偏失，表明认识社会主义过程中的空想和科学的矛盾仍然集中于：是不是以生产力的程度及其发展作为最基本的出发点。这也表明尽管早期马克思主义者对社会主义的认识是空想走向科学的开端，但并不意味着从此就与空想绝缘；毛泽东紧紧把握了生产力这个科学社会主义的出发点，提出了由“中国式的、特殊的、新式的”①民主主义即新民主主义走向社会主义的正确道路。如果说，早期马克思主义者以唯物史观生产力理论指明了中国选择社会主义的可能性和必然性，那么，毛泽东的新民主主义理论则指明了中国应当如何去实现何种可能性和必然性，是关于什么是社会主义的认识在中国从空想到科学的历史性飞跃。然而，社会主义作为现实的运动，始终处在科学和空想的矛盾运动中。由此我们可以体会到邓小平之问开启了在中国认识什么是社会主义的又一次飞跃的意义。

（本文根据华东师范大学当代中国马克思主义研究中心编：《社会主义发展的历史进程研究》上海人民出版社 2001 年版第二章改写）

① 《毛泽东著作选读》上册，人民出版社 1986 年版，第 352 页。

人的全面发展:马克思主义中国化的当代成果

人的全面发展问题,是江泽民在庆祝中国共产党成立80周年大会上的讲话的重要内容。马克思和恩格斯已提出了人的全面发展的学说。江泽民的这个讲话,主要不是对这一学说的诠释,而是将这一学说作了与时俱进的创新,由此坚持和丰富、发展了邓小平理论,成为马克思主义中国化的当代成果。

一、确立为当代中国马克思主义的基本原理

江泽民在庆祝中国共产党成立80周年大会上的讲话,把人的全面发展确立为当代中国马克思主义的基本原理,推进了马克思主义中国化。

马克思、恩格斯的理论,以开展欧洲工人运动为主题,因而其理论范式是以政治革命为中心的。他们终身思考的人的全面发展问题,并没有脱离这样的主题和理论范式。纵观他们关于人的全面发展的学说,不难发现其中贯穿着这样一条理论主线:揭露私有制下普遍存在的异化现象,阐明资本主义生产方式必然剥夺人(尤其是劳动者)的全面发展的可能性,由此强调唯有通过无产阶级革命,才能创造以人的全面发展为目的的共产主义(社会主义)社会。《资本论》十分集中地表现了这一点。它指出:在资本主义体系内部,一切提高社会劳动生产力的方法都是靠牺牲工人个人来实现的;一切发展生产的手段都变成统治和剥削生产者的手段,都使工人畸形发展。因此,工人阶级必须进行革命,建立起"以每个人的全面而自由发展为基本原则的社会形式"①。这就是说,在马克思、恩格斯那里,人的全面发展是他们以政治革命为中心的理论范式中的一条基本原理。由于这条基本原理主要是对未来新社会的理论构

① 《马克思恩格斯选集》第2卷,人民出版社1995年版,第239页。

想,而这构想的新社会则要借助政治革命来实现。于是,这条基本原理在政治革命为中心的理论范式里就有可能遭到遮蔽,即突出和强调的是与政治革命直接相关的基本原理,如阶级斗争、无产阶级专政等,而人的全面发展在马克思主义中的基本原理的地位则被淡化甚至隐没了。

这种可能在马克思、恩格斯的后继者列宁、毛泽东身上,程度不同地有所反映。列宁和毛泽东的理论范式仍是以政治革命为中心的。列宁的理论,重点是解决俄国无产阶级如何夺取国家政权的问题。尽管他晚年对社会主义建设作过有益的探索,但由于实践的时间很短暂,这些探索不足以改变其以政治革命为中心的理论范式。毛泽东的理论,主要是回答中国怎样进行新民主主义革命的问题。他虽然曾力图避免苏联社会主义的某些弊病,但以阶级斗争为纲来建设社会主义,实际上是延续了以政治革命为中心的理论范式。因此,他们对于马克思主义基本原理的凸显、发挥和创新,基本上是偏重于政治革命领域以及与之相联系的意识形态领域。

邓小平理论为人的全面发展重新登上马克思主义基本原理的地位打开了通道。因为这一理论把"什么是社会主义,怎样建设社会主义"作为自己的根本问题,并第一次比较系统地对此作了回答,从而在马克思主义思想史上树立起一种新的理论范式,即以社会主义建设为中心的理论范式。这一理论范式的马克思主义,我们就称为当代中国的马克思主义。随着马克思主义的理论范式由政治革命为中心转变成社会主义建设为中心,某些在前一理论范式里隐而不显的马克思主义基本原理,在后一理论范式里开始得以彰明和显扬。这在邓小平那里,突出地表现为赋予生产力是社会发展的最终决定力量这一马克思主义的基本原理以至高至尊的地位,使其成为当代中国马克思主义的最重要的基石。江泽民坚持、丰富和发展了邓小平理论。说其坚持,从根本上讲就是坚持了这一以社会主义建设为中心的理论范式;说其丰富和发展,表现之一,就是他的"三个代表"思想在打牢和夯实生产力理论这块基石的同时,又突出和强调了另一条被政治革命为中心的理论范式所遮蔽的马克思主义基本原理——人的全面发展。他在庆祝中国共产党成立80周年大会上的讲话中指出:"我们建设有中国特色社会主义的各项事业,我们进行的一切工作,既要着眼于人民现实的物质文化生活需要,同时又要着眼于促进人民素质的提高,也就是要努力促进人的全面发展。这是马克思主义关于建设社会主义新社会的本质要求。我们要在发展社会主义社会物质文明和精神文明的基础上，不断推进人的全面发展。”①这里把社会主义建设的“各项事业”“一切工作”“本质要求”，归结于马克思主义指出的人的全面发展这一价值目标，鲜明地表示了人的全面发展是建构以社会主义建设为中心的当代中国马克思主义的基本原理之一。

把人的全面发展确立为当代中国马克思主义的基本原理，固然有着重新认识一度被遮蔽的马克思主义创始人的有关学说的意义。但是，当人的全面发展作为以社会主义建设为中心的理论范式的基本原理时，就有着它作为马克思、恩格斯以政治革命为中心的理论范式的基本原理时不曾有的新意义：人的全面发展正从社会主义革命前预设的理想转向社会主义建设中现实的课题。江泽民“努力促进”和“不断推进”人的全面发展的论断，正表达了这样的化理想为现实的意义。

就马克思主义中国化的历史进程而言，把人的全面发展确立为当代中国马克思主义的基本原理，意味着肯定了人道主义是马克思主义的基本原则之一，从而纠正了这一进程中长期存在的缺陷，即以马克思主义抹杀人道主义。人道主义的根本原则，简单地说就是主张人的价值的至上性。人的全面发展的理想正是基于这样的原则而提出的。在西方的思想史上，“人道精神”（humanitas）的提法和培养“完善的人”的理想一起产生于古希腊。自文艺复兴以来，推崇人的全面发展历来是人道主义的根本宗旨：文艺复兴时代以“多才多艺的人”为理想，这“已经不再是一个禁欲主义的僧侣，而是一个新型的人——完善全面的人”②；卢梭在《论人类不平等的起源和基础》中，论述了人在精神和肉体上全面发展的主张；席勒的《美育书简》希望通过审美活动，使人“成为一个全面的完整的人”；圣西门临终时声称：其终生的全部工作“就是为一切社会成员创造最广泛的可能来发展他们的才能”③；傅立叶设想在未来的协作制度

① 江泽民：《论“三个代表”》，中央文献出版社2001年版，第179页。
② [美]拉蒙特：《作为哲学的人道主义》，商务印书馆1963年版，第32页。
③ 《圣西门选集》下卷，商务印书馆1962年版，第286页。

中,人“将实现体力和智力的全面发展”①;欧文申明在改变了资本主义私有制后,要提高人们“智、德、体、行方面的品质,把他们教育成全面发展的人”②。

马克思和恩格斯在创建马克思主义的过程中,对西方的人道主义尤其是文艺复兴以来的人道主义作过深刻的批判。这主要是批判它从“抽象人”和“抽象的人性”出发,因而其美好的理想(包括人的全面发展)缺乏科学的根据。但他们并没有否定和丢弃人道主义的基本精神,而是在将其安置于历史唯物主义的基础之上予以继承。这突出地表现在他们的理论旗帜上一直鲜明地写着:人的全面发展。正因为如此,他们称自己的学说是“和人道主义相吻合的唯物主义”③,称自己为之奋斗的共产主义是“以扬弃私有财产作为中介的人道主义”④。在马克思主义传入中国的开端,李大钊发表的《我的马克思主义观》等文指出,通过阶级斗争建立社会主义和以个性解放为核心的人道主义在马克思主义中是统一的,两者犹如“车的两轮,鸟的双翼”⑤,不可偏废。然而,李大钊这一观点,没有在中国的马克思主义中得到延续和发展。20 世纪 30 年代至 40 年代,人道主义逐渐被视为资产阶级所专有而为马克思主义所不取⑥;20 世纪 50 年代至 70 年代,随着中国的意识形态越来越被纳入以阶级斗争为纲的错误轨道,人道主义被贴上了资产阶级和修正主义的双重标签,是否谈论人道主义成为马克思主义和资产阶级、修正主义的分水岭。正如周扬在 1983 年指出了这样的状况:“在一个很长的时间内,我们一直把人道主义一概当作修正主义批判,认为它与马克思主义绝对不相容”。与之相联系,人的全面发展在中国不被看作是马克思主义的基本原理。

江泽民把人的全面发展确立为当代中国马克思主义的基本原理,实际上是进一步地肯定了马克思主义和人道主义的一致性,接续上了李大钊对马克思主义的正确认识和解释。

---

① 《傅立叶选集》第 3 卷,商务印书馆 1964 年版,第 217 页。

② 《欧文选集》下卷,商务印书馆 1965 年版,第 13 页。

③ 《马克思恩格斯全集》第 2 卷,人民出版社 1957 年版,第 160 页。

④ 《马克思恩格斯全集》第 42 卷,人民出版社 1979 年版,第 174 页。

⑤ 《李大钊文集》下,人民出版社 1984 年版,第 68 页。

⑥ 如周扬在那个年代曾用“人道主义”来赞扬鲁迅等作家,后来就不再正面使用“人道主义”一词。

然而，这并不是简单地回到李大钊。因为它一方面是对马克思主义中国化的历史进程的理论反思，另一方面又是对当代中国马克思主义的理论建构。从邓小平到江泽民，主要从发展生产力和人的全面发展这两大方面来推进马克思主义的中国化。这两大方面都表现了对以阶级斗争为纲的失误的纠正。这两大方面也表现了当代中国马克思主义的理论建构是科学和价值的统一，因为前者体现其科学根据，后者指明其价值目标。正是在这样的意义上，我们说江泽民把人的全面发展确立为马克思主义的基本原理是马克思主义中国化的当代成果。

二、深化了对社会主义本质的认识

当代的马克思主义中国化，是以“什么是社会主义，怎样建设社会主义”为核心的。江泽民在庆祝中国共产党成立 80 周年大会上的讲话中提出，要深化对社会主义建设规律的认识。他在这一讲话中，把人的全面发展看作“马克思主义关于建设社会主义新社会的本质要求”①，正体现了对社会主义认识的深化。

马克思、恩格斯所创立的科学社会主义，以 19 世纪的空想社会主义为直接思想来源。如前所述，圣西门、傅立叶和欧文等空想社会主义者，承接了文艺复兴以来人的全面发展的人道主义理想；与前人所不同的是，他们已初步具有把这一理想与一种前所未有的新型的社会制度相联系的理念。就是说，他们开始有了将人的全面发展确定为在社会主义（共产主义）终极价值的萌芽。马克思和恩格斯不仅继承了这一点，而且将其鲜明地标识出来。从他们的早期重要著作到晚期的重要著作——《1844 年经济学哲学手稿》《神圣家族》《德意志意识形态》《共产党宣言》《1857 年至 1858 年经济学手稿》《资本论》《社会主义从空想到科学的发展》，都论述了人的全面发展应当是社会主义（共产主义）的终极价值。以至于恩格斯在 1894 年 1 月，应《新纪元》周刊之请，用概括的字句来表述未来的社会主义新纪元，以区别于但丁说的“一些人统治，另一

---

① 江泽民：《论“三个代表”》，中央文献出版社 2001 年版，第 179 页。

些人受难”的旧纪元时，这样说道：“我打算从马克思的著作中给您寻找一行您所要求的题词。……但是，除了从《共产党宣言》中摘出下列一段话外，我再也找不出合适的了：‘代替那存在着阶级和阶级对立的资产阶级旧社会的，将是这样一个联合体，在那里，每个人的自由发展是一切人的发展的条件。’”①十几个月后，恩格斯去世。可见，马克思和恩格斯的科学社会主义始终不渝地把人的全面发展视为社会主义的终极价值。

马克思、恩格斯的科学社会主义对于空想社会主义，如果说在价值维度上主要是继承，那么在科学维度上则主要是批判。他们指出，空想社会主义从理性和永恒的正义出发，谴责资本主义的罪恶，构思社会主义的美好轮廓，因而无法找到实现社会主义的现实根据和现实力量。他们的历史唯物主义把社会发展的动力最终归结于生产力，由此如同“自然科学的精确性”②一般地揭示了资本主义产生和它为社会主义所取代的必然性，指明了这一历史使命落在无产阶级身上的必然性。于是，社会主义就由头脑中的空想变成有客观根据的科学认识。正是依照这样的科学认识，马克思、恩格斯把人的全面发展与无产阶级反对资本主义生产方式的社会革命联系起来，认为只有通过这样的革命才能为以人的全面发展为终极价值的社会主义创造条件。所以，他们把共产主义表述为“在保证社会劳动生产力极高发展的同时又保证人类最全面的发展的这样一种经济形态”③，这意味着科学社会主义是科学与价值的统一。

五四时期的李大钊正是这样来阐释科学社会主义的。在他看来，科学社会主义“主张以人道主义改造人类精神，同时以社会主义改造经济组织。不改造经济组织，单就改造人类精神，必致没有结果。不改造人类精神，单就改造经济组织，也怕不能成功”④。这里的用语尽管不完全精当，但显示了以科学维度(改造经济组织)和价值维度(改造人类精神⑤)的统一来认识社会主义的正确方向。毛泽东的新民主主义理论发展了这一正确方向，他指出：要进入社会主义，必须用新民主主义革命破除民族压迫和封建压迫的束缚，保障有益于国

① 《马克思恩格斯全集》第39卷，人民出版社1974年版，第189页。
② 《马克思恩格斯选集》第2卷，人民出版社1995年版，第33页。
③ 《马克思恩格斯全集》第19卷，人民出版社1963年版，第130页。
④ 《李大钊文集》下卷，人民出版社1984年版，第68页。
⑤ 李大钊的“以人道主义改造人类精神”包含着“个性解放”，因而有人的全面发展的意蕴。

民生计的私人资本主义“能够自由发展”，“保障广大人民能够自由发展其在共同生活中的个性”；否则“要想在半殖民地半封建的废墟上建立起社会主义社会来，那只是完全的空想”。①这里进一步指明如何根据中国的具体国情，把科学和价值统一起来认识社会主义。

对中国的马克思主义者来说，如何认识社会主义，在新民主主义革命时期，是同怎样通过革命以建立社会主义相联系的；而在社会主义时期，则是同怎样建设社会主义相联系的。如前所述，毛泽东在社会主义时期没有能够将其理论范式由政治革命为中心转变为社会主义建设为中心，因此他以阶级斗争为纲的眼光来看待社会主义，认为无产阶级和资产阶级的斗争是贯穿于整个社会主义历史时期的基本矛盾，这实际上是把阶级斗争当作社会主义的本质。

邓小平理论开辟了中国的马克思主义在社会主义建设时期正确认识社会主义的方向。邓小平在 1980 年就指出：“社会主义是一个很好的名词”，但如果不能正确理解什么是社会主义，在实践中“就体现不出社会主义的本质”。②以后他又多次论及社会主义的本质，其中最集中、最经典的是 1992 年南方谈话的一段话：“社会主义的本质，是解放生产力，发展生产力，消灭剥削，消除两极分化，最终达到共同富裕。”③这个概括首先从解放生产力和发展生产力的方面来阐明社会主义的本质，强调了正确认识社会主义的科学基础。这个概括中的消灭剥削，消除两极分化，最终达到共同富裕，是从价值目标方面来体现社会主义的本质。可见，邓小平对社会主义本质的概括显示出了科学和价值的兼顾。当然，共同富裕是经济上的价值目标，并不是终极的价值目标。

正是在这基础上，江泽民一方面把“代表先进生产力”放在“三个代表”思想首位，另一方面提出努力促进人的全面发展是社会主义的本质要求。这就进一步从终极价值方面明确了社会主义的本质，完善了对社会主义本质的科学与价值相统一的正确认识：贫穷不是社会主义，必须发展和解放生产力；人的片面发展也不是社会主义，必须努力促进人的全面发展。这样来认识社会

① 《毛泽东选集》第 3 卷，人民出版社 1991 年版，第 1058、1060 页。
② 《邓小平文选》第 2 卷，人民出版社 1994 年版，第 313 页。
③ 《邓小平文选》第 3 卷，人民出版社 1993 年版，第 373 页。

主义的本质,是前述的当代中国马克思主义的科学和价值相统一的理论建构的表现。从邓小平到江泽民,对社会主义本质的表述,其实是经历了螺旋式上升而深化了对社会主义的认识。这不仅是指其有着总结中国百年来对于社会主义的认识的意义,更重要的是指其揭示了解决中国社会主义建设实践中遇到效率与公平、先富与共富这类问题的一条基本原则:即把发展生产力作为建设社会主义的根本手段和以人的全面发展作为建设社会主义的终极价值相统一。

三、贯穿于共产党的先进性之中

当代中国的马克思主义以社会主义建设为中心,就必然要回答这个问题:如何保持长期执政的领导社会主义建设的共产党的先进性。回答这一问题是江泽民在庆祝中国共产党成立 80 周年大会上的讲话的主题,他有关人的全面发展的论述则贯穿于其中,从而在建党学说方面表现为马克思主义中国化的当代成果。

首先,江泽民的讲话把人的全面发展作为党的最高纲领和最低纲领相统一的联结点。政党的纲领是判断其先进性的主要标志,中国共产党以实现人类最美好的共产主义社会作为最终目标即最高纲领,因而它始终站在人类进步事业的前列。显然,高举共产主义的旗帜,是中国共产党昭示其先进性的旗帜。人的全面发展是共产主义社会的主要特征之一,正如江泽民所说:“共产主义社会,将是物质财富极大丰富,人民精神境界极大提高,每个人自由而全面发展的社会。”①因此,把人的全面发展写入无产阶级政党的最高纲领从而体现其先进性,是完全必要的。

这在马克思主义建党学说史上是有依据的。《共产主义原理》和《共产党宣言》,是马克思、恩格斯为第一个以科学社会主义作指导的无产阶级政党“共产主义者同盟”起草的纲领,在那里他们就把人的全面发展与实现共产主义联系在一起,《共产党宣言》中“每个人的自由发展是一切人的自由发展的条件”,

① 江泽民:《论“三个代表”》,中央文献出版社 2001 年版,第 177 页。

就是表述共产主义社会的名言。20世纪初,俄国社会民主工党在制定纲领时,由普列汉诺夫撰写的纲领草案提出:未来的共产主义社会“有计划地组织社会生产过程来满足整个社会及社会成员的需要”;列宁对此指出:“不恰当。这不够,托拉斯大概也能这样组织。”他认为应当改为“‘由整个社会承担’(因为这既包括计划性又指出计划的指导者),不仅满足社会成员的需要,而且保证社会全体成员的充分福利和自由的全面发展”①。可见列宁把人的全面发展看作是党的最高纲领不可缺少的特点,因而必须明确无误地写进党纲中去。十月革命胜利后,在1919年初召开的俄共(布)八大上,列宁仍然坚持了这一点。这次会议通过的《俄共(布)纲领》写道:“无产阶级的社会革命以生产资料和交通手段的公有制代替私有制,有计划地组织社会生产过程来保证社会全体成员的福利和全面发展。”②显然,把人的全面发展写在中国共产党的最高纲领里,是对上述的马克思主义经典作家的思想的继承。

然而,在马克思和恩格斯那里,“社会主义”和“共产主义”的含义是相同或近似的,即推翻资本主义之后的新社会;就是在论及共产主义两个阶段的《哥达纲领批判》中,马克思也没有把第一阶段称为社会主义。列宁在十月革命前夕写成的《国家与革命》,把这第一阶段单独称为社会主义。但1919年的列宁却试图以马克思和恩格斯设想的“共产主义原则”(如产品经济)来建设社会主义;即使在实行新经济政策时期,他对从社会主义走向共产主义的漫长性和复杂性还没有深刻的认识,因为他将实行新经济政策看作是暂时的“退却”。就是说,从马克思到列宁,都还没有明确地系统论述社会主义是需要经过若干发展阶段的很长的历史时期。因此,他们不可能考虑如何把最高纲领中人的全面发展的要求体现于社会主义各个阶段具体纲领的问题。

江泽民的讲话根据邓小平理论,指出在整个建设有中国特色社会主义的很长的历史过程中,其初始阶段就是至少需要经过上百年时间的初级阶段,在这个阶段结束后,将进入更高的发展阶段,由此达到共产主义。这就把党的纲领作了三个层面的划分:社会主义初级阶段、整个建设有中国特色社会主义的

① 《列宁全集》第6卷,人民出版社1986年版,第218页。
② 《列宁全集》第36卷,人民出版社1985年版,第96页。

长期历史过程、共产主义的远大理想。这三个层面联结在一起,构成最高纲领和最低纲领的统一,三者实现统一的重要联结点就是人的全面发展。因为在把人的全面发展写进最高纲领的同时,又提出人的全面发展是建设社会主义新社会的本质要求。这样,人的全面发展就贯彻于党的纲领的三个层面,人的全面发展作为最高纲领的先进性要素也体现于社会主义初级阶段的基本纲领中。关于后者,江泽民在庆祝中国共产党成立 80 周年大会上的讲话中,指出了四个方面:尽快使全国人民过上殷实的小康生活;保证人民群众依法管理好自己的事情,实现自己的愿望和利益;努力提高全民族的思想道德素质和科学文化素质;使人们在优美的生态环境中工作和生活。这从一个侧面说明我们的党既认识到实现最高纲领的路是极其漫长的,又在这漫长征途的起步之初就为体现最高纲领的先进性而扎实工作。

江泽民认为,我们党的先进性不仅表现在纲领上,而且表现在努力实践"三个代表",即始终代表中国先进生产力的发展要求,始终代表中国先进文化的前进方向,始终代表中国最广大人民的根本利益。人的全面发展同样贯穿于"三个代表",成为是否体现"三个代表"的评价尺度。

说到生产力,人们往往会把劳动生产率的高低作为衡量其先进与否及先进程度的标准,这是不全面和不准确的。马克思在比较古希腊和现代资本主义时指出,就生产力的发达水平而言,前者是无法与后者相比拟的;但是,"古代的观点和现代世界相比,就显得高尚得多,根据古代的观点,人,不管是处在怎样狭隘的民族的、宗教的、政治的规定上,毕竟始终表现为生产的目的,在现代世界,生产表现为人的目的,而财富则表现为生产的目的";因此,"稚气的古代世界显得较为崇高",而现代资本主义则是"鄙俗的"①。这段话启示我们:生产率的高低是评价生产力发达程度的尺度,但是发达的生产力如果为了追求财富这个"外在的目的"而牺牲了人的全面发展这个"目的本身",那么它是不值得完全肯定的,是不能称为先进的。江泽民的代表"先进生产力的发展要求"正包含了这样的观点。因此,他提出包括发展生产力在内的"一切工作",

① 《马克思恩格斯全集》第 46 卷,人民出版社 1979 年版,第 486—487 页。

都要着眼于"不断推进人的全面发展"。①这就是说,先进生产力的发展要求,不仅指提高劳动生产率,而且指促进人的全面发展。

江泽民指出:"坚持什么样的文化方向,推动建设什么样的文化,是一个政党在思想上精神上的一面旗帜。"②如前所述,人的全面发展是写在党的纲领这面旗帜上的。代表中国先进文化和人的全面发展都出现在党的旗帜上,而后者正是判断代表什么样文化的评价尺度。恩格斯说:"最初的、从动物界分离出来的人,在一切本质方面是和动物本身一样不自由的;但是文化上的每一进步,都是迈向自由的一步。"③文化是人在社会实践基础上的创造,是人的自由本质和素质才能的表现,因而文化上的进步就意味着人的全面发展上的进步。于是,人的全面发展就成为评价文化的先进性的尺度。当代中国的先进文化就是中国特色社会主义的文化。文化是由人创造的,文化又归结于对人的塑造。社会主义文化的根本任务是培养"四有"(有理想、有道德、有文化、有纪律)公民;这"四有"公民就是人的全面发展在现阶段的基本要求。因此,以人的全面发展作为评价文化先进性的尺度,在现阶段就体现为我们坚持和建设的文化是否有利于培养"四有"公民。这也是我们在现阶段吸取传统文化和西方文化的标准。

人的全面发展还是评价是否代表最广大人民的根本利益的尺度。人民不是抽象的,而是分化为不同阶层的。各个阶层的具体利益并不完全一致,甚至互相冲突,因此最广大人民的根本利益是整合各阶层的具体利益而形成的。人的全面发展是整合各阶层具体利益的一个尺度。因为这个尺度最具涵盖性和终极性。我们在现阶段提出这一尺度是有现实意义的。人民的根本利益在社会发展的不同水平上是不一样的。人的利益有物质利益、精神利益以及在这两者基础上的人的全面发展。就是说,人的全面发展是最高利益。我国已经进入全面建设小康社会的阶段,在人民的根本利益的构成中,精神利益和人的全面发展这一最高利益的因素日益增长。因此,江泽民把"实现人们思想和精神生活的全面发展"以及"促进人的全面发展",提到了实现好、维护好、发展

---

① 江泽民:《论"三个代表"》,中央文献出版社 2001 年版,第 179 页。

② 同上书,第 177 页。

③ 《马克思恩格斯选集》第 3 卷,人民出版社 1995 年版,第 456 页。

好最广大人民根本利益的议事日程上来。

总之,江泽民把人的全面发展确立为当代中国马克思主义的基本原理,并以此深化了对社会主义本质的认识,贯穿于保持党的先进性的思考,表现为马克思主义中国化的当代成果。

(原载《毛泽东邓小平理论研究》2002 年第 1 期)

人的全面发展：社会发展和个人发展的相互促进

关于人的全面发展的论述，是江泽民在庆祝中国共产党成立 80 周年大会上的讲话的重要理论内涵之一，阐明了社会发展和个人发展的辩证统一关系。这就为改变以往比较侧重于社会发展而较为忽视个人发展的片面性提供了依据，指明了两者相互结合、相互促进的正确方向。

一、社会发展和个人发展互为前提和基础

江泽民在庆祝中国共产党成立 80 周年大会上的讲话中指出："推进人的全面发展，同推进经济、文化的发展和改善人民物质文化生活，是互为前提和基础的。人越全面发展，社会的物质文化财富就会创造得越多，人民的生活就越能得到改善，而物质文化条件越充分，又越能推进人的全面发展。"①在这里与社会物质文化发展相对应的人的全面发展，是指个人的全面发展。因为所谓社会就是人的群体组织，如果这里的"人"指群体性的人，那么人的发展和社会的发展就成了无谓的同义反复。联系到江泽民在讲话中指出共产主义社会的特征之一是"每个人自由而全面的发展"，而这显然源自《共产党宣言》的"每个人的自由发展是一切人的自由发展的前提"，毫无疑问，其中与"一切人"相区别的"每个人"，只能指个人。

个人的发展要以社会的发展为前提和基础，这是因为个人的发展总要通过个人的活动得以实现和呈现，而个人的任何活动都是在一定的社会历史条件和社会关系下进行的社会性活动。从人类的起源来说，作为个人发展起点的劳动是合群的社会活动，由猿到人的转变方式不是基于个体的而是基于群

① 江泽民：《论"三个代表"》，中央文献出版社 2001 年版，第 180 页。

体的。恩格斯在阐述劳动创造人的过程时说:“为了在发展过程中脱离动物状态,实现自然界中的最伟大的进步,还需要一种因素:以群的联合力量和集体行动来弥补个体自卫能力的不足。”①这意味着从类本质上规定了个人是社会存在物,其任何方面的发展都具有社会性。即使是人的自然器官的发展也同样如此。就生理构造而言,人的某些感官不如动物,但谁也不会否认人的感官比起动物来是大大发展了。因为前者能进行能动的观察、具有审美能力、富于表达情感和意志,而这些都是个人在社会的物质生产和精神生产过程中逐渐发展起来的。个人在思想文化方面的发展,哪怕以纯粹个人活动方式进行,也离不开社会在一定历史发展阶段所提供的物质条件、思想资源、文化传统。对此马克思曾说道:“甚至当我从事科学之类的活动,即从事一种我只是在很少情况下才能同别人直接交往的活动的时候,我也是社会的,因为我是作为人活动的。不仅我的活动所需的材料,甚至思想家用来进行活动的语言本身,都是作为社会的产品给予我的,而且我本身的存在就是社会的活动。”②

可见,唯物史观已正确地阐明了社会发展是个人发展的条件。江泽民的讲话不仅在一般意义上重申这样的观点,而且根据这一观点着眼于指出在社会发展中如何引导和保证个人发展的正确方向和正当权利。个人将自己发展成什么样的人,和每个人的自主选择有关;然而人们的普遍选择则取决于社会确立的规范。江泽民所说的代表先进文化,其重要方面是培养“四有”新人,加强思想道德建设,坚持“以正确的舆论引导人,以高尚的精神塑造人,以优秀的作品鼓舞人”等③,这些归根到底就是确立先进的社会规范,引导人们正确地选择个人发展方向。每个人的发展实际上是其个性的发展,因而各人发展的侧重面和程度是不一样的。然而在社会发展过程中,如果忽略了对每个人发展的一视同仁,那么个人发展的差异性就会成为剥夺多数人发展权利的少数人的发展。江泽民在阐发推进人的全面发展时指出:“保证人民群众依法管理好自己的事情,实现自己的愿望和利益。”④这意味着社会以法律的手段保证每个

① 《马克思恩格斯选集》第 4 卷,人民出版社 1995 年版,第 30—31 页。
② 《马克思恩格斯全集》第 42 卷,人民出版社 1979 年版,第 122 页。
③ 江泽民:《论“三个代表”》,中央文献出版社 2001 年版,第 159 页。
④ 同上书,第 179 页。

公民具有平等地发展个人的正当权利，其内涵就是社会“首先考虑并满足最大多数人的利益要求”，“绝不允许以权谋私，绝不允许形成既得利益集团”①。否则，个人的发展就成了少数人的特权。

社会的发展要以个人的发展为前提和基础，是因为社会并不是抽象的，而是由无数独特的个人组成的；离开了个人，社会就不复存在，当然也谈不上发展了。社会正是在无数个人有目的的活动中发展的，社会发展的规律也是在这样的活动中形成、展开和实现的。因此，恩格斯说：“历史不过是追求着自己目的的人的活动。”②社会历史的发展是每个追求自己目的的人的活动的总和，而个人的活动的目的就是使个人获得某种发展。正是在这个意义上，马克思说：“人们的社会历史始终只是他们的个体发展的历史，而不管他们是否意识到这一点。”③个人通过自己的活动获得发展，从而推动社会发展，其表现是多方面的。江泽民的讲话着重指出了在当代中国促进个人的全面发展对社会发展的两方面的推动作用：加速发展生产力的巨大作用和保持社会活力的创新作用。

社会发展最根本的是生产力的发展。生产力中最重要的因素是作为生产主体出现而处于相互关系中的个人，个人的生产能力是最基本的生产力。马克思在指出“生产力中也包括科学”④的同时，预见了随着科学技术的发展，个人的生产能力即“表现为个人特性的主观的生产力”⑤将在物质财富的创造中发挥极大作用：“真正的财富就是所有个人的发达的生产力”，而个人生产能力的发展有赖于个人的全面发展，因此“个人的充分发展又作为最大的生产力反作用于劳动生产力”⑥。马克思主义之所以认为个人的全面发展是最大的生产力，还在于全面发展程度较高的个人能够建立起代表先进生产力发展要求的生产关系（交往形式）。马克思、恩格斯列举近代北美国家（主要是美国）迅速发展的例子来说明这一点：那些从英、法等古老国家“移居到那里去的个人而外没有任何其他的自发地形成的前提……因此这些国家在开始发展的时候就

① 江泽民：《论“三个代表”》，中央文献出版社 2001 年版，第 161、162 页。
② 《马克思恩格斯全集》第 2 卷，人民出版社 1957 年版，第 118—119 页。
③ 《马克思恩格斯选集》第 4 卷，人民出版社 1995 年版，第 532 页。
④ 《马克思恩格斯全集》第 46 卷（下），人民出版社 1980 年版，第 211 页。
⑤ 《马克思恩格斯全集》第 46 卷（上），人民出版社 1980 年版，第 495 页。
⑥ 《马克思恩格斯全集》第 46 卷（下），人民出版社 1980 年版，第 222、225 页。

拥有古老国家的最进步的个人，因而也就拥有与这些个人相适应的、在古老国家里还没有能够确立起来的最发达的交往形式"①。这里"最进步的个人"也就是他们在同一篇文章里说的"有个性的个人"，即个性较为发展的人。

认识上述的个人发展对发展社会生产力的推动作用，在当代中国尤为迫切。因为当代中国正面临着科技飞速发展的知识经济时代的到来，正经历着建立新的适应社会主义初级阶段生产力的生产关系的过程。所以，江泽民强调，促进个人全面发展已居于发展生产力的核心地位。他从"人是生产力中最具有决定性力量"的观点出发，指出"不断提高工人、农民、知识分子和其他劳动群众以及全体人民的思想道德素质和科学文化素质，不断提高他们的劳动技能和创造才能，充分发挥他们的积极性主动性创造性，始终是我们党代表中国先进生产力发展要求必须履行的第一要务"②。这两个"不断提高"就是推进个人的全面发展，就是造就马克思、恩格斯说的同时代人中"最进步的个人""有个性的个人"。这一把个人的全面发展作为发展生产力"第一要务"的论断，与邓小平"科学技术是第一生产力"的论断具有同等重要的理论意义和实践意义：后者从手段方面指出了发展生产力的决定性作用之所在，前者从主体方面指出了发展生产力的决定性作用之所在。

一个社会只有保持与时俱进的活力，才能不断发展，否则就会停滞甚至倒退。社会发展的活力来自置身其中的每个人的创新作用。对于社会主义社会就更是如此，因为社会主义是完全崭新的事业。所以，列宁说："群众生气勃勃的创造力正是新的社会生活的基本因素"；"生气勃勃的创造性的社会主义是由人民群众自己创立的"③。个人创新作用的发挥则是推进个人全面发展的题中之义。这首先是因为创新离不开思想解放，而解放思想正是个人全面发展在精神上所必需的。因此，在西方和中国的近代思想史上，提倡个人全面发展都包含着思想解放的要求。思想解放了，个人就能发挥出推动社会不断创新的作用。正是在这个意义上，江泽民指出："解放思想、实事求是，是引导社会前进的强大力量"；只有"自觉地把思想认识从那些不合时宜的观念、做法和体

---

① 《马克思恩格斯全集》第3卷，人民出版社1960年版，第82页。

② 江泽民：《论"三个代表"》，中央文献出版社2001年版，第156页。

③ 《列宁全集》第33卷，人民出版社1985年版，第52、53页。

制中解放出来,从对马克思主义的错误的教条式的理解中解放出来,从主观主义和形而上学的桎梏中解放出来”,才能“勇于和善于根据实践的要求进行创新”①。个人创新作用的发挥作为推进个人全面发展的题中之义,还因为推进个人全面发展必然会造就各方面的人才,而人才的本质就是对社会创新有较大推动的个人。马克思正是在这个意义上说:“充分发展个人就是生产固定资本。”②江泽民经常把社会发展的活力和人才的创新作用联系在一起:“创新是一个民族的灵魂,是一个国家兴旺发达的不竭动力”③;“而创新就要靠人才,特别要靠年轻的英才不断涌现出来”④。他在会见部分国防科技专家和社会科学专家时,进一步指出:“人才资源是第一资源。”⑤这就把尊重人才提到了新的高度:具有创新作用的个人是社会发展的“第一资源”。

从“第一要务”到“第一资源”,江泽民突出了认识个人发展是社会发展的前提和基础在当代中国的理论意义和实践意义。

马克思把社会发展和个人发展的互为前提和基础概括为:“正像社会本身生产作为人的人一样,人也生产社会。”⑥这就是说,社会发展和个人发展是统一的过程。江泽民在庆祝中国共产党成立80周年大会上的讲话,强调了两者的互为前提和基础,其理论内涵是:两者作为统一的过程并非是简单的包含关系,而是相对独立的两个“历史过程”;因而“这两个历史过程应相互结合、相互促进地向前发展”⑦。这决不是无的放矢,因为在以往的理论中存在着一种片面性,即把个人的发展包含于社会发展之中,认为社会发展了,个人自然就得到发展了。为了克服这种片面性,特别需要辩证地认识自我、辩证地认识个人和社会的关系。以下我们就分别论述这两个问题。

二、认识自我:社会本质和具体存在的统一

要正确认识个人发展和社会发展的互为前提和基础,就需要正确地认识

① 江泽民:《论“三个代表”》,中央文献出版社2001年版,第166—167页。
② 《政治经济学批判大纲(草稿)》第3分册,人民出版社1963年版,第364页。
③ 江泽民:《论“三个代表”》,中央文献出版社2001年版,第46页。
④ 《人民日报》1998年8月31日。
⑤ 《人民日报》2001年8月8日。
⑥ 《马克思恩格斯全集》第42卷,人民出版社1979年版,第121页。
⑦ 江泽民:《论“三个代表”》,中央文献出版社2001年版,第180页。

自我。因为个人发展之个人是具体的、单一的“自我”，所以，对“自我是什么”的认识决定着“个人发展”的意味是什么。

唯物史观作为“关于现实的人及其历史发展的科学”①，认为自我是社会本质和具体存在的统一。在写于1843年的《黑格尔法哲学批判》中，马克思指出：对于作为“现实的人”的自我，“应该按照他们的社会特质，而不应该按照他们的私人特质来考察他们”②，认为自我的本质在于其社会特质。他在1844年写的《詹姆斯·穆勒〈政治经济学原理〉一书摘要》又说：“人的本质是人的真正的社会联系”，正是通过这样的社会联系，“我直接证实和实现了我的真正的本质，即我的人的本质，我的社会的本质”③。这里马克思比较明确地提出自我的本质在于体现社会联系的社会本质。1845年他在批判黑格尔把自我看作“单一的理念人”和费尔巴哈仅从自然联系上考察自我的基础上，在《关于费尔巴哈的提纲》中提出了一个著名的论断：“人的本质不是单个人所固有的抽象物，在其现实性上，它是一切社会关系的总和。”④这就进一步指明单个人的自我总在一定社会历史阶段的社会关系中活动，因而作为其本质的只能是在现实社会关系的总和陶冶下生成的社会本质。马克思揭示了自我的社会本质，也指出了自我是具体的存在。马克思、恩格斯在《德意志意识形态》中，批判了费尔巴哈不从自我的社会本质考察个人的抽象性；与此同时，他们非常明确地肯定作为个体的自我是具体的存在：“任何人类历史的第一个前提无疑是有生命的个人的存在。”⑤没有活生生的一个个的自我的存在，社会和社会关系就成了抽象的东西，自我的社会本质也失去了具体性。自我的社会本质内在于具体存在的自我，处于具体存在的自我之中，具体存在的自我是一切社会关系的总和交织而成的纽结。因此，马克思把自我看作是社会本质和具体存在的统一：“人是一个特殊的个体，并且正是他的特殊性使他成为一个个体，成为一个现实的、单个的社会存在物。”⑥在这里自我既作为单个个体的具体存在，又作为

① 《马克思恩格斯选集》第4卷，人民出版社1995年版，第241页。
② 《马克思恩格斯全集》第1卷，人民出版社1956年版，第270页。
③ 《马克思恩格斯全集》第42卷，人民出版社1979年版，第24、37页。
④ 《马克思恩格斯选集》第1卷，人民出版社1995年版，第56页。
⑤ 《马克思恩格斯全集》第3卷，人民出版社1960年版，第23页。
⑥ 《马克思恩格斯全集》第42卷，人民出版社1979年版，第123页。

具有其社会本质的社会存在物。

三、个人与社会:互为目的和手段

江泽民关于个人发展和社会发展是互为前提和基础的观点,实际上还具有个人与社会是互为目的和手段的意义。因为如果说个人发展是社会发展的前提和基础,则意味着个人既是社会的目的又是社会的手段;如果说社会发展是个人发展的前提和基础,则意味着社会既是个人的目的又是个人的手段。

马克思主义认为,在社会主义条件下,社会与个人应当互为目的和手段。首先,个人和社会互为目的。马克思在《资本论》里把社会主义(共产主义)社会称为"自由人联合体",因而这样的社会当然以"每个人的全面而自由的发展"①为目的;同时,这样的社会由于消灭了异化劳动,因而每个人都以"各尽所能"地服务社会为目的。其次,个人和社会互为手段。一方面,个人的全面发展有赖于社会的条件,因而社会在以个人全面发展为目的的同时也成了个人的手段,如马克思、恩格斯所说:"只有在共同体中,个人才能获得全面发展其才能的手段。"②另一方面,只有当每个人对社会的"各尽所能"大于自己的享用,社会才能在维持存在的基础上有所发展,因而个人在以服务社会为目的的同时也成了社会的手段。再次,个人和社会在充当手段的同时,也实现了自身的目的。个人在为社会进行生产劳动,充当社会发展的手段的时候,也在实现着发展自身的目的,如恩格斯所言,正是"生产劳动给每一个人提供全面发展和表现自己全部的即体力的和脑力的能力的机会"③。社会在为个人的发展创造条件,充当个人的手段的同时,也在实现着自身让每个人得到全面而自由发展的目的,这就是"在真实的集体的条件下,各个个人在自己的联合中并通过这种联合获得自由"④。总之,在马克思、恩格斯看来,社会主义社会的个人与社会的关系,是互为目的和手段的。

① 《马克思恩格斯全集》第23卷,人民出版社1972年版,第95、649页。
② 《马克思恩格斯选集》第1卷,人民出版社1995年版,第119页。
③ 《马克思恩格斯选集》第3卷,人民出版社1995年版,第644页。
④ 《马克思恩格斯选集》第1卷,人民出版社1972年版,第82页。

马克思、恩格斯提出这样的看法，首先是针对资本主义社会的，同时也是针对空想社会主义的。因为前者只把劳动者当作发展社会生产的工具(手段)而不将其作为目的，后者则片面强调个人以社会为目的。对于前者人们已作了很多论述，对于后者人们则注意不够。所以，这里对后者作一点阐发。

在西方思想史上，“社会主义”和“个人主义”这两个概念首先都是由于19世纪空想社会主义者的广泛使用而流行的。他们以“社会主义”来命名自己的学说，矛头直指“个人主义”，即以“社会的”与“个人的”相抗衡。根据丹尼尔·贝尔的研究，在起源上，“无论从逻辑方面还是从社会学方面来说，社会主义的含义都只能被理解为一种和个人主义的对照”。空想社会主义把资本主义的罪恶归结为个人主义，如丹尼尔·贝尔所说：“十八世纪的启蒙运动、英国的政治经济学、法国的大革命和新兴的工业制度，曾经联合起来形成了圣西门的一个门徒在1826年称之为个人主义的学说。在这种学说中，社会是为了个人和追求个人自身的满足而存在的。”①因此，“首先系统地使用‘个人主义’这个术语的是19世纪20年代中期圣西门的追随者”②。1835年圣西门派学者皮·勒鲁撰写《个人主义和社会主义》一书，最早从与个人主义相对立的意义上论述社会主义的概念。

显然，空想社会主义谴责资本主义是个人至上的个人主义，并将社会主义与之相对立，是具有合理性的深刻见解。但它将社会主义与个人主义的对立绝对化了，认为社会主义是有计划的组织，个人必须被限定在社会的计划和组织里。这就从个人主义单向地以个人为社会目的的极端，走向了单向地以社会为个人目的的极端。因此，空想社会主义虽然也提倡人的全面发展，但却漠视了个性自由。这和马克思设想的“自由个性”的人的全面发展的社会主义是很不同的。因此，他在思考确立科学社会主义理论时，就认为不能像空想社会主义那样看待个人和社会的关系：“应当避免重新把‘社会’当作抽象的东西同个人对立起来。”③于是，他和恩格斯论述了个人和社会的关系应当是互为目的

① 《社会主义、共产主义、马克思主义〈外国百科条目选译〉》，东方出版社1985年版，第166、167页。

② [英]史蒂文·卢克斯：《个人主义》，江苏人民出版社2001年版，第4页。

③ 《马克思恩格斯全集》第42卷，人民出版社1979年版，第122页。

和手段。

五四时期的李大钊认识到科学社会主义既反对个人至上的个人主义，又反对社会至上的空想社会主义。他说："极端主张发展个性权能者，尽量要求自由，减少社会及于个人的限制；极端主张扩张社会权能者，全力重视秩序，限制个人在社会中的自由。'个人主义'(individualism)可以代表前说，'社会主义'(socialism)可以代表后说。"这里说的社会主义显然是指空想社会主义(李大钊对空想社会主义有深入的了解和研究)。但是，对于科学社会主义来说，"个人与社会并不冲突，而个人主义与社会主义绝非矛盾"，因为"真正合理的个人主义，没有不顾社会秩序的，真正合理的社会主义，没有不顾个人自由的"；"我们所要求的自由，是秩序中的自由；我们所顾全的秩序，是自由的秩序，只有从秩序中得来的是自由，只有在自由上建设的是秩序"①。所谓合理的个人主义和合理的社会主义的统一、个人自由和社会秩序的统一，体现了个人和社会互为目的和手段的关系；个人自由既是社会秩序所顾全的目的，又是顾全社会秩序的手段；社会秩序既是个人自由所建设的目的，又是获得个人自由的手段。

但是，在 20 世纪 30 年代以后，中国的马克思主义开始把集体主义和个人主义的对立绝对化，于是出现了类似空想社会主义的片面性，即单向地强调个人是服务于集体的工具，忽视了个人也是集体为之服务的目的。进入 20 世纪 50 年代后，随着中国的社会主义建立了高度集中的计划管理体制和政治领导体制，这种片面性就更为发展了，对于个人与社会的关系，流行的观点是把个人看作社会这架机器的螺丝钉，看作社会这幢大楼的一块砖。这种仅仅把个人视为社会"驯服工具"的观点，集中表现在对社会主义道德原则集体主义的如下阐释中：

首先，只讲集体利益包含了个人利益，不讲个人利益的独立性。对此的形象比喻就是"大河有水小河满，大河无水小河干"。集体利益作为整体利益，固然包含了个人利益。但是，个人利益也有着存在于集体利益之外的独立性；否认了这一点，实际上就取消了个人利益。个人利益之所以被包含于集体利益

① 《李大钊文集》下册，人民出版社 1984 年版，第 437、438 页。

而没有独立性,其理论底蕴是:只肯定集体利益的道德价值,否认个人利益的道德价值。以所谓的“破私立公”作为集体主义的道德概括,正体现了这样的理论逻辑:个人利益(私利)是不道德的,因而必须彻底摈弃,不能让其独立存在。因此,尽管以往都承认个人利益的正当性,然而这只能是一句空话。不具有道德价值,何来正当性呢?

其次,只讲集体利益与个人利益的结合,不讲集体对个人利益的维护和发展。这可以说是源自斯大林。他在 1934 年对于集体主义如何处理个人和集体的利益关系作了界定:“个人和集体之间、个人利益和集体利益之间没有而且也不应有不可调和的对立。不应当有这种对立,是因为集体主义、社会主义并不否认个人利益,而是把个人利益和集体利益结合起来。”①这最后一句话几乎成了以往解释集体主义的惯用语。它似乎把个人利益与集体利益统一起来了。其实不然,因为如果没有以集体应当维护和发展个人利益的明确要求为前提,那么,所谓的结合就得不到保证,就会变得非常随意。

再次,只讲为集体利益牺牲个人利益,不讲这种牺牲不是社会的理想状态。当集体利益与个人利益发生矛盾时,牺牲个人利益是具有道德崇高性的,这是必须肯定的。然而,以往在肯定这一崇高性时,将牺牲个人利益颂扬为社会的理想状态,即理想的社会应当如此。如上所述,马克思、恩格斯认为理想的共产主义社会(社会主义社会),个人与社会互为目的和手段,因而个人存在于集体,但不湮没于集体,而是在集体中发展自我;集体也不需要个人作出牺牲,相反,个人越发展,集体也越发展。于是,他们在《德意志意识形态》里,两次否定自我牺牲是理想社会所要求的:“共产主义者既不拿利己主义来反对自我牺牲,也不拿自我牺牲来反对利己主义”;在共产主义社会里,“个人关于个人间的相互关系的意识也将完全是另一回事,因此,它既不会是‘爱的原则’或dévouement(自我牺牲精神),也不会是利己主义”②。这就告诉我们,虽然在一定历史阶段,为了集体利益而牺牲个人利益是不可避免的,但理想社会最终将克服这种牺牲。因此,如果经常地突出强调自我牺牲,那就意味着离理想社会

① 《斯大林文选》下册,人民出版社 1962 年版,第 5 页。

② 《马克思恩格斯全集》第 3 卷,人民出版社 1960 年版,第 275、516 页。

越远。

马克思、恩格斯曾经把那种与个人相对立、只要求个人服从的集体叫作“虚构的集体”。这种虚构的集体,在理论上带有传统儒学要求个人绝对服从以宗法伦理为核心的社会秩序(礼)的整体主义的深重痕迹,在实践上很容易导致某个自称代表集体利益的人成为至高无上的专权者。这种虚构的集体也不能有效地克服个人主义。因为只把个人当作集体的手段,只能使集体缺乏对个人的吸引力和凝聚力,造成集体的分崩离析,从而让个人主义得逞。江泽民关于个人发展和社会发展是互为前提和基础的观点,体现了个人和社会互为目的和手段的关系,这不仅对虚构的集体有批判的意义,而且也指明了构建真实的集体的基本思路,即个人与集体互为目的和手段,实现个人利益和集体利益的相互结合、相互促进。

认识自我、认识个人和社会的关系是相互联系的两个问题。只讲自我的社会本质,不讲自我的具体存在,就会在个人和社会的关系上,产生社会至上的偏向;只讲自我的具体存在,不讲自我的社会本质,就会在个人和社会的关系上,产生个人至上的偏向。苏联模式的社会主义的社会结构是以前一偏向为主导的,西方资本主义的社会结构是以后一偏向为主导的。江泽民提出个人发展和社会发展互为前提和基础,从更广泛的意义上说,是对上述两种社会结构的超越,规划了建立中国特色社会主义的社会结构的方向。

(原载《探索与争鸣》2002 年第 5 期)

人的全面发展:社会主义初级阶段体制创新的价值导向

关于人的全面发展是江泽民在庆祝中国共产党成立 80 周年大会上讲话的重要内容。马克思主义认为,私有制是造成人的片面发展的根源。处于社会主义初级阶段的中国,公有制已占据了主导地位。这为人的全面发展开辟了广阔的前景。人的全面发展作为共产主义的价值承诺和社会主义的终极价值,促进其实现的过程,是我国社会主义在各方面都形成比较成熟、比较定型的社会制度的过程,也就是社会主义制度自我完善和发展的过程。江泽民指出:"社会主义制度的自我完善和发展,说到底,是一个体制创新的问题。"①因此,他把人的全面发展作为建设社会主义新社会的本质要求,也意味着以人的全面发展作为社会主义初级阶段体制创新的价值导向。

一、历史教训:人的全面发展的价值理想与现实制度

正确地以人的全面发展作为社会主义体制创新的价值导向,需要认识社会主义社会具有价值形态和制度形态,汲取以往把人的全面发展的价值理想化为现实制度的历史教训。

社会主义社会作为一种理想社会,灌注着人们的价值追求,具有价值的形态。它所追求的基本价值,就是消除社会的种种不平等和不公正的现象,挣脱自然界和社会的种种束缚和压迫,人人劳动,共同享受源源不断涌流的物质财富,互助友爱,最终每个人获得全面而自由的发展。就这样的价值追求而言,社会主义社会和共产主义社会是一致的,两者的差别在于将价值理想转化为现实的程度上有低级阶段和高级阶段之分,这体现在两者不同的社会制度上。

① 江泽民:《论"三个代表"》,中央文献出版社 2001 年版,第 66 页。

因此，社会主义社会还有另一种制度形态，即体现社会主义价值理想的现实的社会制度（包括基本制度和具体体制）。

这两种形态的社会主义是统一的，即都以科学社会主义理论为依据。但两者存在区别。这表现在价值理想是遥远的目标，而社会制度是现实的手段。人的全面发展作为社会主义的价值理想是有客观现实根据的，但这主要是指其以生产力和生产关系的矛盾运动为依据，揭示了人类社会必然达到的未来目标；而社会制度作为达到这一目标的手段，属于上层建筑，必须以当下的历史阶段的生产力发展水平造就的现实社会基础为立足点，否则，即使建立了也是站不住的。现实社会的许多状况和人的全面发展的价值目标是不符合的，甚至是有很大距离的，这不能不反映在现实的社会制度上。对于两者的这种差别，如果将其凝固化，就会否认以人的全面发展为价值导向进行制度创新的必要；如果将其抹杀，就会急于要求社会制度与人的全面发展的价值理想相一致，从而脱离实际陷入空想。

从社会主义社会诞生以来的实践来看，后一种倾向是主要的，这有一定的历史缘由。马克思和恩格斯写于1845年至1846年的《德意志意识形态》，并未把社会主义社会从共产主义社会中区分出来，共产主义社会的价值形态和制度形态是合一的，人的全面发展已完全落实于社会制度：“共产主义所建立的制度，正是这样的一种现实基础，它排除一切不依赖于个人而存在的东西”；因此，“在共产主义社会里，任何人都没有特殊的活动范围，而是都可以在任何部门内发展，社会调节着整个生产，因而使我有可能随自己的兴趣今天干这事，明天干那事，上午打猎，下午捕鱼，傍晚从事畜牧，晚饭后从事批判，这样就不会使我老是一个猎人、渔夫、牧人或批判者。”①这是以资本主义社会生产力充分发展所奠定的基础为前提的。以后，马克思在1875年写的《哥达纲领批判》认为，即使有这样的前提，共产主义社会的第一阶段，“在经济、道德和精神方面都还带着它脱胎出来的那个旧社会的痕迹”②，因而不能实行完全合乎人的全面发展的按需分配制度，只能实行形式上平等而事实上不平等的保留着资

① 《马克思恩格斯选集》第1卷，人民出版社1995年版，第85页。
② 《马克思恩格斯选集》第3卷，人民出版社1995年版，第304页。

产阶级权利(资产阶级法权)的按劳分配制度。但马克思认为,只需经过被称为“长久的阵痛”的“过渡”时期,就能清除旧社会的痕迹,使包括人的全面发展在内的价值理想成为现实的社会制度。恩格斯也这样认为。他在1891年说:“一个新的社会制度是可能实现的,在这个制度之下,当代的阶级差别将消失;而且在这个制度之下——也许在经过一个短暂的,有些艰苦的,但无论如何在道义上很有益的过渡时期以后,——通过有计划地利用和进一步发展一切社会成员的现有的巨大生产力,在人人都必须劳动的条件下,人人也都将同等地、愈益丰富地得到生活资料、享受资料、发展和表现一切体力和智力所需的资料。”①这里用来形容过渡时期的“短暂的、有些艰苦的”,和马克思讲的“长久的阵痛”是一致的。

列宁在十月革命前夕写的《国家与革命》,认为马克思关于共产主义第一阶段和第二阶段的社会制度有所不同的设想,表明“马克思并没有陷入空想,他只是较详细地确定了现在所能确定的东西,即共产主义社会低级阶段和高级阶段之间的差别”。他进一步阐明了这个差别主要在于社会主义制度“只要产品‘按劳动’分配,‘资产阶级权利’就会继续通行”。但他认为共产主义的价值理想在很多方面很快就会成为社会主义的现实制度;就人的全面发展而言,“在社会主义下,所有的人将轮流来管理。因此很快就会习惯于不要任何人来管理”②。十月革命后实行的“战时共产主义”体制,正表现了急于在制度上贯彻共产主义价值理想的企图。恰如列宁以后在检查这一错误时所说的:“我们计划(说我们计划欠周地设想也许较确切)用无产阶级国家直接下命令的办法在一个小农国家里按共产主义原则来调整国家的产品生产和分配。”③1919年初俄共(布)第八次代表大会通过的党纲,认为当时的生产资料公有制的计划经济体制就能保证社会全体成员的全面发展了。

但建设社会主义制度的实践,使列宁认识到急于按共产主义价值理想来建立社会制度是行不通的。1920年,他指出要公开承认社会主义的不平等,

① 《马克思恩格斯选集》第1卷,人民出版社1995年版,第330页。
② 《列宁选集》第3卷,人民出版社1995年版,第193、195、217页。
③ 《列宁选集》第4卷,人民出版社1995年版,第570页。

“在一定条件下，甚至必须把对这种公开的承认作为无产阶级国家制度的基础”①。就在同一年，他写了《共产主义运动中的“左派”幼稚病》，批评了“径直地向共产主义革命前进”的观点，提出共产主义有“初级阶段”“中级阶段”“最高阶段”。因此，人的全面发展的价值理想转化为现实社会制度的程度，只能与俄国当时所处的“共产主义的低级阶段”相适应：“教育、训练和培养出全面发展的和受到全面训练的人，即会做一切工作的人。共产主义正在向这个目标前进，必须向这个目标前进，并且一定能达到这个目标，不过需要经过许多岁月。如果目前就企图提前实现将来共产主义充分发展、完全巩固和形成、完全展开和成熟的时候才能实现的东西，这无异于叫四岁的小孩去学高等数学。”②出于这样的认识，俄国社会主义者在 1921 年由“新经济政策”取代了“战时共产主义”。不过，对于社会主义社会要经历若干阶段，列宁只有少数几次提到，并未形成一以贯之的观点。因此，他把实行“新经济政策”体制看作是短暂的“退却”，以至在实行这一体制的当年十一月就说：“现在已经有一些迹象可以使人看到退却的终点了，可以使人看到在不很久的将来停止这种退却的可能性了。”③这里流露的还是尽快在制度上体现共产主义价值理想的急进心理。

由上可见，马克思主义的经典作家虽然提出了社会主义社会的价值形态和制度形态的区别，但把两种形态合一的最初设想以及尽快把价值形态变为制度形态的论述，是某种历史局限性的表现。然而，在以往中国社会主义建设的历程中，这却使得对社会主义价值理想完全转化为现实制度的长期性和复杂性缺乏深刻认识的“左”的错误，似乎有了根据。就人的全面发展而言，这主要表现为“破除资产阶级法权”和建立人民公社制度。

1958 年 8 月至 11 月，毛泽东多次谈论社会主义制度的资产阶级法权问题。张春桥在这期间写了《破除资产阶级法权思想》基本上表达了毛泽东的观点。④他们认为资产阶级法权的核心是等级制度，在社会主义社会主要表现为：一是人与人之间的森严等级代替了无产阶级的平等关系；二是以等级工资为

① 《列宁全集》第 38 卷，人民出版社 1986 年版，第 203 页。
② 《列宁选集》第 4 卷，人民出版社 1995 年版，第 154、159 页。
③ 《列宁全集》第 42 卷，人民出版社 1987 年版，第 252 页。
④ 此文先发表于《解放》1958 年第 6 期，后转载于《人民日报》1958 年 10 月 13 日。

核心的分配制度，用物质利益原则刺激人们的积极性。他们赞扬战争年代的供给制把这样的等级制度破除了，体现了共产主义的价值理想，培养了有共产主义觉悟的人。因此，在社会主义社会，不能把资产阶级法权制度化，而应破坏它，代之以类似供给制的物质水平大体相当的分配制度。在“文革”后期的1974年12月，毛泽东再次关注社会主义制度的资产阶级法权问题。他指出，中国的社会主义制度与旧的社会制度相比，“所不同的是所有制变更了”，“我国现在实行商品制度，工资制度也不平等，有八级工资制，等等。这只能在无产阶级专政下加以限制。”①与1958年相比，对资产阶级法权的批判，在实质内容上，依然是前述的两点，只是将其安置在“文革”以来成型的“无产阶级专政下继续革命的理论”中：把人与人的等级关系归结为党内走资派的压迫，并把等级工资制的物质刺激说成是滋生党内走资派的社会基础的土壤。在当时的毛泽东看来，要遏止作为制度的资产阶级法权，不能仅着眼于分配制度，而要依赖对资产阶级全面专政的政治体制；否则便不足以消除压抑人的发展的不平等关系，亦不足以阻止人的追求物质利益的片面发展。

如果说破除资产阶级法权是急于在现实制度中排斥一切不符合共产主义价值理想的旧痕迹；那么建立人民公社则是急于创造体现共产主义价值理想的新制度。1958年我国农村的基层单位开始建立人民公社制度。当年中共中央关于人民公社的两个决议指出：人民公社制度能够实现“农林牧副渔全面发展，工农商学兵互相结合”，因而“便利于社会主义事业的发展，便利于人类个性的解放，真正彻底地解放了妇女群众，并使儿童教养得更好些”；这表明“共产主义在我国的实现，已经不是什么遥远将来的事情了”。首先把这一制度叫作“人民公社”的，是陈伯达发表于1958年第3期《红旗》杂志上的《全新的社会全新的人》。此文引用了恩格斯《共产主义原理》的几段论述，即共产主义社会将造就“一种全新的人”，就是摆脱了分工所造成的片面性的全面发展的人；认为人民公社这一新制度“是在现实生活中，具体地、逐步地实现科学共产主义创始人的这样的理想”②。1966年毛泽东的“五七指示”，把这样的制度比喻为

① 《红旗》1975年第3期。

② 《红旗》1958年第3期。

"一个大学校",人人都要学工、学农、学军、学文化、学政治、批判资产阶级;但这样的制度"还没有普及","现在更要有所发展"①。这就是说,要通过批判资产阶级,把人民公社制度从农村普及和发展到全国,使全国变成培养全面发展的共产主义新人的大学校。然而,无论是破除资产阶级法权还是建立人民公社,忽视了体制创新要以生产力的高度发展为前提。如毛泽东以曾经实行的供给制为例,论证破除资产阶级法权并不需要雄厚的物质基础;他称东汉农民起义的"五斗米道"开了人民公社之"先河",认为在"一穷二白"的基础上,建立类似人民公社的制度是"由来已久了"。②

其实,如此忽视发展生产力的体制创新,并不能在马克思主义那里找到根据。马克思和恩格斯在最初把共产主义价值理想与社会制度合一时,就十分强调人的全面发展完全贯彻于社会制度,生产力的高度发展是"绝对必需的实际前提";"因为如果没有这种发展,那就只会有贫穷、极端贫困的普遍化",人们只能为争取必需品而斗争,不可能全面发展;"还因为:只有随着生产力的这种普遍发展,人们的普遍交往才能建立起来",于是"地域性的个人为世界历史性的、经验上普遍的个人所代替"③。因此,马克思把无视生产力高度发展而设想的共产主义制度称作"粗陋的共产主义",指出这种共产主义制度只有划一的"劳动的共同性"和"工资的平等",而对"较富裕的私有财产怀有忌妒和平均化欲望",以致"想把不能被所有人作为私有财产占有的一切都消灭","想用强制的方法"舍弃不能为所有人均衡禀有的才能;因此,它"到处否定人的个性",是"对整个文化和文明的世界的抽象否定",使人非自然地退回到局限于狭隘地域的贫穷的、没有需求的人。④显然,破除资产阶级法权和建立人民公社所造成的实际状况,和马克思批评的"粗陋的共产主义"制度相差无几,所不同的是前者以"对资产阶级全面专政"和"批判资产阶级"的名义来强制性地实施。因此,这样的体制创新不是离实现人的全面发展的价值理想近了一点,而是更远了。于是,如此的体制在中国社会主义制度的自我完善和发展的历史过程中

① 《人民日报》1966年8月1日。

② 转引自陈晋主编:《毛泽东读书笔记解析》下册,广东人民出版社1996年版,第1021—1026页。

③ 《马克思恩格斯选集》第1卷,人民出版社1995年版,第86页。

④ 《马克思恩格斯全集》第42卷,人民出版社1979年版,第118—119页。

被否定是必然的。

以往建设社会主义制度的历史教训,告诉我们以人的全面发展为价值导向进行体制创新,必须以生产力发展水平造就的历史阶段为现实基础。

二、体制创新:摆脱对人的依赖和对物的依赖

在中国社会主义制度的体制创新中,以人的全面发展为价值导向,就既要冲破人的依赖关系,又要克服物的依赖性。这是由中国的社会主义处于初级阶段所决定的。

马克思认为人的发展状况受制于一定社会阶段的生产力发展状况,由此提出:"人的依赖关系(起初完全是自然发生的),是最初的社会形态,在这种形态下,人的生产能力只是在狭窄的范围内和孤立的地点上发展着。以物的依赖性为基础的人的独立性,是第二大形态,在这种形态下,才形成普遍的社会物质变换,全面的关系,多方面的需求以及全面的能力的体系。建立在个人全面发展和他们共同的社会生产能力成为的社会财富这一基础上的自由个性,是第三个阶段。第二个阶段为第三个阶段创造条件。"①这里指出了与建立在一定经济基础上的社会形态相适应的人的发展的三大历史形态:与自然经济占主导的前资本主义社会形态相适应的"人的依赖关系";与市场经济占主导的资本主义社会形态相适应的"以物的依赖性为基础的人的独立性";与产品经济为特征的后资本主义社会形态(社会主义、共产主义)相适应的"自由个性",即个人的全面发展。按照马克思的设想,社会主义(共产主义)制度,以第二阶段已创造的条件为前提,其价值导向应当是把人的独立性从对物的依赖性中解放出来使之成为自由个性。

但是,中国建立社会主义制度的历史状况和马克思的设想有所不同。邓小平说:"社会主义本身是共产主义的初级阶段,而我们中国又处在社会主义的初级阶段,就是不发达阶段。一切都要从这个实际出发,根据这个实际来制

① 《马克思恩格斯全集》第46卷上册,人民出版社1979年版,第104页。

订规划。”①所谓不发达，有两个含义：从历史来看，中国社会主义所脱胎的旧社会，资本主义市场经济很不发达，自然经济和半自然经济则占有很大的比重，生产力很落后；从现实来看，社会主义市场经济刚刚开始建立，生产力仍然落后于发达的资本主义国家。从这个实际出发，社会主义制度的价值导向应当是双重的：使人从对人依赖关系和对物的依赖性中逐渐解放出来。马克思所揭示的人的发展的历史形态，固然表现了历史的必然逻辑，但历史的必然逻辑是在人的有目的活动中展开和实现的，因而其展开和实现就带有不同的人在不同的时空中活动的特点。我们的社会主义制度的完善和发展，是出自对社会主义发展规律的自觉行为，而不像西方那样是自发地从自然经济占主导转变为市场经济占主导。因此，我们完全有可能以符合中国社会主义初级阶段特点的价值导向，即对人的依赖和物的依赖的双重解放来进行体制创新。邓小平曾把中国社会主义制度的自我完善和发展概括为两个方面：“一条是政治上发展民主，一条是经济上进行改革。”②近二十多年来，我们围绕这两个方面已经进行的和正在进行的经济体制和政治体制的创新正体现了上述的价值导向。

这二十多年来，经济体制最根本的创新是突破了社会主义不能搞市场经济的传统观念，建立了社会主义市场经济。把社会主义和市场经济相结合，充分体现了对人的依赖和对物的依赖的双重摆脱的价值导向。因为市场经济要以人的独立性来消解人的依赖关系，而社会主义则反对人对物的依赖性。

社会主义的市场经济体制是对计划经济体制的否定，就价值导向而言，则是人的独立性对人的依赖关系的否定。中国的自然经济历史非常悠久，与之相联系的人的依赖关系根深蒂固。我们的计划经济体制，一方面先天地带有自然经济、半自然经济的历史痕迹，另一方面又有意无意地维护着它们，因而人的依赖关系严重地存在于其中。这最集中地表现为每个人都是“单位人”。在计划经济体制下，每个人的就业劳动、社会保障、福利待遇，都是由某个固定的单位予以安排的，而单位则服从上一级单位直至国家的统一计划。因此，个

① 《邓小平文选》第3卷，人民出版社1993年版，第252页。

② 同上书，第116页。

人的一切听命于单位，个人的一切也依赖于单位，个人和单位的领导人就有某种人身依附关系。市场经济体制的建立，开始使具有浓厚人的依赖关系的“单位人”向具有人的独立性的个体主体转变。这主要表现在以下三方面：

首先，个人有了劳动生产的自主权。个人对于劳动生产的地域、职业能够自主地选择，不像在计划经济体制下，基本上被封闭于某个地域的某个职业。个人自主地按照等价交换的原则与对方交换自己的劳动产品，不像计划经济体制下，把这种交换权完全交给了单位。个人在劳动生产中自主地建立和形成多方面的社会关系，不像计划经济体制下，这些社会关系只发生于单位与单位之间。与“单位人”相比，有了劳动生产的自主权的个人，开始从受人摆布的被动性中挣脱出来了。

其次，个人凭借自身的能力展开竞争。在计划经济体制下，个人的生活改善和社会地位的提高，基本上取决于单位的安排，而不是取决于个人间的能力竞争。市场经济体制给每个人提供了公平竞争的机会，竞争的结果则是个人能力较量的结果。这不仅有力地促进了个人的平等意识，而且能激发个人尽力发挥各种能力，尤其是创造能力。因为只有这样，个人才能在竞争中取胜。在现代社会，个人的各种能力的培植在很大程度上依赖于科学文化素质。因此，个人在发展各种能力的同时，也不断地拓展了自身的科学文化素质。与“单位人”相比，市场经济体制下的竞争机制，使个人的整体能力得到了很大的提高，突出了个人自身的能力的重要性。

第三，个人的积极性出自实现自己利益的自愿。在计划经济体制下，吃的是“大锅饭”，同一单位的每个人基本上没有利益差别，从普遍的层面来讲，调动个人积极性的手段主要是行政命令和掺杂着道德说教的政治压力。市场经济体制的活力在于承认追求个人利益的正当性，这不仅意味着这一体制尊重和维护个人利益，而且意味着个人积极性的高涨依赖于对自身利益的认识，是出于自愿而不是外在的强迫。与“单位人”相比，市场经济体制下的利益机制，使个人的积极性比较普遍地涌现出来，突出了个人行为的自愿性。

总之，计划经济体制与市场经济体制相比较，一个最明显、最根本的区别，是极大地增强了个人的独立性，正是这种区别使后者在效益上极大地超过了前者。

当然，我们不能否认在社会主义条件下，发展市场经济也会出现资本主义市场经济的人对物的依赖性问题。我们肯定市场经济体制，是否意味着只要发展市场经济，就只能消极地坐视对物的依赖性的日益增长和泛滥呢？并非如此。我们建立社会主义市场经济体制，其价值导向不仅是摆脱对人的依赖关系，而且要努力消除和遏制对物的依赖性。

贫富两极分化是产生和形成人对物的依赖性的重要社会基础。在市场经济的竞争机制和利益机制的作用下，必定会产生贫富之间的差距。市场经济体制鼓励一部分人和一部分地区先富起来。但正如邓小平所说："如果富的愈来愈富，穷的愈来愈穷，两极分化就会产生，而社会主义制度就应该而且能够避免两极分化。"因此，他一再指出："社会主义与资本主义不同的特点就是共同富裕，不搞两极分化。""不搞两极分化，我们在制定和执行政策时注意到了这一点。如果导致两极分化，改革就算失败了。"①可见，建立社会主义市场经济体制，从一开始就以避免贫富两极分化、共同富裕为价值目标。邓小平认为到了一定时期，需要在体制上着重地体现这一价值目标。他在 1992 年说：关于缩小贫富差距，"可以设想，在本世纪末达到小康水平的时候，就要突出地提出和解决这个问题"②。近年来，有关税收制度的改革、社会保障制度的建立、实施扶贫计划、开发西部地区等等，就表现了社会主义市场经济体制以共同富裕为价值导向的新探索。

市场经济的竞争机制和利益机制，还会引发人为物所奴役的一种倾向，即人以追求物质财富和物质享受为最高价值，为此在人与人的关系上不惜损人利己，在人与自然的关系上大肆破坏自然环境。这正是社会主义市场经济体制走向完善和成熟的过程中需要克服的。在完善和成熟的社会主义市场经济体制下，每个人的获利，必须以付出有益于他人或社会的劳动为前提；如果损人利己，即使得逞于一时，终将被这一体制所排斥。这样的完善和成熟的过程是法制化的过程，即通过法律的规范，使不能损人利己由外在的他律逐渐化为内在的自律，成为社会主义市场经济体制的道德基础和道德原则。在人和自

① 《邓小平文选》第 3 卷，人民出版社 1993 年版，第 374、123、139 页。
② 同上书，第 374 页。

然的关系上，江泽民在庆祝中国共产党成立80周年的讲话中指出："努力开创生产发展、生活富裕和生态良好的文明发展道路。"这意味着完善和成熟的社会主义市场经济体制应当是实施可持续发展战略的体制。这样的体制集生产发展、生活富裕和生态良好于一体，不允许为了获取眼前的经济利益和物质享受而恶化生态环境。近些年来，退耕还林、关闭小煤矿等，都表现了社会主义市场经济体制正朝着这一方向在不断地完善和成熟。总之，20年的实践证明，以摆脱对人的依赖和对物的依赖为价值导向进行社会主义经济体制的创新，是完全必要和完全可能的。

这20年来围绕着发展社会主义民主进行了政治体制的改革。民主作为政治制度和人的全面发展是紧密相联的，因为建立民主制度是人类政治解放的必然要求，民主制度的含义是人民参加国家管理，而政治解放和提高管理国家事务的能力都是人的全面发展所要求的。近代民主制度是由资本主义建立的，它与封建专制相对立。如马克思所说：封建专制"君主政体的原则总的说来就是轻视人，蔑视人，使人不成其为人"①。资本主义民主制度的建立就是对这一原则的否定。然而，"在资产阶级社会里，资本具有独立性和个性，而活动着的个人却没有独立性和个性"②。因此，要由资本主义民主制度发展为社会主义民主制度以确立"自由个性"。可以说，民主制度建立和发展的过程始终是以人的全面发展为价值导向的。

这就决定了发展社会主义民主的政治体制改革必然以人的全面发展为价值导向。从社会主义初级阶段的实际出发，这一价值导向要求政治体制改革和经济体制改革一样，是对人的依赖和物的依赖的双重超越。人民民主专政是社会主义中国的基本政治制度，但正如邓小平指出："旧中国留给我们的，封建专制传统比较多，民主法制传统很少。解放以后，我们也没有自觉地、系统地建立保障人民民主权利的各项制度。"封建专制在中国有着深厚的历史传统，解放后建立的高度集权的政治体制，又在一定程度上受到这种传统的影响。因此，邓小平在1980年说："党和国家现行的一些具体制度中，还存在不

① 《马克思恩格斯全集》第1卷，人民出版社1956年版，第411页。
② 《马克思恩格斯选集》第1卷，人民出版社1995年版，第287页。

少弊端”,他列举了官僚主义、权力过分集中、家长制、干部领导职务终身制、搞特权等;接着他指出:“上面讲到的种种弊端,多少都带有封建主义色彩”;“肃清封建主义残余影响,重点是切实改革并完善党和国家的制度,从制度上保证党和国家政治生活的民主化、经济管理的民主化、整个社会生活的民主化”①。封建主义在政治制度上体现的是人的依赖关系,可见,发展民主的政治体制改革主要是在政治制度上肃清人的依赖关系。当然这样的改革也不是照搬西方的资本主义民主制度,因为后者的民主实质上是富人的民主,显示的是人对物的依赖关系。所以,邓小平一再强调我们的政治体制改革不能效仿西方的多党制和三权分立的政治体制。依据邓小平理论,20 年来政治体制的一系列改革,如废除领导干部终身职务制、农村基层干部的直接选举等,正是以超越对人的依赖和对物的依赖为价值导向,推进了社会主义的民主。

江泽民在庆祝中国共产党成立 80 周年大会上的讲话,高举邓小平理论的伟大旗帜,提出了以人的全面发展为价值导向进行政治体制改革的新思路:“通过发展党内民主,积极推动人民民主的发展。”②这既与表现人的依赖关系的封建专制相对立,又与表现物的依赖关系的西方多党制和三权鼎立相区别,指明了政治体制改革如何实现对人的依赖和物的依赖的双重超越的重要途径。毛泽东在 1957 年说:“我们的目标,是想造成一个又有集中又有民主,又有纪律又有自由,又有统一意志,又有个人心情舒畅、生动活泼,那样一种政治局面。”③这样的政治局面对人的全面发展是有利的,但他没能通过制度建设来造成这样的局面。邓小平在 1962 年指出:毛泽东所讲的“这种局面首先要从党内造成。我们国家也要造成这样一种局面。但是,如果党内造不成,国家也造不成。我们党一定要造成这样的生动活泼的政治局面,我们党内一定要有充分的民主。”④但在当时,不可能依此进行政治体制的改革。江泽民认为,通过党内民主造成国家的政治民主,最关键的是制度建设,他在庆祝中国共产党成立 80 周年大会上的讲话中强调:“制度建设更带有根本性、全局性、稳定性

---

① 《邓小平文选》第 2 卷,人民出版社 1994 年版,第 332、327、334、336 页。
② 江泽民:《论“三个代表”》,中央文献出版社 2001 年版,第 171 页。
③ 《建国以来毛泽东文稿》第 6 册,人民出版社 1992 年版,第 543 页。
④ 《邓小平文选》第 1 卷,人民出版社 1994 年版,第 306—307 页。

和长期性”,“从制度体系上保证民主集中制的正确执行”。①因此,他从领导制度、决策制度、干部制度、监督制度等方面阐述了怎样由党内民主推动人民民主。这就指出了符合社会主义初级阶段实际的把人的全面发展体现于政治制度的方向。

邓小平在1980年完善中国社会主义制度的改革刚刚起步时,十分自信地预言:“我们的制度将一天天完善起来,它将吸收我们从世界各国吸收的进步因素,成为世界上最好的制度。”②所谓进步因素,总是在本质上有助于人的全面发展,在体制创新中吸取这些因素,社会主义制度贯彻并体现了对人的依赖和对物的依赖的摆脱,就成了世界上最好的制度。江泽民在庆祝中国共产党成立八十周年大会上的讲话使我们对这一前景充满了信心。

(原载《上海社会科学院学术季刊》2001年第3期)

① 江泽民:《论“三个代表”》,中央文献出版社2001年版,第172页。
② 《邓小平文选》第2卷,人民出版社1994年版,第337页。

“两创”:马克思主义中国化在新时代的新发展

“两创”即习近平总书记多次重申并在党的十九大报告中提出的“推动中华优秀传统文化创造性转化、创新性发展”。这和坚定文化自信联系在一起,成为坚持和发展中国特色社会主义的基本方略的重要内容。它把马克思主义与中国实现现代化的实际过程相结合,体现了马克思主义中国化的新发展。这主要有两个方面:一是从更好构筑中国精神的高度看待马克思主义与中华优秀传统文化的一致性,指明了马克思主义中国化对传统文化的创造性转化、创新性发展的历史进程,以变革与融合为内涵,以走向世界为方向;二是改进和完善了中国共产党对待传统文化的方针,指出了确立评价传统文化价值标准的方向,使传统文化的创造性转化、创新性发展有了明确的依据。

一、继承和提升了马克思主义与中国传统文化相结合的历史经验

中国特色社会主义的现代化无疑以马克思主义为指导,“两创”作为中国现代化过程中对待传统文化的方针,也是马克思主义对待传统文化的方针。习近平指出:“中国共产党人是马克思主义者,坚持马克思主义的科学学说”;“我们从来认为,马克思主义基本原理必须同中国具体实际紧密结合起来,应该科学对待民族传统文化”;“中国共产党人始终是中国优秀传统文化的忠实继承者和弘扬者,从孔夫子到孙中山,我们都注意汲取其中积极的养分”①。显然,科学对待传统文化是马克思主义同中国实际紧密结合即马克思主义中国

① 习近平:《在纪念孔子诞辰 2 565 周年国际学术研讨会暨国际儒学联合会第五届会员大会开幕会上的讲话》,《人民日报》2014 年 9 月 25 日。

化的重要方面，中国共产党人既坚持马克思主义，又汲取从孔夫子到孙中山的积极养分，就是马克思主义和中国优秀传统文化的结合。这是马克思主义中国化历史进程提供的宝贵经验，"两创"对此予以继承和提升。

（一）"两创"与民族精神的独立性

马克思主义与中国传统文化相结合的理论建构，概括来说，就是既接着马克思主义讲，又接着中国传统讲，是这两者的统一。毛泽东对马克思主义中国化的开拓正是如此。他一方面指出"马克思这些老祖宗的书，必须读，他们的基本原理必须遵守"①；另一方面指出马克思主义中国化必须继承从孔夫子到孙中山的文化历史遗产，反对"言必称希腊，对于自己的祖宗，则对不住，忘记了"②。邓小平理论同样是这样。他指出建设中国特色社会主义是"一项新事业，马克思没有讲过"，重新"解释了什么是社会主义，有些是我们老祖宗没有说过的话，有些新话"，但我们"没有丢马克思，没有丢列宁，也没有丢毛泽东。老祖宗不能丢啊！"同时，他指出"要懂得些中国历史，这是中国发展的一个精神动力"③。毛泽东和邓小平的这些论述，用形象的比喻来说，马克思主义与中国传统文化相结合就是以马克思和孔夫子为"老祖宗"，是接着这两个"老祖宗"讲的统一。这是马克思主义中国化的"初心"所在。

继承这个"初心"是"两创"方针的重要基础。习近平说："马克思、恩格斯在建立自己理论体系的过程中就大量吸收借鉴了前人创造的成果"，书写21世纪马克思主义中国化新篇章也应当如此，"需要注意的是，在采用这些知识和方法时不要忘了老祖宗"。这是以马克思为"老祖宗"；但并非"什么都用马克思主义经典作家的语录来说话，马克思主义经典作家没有说过的就不能说"，而是要"继续推进马克思主义中国化、时代化、大众化"④。同时，他在论述弘扬中华优秀传统文化时，多次强调不能"把老祖宗的好东西弄丢

---

① 《毛泽东文集》第8卷，人民出版社1999年版，第109页。

② 《毛泽东选集》第3卷，人民出版社1991年版，第797页。

③ 《邓小平文选》第3卷，人民出版社1993年版，第258、91、369、358页。

④ 习近平：《在哲学社会科学座谈会上的讲话》，《人民日报》2016年5月19日。

了”①,“我们不是历史虚无主义者,也不是文化虚无主义者,不能数典忘祖、妄自菲薄”②。这是以孔夫子为“老祖宗”;但并非对传统文化采取全盘接受的态度,必须“结合新的实践和时代要求进行正确取舍,而不能一股脑儿都拿到今天来照套照用”③。“两创”方针正体现了对于两个“老祖宗”的结合:一方面传承发展优秀传统文化,不仅不是丢弃马克思主义,而是要巩固马克思主义意识形态领导权,让马克思这个“老祖宗”在中国进一步成长为深植于中华优秀传统文化沃土的参天大树;另一方面传统文化与以马克思主义为指引的中国当代先进文化相适应,不仅不是消解传统文化的历史命脉,而是要让孔夫子这个“老祖宗”走出近代中国以来的边缘化困境,激发出与时俱进的生命活力。习近平对于“小康”的阐述是把这两个方面结合在一起的“两创”范例。他说:“中国人民正在为实现‘两个一百年’奋斗目标而努力,其中全面建成小康社会中的‘小康’这个概念,就出自《礼记·礼运》,是中华民族自古以来追求的理想社会状态。使用‘小康’这个概念来确立中国的发展目标,既符合中国发展实际,也容易得到最广大人民理解和支持。”④就是说,对于“小康”的创造性转化、创新性发展,既使马克思这个“老祖宗”的科学社会主义具有中国传统的独特标识,又使孔夫子这个“老祖宗”的理想社会在中国特色社会主义中获得现代意义。习近平说:“‘以古人之规矩,开自己之生面’,实现中华文化的创造性转化和创新性发展。”⑤“两创”就是以两个“老祖宗”之规矩开创马克思主义与优秀传统文化相结合的新生面。这既是马克思主义中国化的必然要求,也是传统文化获得新的生机活力的必然要求。

“两创”还将两个“老祖宗”的统一,提升到“更好构筑中国精神”,坚定文化自信的新高度。习近平把两个“老祖宗”的统一深化为两个精神“家园”的统一。他多次强调“认真学习马克思主义理论,这是我们做好一切工作的看

---

① 《十八大以来重要文献选编》,中央文献出版社2014年版,第678页。

② 《牢记历史经验历史教训历史警示　为国家治理能力现代化提供有益借鉴》,《人民日报》2014年10月14日。

③④ 习近平:《在纪念孔子诞辰2 565周年国际学术研讨会暨国际儒学联合会第五届会员大会开幕会上的讲话》,《人民日报》2014年9月25日。

⑤ 习近平:《在文艺工作座谈会上的讲话》,《人民日报》2015年10月15日。

家本领"①。"对马克思主义的信仰、对社会主义和共产主义的信念，是共产党人的政治灵魂，是共产党人经受住任何考验的精神支柱。""要练就'金刚不坏之身'，必须用科学理论武装头脑，不断培植我们的精神家园。"②同时，习近平也一再指出："中华文化源远流长，积淀着中华民族最深层的精神追求，代表着中华民族独特的精神标识，为中华民族生生不息、发展壮大提供了丰厚滋养"③；优秀传统文化是中华民族"建设家园"的精神活动，是不能割舍的"精神命脉"等。这表明引领新时代中国特色社会主义的中国精神，既是对马克思主义精神家园的继承发展，又与中国优秀传统文化的精神家园血脉相连，是这两个"家园"的统一。习近平 2013 年 8 月在全国宣传工作会议上对此作了鲜明的表达：他既表明马克思主义是"看家本领"，又首次提出弘扬优秀传统文化的"四个讲清楚"。④习近平指出："当高楼大厦在我国大地上遍地林立时，中华民族精神的大厦也应该巍然耸立。"⑤可以说，"两创"就是要让马克思主义和中华优秀传统文化在中国的精神大厦里水乳交融而巍然耸立。这体现了马克思主义中国化在新时代的文化自觉新高度：把道路自信、制度自信、理论自信与文化自信并提，强调文化自信是最为根本的。以马克思主义和优秀传统文化两个精神家园相统一为建筑精神大厦的坚实基础，体现了坚定文化自信的导向。因为丰富悠久而博大精深的中华传统文化是文化自信的历史源泉，如习近平所说："中国人独特而悠久的精神世界，让中国人具有很强的民族自信心。"⑥这是中国精神大厦的深厚地基，而马克思主义则是中国精神大厦的强大支柱。习近平在党的十九大报告中指出，中国共产党从马克思主义中看到了解决中国问题的出路，"中国人民就从精神上由被动转为主动"⑦。

① 习近平：《在中央党校建校 80 周年庆祝大会暨 2013 年春季学期开学典礼上的讲话》，《人民日报》2013 年 3 月 3 日。

② 中共中央宣传部：《习近平总书记系列重要讲话读本》，学习出版社、人民出版社 2014 年版，第 160、161 页。

③ 《把培育和弘扬社会主义核心价值观作为凝魂聚气强基固本的基础工程》，《人民日报》2014 年 2 月 26 日。

④ 《胸怀大局把握大势着眼大事　努力把思想宣传工作做得更好》，《人民日报》2013 年 8 月 21 日。

⑤ 习近平：《在文艺工作座谈会上的讲话》，《人民日报》2015 年 10 月 15 日

⑥ 习近平：《在布鲁日欧洲学院的演讲》，《人民日报》2014 年 4 月 2 日。

⑦ 习近平：《决胜全面建成小康社会　夺取新时代中国特色社会主义伟大胜利》，人民出版社 2017 年版，第 13 页。

由此在革命、建设、改革的不同历史阶段，都取得了震撼世界的伟大成就，这是文化自信的现实基础。[①]“两创”把马克思主义和中华优秀传统文化在中国精神大厦里交融贯通，也就是把坚定文化自信的历史源泉和现实基础结合在一起。这样的结合突出了中国精神的民族独立性，习近平指出：我们的国家和民族“如果没有自己的精神独立性，那政治、思想、文化、制度等方面的独立性就会被釜底抽薪”[②]。因此，“两创”不是书斋中的问题，而是指导构筑中国精神、坚定文化自信的现实方针。

（二）“两创”与中、西、马会通

从两个“老祖宗”的统一到两个“精神家园”的统一，“两创”把推进中华优秀传统文化与马克思主义紧密结合作为题中之义，指明了对传统文化的变革与融合是其中两个互相的环节，而这又和世界文明的交流互鉴相联系。马克思主义对中国传统文化的变革和融合，是以中国近代中西文化趋向合流为历史背景的。马克思主义来自西方，如习近平所说：“没有18、19世纪欧洲哲学社会科学的发展，就没有马克思主义形成和发展。”[③]来自欧洲的马克思主义来到中国，存在着文化主体的民族性问题。这是中国近代西学蜂拥而入以来就面临的问题。习近平指出：鸦片战争后，随着列强入侵和国门被打开，“西方思想文化和科学知识随之涌入”，同时，“中华传统思想文化经历了剧烈变革的阵痛。为了寻求救亡图存之策，林则徐、魏源、严复等人把眼光转向西方”[④]。中国近代文化与传统文化的显著区别之一，是改变了与西方文化隔绝的状态，开始了两大文化从冲突而走向会通的进程。这就有了创造性转化、创新性发展中国传统文化以推动这一进程的最初探索，如习近平多次予以赞许的严复，在认为“旧学不足恃”时把眼光转向西方，但这并非“尽去吾国之旧，以谋西人之新”，而是“去其旧染，而能择其所善者而存之”（《与外交报主人书》）他把原来

① 毛泽东1949年说：“自从中国人学会了马克思列宁主义以后，中国人在精神上就由被动转入主动。从这时起，近代世界历史上那种看不起中国人，看不起中国文化的时代应当完结了。伟大的胜利的中国人民解放战争和人民大革命，已经复兴了并正在复兴着伟大的中国人民的文化。”（《毛泽东选集》第4卷，人民出版社1991年版，第1516页）习近平的上述论述显然是对毛泽东这个论断的提炼和概括。

② 中共中央文献研究室编：《习近平关于全面深化改革论述摘编》，中央文献出版社2014年版，第88页。

③④ 习近平：《在哲学社会科学座谈会上的讲话》，《人民日报》2016年5月19日。

在西方作为自然科学的进化论，变成了中国人思考社会人生的“天演哲学”即哲学世界观，就是对中国传统的“理气”之辩、“天人”之辩创造性转化、创新性发展的产物。他指出“天演”作为进化过程即“始于一气，演成万物”（《原强》），还说赫胥黎的进化论“与唐刘、柳诸家天论之言合”（《天演论》按语）。毛泽东作为“马克思主义中国化的伟大开拓者”[①]，称洪秀全、康有为、严复和孙中山是“代表了在中国共产党出世以前向西方寻求真理的一派人物”[②]。他们都在不同方面、不同程度创造性转化、创新性发展中国传统文化，推动中西文化会通。毛泽东把中国共产党作为他们向西方寻求真理的后继者，意味着他开拓的马克思主义中国化，是对这样的中国近代中西文化逐渐会通的历史潮流的推进和深化。因为马克思主义中国化对于传统文化的创造性转化、创新性发展，不只是像此前只存在中西文化的关系，而是需要面对中、西、马的关系。

中共中央在1943年关于共产国际解散的决定中提出：整风运动“就是要使得马克思列宁主义这一革命科学更进一步地和中国革命实践、中国历史、中国文化深相结合起来”[③]。何谓“深相结合”？习近平在哲学社会科学座谈会上的讲话中引用的毛泽东1944年与英国记者斯坦因的谈话，从如何处理中、西、马关系的视野，对此作了论述。斯坦因说一些人觉得中国共产党信奉外来的马克思主义，是否就抛弃了中国的民族传统，由此产生了“中国至上”还是“共产党至上”的问题。毛泽东的回答是：“我们信奉马克思主义是正确的思想方法，这并不意味着我们忽视中国文化遗产和非马克思主义的外国思想的价值。中国历史遗留给我们的东西中有很多好东西，这是千真万确的。我们必须把这些遗产变成自己的东西。然而我们中国有些人却崇拜旧的过时的思想，这些思想对于我们今天的中国不仅不适用而且有害，这样的东西必须抛弃。外国文化也一样，其中有我们必须接受的、进步的好东西，而另一方面，也有我们必须摒弃的腐败的东西，如法西斯主义。继承中国过去的思想和接受外来思

① 习近平：《在纪念毛泽东同志诞辰120周年座谈会上的讲话》，《人民日报》2013年12月27日。

② 《毛泽东选集》第4卷，人民出版社1991年版，第1474页。

③ 《建党以来重要文献选编》第20册，中央文献出版社2011年版，第318—319页。

想，并不意味着无条件地照搬，而必须根据具体条件加以采用，使之适合中国的实际。我们的态度是批判地接受我们自己的历史遗产和外国的思想。我们既反对盲目接受任何思想也反对盲目抵制任何思想。我们中国人必须用我们自己的头脑进行思考，并决定什么东西能在我们自己的土壤里生长起来。”①这里说明了中国化马克思主义具有经过中国人头脑思考、在中国文化土壤里生长出来的中华文化主体性，自觉地把对于中国传统文化的变革和融合作为建构中国化马克思主义理论形态的必然要求，即“批判地接受”，抛弃过时、有害的东西而把好的东西“变成自己的东西”，而这和世界文明潮流是同步前进的，即不忽视“非马克思主义的外国思想的价值”，接受外国文化中“进步的好东西”。

近30年来，在看待马克思主义中国化中的中、西、马关系上，存在如下三种质疑：一是质疑马克思主义与传统文化相结合，是否会导致前者的“失真”；二是质疑马克思主义与传统文化相结合，是否会阻断后者的文化命脉；三是质疑马克思主义与传统文化相结合，是否会重蹈排斥包括西方文化在内的外国文化的封闭化。这些质疑可以归结为两种“文化冲突”论：第一、二种质疑认为马克思主义与中国传统文化存在“文化冲突”，第三种质疑认为马克思主义中国化与西方文化存在“文化冲突”。习近平提出的“两创”，深刻总结了正确处理中、西、马关系，实现马克思主义与中国传统文化“深相结合”的历史经验，实际上对上述三种质疑作了回应和解惑。他指出：“马克思主义进入中国，既引发了中华文明深刻变革，也走过了一个逐步中国化的过程。”②这意味着马克思主义中国化的历史进程，是变革与融合中国传统文化的统一。马克思主义是在资本主义工业文明时代产生的无产阶级的理论体系，而中国传统文化主要是在以小农经济为基础的封建社会里形成的。所以，变革传统文化是马克思主义中国化的重要环节，是推动传统文化创造性转化、创新性发展的应有之义。当然，变革是为了认同，这就必须与传统文化相融合。否则，外来思想文化就会被看作是纯粹从外国输入和强加的，在

---

① 《毛泽东文集》第3卷，人民出版社1996年版，第191—192页。

② 习近平：《在哲学社会科学座谈会上的讲话》，《人民日报》2016年5月19日。

中国传统文化中是没有根基的。所以,马克思主义中国化的另一个重要环节,是将两者处于自在状态的相通之处予以自觉的融合。在这样的变革和融合中形成的马克思主义中国化,在中国就不是浅土插花,而是为中国优秀文化传统所滋养,与之有着思想脉络的历史连贯性。“两创”以“创造”“创新”“转化”“发展”作为关键词,表明了马克思主义中国化是将变革和融合中国传统文化这两个环节联系贯通在一起:创造、创新和转化、发展以变革为前提,同时以融合为效果。就是说,变革不仅仅是对传统文化有所否弃,更包含着对传统文化的提升;融合是在变革传统文化中实现的,更使变革获得认同感和亲和力。这样的变革和融合,以中、西、马交流互鉴的宽广眼界,把中国近代中西文化逐渐会通的历史进程推向新境界,“文明因交流而多彩,文明因互鉴而丰富”,“中华文明是在中国大地上产生的文明,也是同其他文明不断交流互鉴而形成的文明”①,马克思主义中国化不是要在中国文明和包括西方在内的世界其他文明之间制造壁垒,而是要指引当代中国文化走向世界。“两创”贯彻着这样的精神,如习近平所说:“推动中华文明创造性转化、创新性发展,激活其生命力,让中华文明同各国人民创造的多彩文明一道,为人类提供正确精神指引。”并指出这体现了“由特殊性到普遍性的发展规律”②。就是说,“两创”推动马克思主义对中国传统文化的变革和融合,是要让中国文化的精神产品超越民族特殊性而具有普遍的世界意义。

二、改进完善了中国共产党对待民族文化的方针

“两创”改进和完善了中国共产党对待传统文化的方针,即不仅对古为今用予以继承发展,而且指明了确立评价传统文化价值标准的正确方向。如何评价传统文化的价值,即以怎样的标准来评价传统文化,是进行传统文化创造性转化、创新性发展必须明确的问题。否则,转化和发展就无所依从。正是在这里特别表现了“两创”对于马克思主义中国化的新发展。

① 习近平:《在联合国教科文组织总部的演讲》,《人民日报》2014 年 3 月 28 日。

② 习近平:《在哲学社会科学座谈会上的讲话》,《人民日报》2016 年 5 月 19 日。

（一）古为今用、推陈出新与精神基因、创造创新

对待中国传统文化，中国共产党长期以来的重要方针是古为今用，推陈出新。毛泽东提出发展音乐艺术要“古为今用，洋为中用”①，并强调在艺术上应当“百花齐放，推陈出新”②。邓小平指出文学艺术必须“坚持百花齐放、推陈出新、洋为中用、古为今用的方针”。“应当认真钻研、吸收、融化和发展古今中外艺术技巧中一切好的东西。”③以上讲的古为今用、推陈出新对于传承发展中国传统文化具有指导意义，但这毕竟是针对文艺领域而言的，而且这两句话并未连成一气。之后的江泽民、胡锦涛明确把这两句话联系在一起，作为整体对待传统文化的方针。江泽民说：“坚持古为今用、推陈出新，在新的历史条件下运用和发展民族文化的精华。”④胡锦涛也说：“我们要发扬与时俱进的时代精神，坚持古为今用、推陈出新，大力弘扬中华文化的优秀传统。”⑤习近平提出“两创”是在继承古为今用、推陈出新的基础上，进一步完善、改进了对待传统文化的方针。“两创”不仅指向传统文化的整体，而且指向传统文化的深层内涵，即其特有的精神标识，对此习近平在论述传承发展传统文化时，一再以“根”和“魂”“命脉”“血脉”“基因”等词作为比喻。任何文化都有其传承载体，比如文物、典籍、建筑、人物等，“两创”强调弘扬传统文化要深入载体中的内在精神，即上述的“精神家园”。就是说，这不是停留在对传统文化载体的保存、修复、重现，而是要深入挖掘和阐发这些载体中蕴涵的精神品格。否则，弘扬传统文化很难达到以文化人、以文育人的目的，故宫的国宝只是展品，雄伟的长城只是景点，众多的典籍只是藏书，历史的人物只是故事。显然，“两创”进一步把古为今用、推陈出新引向精神世界的深度和以文化人的高度。从语意来看，“两创”和古为今用、推陈出新有相近之处，后者的基本精神用毛泽东的话来说，就是“向古人学习是为了现在的活人”⑥，即踏着时代的节拍，传承发展传统

---

① 《毛泽东书信选集》，人民出版社 1983 年版，第 598 页。

② 《毛泽东文集》第 7 卷，人民出版社 1999 年版，第 54 页。

③ 《邓小平文选》第 2 卷，人民出版社 1994 年版，第 210、212 页。

④ 《江泽民文选》第 2 卷，人民出版社 2006 年版，第 302 页。

⑤ 胡锦涛：《始终坚持先进文化的前进方向　大力发展文化事业和文化产业》，《人民日报》2003 年 8 月 13 日。

⑥ 《毛泽东文集》第 7 卷，人民出版社 1999 年版，第 82 页。

文化。“两创”贯穿着如下意涵,即“按照时代的要求和特点”与“时代的新进步新进展”赋予传统文化“新的时代内涵”,“对中华优秀传统文化的内涵加以补充、拓展、完善”,“激活其生命力”,“增强其影响力和感召力”。[①]然而,“两创”比之古为今用、推陈出新更加突出了文化主体的创造能动性,而且与新时代以创新领衔的五大发展理念相一致。就是说,中华优秀传统文化的创造性转化、创新性发展是党的十九大提出的贯彻新发展理念,建设创新型国家的组成部分。从上述不难看到,“两创”与古为今用、推陈出新是既一脉相承又改进完善。

(二)区分精华糟粕与文化双重价值的统一

“两创”对于中国共产党对待传统文化的方针的改进完善,更体现在指明了确立评价传统文化价值标准的正确方向。关于评价传统文化的标准,曾有大家熟知的“民主性”“封建性”的二分法,即取其民主性精华,去其封建性糟粕,即以民主性、封建性作为评价传统文化的尺度,在这基础上“批判继承”。然而,这样的评价标准在实践中暴露出了缺陷。缺陷之一体现在这实际上是一个政治标准。所谓民主性,以人民性、革命性、进步性为内涵;所谓封建性,以反人民性、反动性、保守性为内涵。传统文化例如对两千多年中国社会产生巨大而深重影响的儒学,自然具有政治性,但它贯穿和渗透于传统的哲学宗教、道德礼仪、文学艺术、教育科技等领域,评价儒学在这些领域的价值,显然不能只有政治性这个维度。因此,只用政治尺度评价传统文化无疑是片面的。缺陷之二体现在这很容易导致传统文化只有负面价值的结论。因为传统文化主要是在封建社会形成和发展的,很难有许多民主性的精华能在其中萌生发育。于是,以民主性和封建性为评价标准,传统文化恐怕就是糟粕居多了。事实上,在改革开放之前以阶级斗争为纲的相当长的一段时期,在民主性、封建性评价尺度的旗号下,基本上将传统文化作为“反面教员”来看待,这在“文革”时期发展到了极致。与之相联系的“批判继承”,其“批判”失去了在马克思主义话语中辩证扬弃的本义,异化为“大批判”式的全盘否定,而“继承”则荡然无存。因此,习近平的“两创”论述,几乎不用“批判继承”,而代之以“有扬弃的继

---

① 中共中央宣传部:《习近平总书记系列重要讲话读本》,学习出版社、人民出版社 2014 年版,第 101 页。

承”。显然,民主性、封建性二分法的评价标准,对于新时代中国特色社会主义弘扬优秀传统文化是不适宜的。

在改革开放之前,对于民主性、封建性评价标准存在的问题,人们已有所认识。最突出的就是 1957 年冯友兰提出了著名的“抽象继承法”,从具体意义和抽象意义这两个尺度来评价儒学传统。他认为就前者而言,儒学传统没有什么当代价值;但就后者而言,几乎都可以分析出在当代还有价值的东西。他举出《论语》的“学而时习之,不亦说乎”予以说明,指出其具体意义是叫人学《诗》《书》《礼》《乐》,这“对于现在就没有多大的用处”,而其抽象意义是以经常温习和实习学过的东西为快乐,这“对我们现在还是有用的”。①这里着意提出抽象意义,在一定程度上弥补了“民主性”“封建性”评价尺度的两个缺陷。但是,这样的补救还是有缺陷的。因为对具体与抽象作如此的区分,实际上是把两者相割裂。儒学传统绝非是具体和抽象互不相干的两橛,它既是具体的,即在一定历史条件下形成的;又是抽象的,即具有超越特定时空的普遍性。同时,只有来自具体的抽象,才是有真实内涵的抽象,否则只能是没有根基的主观臆断。因此,如何从没有当代价值的具体意义中获得具有当代价值的抽象意义,“抽象继承法”是无法说通的。这意味着评价传统文化的标准问题在它那里仍然没有得到圆满的解决。

冯友兰作为哲学家、哲学史家,其“抽象继承法”的直接用意,是反对简单地以唯物主义和唯心主义作为评价中国传统哲学精华和糟粕的标准。这个标准在当时以及后来很长时期被视为马克思主义的金科玉律。其实,马克思主义并非如此。马克思、恩格斯、列宁等马克思主义经典作家对于黑格尔唯心论辩证法的高度评价,是人们所熟知的。马克思说:当德国知识界把黑格尔当作一条“死狗”时,“我公开承认我是这位大思想家的学生”,还说在《资本论》第一卷的“有些地方我甚至卖弄起黑格尔特有的表达方式”②。列宁指出:“聪明的唯心主义比愚蠢的唯物主义更接近于聪明的唯物主义。”他认为唯心主义是人类认识过程的重要环节,“是生长在活生生的、结果实的、真实的、强大的、全能

① 冯友兰:《中国哲学遗产的继承问题》,《光明日报》1957 年 1 月 8 日。
② 《马克思恩格斯选集》第 2 卷,人民出版社 1995 年版,第 112 页。

的、客观的、绝对的人类认识这棵活生生的树上的一朵不结果实的花”①。不结果实的鲜花，毕竟是鲜花而不是毒草。毛泽东在 1943 年说：“王阳明也有一些真理。孔孟有一部分真理，全部否定是非历史的看法。”②当时，中国共产党正在批判蒋介石的《中国之命运》，指出他的“力行哲学”是利用儒学尤其是王阳明唯心主义拼凑起来的，其政治意图是主张法西斯式的“新专制主义”。③即便如此，毛泽东还是认为孔孟、王阳明有值得肯定之处。可见，以唯物主义还是唯心主义来区分中国传统哲学的精华和糟粕，在马克思主义中并没有根据。因此，这也不能用作评价中国传统思想观念的标准。习近平有关中国传统思想的论述，比如在纪念孔子诞辰 2 565 周年国际学术研讨会暨国际儒学联合会第五届会员大会开幕会上的讲话中，提出表现“中国优秀传统文化的丰富哲学思想、人文精神、教化思想、道德理念”的 15 个方面④，完全没有着眼于唯物主义还是唯心主义的划分。

那么，应当以什么标准来评价中国传统文化呢？“两创”为此指明了方向，这就是从文化的价值本性着手，把传统文化的评价树立在其之上。文化作为人们在社会实践基础上的创造，具有双重价值：一方面它对于人们达到某个目的或某种利益具有实际的功效，这是工具价值；另一方面它作为人类本质力量的表现，本身就具有价值，这是内在价值。这就为评价传统文化的价值提供了两个尺度，评价中国传统文化应当正确地运用这两个尺度并将它们相统一。从工具价值的角度来评价传统文化，无论是政治制度层面，还是思想观念层面，或是礼仪习俗层面，它们的价值取向无疑都有落后于今天时代的性质，但并非完全没有正面的时代意义；从内在价值的角度来评价中国传统文化，其上述的那些层面都蕴含着我们民族富有创造性的智慧，但也并非没有某些偏颇；同时，必须将这两个尺度结合起来，即不仅从外在的时代根据，而且从内在的民族智慧来评价中国传统文化，由此把握其双重价值。这样来评价中国传统

① [俄]列宁：《哲学笔记》，人民出版社 1993 年版，第 235、311 页。

② 《毛泽东文集》第 3 卷，人民出版社 1996 年版，第 84 页。

③ 参见《周恩来选集》上卷，人民出版社 1980 年版，第 142—156 页。

④ 习近平：《在纪念孔子诞辰 2 565 周年国际学术研讨会暨国际儒学联合会第五届会员大会开幕会上的讲话》，《人民日报》2014 年 9 月 25 日。

文化,既能克服了"民主性""封建性"评价尺度只从政治上着眼而基本否定其正面价值的片面性,又能克服"抽象继承法"把抽象与具体相割裂的评价尺度的形而上学;当然,这也否定了以唯物主义还是唯心主义区分精华和糟粕的评价标准。"两创"正是以工具价值和内在价值的统一作为评价中国传统文化的标准。习近平的一系列讲话对此提供了遵循。他指出传统文化作为一定历史条件的产物,"不可避免会存在陈旧过时"的东西,而汲取中国优秀传统文化的积极养分,则要"把跨越时空、超越国度、富有永久魅力、具有当代价值的优秀文化精神弘扬起来"①。习近平多次说过类似的论述。这些论述指出中国传统文化有陈旧过时的一面,同时又有重要的当代价值,因而既要与当代文化相适应,又要挖掘蕴藏其中的解决当代人类面临问题的重要启示,这就是对于工具价值尺度的正确运用;指出中国传统文化具有"跨越时空、超越国度、富有永久魅力"的价值,认为其价值并不因为产生它的历史时代的消逝而失去,这是以内在价值尺度所作的评价;然而,传统文化的内在价值不是静态的存在,而是需要在新时代中国特色社会主义实践中予以提炼、概括,显示其生命力所在。这就是把工具价值和内在价值的统一作为评价中国传统文化的标准。

(三)评价中西与各有长短的辩证尺度

近代中国西学涌入,对于中国传统文化的评价,往往离不开与西学的比较。这在参与和融入全球化的进程的当代中国更是如此。为了抵制西方随着全球化而来的强势霸权,必须在文化上确立民族的主体性,而认同中国优秀传统文化的价值无疑是其题中之义。然而,这种认同决不是奉其为国粹,而是与吸收西学的长处以克服其短处相联系的。在此背景下来思考传统文化的价值评价的标准,就存在如何评价中国传统文化和西方文化之长短的尺度问题。"两创"对此指出的方向是确立辩证的尺度。依据习近平的相关论述,这主要有两个方面:一是不能把西方文化作为裁定中国传统文化优劣的绝对标准,二是中西文化是各有长短。前者指出了什么不是评价中国传统文化和西方文化之长短的辩证尺度,后者指出了什么是评价中国传统文化和西方文化之长短

① 习近平:《在纪念孔子诞辰 2 565 周年国际学术研讨会暨国际儒学联合会第五届会员大会开幕会上的讲话》,《人民日报》2014 年 9 月 25 日。

的辩证尺度。习近平从坚持文明的多样性出发，引用孟子的“物之不齐，物之情也”，说明评价一个国家和民族的传统文化，“不应该以独尊某一种文明或者贬损某一种文明为前提”①。这对西方文化霸权是特别有针对性的。由于西方在近几百年来走在现代化的前列，因而就以为西方文化指示了人类文明的普遍道路，要求其他国家和民族的文化以此为标准，习近平指出，任何国家和民族的思想文化在一定地域和历史条件中有其合理性，“但如果硬要把它们套在各国各民族头上，用它们来对人类生活进行格式化，并以此为裁判，那就是荒谬的了”②。这对于中国近代以来思想文化的历史也有很强的针对性。在中国近代面临的世界文化格局中，西方文化与中国传统文化是中心与边缘的关系，因而产生了以西方月亮评判中国月亮是否圆的问题，滑入了习近平所批评的，“把一种理论观点和学术成果当成‘唯一准则’”的“机械论的泥坑”③。这意味着如果把西方文化当作评价中国传统文化的最高标准，以此确定其转化和发展的方向，那就是形而上学的机械论，完全丧失了“创造”“创新”的本质属性。习近平从坚持文明的平等性出发，指出“各种人类文明在价值上是平等的，都各有千秋，也各有不足。世界上不存在十全十美的文明，也不存在一无是处的文明”④。他在纪念孔子诞辰 2 565 周年国际学术研讨会暨国际儒学联合会第五届会员大会开幕会上的讲话中，对此作了进一步的论述，指出每个国家和民族的文明，“都有自己的本色、长处、有优点”，要“认识到每一个国家和民族的文明都是独特的，坚持求同存异、取长补短”，“不同国家、民族的思想文化各有千秋，只有姹紫嫣红之别，而无高低优劣之分”⑤。就是说，以辩证的尺度评价中国传统文化和西方文化之长短，需要把握两者的特点，不过，特点并不只是优点或只是缺点，而是既包含着长处、优点，又包含着短处、缺点，它们往往互相联系在一起，即中国文化不同于西方文化的特点，既是优点所在又是缺点所在，反之亦然。比如在思维方式上，与西方哲学发展形式逻辑的悠久传统相比，热衷辩证思维是中国传统哲学的特点，它作为长处是善于用“一阴一阳之

①④ 习近平：《在联合国教科文组织总部的演讲》，《人民日报》2014 年 3 月 28 日。

②③ 习近平：《在哲学社会科学座谈会上的讲话》，《人民日报》2016 年 5 月 19 日。

⑤ 习近平：《在纪念孔子诞辰 2 565 周年国际学术研讨会暨国际儒学联合会第五届会员大会开幕会上的讲话》，《人民日报》2014 年 9 月 25 日。

谓道”的对立统一法则把握宇宙人生，它作为短处是冷落了形式逻辑，因而概念缺乏确定性，思想体系缺乏严密的逻辑构造。以这样的辩证尺度评价中国传统文化和西方文化之长短，揭示出两者的价值互补性，就能够既抗拒西方文化的霸权，又不走向国粹主义，从而“促进东西方两大文明互通互鉴，推动人类文明进步和繁荣”①。这正是“两创”所要求的，即在比较中西文化基础上，认识两者是尺有所短，寸有所长，从而在取长补短中体现中国传统文化的创造性转化、创新性发展。习近平为“两创”指明了以怎样的价值标准评价中国传统文化，是对党的对待传统文化的方针的重要改进和完善。

（原载《思想论教育》2018 年第 4 期）

① 习近平：《打开欧洲之门　携手共创繁荣》，《人民日报》2014 年 3 月 25 日。

“两创”：增强国家文化软实力的新自觉

从党的十七大报告到党的十八大报告，再到党的十九大报告，都提到了“提高”“增强”或“提升”国家文化软实力。然而，在十八大之后，习近平首次指出“中华优秀传统文化是中华民族的突出优势，是我们最深厚的文化软实力”①。这是习近平新时代中国特色社会主义思想文化观的重要内容。“两创”的提出，彰显了增强国家文化软实力的新自觉。这最主要的表现是以中华优秀传统文化滋养社会主义核心价值观。

习近平指出：“不同民族、不同国家由于其自然条件和发展历程不同，产生和形成的核心价值观也各有特点。”②价值观是文化的深层内核，不同民族和国家有不同的文化体系，最根本的就是指它们有不同的核心价值观。因此，习近平把培育弘扬社会主义核心价值观作为增强文化软实力的根本所在：“核心价值观是文化软实力的灵魂、文化软实力建设的重点。这是决定文化性质和方向的最深层次要素。一个国家的文化软实力，从根本上说，取决于其核心价值观的生命力、凝聚力、感召力。”③在中国走向强起来的新时代背景下，把增强社会主义核心价值观的生命力、凝聚力、感召力作为文化软实力建设的重点，其深刻含义在于：只有把这样的价值观根植于我们最深厚的文化软实力即优秀传统文化沃土，才能强基固本。习近平正是这样说的：“培育和弘扬社会主义核心价值观必须立足中华优秀传统文化。牢固的核心价值观，都有其固有的根本。抛弃传统、丢掉根本，就等于割断了自己

① 《胸怀大局把握大势着眼大事　努力把宣传思想工作做得更好》，《人民日报》2013年8月21日。

② 习近平：《青年要自觉践行社会主义核心价值观》，《人民日报》2014年5月5日。

③ 《把培育和弘扬社会主义核心价值观作为凝魂聚气强基固本的基础工程》，《人民日报》2014年2月26日。

的精神命脉。”①可见，把培育弘扬社会主义核心价值观作为文化软实力建设的重点，决定了“两创”的重点是把社会主义核心价值观的立足基础夯实，使其与固有的精神命脉相贯通。

价值观和道德观紧密地联系在一起，后者指向“什么应当做”，前者则指向“什么是有价值的”，这两者都可以归结为什么是“好”的、值得追求的。简单地说，价值观所讲的“好”是广义的“善”，即符合人的需求，而道德观上讲的“善”是狭义的，即遵循道德规范。在中国古代尤其是儒家文化传统中，道德的判断和价值的判断是一致的。如儒家的“贵仁”之“贵”，表示“仁”既是最高的道德追求，又是最高的价值追求。正是从价值观与道德观不可分离的意义上，习近平指出：“古人说：‘大学之道，在明明德，在亲民，在止于至善。’核心价值观，其实就是一种德，既是个人的德，也是一种大德，就是国家的德、社会的德。”②这里在引用了儒家经典《大学》的论述之后，强调核心价值观就是“大德”，不仅承接了中国古代道德判断与价值判断相一致的传统，而且表示了“两创”对于涵养社会主义核心价值观的重要性和必要性，因为如习近平所说：“中华传统美德是中华文化精髓，蕴含着丰富的思想道德资源。不忘本来才能开辟未来，善于继承才能更好创新。”③“在确立人类社会普遍的道德规范方面，中华文化有其优长之处。”④可见，把涵养社会主义核心价值观这个“大德”作为“两创”的重点，也是由传统道德在中华文化处于精髓的地位、具有丰富的资源以及是中华文化之优长所决定的。

社会主义核心价值观的提出和形成，可以说是“两创”的范例。习近平指出：“一个民族、一个国家的核心价值观必须同这个民族、这个国家的历史文化相契合”，社会主义核心价值观“传承着中国优秀传统文化的基因”，“充分体现了对中华优秀传统文化的传承和升华”⑤。社会主义核心价值观的内涵是：富强、民主、文明、和谐、自由、平等、公正、法治、爱国、敬业、诚信、友善。以“两创”为其固本强基，不是简单地将中国传统文化的范畴与社会主义核心价值观

①③ 《把培育和弘扬社会主义核心价值观作为凝魂聚气强基固本的基础工程》，《人民日报》2014年2月26日。

②⑤ 习近平：《青年要自觉践行社会主义核心价值观》，《人民日报》2014年5月5日。

④ 习近平：《干在实处　走在前列》，浙江人民出版社2014年版，第295页。

的范畴具体对照附会，而是提炼传统文化的精神基因予以传承、升华。这主要表现在结构构造、思想挖掘、日常落实三个方面。

一、"五常之道"与核心价值观的结构建构

关于社会主义核心价值观的结构，习近平指出："富强、民主、文明、和谐是国家层面的价值要求，自由、平等、公正、法治是社会层面的价值要求，爱国、敬业、诚信、友善是公民层面的价值要求。这个概括，实际上回答了我们要建设什么样的国家、建设什么样的社会、培育什么样的公民的重大问题。中国古代历来讲格物致知、诚意正心、修身齐家、治国平天下。从某种角度看，格物致知、诚意正心、修身是个人层面的要求，齐家是社会层面的要求，治国平天下是国家层面的要求。我们提出的社会主义核心价值观，把涉及国家、社会、公民的价值要求融为一体，既体现了社会主义本质要求，继承了中华优秀传统文化，也吸收了世界文明有益成果，体现了时代精神。"①这表明社会主义核心价值观的结构建构，蕴含着对于中国传统核心价值观历史嬗变的深刻总结。

修身、齐家、治国平天下出自先秦儒家经典《大学》。习近平说："不同民族、不同国家由于其自然条件和发展历程不同，产生和形成的核心价值观也各有特点。"②中国传统社会在汉代以后的两千多年里，儒学始终是主导的意识形态和主流文化，一直发挥着引领和规范国家、社会和个人的核心价值的作用，渗透到日常生活的方方面面。因此，中国传统社会核心价值观的重要特点是以儒学核心价值观为其核心价值观。儒学在历史发展过程中，形成了以仁义礼智信为内容的核心价值观。孔子对仁义礼智信都分别有不少论述，孟子则首先把仁义礼智并列连用，引用《诗经》和孔子的话，把它们树立为引导民众为善成德的价值准则："《诗》曰：'天生烝民，有物有则。民之秉彝，好是懿德。'孔子曰：'为此诗者，其知道乎！故有物必有则；民之秉彝也，故好是懿德。'"（《孟子·告子上》）犹如任何事物都有规则一样，仁义礼智就是培育民众道德的准则。这是儒学把仁义礼智作为核心价值观的最初端倪。孟子也多处谈到

①② 习近平：《青年要自觉践行社会主义核心价值观》，《人民日报》2014年5月5日。

“信”,将其视作“人伦”中的基本道德品质,并以“诚信”合称来赞扬舜,以为只有出于内心的诚意,才会有交往主体的互信。这是以后董仲舒的五常之“信”以诚实为主要内涵的思想基础。汉武帝采纳董仲舒的独尊儒术,是儒学成为中华文化主流的开端。董仲舒认识到儒家要成为主流,必须明确其核心价值观,并加以培育践行,因而提出“夫仁、谊(义)、礼、知(智)、信五常之道,王者所当修饬也。”(《举贤良对策·一》)将仁义礼智信合称为“五常之道”。此前,汉初贾谊认为,儒学复兴必须提倡“人有仁义礼智信之行”(《新书·六术》)。把人之所“行”提升到“常道”,表明仁义礼智信被赋予了儒学核心价值观的意义。“行”和“道”都有“走路”之义,但后者具有前者所没有的最高的价值追求的含义,孔子“志于道”、孟子“以身殉道”、《大学》的“大学之道”的“道”正表现了如此含义。“常”由永久不变之义引申为根本准则,它还有经常、平常之义。因此,“五常之道”就是把仁义礼智信作为贯穿日常而永久的具有根本意义的核心价值观。

长期以来,人们把“三纲”(君为臣纲、夫为妻纲、父为子纲)与“五常”相连为“纲常”,以此作为儒学核心价值观的结构。社会主义核心价值观在结构设定上与传统儒学价值观的继承连贯,是以“三纲”与“五常”相分离为基础的。众所周知,“三纲”是五四新文化运动以民主主义批判封建君主专制的聚焦点。习近平指出:“五四精神体现了中国人民和中华民族近代以来追求的先进价值观。”它倡导的“爱国、进步、民主、科学,都是我们今天依然应该坚守和践行的核心价值”。同时又说:提倡弘扬社会主义核心价值观,必须从中华优秀传统文化中“汲取丰富营养,否则就不会有生命力和影响力”,其列举的丰富营养正是体现了仁义礼智信的一些思想理念,如“国有四维,礼义廉耻”“仁者爱人”“君子喻于义”“人而无信,不知其可也”等等。①应当说,否定“三纲”为儒学“常道”是合乎历史事实的。先秦儒家没有说过“三纲”,明清之际的不少儒者如黄宗羲等批判了“三纲”,因而“三纲”并非儒学始终坚持、恒常不变的“常道”。解构“三纲”与“五常”的捆绑,是“两创”在社会主义核心价值观结构建构上的重要反映。

---

① 习近平:《青年要自觉践行社会主义核心价值观》,《人民日报》2014 年 5 月 5 日。

儒学“五常之道”作为核心价值观，显示了《大学》区分国家、社会、个人三个层面的结构设定。“仁”在孔子那里是道德的总纲，体现于以德治国就是孟子的“仁政”，将“仁”由原来的道德规范扩充为国家政权的价值准则，“以德行仁者王”（《孟子·公孙丑上》）。这就使“仁政”的基本宗旨在于得民心，“得天下有道，得其民，斯得其天下矣；得其民有道，得其心，斯得民矣”（《孟子·离娄上》）。与仁政对立的是暴政、苛政。因此，行仁政还是施暴政、苛政，回答的是建设什么样国家的问题，是判断国家是否合乎民心的价值标准。“义”和“礼”的主要含义是以崇德贵和作为社会的价值准则和行为规范。义者，宜也，就是应当如此。这主要指向社会领域，“门外之治义掩恩”（《礼记·丧服》），对于“门外”即血缘外部的社会治理，“义”相较于血缘恩情居优先地位。儒学以义和利相对，义即道德原则，利即个人私利，而“君子喻于义，小人喻于利”（《论语·里仁》）。可见，义就是要把崇尚道德而非追逐私利作为社会的价值准则。“五常”之礼包含道德规范和礼仪形式两大方面，具有“节”和“文”即节制和文饰的双重作用：前者是用道德规范之礼作为标准，制约和调节人们之间以及个人和集体之间的利益冲突，以达到社会和谐，此即“礼之用和为贵”（《论语·学而》）；后者是以礼仪形式之礼使得人们的交往采取文明的方式，扬雄说“礼，服也”（《法言·修身》），将“礼”比喻为人穿衣服文饰自己，使得举止礼貌得体。儒家的礼乐并举，进一步把艺术美化融入文明的交往方式。可见，“五常”之义、礼回答的是造就什么样的社会的问题，守义遵礼还是弃义背礼，就是衡量社会是否向善文明的价值标准。“智”和“信”，主要是指个人正确的道德判断和优良的道德品质。“是非之心，智之端。”（《孟子·公孙丑上》）这里的是非主要是指善恶，智则是理性的道德判断能力。因此《孟子·离娄上》说“智之实，知斯二者（指仁和义——引者注）弗去是也。”而扬雄把“智”比喻为照亮道德修身之路的明烛，“智，烛也”（《法言·修身》）。“信”是诚实不欺、言行一致的品德。儒家以诚为信的基础，如张载所说“诚故信。”（《正蒙·天道》）诚者，真实之谓。《孟子·尽心下》痛斥善于伪装自己的“乡原”为“德之贼”，把虚伪欺世看作诚信做人的大敌。所以朱熹说：“信是言行相顾之谓。”（《朱子语类》卷二十一）这对于他人是履行所作承诺，“不食其言”（《法言·重黎》）；对于自己则是躬行道德规范，“信便是真个有仁义礼智，不是假”（《朱子语类》卷二十）。因此，“五常”之智、信回答的是培养什么样人的问题，明辨善恶、诚信笃实还是混淆善恶、虚伪无信，就是区分个人是否人格高尚的价值标准。

“五常之道”作为核心价值观在结构上，还有着以仁将三个层面贯通一气的构造。这是宋儒特别强调的。他们说：“仁者，全体，四者（指义礼智信——引者注），四支。”（《二程遗书》二上）“以仁为体”，“百行万善总于五常，五常又总于仁”（《朱子语类》卷六）。“仁包四德。”（《朱子语类》卷九十五）这实际上是以理一分殊的思维方式，将为体之仁作为理一，义礼智信则是理一之分殊。于是，“五常之道”的整体结构就是以理一之仁为本体，形成国家、社会、个人三个层面有机联系。显然，习近平的上述论述是对儒学核心价值观在结构建构上的继承和发展：社会主义核心价值观不仅区分了三个层面，而且以社会主义本质要求即人的全面发展作为三个层面的价值本体，将它们融为一体。

二、六大理念与核心价值观的重要源泉

社会主义核心价值观作为“两创”的范例，还表现在把中华传统文化的思想理念予以传承和升华。习近平说：“深入挖掘和阐发中华优秀传统文化讲仁爱、重民本、守诚信、崇正义、尚和合、求大同的时代价值，使中华优秀传统文化成为涵养社会主义核心价值观的重要源泉。”①这意味着讲仁爱、重民本、守诚信、崇正义、尚和合、求大同这六大理念，是社会主义核心价值观形成的重要思想资源。习近平指出：“价值观是人类在认识、改造自然和社会的过程中产生与发挥作用的。”②认识、改造自然和社会的过程，是在主体的各种重要关系中展开的；而价值观的作用主要有两个方面，即推动现实社会发展和提供最终理想追求。讲仁爱、重民本、守诚信、崇正义、尚和合、求大同这六个词，前四个词指向的是主体认识、改造自然和社会过程中四对重要关系的价值理念：在自我与世界的关系上讲仁爱，在国家与民众的关系上重民本，在自我与他人（己与人）的关系上守诚信，在自我与社会（己与群）的关系上崇正义；而后两个词，尚

① 《把培育和弘扬社会主义核心价值观作为凝魂聚气强基固本的基础工程》，《人民日报》2014年2月26日。

② 习近平：《青年要自觉践行社会主义核心价值观》，《人民日报》2014年5月5日。

和合是指向价值观推动现实事物发展的作用，求大同是指向价值观提供最终价值理想的作用。

在自我与世界关系上讲仁爱。中国古代讲仁爱最多的是儒家。儒家以“爱人”为仁的基本含义，它讲仁爱的思想路径是：“亲亲而仁民，仁民而爱物。”(《孟子·尽心上》)亲亲即孝悌血亲是仁爱的本始；进而扩展为仁民，即“博爱”众人；再进而泛爱天地万物。朱熹对此的比喻是：“仁如水之源，孝弟是水流底第一坎，仁民是第二坎，爱物则第三坎也。”(《朱子语类》卷二十)于是，自我与世界关系的价值取向就是“仁者以天地万物为一体”“仁者浑然与物同体”(《二程遗书》二上)。社会主义核心价值观显然吸取了这里蕴含的孝亲敬老的家庭道德、关爱世人的博爱情怀。天下为己任的责任担当、天人同体的尊崇自然等。不仅如此，“仁者以天地万物为一体”把道德总纲之仁作为价值源泉①，意味着以道德作为确立自我与世界关系的最重要的价值基础。这是形成社会主义核心价值观更深层的思想基因。习近平强调：“如果一个民族、一个国家没有共同的核心价值观，莫衷一是，行无依归，那这个民族、这个国家就无法前进。”并称社会主义核心价值观为“大德”②，意在强调道德价值是使其成为民族和国家行有依归的共同价值观的基础，“道德之于个人、之于社会，都具有基础性意义”，“德是首要、是方向”；“一个民族、一个人能不能把握自己，很大程度上取决于道德价值”③。这反映了社会主义核心价值观作为“大德”是对传统价值观以道德价值为基础的传承升华。

在国家与民众的关系上重民本。重民本的基本精神是把人民视为国家的根基。《尚书》的“民惟邦本，本固邦宁”是其最初表达。在传统社会，君主是国家的化身，重民本在君与民的关系上，是“民为贵，社稷次之，君为轻”(《孟子·尽心下》)。在明清之际，从民贵君轻生发出民主思想的端倪，黄宗羲说：“天下为主，君为客。”(《明夷待访录·原君》)从民贵君轻到民主君客，重民本的价值核心是“因民之所利而利之”(《论语·尧曰》)，重视百姓的民生利益：孟子要求

① 习近平2016年11月21日在秘鲁国会演讲中说：“中国古人历来‘以至诚为道，以至仁为德’，‘仁者以天地万物为一体’”，实际上揭示了这样的意涵。

② 习近平：《青年要自觉践行社会主义核心价值观》，《人民日报》2014年5月5日。

③ 中共中央文献研究室编：《习近平关于全面深化改革论述摘编》，中央文献出版社2014年版，第88页。

“制民之产”以赢得“民心”，黄宗羲要求君主“不以一己之利为利，而使天下受其利”（《明夷待访录·原君》）。习近平引用“民惟邦本，本固邦宁”“以百姓心为心”等古典名句的众多讲话，揭示了社会主义核心价值观对重民本的“两创”，就是“必须坚持正确的群众观，树立民本意识，把实现人民的愿望、满足人民的需要，维护人民的利益，作为我们一切工作的出发点和落脚点”①；而“社会主义民主是维护人民根本利益的最广泛、最真实、最管用的民主”②。价值观以合乎人的需要为广义之善，而适合某种需要的背后则是某种利益，利益是价值活动的对象和价值选择的基础。所以，社会主义核心价值观对于重民本传统的传承升华，不仅在于使其与“民主”相衔接，更在于将所有价值活动和价值选择以实现人民利益为出发点和落脚点；由此走向做人民公仆的崇高境界，贯彻于以人民为中心的治国理政全部活动之中。

在自我与他人的关系上守诚信。许慎《说文解字》曰：“诚，信也。”“信，诚也。”即“诚”与“信”相通而可互训。孟子将“诚”与“信”合称，并且把“诚”贯通于天道和人道：“诚者，天之道也，思诚者，人之道也。”（《孟子·离娄上》）天道真实无伪，人道效法天道，追求（思）诚实有信。这奠定了诚信的两方面基本含义：“道”有根本之义，以诚为人之道，意味着诚信是人之为人的品德，是人际交往最基本的道德；天作为至高无上的崇敬对象，效法天道之诚信就有着必须兑现的庄严性。社会主义核心价值观汲取了这样的精神内涵。习近平说：“诚实守信，从古至今都是最基本的道德规范，在现代市场经济制度中就显得更为重要。孔子曰：‘人而无信，不知其可也。’《春秋》有云：‘人之所以为人者，言也；人而不能言，何以为人？言之所以有言者，信也。言而不信，何以为言？’诚实守信的基本表现是言必信，行必果”；“要把诚信作为现代社会文明之基，不仅要弘扬传统的‘诚信’美德，更要大力推进以个人为基础、企业为重点、政府为关键的现代‘信用’建设。”③并多次强调如期全面建成小康社会是“言必信，行必果”的“庄严承诺”。这充分体现了社会主义核心价值观对诚信传统的“两

① 习近平：《干在实处　走在前列》，浙江人民出版社2014年版，第55页。

② 习近平：《决胜全面建成小康社会　夺取新时代中国特色社会主义伟大胜利》，人民出版社2017年版，第35—36页。

③ 习近平：《干在实处　走在前列》，浙江人民出版社2014年版，第97、321页。

创”:不是仅仅把诚信作为个人美德,而是以此作为现代社会信用建设的基点,突出政府取信于民这个关键。

在自我与社会的关系上崇正义。“正义而为谓之行”(《荀子·正名》),这里的“正义”就是合乎道德原则。荀子将“正”“义”与“公”连用,合称“公正”“公义”;而“公”与“私”对立,因此,正义作为道德原则以“公正无私”(《荀子·赋》)“公平而无私”(《管子·形势解》)为主要内涵,表现在自我与社会关系上的重要价值取向,是公正、公平地对待社会群体中的每个个体成员。而维护等级贵贱差序的礼制则是实现公平正义的保障,即“制礼义以分之”(《荀子·礼论》),按照礼制的安排,社会各等级获得与其贵贱等级相应的社会资源,形成一定的平衡,“礼者,断长续短,损有余,益不足”(《荀子·礼论》)。就以制度保障每个社会成员的公平正义的原则而言,传统的崇正义与社会主义核心价值观的“公正”有相通之处,但礼制将社会成员分成贵贱有别的等级差序,否定了每个个体在社会地位和享受权利上的平等。社会主义核心价值观对此作了扬弃。习近平说:“公平正义是中国特色社会主义的内在要求”,“不论处在什么发展水平上,制度都是社会公平正义的重要保证。我们要通过创新制度安排,努力克服人为因素造成的有违公平正义的现象,保证人民平等参与、平等发展权利”①。就是说,作为社会主义核心价值观的公平正义,是让每个人都有同等的出彩机会,是通过制度创新以保证个体的平等权利;称其为社会主义的内在要求,意味着这样的公平正义不只是社会层面价值观的某个方面。更是社会主义区别于其他主义和社会制度的价值制高点。

尚和合是指向价值观推动现实事物发展的作用。“和合”一词出现在先秦很多典籍里,其基本意思是矛盾的双方因协调平衡而融和聚合,也常用“和谐”来表达。尚和合不仅将和合作为事物的理想状态,更强调其作为事物生生不息之本原的作用。西周末年史伯奠定尚和合传统时,就已经表达了这样的思想:“和实生物,同则不继。”(《国语·郑语》)万物生长发展是在金木水火土这些互相矛盾的元素达到和谐状态的过程中实现的,如果只是同质元素相加,将导致万物无法继续生存。这样的思想以后不绝如缕,王夫之认为:“因缘和合”

① 《十八大以来重要文献选编》上,中央文献出版社2014年版,第552、553页。

的矛盾运动贯穿现实事物生长发展的所有阶段，最后达到"推故而别致其新"，即产生新的事物或事物发展到新阶段，这就是"天地之生理"(《周易外传·无妄》)。习近平指出："社会是在矛盾运动中前进的，有矛盾就会有斗争。"①然而，马克思主义辩证法的矛盾斗争不是与和合相对立的，与"和"对立的是抹杀矛盾斗争的"同"，而"和实生物"正是不同事物或事物不同要素之间的矛盾斗争的过程。社会主义核心价值观汲取了传统和合文化的养分。习近平说："'和合'，就是指对立面的相互渗透和统一，而且，这种统一是处于最佳状态的统一"，"中华早期思想家创造并不断发展、充实这一文化，从'味一无果''声一无听''物一无文'，到'和实生物'，进而提出'天地和合，生之大经也'。"这样的文化理念追求"自然与社会的和谐，个体与群体之间的和谐，我们民族的理想正在于此，我们民族的凝聚力、创造力也正基于此"②。就是说，社会主义核心价值观以尚和合传统理念为重要源泉，不只是把和谐列为国家层面的价值要求，而是要以和合为"生之大经"的价值原点，从而发挥引领各个领域事业在动态平衡中协调发展的作用。

求大同是指向价值观提供最终价值理想的作用。"大同"和"小康"出自《礼记·礼运》："大道之行也，天下为公，选贤与能，讲信修睦。故人不独亲其亲，不独子其子，使老有所终，壮有所用，幼有所长，鳏寡孤独废疾者皆有所养。男有分，女有归。货恶其弃于地也，不必藏于己；力恶其不出于身也，不必为己。是故谋闭而不兴，盗窃乱贼而不作，故外户而不闭。是谓大同。""大道既隐，天下为家"的"小康"，尽管是遵守礼义，家庭和美，温饱不愁，但要等而次之。两者的差别主要是由"大道"即价值理想上"天下为公"和"天下为家"的不同境界所决定的。虽然人们对于比较满意的生活状况常用"小康"来表达，但大同始终是最高理想的旗帜。这意味着求大同的精神实质是：用终极价值理想引领对于美好生活的向往。习近平说："中华民族的先人们早就向往人们的物质生活充实无忧、道德境界充分升华的大同世界。"③马克思主义传入中国

① 习近平：《决胜全面建成小康社会　夺取新时代中国特色社会主义伟大胜利》，人民出版社2017年版，第15页。

② 习近平：《干在实处　走在前列》，浙江人民出版社2014年版，第296页。

③ 习近平：《在联合国教科文组织总部的演讲》，《人民日报》2014年3月28日。

后，大同被赋予了共产主义、社会主义的内涵，成为中国共产党人的最终价值追求。毛泽东在新中国成立前夕时说："经过人民共和国到达社会主义和共产主义，到达阶级的消灭和世界的大同。"①全面建成小康社会是走向大同的初级阶段，但如习近平所说："理想因其远大而为理想，信念因其执着而为信念。"②必须"紧密结合培育和践行社会主义核心价值观，大力倡导共产党人的世界观、人生观、价值观"③。弘扬社会主义核心价值观，就是把共产主义远大理想和中国特色社会主义共同理想化为人民的执着信念，从而发挥凝聚人民为美好生活奋斗的磅礴力量的作用。这是对于求大同的最根本的"两创"。

三、家庭建设与核心价值观的日常落实

借鉴传统文化以家庭建设作为价值观落实于日常生活的重要基点，是社会主义核心价值观作为"两创"范例的又一表现。习近平在十九大报告中说："把社会主义核心价值观融入社会发展各方面，转化为人们的情感认同和行为习惯。"④要使价值观所确立的判断和褒贬的标准，与人们的情感认同和行为取舍相一致，就必须把价值观融入日常生活。如习近平所说："培育和践行社会主义核心价值观，贵在坚持知行合一、坚持行胜于言，在落细、落小、落实上下功夫。要注意把社会主义核心价值观日常化、具体化、形象化、生活化，使每个人都能感知它、领悟它，内化为精神追求，外化为实际行动。"⑤他认为中国传统文化对此提供了很重要的历史经验，即以家庭建设为重要基点："中华民族历来重视家庭。正所谓'天下之本在家'。尊老爱幼、妻贤夫安、母慈子孝、兄友弟恭、耕读传家、勤俭持家、知书达礼、遵纪守法、家和万事兴等中华民族传统家庭美德，铭记在中国人的心灵中，融入中国人的血脉中。"⑥可以说，"五常之

① 《毛泽东选集》第4卷，人民出版社1991年版，第1471页。

② 习近平：《在庆祝中国共产党成立95周年大会上的讲话》，《人民日报》2016年7月2日。

③ 《习近平会见第四届全国文明城市、文明村镇、文明单位和未成年人思想道德建设工作先进代表》，《人民日报》2015年3月1日。

④ 习近平：《决胜全面建成小康社会　夺取新时代中国特色社会主义伟大胜利》，人民出版社2017年版，第42页。

⑤ 《当好全国改革开放排头兵　不断提高城市核心竞争力》，《人民日报》2014年5月25日。

⑥ 习近平：《在会见第一届全国文明家庭代表时的讲话》，《人民日报》2016年12月16日。以下引文，凡出自此文的，不再注明。

道”的核心价值观在上述家庭美德里得以日常化、具体化、形象化、生活化，使每个人都能感知它、领悟它。千百年来广泛流传于民间的“孟母三迁”“孔融让梨”等家庭美德的故事，以及以《颜氏家训》《弟子规》等为代表的治家要义、格言和童蒙读物，都充分体现了这一点。习近平指出，这是培育和践行社会主义核心价值观应当借鉴的：“无论时代如何变化，无论经济社会如何发展，对一个社会来说，家庭的生活依托都不可替代，家庭的社会功能都不可替代，家庭的文明作用都不可替代。”“要在家庭中培育和践行社会主义核心价值观”，“努力使千千万万个家庭成为国家发展、民族进步、社会和谐的重要基点”；并且指出以“注重家庭、注重家教、注重家风”作为借鉴的途径，把社会主义核心价值观在日常生活中落细、落小、落实。

（一）家庭、家教、家风与核心价值观的落细

传统儒学核心价值观在家庭、家教、家风中的落细，最主要的环节是礼仪。史学家钱穆指出，中国传统文化中“礼”和“族”这两个概念，是西方文化没有的。“在西方语言中没有‘礼’的同义词。它是整个中国人世界里一切习俗行为的准则，标志着中国的特殊性”；“‘礼’是一个家庭的准则，管理着生死婚嫁等一切家务和外事”；“中国文化中还有一个西方文化没有的概念，那就是‘族’”，家族的形成是与“礼”所规定的准则从家庭成员延伸到所有亲戚相联系的，“只有‘礼’被遵守时，包括双方家庭所有亲戚的‘家族’才能存在。换言之，当‘礼’被延伸的时候，家族就形成了，‘礼’的适用范围再扩大就成了‘民族’。中国人之所以成为民族就因为‘礼’为全中国人民树立了社会关系准则”①。这是说作为全民族社会关系准则的礼仪，以家庭为起点，然后扩展到家族和民族。因此，礼仪在整个家庭建设中有着极其重要和极为突出的位置。这是由孔子所奠定的。《论语·季氏》记载孔子的“庭训”名言：“不学礼，无以立。”类似的话，在《论语》中还出现了两次。它们的含义是人以礼而为人，家庭以礼而文明，家教以礼而良好，家风以礼而美善。

史学家陈寅恪指出，汉代以后反映儒家价值观的纲纪因依托礼仪制度而具体化，“夫纲纪本理想抽象之物，然不能不有所依托，以为具体表现之用；其

---

① 邓尔麟：《钱穆与七房桥世界》，社会科学文献出版社 1995 年版，第 7 页。

所依托以表现者，实为有形之社会制度”(《王观堂先生挽词·序》)。礼仪的依托使儒家价值观在家庭中落细：渗透于日常生活的细节，如吃饭、穿衣、行走、待人接物、书信格式等；细化于贯穿人生的重大环节和重大场合，如冠、昏、丧、祭、朝、聘等。这些礼仪都蕴含着某种价值理念。如朱熹的《童蒙须知》规定：“凡着衣服，必先提整衣领，结两衽纽带，不可令有缺落。”这表现了约束自我的道德自律精神。如《礼记·冠义》说：冠礼“成人之者，将责成人礼焉也。责成人礼焉者，将责为人子，为人弟，为人臣，为人少者之礼行焉”。即表示行冠礼者从此要担当起为人子、为人弟、为人臣、为人少者的社会责任。对于礼仪蕴含的价值理念，要对儿童讲明白是不太容易的。如果在日常家庭生活中，都按照礼仪来规范行为，久而久之就成了习惯，由习惯而成自然，遵守礼仪则仿佛成了第二天性，“少成若天性，习惯若自然”(《颜氏家训》)。由此礼仪蕴含的价值理念就内化为人们的德性，为人们具体而形象地感知。习近平肯定“知书达礼”是深入中国人心灵和血液的传统家庭美德，在 2013 年视察山东曲阜时，特别关注《孔子家语》的研究成果，在座谈会上专门请当地教授儒学与礼仪的民办学校校长发言；这些表明在培育和践行社会主义核心价值观中进行“两创”的重要途径，是激活礼仪在家庭中把价值观落细的传统。

(二) 家庭、家教、家风与核心价值观的落小

传统文化对于价值观的培育和践行，首先以社会的微小细胞家庭为载体。对此最典型的表达，就是“天下之本在国，国之本在家，家之本在身”(《孟子·离娄上》)。家庭在中国传统社会既是个人生活的场所，也是最基本的生产单位，由此成为国家的基础。所以，只有每个家庭具有良好的家教和风气，社会才能稳定有序，如《易传》所曰：“正家而天下定矣。”而是否有良好的家教、家风决定了家庭的兴衰。陆九渊说：“人家之兴替，在义理不在富贵。假令贵为公相，富等崇恺(指西晋富豪石崇和王恺——引者注)，而人无义理，正为家替。若箪食瓢饮，肘见缨绝，而人有义理，正为家兴。”(《与刘伯协》二)所谓义理就是如何做人的价值观，这对家教、家风起着关键作用。要把握义理就须以修身为根本，而修身则要从孩子小时候开始。这是落小的另一层意思。《颜氏家训》说：“人生小幼，精神专利，长成已后，思虑散逸，固需早教，勿失机也”，认为小孩尚未受到各种精神污染，思想单纯，是进行道德教育的最佳时机。该家训

的作者颜之推以自身经历,来说明这一点。他说自己九岁以后,曾经在社会不良风气影响下,“肆欲轻言,不备边幅”,以后砥砺改过,但“卒难洗荡”,这是自小缺乏良好家教的结果:“自怜无教,以至于斯。”

习近平注重家庭、家教、家风以培育和践行社会主义核心价值观,融入了上述的两个“落小”。他说:“家庭是社会的细胞。家庭和睦则社会安定,家庭幸福则社会祥和,家庭文明则社会文明。”“家风是社会风气的重要组成部分。”“家风好,就能家道兴盛、和顺美满;家风差,难免殃及子孙,贻害社会,正所谓‘积善之家,必有余庆;积不善之家,必有余殃’”,还说:“孩子们从牙牙学语起就开始接受家教,有什么样的家教,就有什么样的人。家庭教育涉及很多方面,但最重要的是品德教育,是如何做人的教育。也就是古人说的‘爱子,教之以义方’,‘爱之不以道,适所以害之也’。”于是,社会主义核心价值观就得以“落小”:落到微小细胞的家庭,落到从小娃娃抓起。

(三)家庭、家教、家风与核心价值观的落实

这主要是针对两个问题:在家庭培育和践行核心价值观的责任由谁来切实承担?在情况各异的家庭里培育和践行价值观如何有合乎实际的针对性?《颜氏家训》说:“同言而信,信其所亲;同命而行,行其所服”,认为父母与子女有着血亲之情,父母又是长者权威,因而子女对他们的教诲容易相信,对他们的指令容易服从。这意味着父母有着进行家教、塑造家风的得天独厚的条件,因而必须切实承担起责任。这样的责任不仅在言教,更在身教,明代童蒙读物《小儿语》云:“老子终日浮水,儿子做了溺鬼。老子偷瓜盗果,儿子杀人放火”,说明父母的价值观对于子女影响至深。社会主义核心价值观注重家庭、家教、家风,传承和发展了父母责任的落实。习近平指出:“家庭是人生的第一个课堂,父母是孩子的第一任老师。”要“帮助孩子扣好人生的第一粒扣子。”“古人都知道,养不教,父之过。家长应该担负起教育后代的责任。家长特别是父母对子女的影响很大,往往可以影响一个人的一生。中国古代流传下来的孟母三迁、岳母刺字、画荻教子讲的就是这样的故事。”

如何使家教、家风能够切合不同家庭的实际情况?传统社会的解决办法是制定从不同家庭实际情况出发的家规,这包括家训、家诫、家书等。由于传统社会往往同族而居,因此,族规和乡约也就是扩大了的家规。家规既是家教

的结晶，又是家教的价值取向；家风则是家规经过不断传承而形成的。在传统社会，下起士庶，上至宰相，乃至帝王之家，多有自订的家规，形成了各有特色的家教和家风。从现在流传下来的各种各样的家训、家书中，不难看到这一点。这就使得价值观的培育和践行能够通过不同的家规在不同家庭中取得实效。在传统社会。正派的官宦世家的家规，针对性往往明确指向世家子弟容易产生的骄横戾气。张英在清代康熙年间（1662—1722）官至宰相，要求家人牢记“古人有言：‘终身让路，不失尺寸。’”“欲行忍让之道，先须从小事做起。”（《聪训斋语》）正是谨守这样的家规，演绎出在宅基地上对邻居“让他三尺又何妨”的“六尺巷”故事，在社会上产生了较大的影响，至今仍流传于民间。社会主义核心价值观的注重家庭、家教、家风正是吸取了其中的营养。习近平指出：“诸葛亮诫子格言、颜氏家训、朱子家训等，都是在倡导一种家风。”针对领导干部这个关键少数，强调“特别是各级领导干部要带头抓好家风。《礼记·大学》中说：‘所谓治国必先齐其家者，其家不可教而能教人者，无之’”。领导干部要“做家风建设的表率，把修身、齐家落到实处”。

社会主义核心价值观作为“两创”的范例，是以最深厚的文化软实力滋养文化软实力的深层灵魂和建设重点。中国在社会主义现代化的进程中走向世界舞台的中央。这要靠硬实力，也要靠软实力。“两创”发挥最深厚的软实力即中华优秀传统文化的作用，体现出深远而前瞻的世界眼光。

（原以“社会主义核心价值观：优秀传统文化的传承和发展”为题，

载于《上海师范大学学报》2018 年第 5 期）

“两创”:新时代正确对待传统文化的新回答

习近平新时代中国特色社会主义思想的实践指向,是在21世纪中叶把我国建成富强民主文明和谐美丽的社会主义现代化强国。习近平指出:“怎样对待本国历史?怎样对待本国传统文化?这是任何国家在实现现代化过程中都必须解决好的问题。”①解决好这个问题的根本方针,就是他多次重申并在十九大报告中说的:“推动中华优秀传统文化创造性转化、创新性发展。”这个根本方针提供了新时代正确对待中华传统文化的新回答,破解了中国近代以来文化激进主义和文化保守主义的对峙。

“怎样对待本国传统文化?”这是中国近代以来的时代之问。历史悠久、光辉灿烂的中华传统文化曾在世界文化格局中占据重要地位,欧洲17、18世纪启蒙运动兴起时,中华文明被视为“模范”。然而,在19世纪中叶,中国被西方列强的船坚炮利轰入近代大门,陷于落后挨打的悲惨境地,中华传统文化在西方现代文明面前显得黯然失色。如严复所说,“中国自甲午一创于东邻,庚子再困于八国,海内憬然,始知旧学之必不足恃”(《英文汉诂·卮言》)。在此历史背景下,怎样对待中华传统文化,形成了文化激进主义和保守主义的对峙。文化激进主义认为中华传统文化与现代文明是对立的,对于中国实现现代化不仅没有任何价值,而且是沉重的历史累赘。到五四时期,比较流行的观点是把中华传统文明和西方现代文明看作“静的文明”和“动的文明”的对立,而所谓的“静”含有停滞不前,毫无活力的意涵。陈独秀由此对“律以现代生活状态,孔子之道,是否尚有尊从之价值”②作了否定性的回答,认为以儒学为代表的中华传统文化只有历史价值而没有现代价值。这样的观点容易陷进“全盘

① 《牢记历史经验历史教训历史警示为国家治理能力现代化提供有益借鉴》,《人民日报》2014年10月14日。

② 《独秀文存》,安徽人民出版社1987年版,第81页。

西化”的民族虚无主义。文化保守主义主要以“中体西用”来回答中华传统文化向何处去的问题，强调面对汹涌而来的西方文化，需要维护中国文化的主体性，必须以“保旧”为重心，“旧者，根基也。不有旧，决不有新，不善于保旧，决不能迎新；不迎新之弊，止于不进化，不善保旧之弊，则几于自杀”①。这是把中国传统文化的变革创新与保持中国文化的主体性对立起来，表现出宁保旧而不迎新的厚古薄今、以古非今的倾向。同时，“体”“用”与“中”“西”相对应，实际上否定了每种文化都有其体和用，把西方文化的价值局限在“用”的工具层面，使得维护中国文化的主体性被狭窄化，缺乏吸取西方优秀文化的开放性。因此，“中体西用”论容易走向全盘复古的原教旨主义。进入改革开放新时期，中国以实现社会主义现代化为目标，激进主义和保守主义的上述对峙，似乎又重演了一遍：贯穿于20世纪80年代以“彻底反传统”为旗号的激进主义，认为传统文化堵塞了走向现代化的通道，因而必须弃置不顾；90年代兴起了认同和呼应海外新儒家的“儒学复兴”说，不时发出“儒化中国”，以“儒教”为国教的声音。习近平以“两创”方针，超越了激进主义和保守主义的上述对峙。

一、“两创”与超越文化激进主义

传承发展中华优秀传统文化，不是发思古之幽情，而是我们进入了中国特色社会主义新时代的需要。习近平多次从这样的高度，肯定中华优秀传统文化对于新时代中国特色社会主义的现代价值，将这贯穿于作为新时代中国特色社会主义内涵的伟大梦想、伟大斗争、伟大工程、伟大事业之中。从实现民族复兴的伟大梦想来说，“没有高度的文化自信，没有文化的繁荣昌盛，就没有中华民族的伟大复兴”，而中华优秀传统文化是文化自信的底气之根源，即“吸吮这五千多年中华民族漫长奋斗积累的文化养分”②；从面对世界形势复杂多变的伟大斗争来说，“博大精深的中华优秀传统文化是我们在世界文化激荡中

① 章士钊：《新时代之青年》，《东方杂志》第16卷第11号。

② 习近平：《决胜全面建成小康社会　夺取新时代中国特色社会主义伟大胜利》，人民出版社2017年版，第41、70页。

站稳脚跟的根基”①；从全面从严治党的伟大工程来说，需要“积极借鉴我国历史上反腐倡廉的宝贵遗产”，“了解我国古代廉政文化”，以利于“运用历史智慧进行反腐倡廉建设”②；从推进中国特色社会主义的伟大事业来说，必须“讲清楚中国特色社会主义植根于中华文化沃土”③。因此，习近平指出：“只有坚持从历史走向未来，从延续民族文化血脉中开拓前进，我们才能做好今天的事业。”④肯定中华传统文化的现代价值是对其进行“两创”的前提。基于这个前提，进行“两创”才有必要。这就有力地破除了近代以来激进主义把传统与现代绝对对立的迷误。

如习近平所说，怎样对待民族传统文化是任何国家现代化进程中必须解决的问题。在首先实现现代化的西方，也曾遇到传统文化是否具有现代价值的问题。现代化的曙光在西方近代的启蒙运动中升起，启蒙的重要含义是打破对传统的迷信，“传统性成了每个旧秩序批评者无所不在的敌人”⑤。然而，在19世纪末20世纪初，一些西方思想家，开始走出早先现代化理论将现代与传统对立二分的框架，意识到理想的文明形态应当是现代与传统的互补。如涂尔干认为导致现代社会失范的重要原因，是传统道德的退场；齐美尔指出现代社会是货币化的世界，丢失了以往时代精神生活的内在质量；费迪南德·滕尼斯的《共同体与社会》指出，以家庭伦理为核心的传统文明对以契约关系为基础的现代文明弊病具有治疗作用，因而两者的融合才是理想的文明形态。20世纪50年代以来，后现代主义发展了这样的思想，希尔斯的《论传统》是其中的代表作。习近平指出，20世纪以来，西方包括后现代主义在内的各种学说，“既是西方社会发展到一定阶段的产物，也深刻影响着西方社会”⑥。希尔

① 《把培育和弘扬社会主义核心价值观作为凝魂聚气强基固本的基础工程》，《人民日报》2014年2月26日。

② 《积极借鉴我国历史上优秀廉政文化不断提高拒腐防变和抵御风险能力》，《人民日报》2013年4月23日。

③ 《胸怀大局把握大势着眼大事努力把宣传思想工作做得更好》，《人民日报》2013年8月21日。

④ 习近平：《在纪念孔子诞辰2 565周年国际学术研讨会暨国际儒学联合会第五届会员大会开幕式会上的讲话》，《人民日报》2014年9月25日。

⑤ ［美］爱德华·希尔斯：《论传统》，上海人民出版社1991年版，第8页。

⑥ 习近平：《在哲学社会科学座谈会上的讲话》，《人民日报》2016年5月19日。

斯的《论传统》表现了西方社会进入后现代阶段对传统文化的价值的认识。该书指出，兴起于西方并席卷全球的现代化进程，一直在破坏着“实质性传统”。这是因为“在西方社会中，‘发展’理想要求人们与传统的观察方式和行事方式决裂”，所谓实质性传统，是指崇尚过去的成就和智慧，崇尚蕴含传统的制度，并把从过去继承下来的行为模式视为有效指南的思想倾向。如对宗教和家庭的感情、对祖先和权威的敬重，对家乡的怀恋之情等。希尔斯肯定源于启蒙运动的西方现代文明的宝贵成就，但其代价是“实质性传统被许多人肆意破坏或抛弃，这导致了许多为良好秩序和个人幸福所不可或缺的事物的丧失，同时也造成了普遍蔓延的社会混乱”。所以，在他看来后现代社会的任务，就是“传统应该被当作是有价值生活的必要构成部分”，就是“将某些启蒙传统与启蒙运动后继人试图加以抛弃的某些传统结合起来”①。这里隐约表达了这样的向往：克服现代文明弊端的新型文明，必须把传统文明作为不可或缺的宝贵资源。

习近平指出：“当代中国的伟大社会变革。不是简单延续我国历史文化的母版”，“也不是国外现代化发展的翻版”②。因此，推动中华优秀传统文化创造性转化、创新性发展，意味在中国实现社会主义现代化强国的历史进程中，所要构建的优秀传统文化与现代化有机融合的新型文明，既不同于西方资本主义现代文明，又是对中国传统文明在更高阶段的复归。这是以马克思主义历史辩证法为依据的。马克思、恩格斯指出社会历史的发展表现为由原始公有制到私有制再到共产主义公有制的螺旋式上升，这个运动过程仿佛是向出发点的复归。因此，取代资本主义之后的理想的文明形态也仿佛是向前资本主义的传统文明的复归。马克思的《〈政治经济学批判〉导言》是习近平要求干部精读的马克思主义经典著作之一。③这篇导言有句名言：“只有在资产阶级社会的自我批判已经开始时，才能理解封建社会、古代社会和东方社会。”这其中的重要含义是：当资本主义进入自我批判阶段，即以其为代表的现代文明的诸多

---

① ［美］爱德华·希尔斯：《论传统》，上海人民出版社1991年版，第384—385、432、406、344、440—441页。

② 习近平：《在哲学社会科学座谈会上的讲话》，《人民日报》2016年5月19日。

③ 《习近平推荐阅读的经典文献》，《人民日报·海外版》2016年6月1日。

弊端得到较为充分暴露时，我们才能认识到前资本主义文明的某些传统是宝贵的，并应当在后资本主义文明中重新激活。就在同一篇文章里，马克思把古希腊文明与现代文明作比较，把前者比喻为人的纯真童年，然后说道："一个成人不能再变成儿童，否则就变得稚气了。但是，儿童的天真不使他感到愉快吗？他自己不该努力地在一个更高的阶段上把自己的真实再现出来吗？"①美国社会学家摩尔根的《古代社会》指出，在"以财富为唯一最终目的的那个历程的终结"，即现代资本主义之后的"下一个更高的阶段"，"这将是古代氏族的自由、平等和博爱的复活，但却是在更高形式上的复活"②。马克思、恩格斯都对此予以充分的肯定，恩格斯认为这是"对现代社会提出了直接的共产主义的要求"③。就是说，社会主义文明形态作为传统文明在后资本主义的更高历史阶段的再现复活，是有其历史必然性的。从这个意义上，可以说中国特色社会主义历史进程提供了传统呈现现代价值的社会根基。

习近平对于传统文化的现代价值的肯定，如其所说"不是简单套用马克思主义经典作家的设想"④，而是根据中国是历史悠久的农业大国的国情，突出了乡村传统文化的现代价值。与农耕经济的漫长历史相陪伴，中国乡村发展出了诸如民俗、信仰、习惯、民风、村风、乡规民约、伦理规范等传统文化系统，这是中华优秀传统文化的重要根基。现代化进程与城市化相伴，无情地瓦解着乡村传统文明。现代化进程中如何对待乡村传统文明，是中国能否解决好怎样对待本国传统文化的关键。习近平认为，如果不能认识乡村传统文化的现代价值，那么中华优秀传统文化的创造性转化、创新性发展就将失去源头、主体和载体。他指出："农村是我国传统文明的发源地，乡土文化的根不能断，农村不能成为荒芜的农村、留守的农村、记忆的故园。"⑤"乡村文明是中华民族文明史的主体，村庄是这种文明的载体。耕读文明是我们的软实力。城乡一体化发展，完全可以保留村庄原始风貌"⑥，习近平把乡村传统文化的现代价值称

---

① 《马克思恩格斯选集》第2卷，人民出版社2012年版，第706、711—712页。

② [美]路易斯·亨利·摩尔根：《古代社会》(下)，商务印书馆1977年版，第556页。

③ 《马克思恩格斯选集》第4卷，人民出版社2012年版，第564页。

④ 习近平：《在哲学社会科学座谈会上的讲话》，《人民日报》2016年5月18日。

⑤ 《十八大以来重要文献选编》上，中央文献出版社2014年版，第682页。

⑥ 同上书，第605—606页。

为让人们记得住“乡愁”，认为这是实施乡村振兴战略的无比珍贵的财富，强调“传统农耕文化的保护和传承。农耕文化是我国农业的宝贵财富，是中华文化的重要组成部分，不仅不能丢，而且要不断发扬光大。……不能名为搞现代化，就把老祖宗的好东西弄丢了！”他在谈到新农村建设时，引用苏轼、范仲淹描写秀丽的自然风光，讲起了沈从文小说中叙述的乡村温情，指出：“搞新农村建设，决不是要把这些乡情美景都弄没了，而是要让它们与现代生活融为一体。”①十八大以来，各地重视延续乡村传统文化的历史脉络，以乡愁为基因，以乡贤为楷模，以倡导优良家风、家训为抓手，以敦厚民风民心的各种讲习会为课堂，展现出传承发展提升农村优秀传统文化与现代生活融为一体的生动情景。这给世界上其他发展中国家在从农业文明走向现代化过程中，解决好怎样对待本国文化传统的问题，提供了中国方案；也是给实现马克思所期待的在更高阶段“复活”传统的人类新型文明形态，提供了中国道路。

二、“两创”与超越文化保守主义

如果说“两创”方针对于文化激进主义的超越，主要在于廓清把传统与现代完全对立起来的迷误，阐明传统文化的现代价值，确立弘扬中华优秀传统文化的基础；那么，“两创”方针对于文化保守主义的超越，主要在于破除把维护中华文化主体性与变革创新传统文化相对立的壁垒，阐明坚守中华文化立场和重在对传统文化进行“两创”的一致性，指出如何进行“两创”的方向。习近平在纪念孔子诞辰 2 565 周年国际学术研讨会上的讲话最鲜明地反映了这一点。孔子是中国传统文化最重要的人物象征，文化激进主义将其作为打倒对象，文化保守主义视其为崇拜偶像。习近平在这个讲话中指出：“孔子创立的儒家学说以及在此基础上发展起来的儒家思想，对中华文明产生了深刻影响，是中国传统文化的重要组成部分。儒家思想同中华民族形成和发展过程中产生的其他思想文化一道，记载了中华民族自古以来在建设家园的奋斗中开展的精神活动、进行的理性思维、创造的文化成果，反映了中华民族的精神追求，

① 《十八大以来重要文献选编》上，中央文献出版社 2014 年版，第 678、683 页。

是中华民族生生不息、发展壮大的重要滋养。”就是说，优秀传统文化依然有着滋养中华民族的现代价值。他在讲话中还指出：“优秀传统文化是一个国家、一个民族传承和发展的根本，如果丢掉了，就割断了精神命脉。”①这意味着激进主义否定包括儒学在内的传统文化的现代价值，将导致精神命脉的断裂，但这并不表示由此走向以“保旧”复古为重心的文化保守主义。在这篇讲话的前几个月，习近平指出：“要处理好继承和创新的关系，重点做好创造性转化和创新性发展。”②这里的重在创造和创新和重在“保旧”形成鲜明的对比。在纪念孔子诞辰2 565周年国际学术研讨会上的讲话中，他进一步指出了弘扬优秀传统文化为何把重点放在“两创”以及如何进行“两创”，他说：“传统文化在其形成和发展过程中，不可避免会受到当时人们的认识水平、时代条件、社会制度的局限性的制约和影响，因而也不可避免会存在陈旧过时或已成为糟粕性的东西。这就要求人们在学习、研究、应用传统文化时坚持古为今用、推陈出新，结合新的实践和时代要求进行正确取舍，而不能一股脑儿都拿到今天来照套照用。要坚持古为今用、以古鉴今，坚持有鉴别的对待、有扬弃的继承，而不能搞厚古薄今、以古非今，努力实现传统文化的创造性转化、创新性发展，使之与现实文化相融相通，共同服务以文化人的时代任务。”③通观这篇讲话，“两创”对于文化保守主义的超越主要有以下三点；

第一，明确只有对传统文化进行“两创”，才能真正坚守中华文化的主体性。这就纠正了文化保守主义把“保旧”和坚守中国文化主体性捆绑在一起的偏执。任何文化都是一定社会历史条件的产物，但它不是凝固的静态存在，而是活动的机体。因此，传统文化必须适应社会的变化和时代的潮流，进行创造性转化、创新性发展，才能绵延不绝、充满活力。否则，就会为时代和社会所淘汰，从而出现中断和消亡。历史证明，民族文化无论怎样丰厚，其是否能传承，是否能发挥泽被后世的作用，取决于是否能对其进行创新、发展，以应对现实的问题。这正是中华传统文化不仅源远而且流长的重要原因。以儒家来说，

①③　习近平：《在纪念孔子诞辰2 565周年国际学术研讨会暨国际儒学联合会第五届会员大会开幕式会上的讲话》，《人民日报》2014年9月25日。

②　《把培育和弘扬社会主义核心价值观作为凝魂聚气强基固本的基础工程》，《人民日报》2014年2月26日。

在面对外来佛学的挑战时，不断进行自我转化和创新，从原来注重五经转向注重四书，同时吸收佛学的精华，成就了儒学的新形态即理学。文化保守主义的"中体西用"论流行于戊戌维新时期，当时遭到严复的批驳。习近平在1993年所写的关于严复学术研讨会论文集的《序言》中指出：严复"批判'中学为体，西学为用'的口号，他说：有牛之体就有牛之用，有马之体就有马之用；从来没有听说过可以有牛之体而有马之用。在译注《天演论》中，严复将斯宾塞的'普遍进化论'与中国古代《易经》中所包含的丰富的进化论思想因素融会贯通。从而勾勒出自然、社会不断进化的新宇宙观。"①2001年他在另一本严复学术研讨会论文集的《序言》中，肯定严复的译著和评论"在当时因循守旧、固步自封的清王朝统治下的旧中国思想界，宛如巨石投入深潭死水，产生了极为深刻的影响"②。就是说，"中体西用"论没有摆脱因循守旧、固步自封的阴影，试图以"保旧"为重心来维护中华文化主体性是不足取的；只有像严复那样把中国传统思想和西方思想融会贯通，才能使中国传统文化获得新的生命力。因此，对于坚守中华文化立场来说，最重要的是适应时代、立足现实，对传统文化进行创造性转化、创新性发展。

习近平在十九大报告中指出："推动中华优秀传统文化创造性转化、创新性发展，继承革命文化，发展社会主义先进文化，不忘本来，吸收外来，面向未来，更好构筑中国精神、中国价值、中国力量，为人民提供精神指引。"③这里以"不忘本来，吸收外来，面向未来"作为"两创"的价值取向，意味着"两创"是下列三者的统一："不忘本来"讲的是"两创"的主体性，"吸收外来"讲的是"两创"的包容性，"面向未来"讲的是"两创"的前瞻性；这三个方面在"两创"中是紧密联系的：没有不忘本来的主体性，"两创"的吸收外来就成为鹦鹉学舌的外来语，面向未来就成为了没有历史传统的无根浮言；而没有吸收外来的包容性，"两创"的不忘本来就会成为闭关自守的自说自话，面向未来就不可能成为展现人类共同愿景的交流对话；同样，反过来说，如果没有面向未来的前瞻性，

① 福建省严复研究会编：《严复国际学术研讨会论文集》，海峡文艺出版社1995年版，第3—4页。

② 参见习近平主编：《科学与爱国：严复思想新探》，清华大学出版社2001年版。

③ 习近平：《决胜全面建成小康社会　夺取新时代中国特色社会主义伟大胜利》，人民出版社2017年版，第23页。

“两创”的不忘本来就会成为怀旧念旧的复古老话，吸收外来就无法提炼反映世界潮流的新鲜词汇。简言之，“两创”是以更为宽广的胸怀和远大的眼光，在创造、创新中挺立中国文化主体性的自信。

第二，明确进行“两创”的基本路径，这就是有鉴别的对待、有扬弃的继承，使“优秀文化基因与当代文化相适应，与现代社会相协调”，“善于把弘扬优秀传统文化和发展现实文化有机统一起来，紧密结合起来，在继承中发展，在发展中继承”①。这就克服了文化保守主义厚古薄今、以古非今的倾向。中国传统文化就整体而言，是农业文明和宗法制的社会结构的反映，留给我们今天的历史遗产，既存在精华，也有糟粕。因为传统文化的流传与继承不只取决于文化本身，而与生活在一定社会中的人们的选择有很大关系，尤其与处在统治地位的统治者有很大关系，他们往往按照自己的价值观念对先前的文化进行过滤和筛选。中国经历了两千多年以农业文明为基础的封建社会，因而传统文化中无疑会有封建性的糟粕和农业社会的局限性。这就决定了实现“两创”必须对传统文化有鉴别的对待、有扬弃的继承，即鉴别精华与糟粕，扬弃后者而继承前者。

一是鉴别。以传统文化核心的思想观念而言，由于源远流长、内涵多重，在鉴别中至少要进行历史梳理和内涵辨析两方面的工作。以“忠”来说，从历史上看，其本意是真心诚意，尽心竭力，在相当长的时期里，主要指向两个方面：一方面是指君主官吏要尽忠于民，“上思利民，忠也”（《左传·桓公六年》），另一方面是指尽力助人于为善，“教人为善谓之忠”（《孟子·滕文公上》）；前者是讲尽忠的对象，后者是讲尽忠的原则。然而，从战国后期特别是汉代以后，忠的对象几乎只是君主。以后随着“君为臣纲”的提出，在君尊臣卑的框架下，臣对于君的忠就是无原则的绝对服从，如曾国藩所说：“君虽不仁，臣不可以不忠。”（《曾文正公全集·家训》卷下）具有浓厚的封建人身依附关系。从内涵来分析，即使在忠成了忠君的专门概念之后，仍然包含着报国、爱民的内容，因为在当时的历史条件下，国为君之国，民为君之民。所以，以忠君为要义的《忠

① 习近平：《在纪念孔子诞辰2 565周年国际学术研讨会暨国际儒学联合会第五届会员大会开幕式会上的讲话》，《人民日报》2014年9月25日。

经》说:“不思报国,岂忠也哉?”(《忠经·报国章》)贾谊说:“夫民者,唯君者有之,为人臣者助君理之。故夫为人臣者,以富乐民为功,以贫苦民为罪。故君以知贤为明,吏以爱民为忠。”(《新书·大政上》)因此,历史上也往往用是否报国爱民来判断忠臣还是奸臣。有了这样的鉴别,对于“忠”这一传统中首位的道德规范,什么是应当继承的精华和扬弃的糟粕就比较清楚了。可见,有鉴别的对待和有扬弃的继承,必须以深入学习、研究传统文化为基础。

二是实现“两创”,还要将传统文化与当代文化相适应,与现代社会相协调。“当代”“现代”与“传统”,表示的是时代的差别。因此,与当代文化相适应和与现代社会相协调,就表示对于传统文化要按照当今时代的要求,对其内涵和表现形式加以利用、拓展、完善,发展现代传播方式。比如“孝”,往往与忠并提,作为最基本的人伦道德,儒家讲的“百善孝为先”(《围炉夜话》),是中华民族最具普遍认同的道德规范。孔子认为“孝”如果只是“能养”即赡养父母,那就和饲养犬马没有本质区别,真正的孝还必须要有“敬”,就是使父母获得精神上的愉悦(见《论语·为政》)。于是孝道不仅是出于赡养父母的责任,更是源自内心真诚深爱的情操。这无疑是有永恒价值、应当继承的。但在传统文化中,孝道也有“父为子纲”的不平等内涵,要求子女对父母绝对服从,“天下无不是的父母”(《宋元学案·豫章学案》),“父虽不慈,子不可以不孝”(《曾文正公全集·家训》卷下),甚至父亲可以体罚、出卖子女,而不受法律约束。与此相应,传统孝道的表现方式也存在某些扭曲的地方,如“父母在不远游”(《论语·里仁》)、“不孝有三,无后为大”(《孟子·离娄上》)、“丁忧三年”,还有割股疗亲、埋儿奉母,以及建功立业而光宗耀祖,“立身行道,扬名于后世,以显父母,孝之终也”(《孝经·开宗明义章》)等。这些显然不适应当代文化,也与现代社会不协调。近些年流行的歌曲《常回家看看》比较好地体现了与当代文化相适应、与现代社会相协调的孝道。它的歌词大意是,要求子女找点空闲和时间,“常回家看看”,只要带上笑容和祝愿,哪怕只是“帮妈妈刷刷筷子洗洗碗”“给爸爸捶捶后背揉揉肩”,与父母“说说生活的烦恼”“谈谈工作的事情”;父母张罗了一桌好饭,“不图儿女为家做多大贡献”,只图儿女平平安安,一家团团圆圆。这首歌传承了尊敬父母,让他们享受人伦之乐的传统孝道的精神,又与以核心家庭为主体和市场经济奔忙于职场的现代社会相协调,也与当代文化倡导的相互平等、超越功利的真情友爱的人际关系相适应，而且运用了现代的传播方式，因而在社会上广泛传唱。由此可见、与当代文化相适应，与现代社会相协调，是实现“两创”的正确路径。

第三，明确传统文化在现代社会的基本功能，就是与现实文化相融相通，服务于“以文化人”。习近平在纪念孔子诞辰 2 565 周年国际学术研讨会上的讲话既提出了“当代文化”，又提出了“现实文化”，两者相类，但不尽相同。当代是时间概念，现实是实际的存在。与当代文化相适应，主要指传统文化与时代要求相一致；而与现实文化相融相通，是指传统文化与现实文化相互作用，其中包含着对现实文化的引导规范功能。这主要表现为两方面：一方面是把传统文化蕴藏的智慧化为当代解决现实问题的重要启示，另一方面是把传统文化的道德教化化为鼓励人们崇德向善的精神滋养。这就有力地否定了文化保守主义力图重新恢复儒学的主流意识形态功能的主张。

习近平在这篇讲话中指出：“中国优秀传统文化的丰富哲学思想、人文精神、教化思想、道德理念等，可以为人们认识和改造世界提供有益启迪，可以为治国理政提供有益的启示，也可以为道德建设提供有益启发。”对此，他列举了十五个方面的思想。①“启迪”“启示”和“启发”，意味着传统文化给予的不是现成预案和答案，而是蕴含其中的实践智慧。这里以十五个方面思想中的“道法自然、天人合一”为例。习近平说：“中国自古以来就有‘天人合一’的古老哲学命题，强调人与自然和谐统一，习惯于以人为出发点并以人为落脚点来认识事物，一以贯之的是一种建立在人与人关系基础之上的‘人—物—人’也即‘主—客—主’的思维框架，这与西方哲学的‘人—物’的思维框架和认识路线是明显不同的。”②“两千多年前，管子就提出‘因天材，就地利，故城郭不必中规矩，道路不必中准绳’。……体现了尊重自然、顺应自然、天人合一的理念。要让城市融入大自然。”③把道法自然、天人合一提供的认识和改造世界的有益启示化为城市规划之道，体现了传统思想的启示对于人们实践的引导规范作用。传

① 习近平：《在纪念孔子诞辰 2 565 周年国际学术研讨会暨国际儒学联合会第五届会员大会开幕式会上的讲话》，《人民日报》2014 年 9 月 25 日。

② 习近平：《社会主义市场经济和马克思主义经济学的发展与完善》，《经济学动态》1998 年第 7 期。

③ 《十八大以来重要文献选编》上，中央文献出版社 2014 年版，第 603 页。

统文化的以文化人特别表现在道德教化上，习近平多次强调“努力实现中华传统美德的创造性转化、创新性发展”①。他将王阳明心学作为传统文化的精华突出地反映了这一点。2014 年 3 月 7 日他在参加全国人大贵州代表团审议时指出，王守仁(王阳明)曾在贵州参学悟道，贵州在弘扬传统文化方面有独特优势。②他肯定“王阳明真正做到了知行合一”③。阳明心学提出“无心外之理，无心外之物”(《传习录》上)，如果将此理解为在自我意识之外不存在物质世界及其规律的唯心主义，那是不能为马克思主义认同的。然而，阳明心学凸显了儒学重心性修养和道德实践的特色，强调“良知者，心之本体”(《传习录》中)，认为人必须以内心主宰道德修养和道德自律，从而“致良知”，即达到把道德规范内化于心、外化于行的境界。这是阳明心学的精华，即以“修心”就是净化自我内心世界为修身的根本。而修心则必须在道德实践上贯彻“知行合一之教”(《传习录》中)，即一念之动便是行，私欲之起就已经是背离良知的行为，必须予以排除，如此才能自觉地把良知落实于行动。正是在致良知具有道德教化功能的意义上，习近平肯定王阳明真正做到了知行合一，并将其转化为共产党人德行修养的资源：“‘种树者必培其根，种德者必养其心。’党性教育是共产党人修身养性的必修课，也是共产党人的‘心学’。”④“全面从严治党，既要注重规范惩戒、严明纪律底线，更要引导人向善向上，发挥理想信念和道德情操引领作用。‘身之主宰便是心’；‘不能胜寸心，安能胜苍穹’。‘本’在人心，内心净化、志向高远便力量无穷。”⑤这里引用的三句话，前两句出自王阳明《传习录》，后一句出自受王学影响而强调“心力”的清末思想家龚自珍。习近平共产党人的“心学”是对阳明心学的“两创”，是在刘少奇《论共产党员修养》的基础上，进一步明确和发挥了传统文化的道德教化功能。

“两创”作为正确对待中华传统文化的新回答，不仅在理论上超越了近代中国以来文化激进主义和文化保守主义的对峙，还将这个方针化为具有约束性的国家政策，为传承发展优秀传统文化提供了制度化的保障。中共中央办

① 《建设社会主义文化强国　着力提高国家文化软实力》，《人民日报》2013 年 12 月 31 日。

② 《习近平关注贵阳孔学堂》，中国网 china.com.cn，2014 年 3 月 7 日。

③ 《习近平考察贵州：勉励学子立志做大事》，《贵州日报》2011 年 5 月 12 日。

④ 习近平：《在全国党校工作会议上的讲话》，《求是》2016 年第 9 期。

⑤ 习近平：《在十八届中央纪委六次全会上的讲话》，《人民日报》2016 年 5 月 3 日。

公厅、国务院办公厅印发的《关于实施中华优秀传统文化传承发展工程的意见》，把优秀传统文化全方位融入国民教育各个领域和环节，与人民生产生活深度融合，让收藏在博物馆里的文物、陈列在广阔大地上的遗产、书写在古籍里的文字都活起来，体现了从制度上保障优秀传统文化传承发展的高度自觉。

“两创”破解了中国近代以至改革开放以来文化激进主义和文化保守主义的对峙，提供了新时代正确对待本民族传统文化的新回答。这个新回答把传承发展中华优秀传统文化放到中国正在走向世界舞台中央的历史方位中予以思考。在近代，中国传统文化经历剧痛变革。1853 年马克思以“两极相联”的辩证法，分析中国革命和欧洲革命，洞察中国可能对“文明世界”发生巨大影响①；1857 年恩格斯从中国人民反抗“文明贩子”野蛮侵略的斗争中，预言逐渐“觉悟”的中国将带来“整个亚洲新世纪的曙光”②；1913 年列宁认为辛亥革命引发的亚洲民主运动高潮，将导致世界文明的格局发生重大转折：由先进的欧洲和落后的亚洲改变为“落后的欧洲和先进的亚洲”③；1949 年毛泽东在新中国诞生之际，满怀“中国人从此站立起来了”的豪情，宣示“中国人被人认为不文明的时代已经过去了，我们将以一个具有高度文化的民族出现于世界”④。中国“已经复兴了并正在复兴着伟大的中国人民的文化”⑤。进入从站起来、富起来到强起来的新时代，习近平以无比坚定的文化自信指出：“世界上一些有识之士认为，包括儒家思想在内的中国优秀传统文化中蕴藏着解决当代人类面临的难题的重要启示。”⑥这意味着“两创”方针必将指引中华文化为人类走向美好的明天作出世界性的贡献。

（原以“对文化激进主义和文化保守主义的超越”为题，
载于《马克思主义研究》2019 年第 9 期）

---

① 《马克思恩格斯选集》第 1 卷，人民出版社 2012 年版，第 778 页。

② 同上书，第 800 页。

③ 《列宁选集》第 2 卷，人民出版社 2012 年版，第 317 页。

④ 《毛泽东文集》第 5 卷，人民出版社 1996 年版，第 345 页。

⑤ 《毛泽东选集》第 4 卷，人民出版社 1991 年版，第 1516 页。

⑥ 习近平：《在纪念孔子诞辰 2 565 周年国际学术研讨会暨国际儒学联合会第五届会员大会开幕式会上的讲话》，《人民日报》2014 年 9 月 25 日。

图书在版编目(CIP)数据

历史传统与当代探索:马克思主义哲学中国化论集/
陈卫平著.—上海:上海人民出版社,2021
(理论智慧与实践探索丛书)
ISBN 978-7-208-17078-0

Ⅰ.①历… Ⅱ.①陈… Ⅲ.①马克思主义哲学-发展
-中国-文集 Ⅳ.①B27-53

中国版本图书馆 CIP 数据核字(2021)第 077680 号

责任编辑 郭敬文
封面设计 零创意文化

理论智慧与实践探索丛书
历史传统与当代探索
——马克思主义哲学中国化论集
陈卫平 著

出　　版 上海人民出版社
(200001 上海福建中路 193 号)
发　　行 上海人民出版社发行中心
印　　刷 常熟市新骅印刷有限公司
开　　本 720×1000 1/16
印　　张 20.75
插　　页 2
字　　数 311,000
版　　次 2021 年 7 月第 1 版
印　　次 2021 年 7 月第 1 次印刷
ISBN 978-7-208-17078-0/D·3760
定　　价 85.00 元